GRUNDLAGEN DER ROMANISTIK

Herausgegeben von Ulrich Detges, Thomas Klinkert,
Elmar Schafroth und Ulrich Winter

Band 18

Einführung in die französische Sprachwissenschaft

Ein Lehr- und Arbeitsbuch

von

Horst Geckeler † und Wolf Dietrich

5., neu bearbeitete und erweiterte Auflage

ERICH SCHMIDT VERLAG

Bibliografische Information der Deutschen Nationalbibliothek
Die Deutsche Nationalbibliothek verzeichnet diese Publikation in der
Deutschen Nationalbibliografie; detaillierte bibliografische Daten
sind im Internet über http://dnb.d-nb.de abrufbar.

Weitere Informationen zu diesem Titel finden Sie im Internet unter
ESV.info/978 3 503 13720 6

Umschlaggestaltung unter Verwendung von Fotos von
dioxin/Photocase und ArsVerbiBildarchiv/Fotolia

1. Auflage 1995
2. Auflage 1997
3. Auflage 2003
4. Auflage 2007
5. Auflage 2012

ISBN 978 3 503 13720 6
ISSN 0340-9686

Dieses Papier erfüllt die Frankfurter Forderungen der Deutschen Bibliothek
und der Gesellschaft für das Buch bezüglich der Alterungsbeständigkeit
und entspricht sowohl den strengen Bestimmungen der US Norm
Ansi/Niso Z 39.48-1992 als auch der ISO-Norm 9706

Satz: multitext, Berlin
Druck und Buchbinderei: Danuvia Druckhaus, Neuburg a.d. Donau

Vorwort zur fünften Auflage (Neubearbeitung)

Diese "Einführung in die französische Sprachwissenschaft" ist gedacht als eine Einführung in die Sprachwissenschaft am Beispiel und auf der Grundlage des Französischen, für Studierende des Französischen, vor allem in einem Bachelor-Studiengang. Dabei ergibt sich das Problem, dass der für eine einführende universitäre Lehrveranstaltung (Übung, Proseminar oder Vorlesung) sehr umfangreiche Stoff immerhin Möglichkeiten zur sinnvollen Auswahl bieten soll. Andererseits soll Studierenden auch in fortgeschritteneren Semestern eine konzentrierte Anleitung zur Bearbeitung bestimmter Themen oder aber auch zur Wiederholung und Prüfungsvorbereitung gegeben werden.

Ein solches Anliegen darf die Verfasser aber nicht dazu verführen, ein Handbuch der Disziplin zu schreiben. Die Versuchung im Falle einer "Einführung in die französische Sprachwissenschaft" ist besonders groß, da gerade das Französische die bestuntersuchte unter den romanischen Sprachen ist. Daher können die Leserinnen und Leser hier nicht eine Behandlung aller denkbaren Bereiche der französischen Linguistik erwarten. Manche Lücken (z. B. in den Bereichen Soziolinguistik, Kontaktlinguistik, Textlinguistik) sind uns schmerzlich bewusst, ihre ausführlichere Berücksichtigung hätte aber den Umfang des Bandes über die gegebenen Möglichkeiten hinaus anschwellen lassen. Die hier getroffene Auswahl ist zwar in gewisser Weise willkürlich. Wir haben aber vordringlich die Bereiche behandeln wollen, die sich dem Anfänger nicht so leicht von selbst erschließen.

Die Gliederung und Themenauswahl orientiert sich an unseren Erfahrungen im universitären Unterricht und am Erfahrungsaustausch mit zahlreichen romanistischen Kolleginnen und Kollegen. Wir haben die vorliegende Einführung in vier Hauptteile gegliedert: In Teil I werden Grundinformationen zur Stellung des Französischen innerhalb der romanischen Sprachfamilie, zu seiner Verbreitung in der Welt und zur Sprach- und Sprachensituation in Frankreich gegeben. Teil II bildet die allgemein-sprachwissenschaftliche Komponente dieses Einführungswerks. Dort werden grundlegende methodische Begriffe eingeführt, und es wird die Geschichte der Sprachwissenschaft aus romanistischer Perspektive skizziert. In Teil III werden die verschiedenen Ebenen des Französischen selbst (Phonetik/ Phonologie, Graphie, Morphologie, Grammatik und Syntax, Wortbildung, Lexik und Semantik, Variation, Pragmatik und Typologie) behandelt. Die Kapitel über die Pragmatik und die kognitive Semantik sowie über die auf französischer Grundlage entstandenen Kreolsprachen sind in dieser 5. Auflage hinzugefügt worden. Alle diese Bereiche werden über die synchrone Beschreibung hinaus – mehr oder weniger ausführlich – auch in diachroner Perspektive dargestellt, da wir der Auffassung sind, dass sich das wissenschaftliche Studium einer Sprache nicht auf die

Aspekte der heutigen Sprache beschränken darf, sondern den Sprachwandel als Grundbedingung allen sprachlichen Funktionierens mit bedenken muss und die Einbettung aller menschlichen Tätigkeiten in die Geschichte eine Grunderkenntnis der Geisteswissenschaften ist. In Teil IV werden die wichtigsten Epochen der Geschichte der französischen Sprache vom lateinischen Ursprung bis hin zu den neuesten Entwicklungen des Französischen besprochen.

Ein wichtiges Anliegen war es, in die verschiedenen bibliographischen Hinweise, insbesondere auch in die "Bibliographische Grundinformation" im Anhang, nicht nur allerneueste Werke, sondern auch diejenigen älteren aufzunehmen, die zum gesicherten Grundbestand einer romanistischen Bibliographie gehören. Solche Werke sind immer nur in einigen Hinsichten veraltet, in anderen aber bieten sie manches Wissenswerte, das heute vergessen zu werden droht.

Der Mitautor und Initiator dieses Bandes, mein langjähriger Kollege am Romanischen Seminar der Universität Münster, Horst Geckeler, ist 2002 verstorben. Die 3. und 4. Auflage (2003 und 2007) hatten jeweils nur geringe inhaltliche Eingriffe und Erweiterungen durch mich erfahren und vor allem der bibliographischen Aktualisierung gedient.

Die Etablierung des modularisierten Studiums macht es nun aber notwendig, auch inhaltlich einige neue Akzente zu setzen, manches neu zu gliedern und zu ergänzen. Dem neuen Konzept der Reihe "Grundlagen der Romanistik" entsprechen die Literaturhinweise am Ende (nicht am Anfang) der Kapitel, die Grundbibliographie im Anhang sowie die Zusammenfassungen nach allen größeren Abschnitten (ein bis zwei Unterkapiteln). Darüber hinaus sind, wie schon oben angedeutet, einige Unterkapitel hinzugefügt worden (zu den Sprachen der Welt, I.1.1; zur strukturellen und kognitiven Semantik, III.6.2.4–5; zur Pragmatik, III.7.; zu den Kreolsprachen, III.8.5). Kap. IV.11.2.2 zum heutigen Französisch ist im grammatischen Bereich durch Erklärungen zum Tempusgebrauch ergänzt worden. In vielen anderen Kapiteln sind Überschriften zu den Unterkapiteln bzw. den Abschnitten hinzugefügt worden. Viele Fußnoten früherer Auflagen sind in den Text bzw. die Literaturhinweise eingearbeitet worden.

Ich hoffe und wünsche, dass dieser Band zum einen als Grundlage für Einführungskurse in die französische Sprachwissenschaft dienen und den Unterricht erleichtern und bereichern kann. Zum andern möge er auch bei der Vorbereitung von Prüfungen gute Dienste leisten sowie Anregung für die Erarbeitung so mancher Sachthemen geben.

Sprachwissenschaft (oder Linguistik) ist zweifellos ein wesentlicher Bestandteil des wissenschaftlichen Studiums einer Sprache. Dabei ist das "Eine-Sprache-Beherrschen", die "Sprachpraxis", Grundvoraussetzung, aber nicht Ziel. Ziel – gerade bei einem kulturwissenschaftlichen Verständnis von Sprachwissenschaft – ist der Erwerb von Wissen über die studierte Sprache (vgl. TRABANT (2008), *Was ist Sprache*, München: Beck, Kap. 4–5). Ein Anliegen dieses Bandes ist es, Studierenden das Unbehagen oder auch Misstrauen gegenüber dem Erwerb des – oft als sehr technisch empfundenen – linguistischen Wissens zu nehmen oder wenigstens zu verringern und vielmehr das Interesse oder gar die Freude an der Erkenntnis sprachlicher Zusammenhänge – im heutigen Französischen ebenso wie in der Geschichte seines Werdens – zu wecken.

Danken möchte ich Frau Verena Haun und vor allem Frau Daniela Langer vom Erich Schmidt Verlag für die umsichtige und kompetente Lektorierung des Bandes.

Münster, im Januar 2012   Wolf Dietrich

Inhaltsverzeichnis

I. Realia zur französischen Sprache

1. Das Französische: seine Stellung unter den romanischen Sprachen

1.1 Die Sprachen der Welt – Sprache und Dialekt

Häufig wird die Frage gestellt: Wie viele Sprachen gibt es eigentlich auf der Welt? Oder: Wie viele eingeborene Sprachen gibt es in Amerika? Die Beantwortung dieser Frage hängt davon ab, was wir in diesem Zusammenhang unter "Sprache" verstehen. Schon die im folgenden Abschnitt 1.2 beschriebene Diskussion um die Anzahl der romanischen Sprachen weist auf das Dilemma hin, dass das Zählen und die Klassifizierung der Sprachen entscheidend von der Klärung des hierarchischen Verhältnisses zwischen Sprache und Dialekt abhängt. Für den Sprachwissenschaftler sind die kleinsten Einheiten von Sprachgemeinschaften **Dialekte** (oder Mundarten). Sie sind im Allgemeinen regional begrenzt (Ortsmundarten, Sprache eines Stammes oder Klans, Regionaldialekt). Als **Sprache** wird demgegenüber definiert der Dialekt, der sich aus politischen oder kulturellen Gründen aus seinen Nachbardialekten durch ein höheres Prestige und – damit verbunden – überregionale Gültigkeit herausgehoben hat und sich zur Sprache einer eigenständigen Zivilisation (gegenüber den umliegenden Sprachen) oder als Nationalsprache entwickelt hat. In der linguistischen "Qualität" gibt es keinen Unterschied zwischen Sprache und Dialekt, er besteht nur hinsichtlich der politischen oder kulturellen Bewertung. In linguistischer Hinsicht sind Sprachen meistens auch dadurch charakterisiert, dass sie selbst als **Dachsprachen** für mehrere Dialekte angesehen werden.[1]

Die Beantwortung der oben gestellten Fragen hängt dann auch von der Kenntnis der sprachlichen Verhältnisse in einer bestimmten Weltgegend ab. Wenn wir uns in Europa, z.B. mit der Frage nach der Zahl der romanischen Sprachen, schwer tun, obwohl die Verhältnisse sehr gut dokumentiert sind, so sind die Probleme in anderen Erdteilen weitaus schwieriger. Deutlich ist aber Folgendes: Durch die steigende Kenntnis der Sprachen und Dialekte der Welt in den letzten Jahrzehnten hat die Zahl der "Sprachen" der Welt immer weiter abgenommen, weniger, weil einige ausgestorben sind, sondern eher, weil sich viele traditionelle Sprachennamen als Bezeichnungen für Dialekte ein und derselben Sprache herausgestellt haben. Zahlen wie "etwa 7.000 Sprachen" auf der Welt sind also immer unter diesem Vorbehalt zu betrachten. Für Amerika werden z.B. maximal 2.500, minimal 400 Sprachen angenommen; um 900 ist ein guter Mittelwert.

---

[1]   Siehe zu diesem auf Heinz Kloss zurückgehenden Begriff und zu der ganzen Fragestellung auch Bossong, Georg, *Die romanischen Sprachen*, Hamburg: Buske, 2008: 25–28.

1.2 Die romanischen Sprachen

Das Französische gehört bekanntlich zur Gruppe der romanischen Sprachen (frz. *les langues romanes*), und diese gehören ihrerseits in historisch-genealogischer Sicht zur großen indogermanischen oder indoeuropäischen **Sprachfamilie** (rund die Hälfte der Bevölkerung der Erde spricht eine indoeuropäische Sprache als Muttersprache[2]). Sprachen werden also offensichtlich wie Menschen-, Tier- und Pflanzengruppen genealogisch in Familien eingeteilt, Familien wie die romanischen oder slavischen Sprachen wiederum in **Sprachstämme** (z. B. Indoeuropäisch). Andere Stämme sind z. b. Semitisch, Finno-Ugrisch, Sino-Tibetisch, Tupí usw.

Die folgende konventionelle Skizze soll einen schematischen Überblick über die bekanntesten und verbreitetsten Sprachgruppen und gegebenenfalls Sprachen des Indoeuropäischen vermitteln (wobei allerdings nur der Zweig, der die Filiation bis zu den romanischen Sprachen darstellt, weitergeführt wird)[3]:

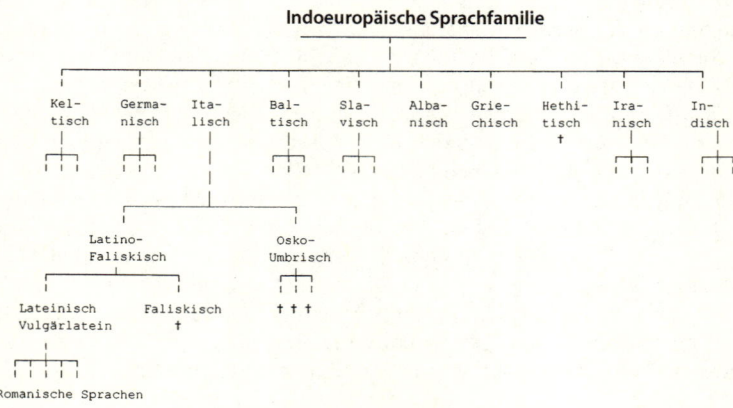

Welches sind die romanischen Sprachen und wie lassen sie sich einteilen? In den Handbüchern der romanischen Philologie werden heute meistens zumindest 11 romanische Sprachen unterschieden, die oft aufgrund vorwiegend geographisch-arealer, aber auch historischer Kriterien wie folgt klassifiziert werden, so z. b. von TAGLIAVINI ([2]1998: 279):

---

2   Vgl. z. b. COLLINGE, Neville Edgar (ed.), (2001), *An Encyclopaedia of Language*, London/New York: Routledge, 961.

3   Genauere Information findet man z. b. in MEIER-BRÜGGER, Michael ([9]2010), *Indogermanische Sprachwissenschaft*, unter Mitarb. v. Matthias Fritz u. Manfred Mayrhofer, Berlin: de Gruyter.

Klassifikation der romanischen Sprachen

a.	Rumänisch	Balkanromanisch	
	Dalmatisch †		
b.	Italienisch		Italoromanisch
	Sardisch		
	Rätoromanisch		
c.	Französisch		Galloromanisch
	Frankoprovenzalisch		
	Okzitanisch (und Gaskognisch)		
	Katalanisch	Iberoromanisch	
d.	Spanisch		
	Portugiesisch		

Bemerkungen zu diesem Schema:

1. Durch die doppelte Zugehörigkeit im Falle des Dalmatischen und des Katalanischen soll angedeutet werden, dass diese Sprachen eine Art Brücke ("lengua-puente", so A. Badía Margarit in Bezug auf das Katalanische) zwischen dem Balkanromanischen und dem Italoromanischen bzw. zwischen dem Galloromanischen und dem Iberoromanischen bilden. Vgl. zur hier vertretenen weiten Auffassung des Italoromanischen auch S. 20.

2. Wir ziehen, um Verwechslungen zu vermeiden, die inzwischen üblich gewordene Bezeichnung "Okzitanisch" (auch Occitanisch, vgl. Dantes "lingua oc", frz. "la langue d'oc") dem in der Tradition der romanischen Philologie für die Benennung der betreffenden Sprache bzw. Dialektgruppe verwurzelten Terminus "Provenzalisch" (so auch bei Tagliavini) vor, da "Provenzalisch", stricto sensu, ausschließlich den Dialekt der Provence bezeichnet. Manchmal wird "(Alt-)Provenzalisch" für die mittelalterliche Sprachstufe und Literatur gebraucht, "Okzitanisch" dagegen für die der neueren Zeit.

3. In historischer Sicht wird üblicherweise das Galicische (Galegisch) mit dem Portugiesischen zu einer Einheit zusammengefasst, zum *galego-português*; politisch gehört Galicien allerdings zu Spanien.

4. Schließlich dürften auch die Kreolsprachen mit romanischer lexikalischer Basis nicht unerwähnt bleiben, wenngleich sie keine romanischen Sprachen im eigentlichen Sinne darstellen, da sie keine direkten Fortsetzungen des Lateinischen sind.

Eine Reihe von Überblickswerken zur romanischen Sprachwissenschaft, wie z. B. die von L. Renzi[4] und von P. G. B. Mancarella[5], geben dieselbe Einteilung wie Tagliavini. Andere Autoren weichen in der Aufgliederung der romanischen Sprachen leicht ab: Durch die Herausnahme des Dalmatischen als einer toten Sprache, so z. B. bei M. Pei[6], oder des zumindest in der Schweiz kaum noch vitalen Frankoprovenzalischen, etwa bei G. Ineichen[7], gelangen sie zu nur 10 romanischen Sprachen. Durch eine weitere Differenzierung gegenüber Tagliavini kommen andere zu 12, so etwa A. Monteverdi[8], der zusätzlich zwischen Italienisch und Oberitalienisch unterscheidet, oder P. Bec[9], der das Gaskognische aus dem Okzitanischen als eigene romanische Sprache herausnimmt. Noch stärker untergliedert z. B. K. Togeby[10], indem er 15 romanische Sprachen unterscheidet; so teilt er drei der 11 bei Tagliavini aufgeführten romanischen Sprachen weiter auf:

a) Sardisch; b) die **Ostromania** mit Rumänisch, Dalmatisch, Süditalienisch, Toskanisch; c) die **Westromania** mit Norditalienisch, Friaulisch, Rätoromanisch, Französisch, Frankoprovenzalisch, Provenzalisch; Gaskognisch, Katalanisch, Spanisch, Portugiesisch.

Wenn man zudem das Rätoromanische in das Bündnerromanische und in das Zentralladinische aufspaltet und das Galicische vom Portugiesischen abtrennt, dann gelangt man zu 17 romanischen Sprachen. Außerdem wurde in der sowjetischen Romanistik aus politischen Gründen das Moldauische als eigene romanische Sprache vom Rumänischen getrennt.

Auch im *Lexikon der Romanistischen Linguistik* (Tübingen 1988 ff.) werden 17 romanische Sprachen unterschieden:

Rumänisch; Dalmatisch/Istroromanisch; Friaulisch; Ladinisch; Bündnerromanisch; Italienisch; Korsisch; Sardisch; Französisch; Okzitanisch; Katalanisch; Aragonesisch/Navarresisch; Spanisch; Asturianisch/Leonesisch; Galegisch; Portugiesisch.

---

4   RENZI, Lorenzo (1980), *Einführung in die romanische Sprachwissenschaft.* Herausgegeben von Gustav Ineichen, Tübingen: Niemeyer, 90; RENZI, Lorenzo (⁵1992), *Nuova introduzione alla filologia romanza*, Bologna: Il Mulino, Tav. I.

5   MANCARELLA, P. Giovan Battista (³2001), *Linguistica romanza*, Lecce: Grifo, 14–15.

6   PEI, Mario (1976), *The Story of Latin and the Romance Languages*, New York/Hagerstown/San Francisco/London: Harper & Row, 160–161.

7   INEICHEN, Gustav (²1991), *Allgemeine Sprachtypologie: Ansätze und Methoden*, Darmstadt: WB, 138. Eigenartigerweise fehlt bei ihm das Rätoromanische in der Liste der romanischen Sprachen, hingegen führt er das Ladino – "spanische Verkehrssprache der sephardischen Juden auf dem Balkan" – als eine solche auf.

8   MONTEVERDI, Angelo (1952), *Manuale di avviamento agli studi romanzi*, Milano: Francesco Vallardi, 80.

9   BEC, Pierre (1970–1971), *Manuel pratique de philologie romane*, 2 tomes, Paris: Picard.

10 TOGEBY, Knud (1962), "Comment écrire une grammaire historique des langues romanes?", *SNPh* 34: 315–320, 318.

Hier ist wohl die Obergrenze der Differenzierung dessen erreicht, was man noch sinnvollerweise als romanische "Sprachen" ansprechen kann. Die Schwierigkeit bei der Festlegung der Zahl der romanischen Sprachen hängt mit dem Problem der Abgrenzung zwischen "Sprache" und "Dialekt" zusammen, vgl. III.8.1.1.

Die zunächst rein geographisch begründete Einteilung der romanischen Sprachen in eine Ost- und eine Westromania, etwa bei J. Jud (so im Grunde schon bei F. Diez [1794–1876], einem der Begründer der romanischen Philologie als Wissenschaft), wurde, wie man z.B. in der Gruppierung von Tagliavini (s. oben) und auch von MONTEVERDI (1952: 80) sieht, um eine Zentralromania, die der Italoromania entspricht, erweitert, wobei die Westromania dann die Gallo- und die Iberoromania einschließt und die Ostromania die Balkan- oder Dakoromania umfasst.

Unter Zugrundelegung sprachlicher, hier: phonischer Kriterien, nämlich 1. der Erhaltung bzw. Nichterhaltung des auslautenden [s][11] und 2. der Erhaltung bzw. Sonorisierung (und weiterer Abschwächung) der Verschlusslaute [p], [t] und [k] in intervokalischer Stellung in den verschiedenen romanischen Sprachen, vor allem in ihrer Entwicklung bis zum Ende des Mittelalters, stellte Walther von Wartburg bereits 1936 in einem Aufsatz und dann in seiner Monographie *Die Ausgliederung der romanischen Sprachräume* (Bern 1950) die zuvor rein geographisch begründete Unterscheidung in Ost- und Westromania auf eine sprachlich fundierte Basis. Ost- und Westromania werden nach Wartburg durch eine Linie, die vom Ligurischen Meer bei La Spezia quer über die Apenninenhalbinsel zum Adriatischen Meer bei Rimini (nach H. Lausberg: bei Pesaro) verläuft, abgegrenzt. Danach gehören "der ganze romanische Balkan, sowie Mittel- und Süditalien" zur Ostromania, "Gallien, die Alpenländer, Oberitalien bis zur Linie Spezia-Rimini, Iberien" (WARTBURG 1950: 32) zur Westromania; Sardinien nimmt eine Sonderstellung ein.

Beispiele zur Illustration der verwendeten Differenzierungskriterien:

	OSTROMANIA	WESTROMANIA
lat. -[s]	rum. *capre, membri* ital. (d.h. standardital.) *capre, membri*	span. *cabras, miembros* frz. (graph. Code) *chèvres, membres* (altfrz. *chievres*)
lat. -[p]-:	rum. *săpun* ital. *sapone*	span. *jabón* [β] frz. *savon*
lat. -[t]-:	rum. *roată* ital. *ruota*	span. *rueda* [δ] frz. *roue*, d.h. -[t]- >∅

---

[11] Besonders relevant für die Morphologie der Numerusmarkierung am Nomen und für die Morphologie der Personenmarkierung am Verb, z.B. im Kat., Span., Port.

	OSTROMANIA	WESTROMANIA
lat. -[k]- (nicht vor [e] oder [i]):	rum. *ficat* südital. *ficatu* rum. *foc(ul)* ital. *fuoco*	span. *hígado* [γ] frz. *foie*, -[k]ᵃ- > [j] (bildet den Abglitt des Diphthongs) span. *fuego* [γ] frz. *feu*, hier -[k]- >Ø

Bemerkung:

Das Wartburgsche Kriterium der Erhaltung des auslautenden [s] trifft im Französischen, was den phonischen Code angeht, allerdings voll nur für das Altfranzösische und höchstens ganz eingeschränkt für das Neufranzösische (nur im Falle der sog. Liaison) zu[12]. So muss aufgrund sprachlicher Fakten im Französischen – sowie übrigens auch im spanischsprachigen Raum (z.T. Südspanien und z.T. Hispanoamerika) und in der Toskana (vgl. die sog. "gorgia toscana") – präzisierend betont werden, dass die Wartburgsche Einteilung Westromania/Ostromania zwar auf die mittelalterlichen Entwicklungsphasen der romanischen Sprachen weitgehend zutrifft, nicht mehr jedoch dem Sprachzustand aller romanischen Sprachen in der Neuzeit entspricht (von Wartburg hat dies übrigens selbst bereits 1953 explizit anerkannt)[13].

In Anlehnung an die Wartburgsche Gliederung der Romania schlägt H. Lausberg[14] "auf Grund des Verwandtschafts-Grades" folgende Dreiteilung der Romania vor:

I.   W e s t r o m a n i a mit folgenden Teilräumen:
A) Galloromania (Provenzalisch, Frankoprovenzalisch, Französisch)
B) Raetoromania (Bünderromanisch, Ladinisch, Friaulisch)
C) Norditalien
D) Iberoromania (Katalanisch, Spanisch, Portugiesisch)

II.   O s t r o m a n i a mit folgenden Teilräumen:
A) Mittel- und Süditalien
B) Dalmatien
C) Rumänien

III.   S a r d i n i e n

---

12   Vgl. dazu GECKELER, Horst (1976), "Sigmaphobie in der Romania? Versuch einer funktionellen Bestimmung", *ZRPh* 92: 265–291, und ders. (1978), "'Phonischer Code' und 'skripturaler Code' auch für die Beschreibung des Spanischen?", *Iberoromania* 8: 11–29; SEKLAOUI, Diana R. (1989), *Change and Compensation. Parallel Weakening of [s] in Italian, French and Spanish*, New York/Bern/Frankfurt/Paris.

13   Zur Kritik an von Wartburgs These vgl. beispielsweise MALKIEL, Yakov (1991), "'Western Romance' versus 'Eastern Romance'. The Terms, the Images, and the Underlying Concepts", *RF* 103: 141–156.

14   LAUSBERG (³1969: I, 39.). Statt "Provenzalisch" heute "Occitanisch/Okzitanisch".

Gerade die Abgrenzung der Galloromania gegenüber der Iberoromania und der Italoromania ist problematisch. Vieles spricht aus heutiger Sicht für eine weitgehende Einbeziehung des Katalanischen in die Galloromania. Auch das Rätoromanische, insbesondere das Bündnerromanische, zeigt starke Affinitäten zum Galloromanischen, so dass eine ausschließliche Zuordnung des Rätoromanischen zur Italoromania, wie sie das Schaubild auf S. 17 suggeriert, in Frage gestellt werden muss.

Schließlich weisen wir noch auf die verschiedenartigen Konstellationen hin, die sich ergeben, wenn man eine Klassifizierung der romanischen Sprachen ausschließlich auf der Grundlage der Verteilung von Wortschatzelementen versucht. – Nach M. Bartoli mit seiner "linguistica spaziale" hat vor allem G. Rohlfs diesen Ansatz auf besonders anschauliche Weise (mit viel Kartenmaterial) in folgenden Werken vertreten: ROHLFS, Gerhard (1954), *Die lexikalische Differenzierung der romanischen Sprachen. Versuch einer romanischen Wortgeographie*, München, und in erweiterter Form in: *Romanische Sprachgeographie. Geschichte und Grundlagen, Aspekte und Probleme mit dem Versuch eines Sprachatlas der romanischen Sprachen*, München 1971; vgl. auch sein *Panorama delle lingue neolatine. Piccolo atlante linguistico pan-romanzo*, Tübingen 1986. So kann Rohlfs z. B. unter anderen möglichen immer wieder eine bestimmte Konstellation von vier Sprachräumen, in der sich nämlich eine "innere Romania" (Gallia, Italia) gegenüber einer "Randromania" (Iberia, Dacia) abhebt (entsprechend einer "Arealnorm" von Bartoli), nachweisen. Es muss jedoch angemerkt werden, dass verschiedene der im folgenden Schema angeführten sprachlichen Fakten zur Illustration etwas vereinfacht dargestellt sind:

IBERIA	GALLIA	ITALIA	DACIA
lat. *rogare* sp./port. *rogar*	*precare* frz. *prier*	*precare* it. *pregare*	*rogare* rum. *a ruga*
lat. *afflare* sp. *hallar* port. *achar*	*tropare* frz. *trouver*	*tropare* it. *trovare*	*afflare* rum. *a afla*
lat. *fervere* sp. *hervir* port. *ferver*	*bullire* frz. *bouillir*	*bullire* it. *bollire*	*fervere* rum. *a fierbe*
lat. *humerus* sp. *hombro* port. *ombro*	*spat(h)ula* frz. *épaule*	*spat(h)ula* it. *spalla*	*humerus* rum. *umăr*
lat. *magis* sp. *más* port. *mais*	*plus* frz. *plus*	*plus* it. *più*	*magis* rum. *mai*
RANDROMANIA	**INNERE ROMANIA**		**RANDROMANIA**

IBERIA	GALLIA	ITALIA	DACIA
lat. *formosus* sp. *hermoso* port. *formoso*	*bellus* frz. *beau*	*bellus* it. *bello*	*formosus* rum. *frumos*
lat. *mensa* sp./port. *mesa*	*tabula* frz. *table*	*tabula* it. *tavola*	*mensa* rum. *masă*
lat. *dies* sp./port. *día*	*diurnum* frz. *jour*	*diurnum* it. *giorno*	*dies* rum. *zi*
RANDROMANIA	**INNERE ROMANIA**		**RANDROMANIA**

Das einfachste, dafür aber aussageschwächste Verfahren, um Sprachen zu ordnen, ist die **geographische** (oder **areale**) **Klassifikation**: hier werden Sprachen ausschließlich nach dem Kriterium ihrer räumlichen Kontiguität zusammengefasst, z.B. australische Sprachen, Sudansprachen (auch die ältere Einteilung Westromania/ Ostromania – nicht diejenige auf der Grundlage der Wartburgschen Kriterien, vgl. oben – gehört dazu). Die **historisch-genealogische Klassifikation** beruht auf der genetischen Verwandtschaft zwischen Sprachen, d.h. aufgrund unserer historischen Kenntnis, dass sich eine (Ausgangs-)Sprache im Laufe der Zeit zu verschiedenen Sprachen entwickelt hat, gruppieren wir diese zu einer Sprachfamilie zusammen – so bilden die romanischen Sprachen, die bekanntlich die Fortsetzer des Lateins sind, eine Sprachfamilie. Klassifikationen, die auf **sprachstrukturellen Fakten** basieren, wird man schon als zur **Sprachtypologie** gehörig einstufen dürfen. Innerhalb der Sprachtypologie gibt es die **partielle Typologie** (d.h. Typologie "sprachlicher Teilsysteme", z.B. die phonische oder die morphologische Ebene betreffend) und die **integrale Typologie** (d.h. Typologie "sprachlicher Ganzsysteme", Erklärung nach Haarmann[15])[16], vgl. auch III.8.

Die Hauptschwierigkeit bei der Klassifizierung bzw. Typologisierung von Sprachen, sofern diese weder auf geographischer noch auf historisch-genealogischer Grundlage durchgeführt werden soll oder kann, liegt in der Wahl von adäquaten Kriterien, sowohl was ihre Qualität (Hierarchisierung der Fakten) als auch ihre Quantität betrifft.

> **Anregung**
>
> In einer Seminarsitzung sollte der Seminarleiter mit den Teilnehmern eine Auswahl der charakteristischen Merkmale der romanischen Sprachen, die RENZI (1980: 109–124) anführt, durcharbeiten.

---

15 HAARMANN, Harald (1976), *Grundzüge der Sprachtypologie*, Stuttgart u. a.: Kohlhammer, 7.

16 Orientierend zur Sprachtypologie: INEICHEN (²1991), siehe Fn. 7, S. 18; COSERIU, Eugenio (1980), "Der Sinn der Sprachtypologie", *TCLC* 20: 157–170. Einen wissenschaftsgeschichtlichen Überblick über die Versuche zur Klassifizierung der romanischen Sprachen gibt MALKIEL, Yakov (1978), "The Classification of Romance Languages", *RomPh* 31: 467–500.

1.3 Die Verbreitung der romanischen Sprachen

Als Übersichtsinformation führen wir die – wie oben gesehen – üblicherweise unterschiedenen 11 romanischen Sprachen in der Reihenfolge ihrer numerischen Wichtigkeit, nach der Zahl ihrer **muttersprachlichen** Sprecher an (wobei aus der Literatur häufig nicht klar hervorgeht, ob bei zweisprachigen Gebieten Muttersprache und Zweitsprache zusammengerechnet oder getrennt geführt werden) – in Klammern geben wir bei den "großen" romanischen Sprachen auch ihren Rang unter den meistgesprochenen Sprachen der Erde in römischen Ziffern an – und unterrichten gleichzeitig summarisch über die Hauptverbreitungsgebiete der einzelnen romanischen Sprachen. Wir müssen jedoch darauf hinweisen, dass die Angaben über die Zahl der Sprecher in den konsultierten einschlägigen Werken – wie übrigens nicht anders zu erwarten war – z.T. beträchtlich divergieren.

Sprache	Ungefähre Zahl der Sprecher	Wichtigste Verbreitungsgebiete
1. Spanisch (IV.)	ca. 415 Mio.	Spanien, Kanarische Inseln, SW der USA (+ Florida), Mexiko, Mittelamerika (außer Belize), Südamerika (außer Brasilien, Guayana, Surinam und Frz.-Guayana), z.T. im Karibischen Raum (Kuba, Dominikanische Republik, Puerto Rico)
2. Portugiesisch (VII.)	ca. 210 Mio.	Portugal, Azoren, Madeira, Brasilien, Angola, Mosambik (Moçambique)
3. Französisch (X.)	ca. 131 Mio., davon 76 Mio. Primärsprachler und 55 Mio. Zweitsprachler	siehe I.2
4. Italienisch	ca. 70 Mio.	Italien, z.T. in der Schweiz (Kanton Tessin, Teile v. Graubünden)
5. Rumänisch	ca. 26,5 Mio.	Rumänien, Moldawien/ Republica Moldova, (Griechenland, Albanien)

Sprache	Ungefähre Zahl der Sprecher	Wichtigste Verbreitungsgebiete
6. Katalanisch	ca. 7–10 Mio.	Katalonien, Comunidad Valenciana, Balearen; Andorra; Roussillon (Frankreich), siehe I.3
7. Okzitanisch	Maximal 200.000 Sprecher	siehe I.3
8. Sardisch	ca. 1–1,4 Mio.	Sardinien
9. Rätoromanisch[17] a. Bündner- romanisch b. Zentralladinisch (Ladin) c. Friaulisch (Furlan)	ca. 35.000 (Gesamtschweiz) ca. 30.000 ca. 600.000	v. a. Kanton Graubünden (Schweiz) verschiedene Dolomitentäler, Comelico und Teile des Cadore (Italien) Region Friuli – Venezia Giulia (Italien)
10. Franko- provenzalisch	ca. 140.000	siehe I.3
11. Dalmatisch †	Ausgestorben im Jahre 1898	Teile der dalmatinischen Küste und vorgelagerte Inseln (z.B. Veglia – Krk)

⌐Anregung⌐

Informieren Sie sich anhand von TAGLIAVINI ([2]1998: 129–157) in großen Zügen über die "verlorene Romania" (oder "Romania submersa") und die "neue Romania" (oder "Romania nova").

Literaturhinweise

Un milliard de Latins en l'an 2000 (1983), Paris; MALHERBE, Michel (2010), *Les langages de l'humanité*, Paris: Laffont; *Lexikon der Romanistischen Linguistik* (1988 ff.), Tübingen; SALA, Marius (Hrsg.) (1989), *Enciclopedia limbilor romanice*, Bucureşti: Editura Ştiinţifică şi Enciclopedică; *Der Fischer Weltalmanach 2011* (2010), Frankfurt a.M.: Fischer; FRÉMY, Dominique et Michèle (2005), *Quid 2006*, Paris: Laffont.

---

[17]   Das Rätoromanische als Einheit wird neuerdings immer wieder in Frage gestellt.

2. Die geographische Verbreitung der französischen Sprache

Obwohl das Französische keine der numerisch ganz großen muttersprachlich ge-sprochenen Sprachen der Erde ist, weist es doch eine beträchtliche Verbreitung über die Kontinente und Ozeane hinweg auf, einerseits als Muttersprache, ande-rerseits als offizielle Sprache, als **Verkehrs-** und/oder **Kultursprache** neben anderen jeweils einheimischen Sprachen. Diese Tatsache ist als eines der fortdauernden Ergebnisse der früheren Kolonialherrschaft Frankreichs außerhalb Europas zu sehen.

Eine weitere Konsequenz ist die Entstehung der **Kreolsprachen**[18] auf französischer lexikalischer Grundlage einerseits im karibischen Raum, andererseits in der Insel-welt des Indischen Ozeans.

Nachfolgend geben wir einen geographisch geordneten Überblick über die Franko-phonie, d.h. die Territorien der Erde, in denen Französisch als Muttersprache oder als Zweitsprache oder als eine weitere Sprache in zwei- oder mehrsprachigen Län-dern gesprochen wird – mit Angabe der Sprecherzahlen (in denen sehr unter-schiedliche Stufen der Sprachkompetenz zusammengefasst sein können), die in der Literatur häufig stark schwanken und die deshalb gerundet angeführt werden.

2.1 In Europa

Frankreich: Das Französische ist die Nationalsprache der Französischen Republik (62,3 Mio. Sprecher einschließlich der überseeischen Gebiete). Auf die Tatsache, dass Frankreich ein Vielsprachenstaat ist, soll in I.3 eingegangen werden.

Belgien: Auch Nichtromanisten ist dieses Land u.a. durch den heftigen Sprachen-streit zwischen den im Norden lebenden Flamen, die das germanische Flämisch (Niederländisch) als Muttersprache sprechen, und den im Süden wohnenden Wal-lonen, deren Muttersprache das Französische (mit belgischen Besonderheiten) ist, bekannt – daneben gibt es noch im Osten eine kleinere deutschsprachige Region, etwa zwischen Eupen und Saint Vith. Die Hauptstadt Brüssel (*Bruxelles*) liegt im flämischsprachigen Gebiet; sie ist zwar offiziell zweisprachig, de facto aber über-wiegend frankophon. Die wichtigsten Städte im französischsprachigen Teil Belgi-ens sind von West nach Ost: Tournai, Mons, Charleroi, Namur, Liège (Brügge, Gent, Antwerpen, Löwen liegen dagegen in den flämischsprachigen Provinzen). Franzö-sischsprachig: ca. 4,3 Mio. (entspricht ca. 40% der Bevölkerung).

Großherzogtum Luxemburg: Komplexe dreisprachige Situation: Der einheimische Dialekt, das Letzeburgische (gehört zum Moselfränkischen), wird mehrheitlich als

---

18   Vgl. z.B. CHAUDENSON, Robert (1995), *Les créoles*, Paris: PUF; ders. (2010), *La genèse des créoles de l'Océan Indien*, Paris: L'Harmattan.

Muttersprache betrachtet, ist Nationalsprache und eine der drei Amtssprachen. Das Französische genießt als Amtssprache, insbesondere als Gesetzessprache, eine Vorrangstellung; das Deutsche hat "eine eher untergeordnete ko-offizielle Stellung"[19] neben den beiden anderen Sprachen (als Pressesprache ist Deutsch jedoch dominant). Einwohnerzahl: ca. 490.000 (davon sekundär frankophon: 80%).

Schweiz: Es existieren drei Amtssprachen des Bundes: Deutsch, Französisch und Italienisch, Rätoromanisch ist regionale Amtssprache in Graubünden; alle vier Sprachen sind gemäß der Verfassung zugleich Nationalsprachen der Schweiz.

Der frankophone Teil der Schweiz umfasst den Kanton Jura und die *Suisse Romande*: die Kantone Genf (*Genève*), Waadt (*Vaud*), Neuenburg (*Neuchâtel*); die Kantone Wallis (*Valais*), Freiburg (*Fribourg*) und Bern sind nur zum Teil frankophon. Französischsprachige: ca. 1,56 Mio. (entspricht ca. 20,4% der Bevölkerung).

Italien: Aostatal (*Val d'Aoste*): Gehört wie der größte Teil der *Suisse Romande* zum frankoprovenzalischen Sprachraum. Im Gegensatz zur Schweiz ist allerdings das Frankoprovenzalische im Aostatal im Alltag noch recht lebendig (70% aktive Sprecher). Dem Frankoprovenzalischen wurde jedoch offiziell das Französische vorgeordnet. Französisch ist zwar nach dem Autonomiestatut für die Region neben dem Italienischen offiziell auch Amtssprache, ist aber faktisch dort niemandes primäre Sprache. Im offiziellen Leben dominiert das Italienische. (Vgl. zu der komplexen Lage auch Frank Jablonka (1997), *Frankophonie als Mythos. Variationslinguistische Untersuchungen zum Französischen und Italienischen im Aosta-Tal*, Wilhelmsfeld: Egert).

Fürstentum Monaco: Ist neben Frankreich der einzige Staat, in dem das Französische die alleinige offizielle Sprache ist. Sprecherzahl: ca. 31.000.

Fürstentum Andorra: Dreisprachige Situation: Katalanisch (36%) ist Amtssprache, Spanisch (57%) und Französisch (7%) sind Verkehrssprachen. Einwohnerzahl: ca. 84.000.

Großbritannien: die Kanalinseln oder Normannischen Inseln (*les Iles Anglo-Normandes*): Die Präsenz des Französischen bzw. von Varietäten des normannischen Dialekts erklärt sich durch die frühere Zugehörigkeit der Inseln Jersey, Guernsey (frz. *Guernesey*), Sark (frz. *Sercq*) und Alderney (frz. *Aurigny*) zum Herzogtum Normandie, das von 1066 bis 1204 im Besitz der englischen Krone war. Die Inseln sind bis heute unmittelbar der Hoheit der britischen Krone unterstellt. Die Kenntnis des normannischen Dialekts, aber auch des Französischen, ist im 20. Jh. zugunsten des Englischen drastisch zurückgegangen. Einwohnerzahl: ca. 150.000; etwa 4.000 frankophone Sprecher insgesamt.

---

[19] Ammon, Ulrich (1991), *Die internationale Stellung der deutschen Sprache*, Berlin/New York: de Gruyter, 60.

2.2 Außerhalb Europas

2.2.1 Nordamerika

Kanada: Die größte frankophone Sprachgemeinschaft nach Frankreich selbst lebt in der Provinz Québec (ca. 6 Mio.), der französischsten der kanadischen Provinzen. Provinzhauptstadt ist Québec; Montréal dagegen ist die zweitgrößte frankophone Stadt der Erde (mit Peripherie mehr als 3 Mio. Einwohner). In allen anderen Provinzen Kanadas sind die frankophonen gegenüber den anglophonen Sprechern deutlich in der Minderzahl. Relativ hohe französischsprachige Bevölkerungsanteile weisen die Provinzen Nouveau-Brunswick (ca. 245.000) und Ontario (ca. 340.000) auf, daneben Manitoba (ca. 48.000) und Nouvelle-Écosse (Nova Scotia) mit 32.000 Frankophonen. Englisch und Französisch sind die offiziellen kanadischen Amtssprachen.

Die Präsenz der französischen Sprache als Muttersprache in Kanada geht auf die Entdeckung des Landes durch französische Seefahrer im 16. und 17. Jh. und auf die Kolonialherrschaft Frankreichs bis 1763 zurück. Gesamtzahl der französischsprachigen Kanadier: ca. 7,5 Mio. (entspricht ca. 22% der Bevölkerung).

Die Inseln *Saint-Pierre* und *Miquelon*: zwei kleine Inseln südlich von Neufundland, die politisch zu Frankreich gehören. Sprecherzahl: ca. 6.600.

USA:

a) Neuengland-Staaten: In den sechs nördlichen Staaten Maine, Vermont, New Hampshire, Massachusetts, Connecticut und Rhode Island leben – meist im 19. Jh. aus dem frankophonen Kanada eingewandert – ca. 270.000 Frankoamerikaner mit Französisch als Muttersprache (Census 2000, gegenüber 900.000 im Jahre 1970). Heute sind die Frankoamerikaner durchweg zweisprachig, mit wachsender Tendenz zur Aufgabe des Französischen. Immerhin bekannten sich 2000 etwa 1,6 Mio. zum Französischen als Familiensprache.

b) Louisiana: Ab dem 17. Jh. von Kanada her durch Franzosen kolonisiert (Name zu Ehren von Ludwig XIV.); wechselnde Besitzverhältnisse (Spanien, England); 1803 von Napoleon an die USA verkauft. Komplexe Sprachsituation: Neben dem unbestreitbar dominierenden Englisch kann man drei Varietäten des Französischen unterscheiden: das Kolonialfranzösisch (heute kaum noch gesprochen); das ursprünglich von den aus Kanada vertriebenen Akadiern eingeführte *cajun* oder *cadjin* (< *acadien*): die gesprochene Varietät des Französischen, die heute in Louisiana am verbreitetsten ist; ein Frankokreol (*gombo*), das zu Beginn des 19. Jhs. von Sklaven aus den Antillen mitgebracht wurde. 1968 wurde das Französische als offizielle Sprache neben dem Englischen anerkannt. Zahl der Frankophonen (aller drei Varietäten): 194.000 (vgl. Anhang: KOLBOOM/KOTSCHI/REICHEL [2]2008, 109–119; Angaben der Volkszählung 2000).

N.B.: In den bisher behandelten, geographisch angeordneten Gebieten ist das Französische weitgehend Muttersprache; in den nachfolgend besprochenen Regionen hat das Französische die Funktion einer bzw. der Amtssprache oder einer bzw. der Verkehrssprache (*langue véhiculaire*) u. a.

2.2.2 Karibischer Raum und Südamerika

Haiti: Seit 1804 von Frankreich unabhängige Republik (den östlichen und größeren Teil der Insel bildet die spanischsprachige Dominikanische Republik). Muttersprache: ein Frankokreol; Amtssprachen: Französisch und Kreol; das Englische ist zu einer starken Konkurrenz für das Französische geworden. Frankophone Bevölkerung: ca. 350.000 (5 % von 7 Mio. Einwohnern).

Martinique und **Guadeloupe:** Jede der beiden Inseln der Kleinen Antillen hat den politischen Status eines *Département d'outre-mer (D.O.M.)*. Ein Frankokreol ist Muttersprache, Französisch dagegen Amtssprache, mit steigender Verbreitung. Frankophone Sprecher: ca. 40%, d.h. ca. 161.000 von 402.000 Einwohnern auf Martinique bzw. ca. 162.000 von 404.000 Einwohnern auf Guadeloupe.

Französisch-Guayana (frz. *Guyane*): Zwischen Surinam und Nordbrasilien gelegenes D.O.M. Muttersprache: ein Frankokreol; Amtssprache: Französisch. Frankophone Sprecher: ca. 69.000 (ca. 30 % von 229.000 Einwohnern).

2.2.3 Inseln im Indischen Ozean

(La) Réunion: Die östlich von Madagaskar gelegene Insel hat den Status eines D.O.M. mit einem Frankokreol als Muttersprache und Französisch als Amtssprache. Frankophone Bevölkerung: ca. 327.000 (ca. 40 % von 817.000 Einwohnern).

Mauritius (frz. *Ile Maurice*): Im nordöstlich von Réunion gelegenen, seit 1968 unabhängigen Inselstaat ist Englisch Amtssprache. Aus der Zeit der französischen Kolonialherrschaft stammt ein von der Mehrheit der Bewohner gesprochenes Frankokreolisch (ca. 494.000 Sprecher); das Französische gilt als Bildungssprache. Einwohner: ca. 1,3 Mio.

Seychellen: Inselgruppe nördlich von Madagaskar, seit 1976 unabhängige Republik. Drei offizielle Sprachen in folgender gesetzlich festgelegten Reihung: 1. (Franko-) Kreolisch, 2. Englisch, 3. Französisch. Einwohner: ca. 87.000 (Kreolisch (*seselwa*) ist für ca. 95 % der Bevölkerung Muttersprache).

Komoren: Inselgruppe nordwestlich von Madagaskar, seit 1975 von Frankreich unabhängig als Islamische Bundesrepublik der Komoren. Offizielle Sprachen: Arabisch und Französisch; hauptsächliche Muttersprache ist das Komorische (eine Bantusprache). Bewohner: ca. 644.000.

Mayotte: Eine geographisch zum Archipel der Komoren gehörende Insel, die sich 1976 für die "collectivité territoriale" mit Frankreich entschieden hat. Sprachen: Französisch (Amtssprache) und Komorisch. Einwohner: ca. 188.000 (davon ca. zwei Drittel frankophon).

Madagaskar: Große, der SO-Küste Afrikas vorgelagerte Insel. Republik, seit 1960 von Frankreich unabhängig. Amtssprachen: Madagassisch (zur malaiisch-polynesischen Sprachengruppe gehörig; frz. *malgache*) und Französisch. Einwohner: ca. 19 Mio. (davon ca. 10 % frankophon).

2.2.4 Ozeanien

Im pazifischen Raum stellt sich die heutige französische Präsenz wie folgt dar:

Drei *Territoires d'outre-mer* (*T.O.M.*):

Neukaledonien (frz. *la Nouvelle-Calédonie*): Östlich von Australien gelegene Inselgruppe (Hauptstadt: Nouméa). Amtssprache: Französisch; melanesische und polynesische Sprachen. Einwohner: ca. 245.000 (davon ca. 80 % frankophon, zumeist als Zweitsprache).

Wallis und **Futuna:** Zwischen den Fidschi-Inseln und Samoa gelegene Inseln. Offizielle Sprache: Französisch; polynesische Sprachen. Bewohner: ca. 13.500 (davon ca. 70 % frankophon, zumeist als Zweitsprache).

Französisch-Polynesien: Auf etwa halber Strecke zwischen Australien und Südamerika gelegene, großräumig im Südpazifik verteilte Inselgruppen (z. B. Gesellschafts-Inseln, Iles Marquises); Hauptinsel: Tahiti (Hauptstadt: Papeete). Amtssprachen: Französisch und Tahitisch; polynesische Sprachen. Einwohner: ca. 260.000 (davon ca. 80 % frankophon, zumeist als Zweitsprache).

– Zu diesen drei T.O.M. kommt noch die seit 1980 unabhängige Republik *Vanuatu* hinzu: Ein aus zahlreichen Inseln bestehender Staat, zwischen Neukaledonien und den Fidschi-Inseln gelegen; vormals britisch-französisches Kondominium "Neue Hebriden". Nationalsprachen: Bislama (Kreolsprache, entstanden aus dem Pidgin Beach-la-mar), Englisch, Französisch; daneben zahlreiche melanesische Sprachen. Einwohner: ca. 234.000 (davon ca. 30 % frankophon, meist als Zweitsprache).

2.2.5 Afrika

"L'Afrique d'expression française" muss, aufgrund der unterschiedlichen Rollen, die das Französische dort spielt, in zwei Großräume aufgeteilt werden:

a) **Maghrebstaaten:** In den drei Staaten *Algerien* (unter frz. Herrschaft von 1830–1962), *Tunesien* (frz. von 1881–1956) und *Marokko* (frz. von 1912–1956), in denen eine bedeutende Kultursprache, das Arabische, Amtssprache ist, hat das Französische – etwas unterschiedlich nach den Ländern – als Bildungs- und internationale Verkehrssprache eine wichtige Funktion inne. Muttersprachen sind Berberdialekte und arabische Dialekte. Einwohnerzahl insgesamt: ca. 76 Mio., davon frankophon zwischen 16% (Marokko) und 28% (Algerien, Tunesien) (vgl. KOLBOOM/KOTSCHI/REICHEL ²2008, 119–120).

b) **Schwarzafrika** (frz. *L'Afrique noire, L'Afrique subsaharienne*):
Die Präsenz der französischen Sprache in großen Teilen West- und Zentralafrikas geht auf das während des 19. Jhs. und bis nach dem Ersten Weltkrieg errichtete Kolonialimperium Frankreichs und Belgiens zurück (im Senegal bereits früher). In allen 17 zwischen 1958 und 1962 aus den ehemaligen französischen und belgischen Kolonien entstandenen unabhängigen Staaten mit z. T. sehr komplexen sprachlichen Verhältnissen fungiert das Französische als eine der Amtssprachen – häufig sogar als einzige Amtssprache, aber kaum als Muttersprache. Wichtig ist seine Rolle als Unterrichtssprache, als supraregionale und nationale Verkehrssprache (in den Ländern mit großer Sprachenvielfalt) sowie als internationale Verkehrssprache. Zu den Faktoren, die den Grad der Kenntnis des Französischen in Schwarzafrika beeinflussen, vgl. S. LAFAGE in *LRL* V, 1: 769 ff.

Verschiedene Autoren räumen dem Französischen in Schwarzafrika vielversprechende Zukunftsperspektiven hinsichtlich einer beträchtlichen Ausweitung der Frankophonie ein. Kritisch jedoch dazu KOLBOOM/KOTSCHI/REICHEL ²2008, 121–122.

Auflistung der zur Frankophonie zählenden schwarzafrikanischen Staaten ("L'Afrique noire d'expression française") von Nord nach Süd (mit Angabe der jeweiligen Einwohnerzahl und der geschätzten Prozentzahl der frankophonen Sprecher, getrennt nach "locuteurs réels" und "locuteurs potentiels", siehe KOLBOOM/KOTSCHI/REICHEL ²2008, 120, und der Hauptstadt. Staaten mit Französisch als "langue officielle" in Kapitälchen):

Mauretanien: ca. 3.2 Mio. (4,2%/5,4%); Nouakchott

MALI/RÉPUBLIQUE DU MALI: 12,7 Mio. (9,6%/9,6%); Bamako

NIGER/RÉPUBLIQUE DU NIGER: 14,7 Mio. (2,0%/7,1%); Niamey

TSCHAD/RÉPUBLIQUE DU TCHAD: 11,2 Mio. (3,0%/16,4%); N'Djamena

SENEGAL/RÉPUBLIQUE DU SÉNÉGAL: 12,2 Mio. (9,0%/13,8%); Dakar

BURKINA FASO (ehemals Obervolta): 15,2 Mio. (6,3%/13,5%); Ouagadougou

GUINEA/RÉPUBLIQUE DE GUINÉE: 9,8 Mio. (4,7%/9,5%); Conakry

ELFENBEINKÜSTE (*Côte d'Ivoire*): 20,6 Mio. (28%/28%); Yamoussoukro (wichtigste Stadt: Abidjan)

TOGO/RÉPUBLIQUE TOGOLAISE: ca. 6,5 Mio. (15,8%/28,4%); Lomé

Benin/République du Bénin, (früher *Dahomey*): 8,7 Mio. (8,8%/16,7%); Porto Novo, Regierungssitz: Cotonou

Kamerun/République du Cameroun: 19,1 Mio. (17,9%/25,9%); Yaoundé

Äquatorialguinea/Guinée équatoriale: 659.000 (2008). Amts- und Bildungssprache (neben Spanisch); keine Sprecherzahlen bekannt; Malabo

Zentralafr. Rep./République centrafricaine: 4,3 Mio. (12,4%/38,8%); Bangui

Gabun/République gabonaise (*le Gabon*): 1,4 Mio. (36,4%/54,5%); Libreville

Republik Kongo/République du Congo: 3,6 Mio. (31,5%/26,3%); Brazzaville.

Aus dem ehemaligen Belgisch-Kongo sind hervorgegangen:

Demokratische Rep. Kongo (Zaïre)/République démocratique du Congo: ca. 64,3 Mio. (4,4%/9,0%); Kinshasa

Ruanda/République rwandaise: 9,7 Mio. (3,0%/5,0%); Kigali

Burundi/République du Burundi: 8,1 Mio. (2,7%/8,8%); Bujumbura.

In Ostafrika kommt noch die am Golf von Aden gelegene, erst 1977 unabhängig gewordene Republik Dschibuti/Djibouti hinzu; ca. 849.000 Einwohner (4,9%/19,5%); Djibouti.

Über weitere Länder, in denen die französische Sprache traditionellerweise eine starke Position innehat oder innehatte, wie z.B. Türkei, Libanon, Syrien, Israel, Ägypten, Indien (offizielle Sprache in Pondichéry), Vietnam, Kambodscha, Laos, informiert die u.a. Literatur.

Nach zwei Jahrhunderten, in denen das Französische als "langue universelle" angesehen wurde, ist es im 20. Jh. durch das Englische aus dieser Rolle verdrängt worden. Trotzdem genießt es auch heute noch ein hohes internationales Prestige: Es ist eine der offiziellen Sprachen und Arbeitssprachen der großen internationalen Organisationen wie der UNO, der NATO, der OECD, der EU, des Europarats; Französisch ist die einzige offizielle Sprache des Weltpostvereins und die Sprache der Diplomatie des Vatikans.

Anregung

Vertiefen Sie die historischen und kulturellen Informationen zu einem der frankophonen Gebiete nach Picoche/Marchello-Nizia ([5]2001: 41ff.).

Literaturhinweise

Atlas de la Francophonie. Le monde francophone, Les Publications du Québec (o. J.); CHAUDEN-SON, Robert (dir.) (2004), *Situations linguistiques de la francophonie: état des lieux*, Paris: Agence universitaire de la francophonie; DENIAU, Xavier ([6]2003), *La francophonie*, Paris: PUF; JANICH, Nina / GREULE, Albrecht (Hrsg.) (2002), *Sprachkulturen in Europa. Ein internationales Handbuch*; Haut Conseil de la Francophonie (2006–2007), *Etat de la francophonie dans le monde et 6 études inédites*, Paris: Nathan; *LRL* Bd. V,1 (1990), Tübingen: Niemeyer (mit weiterführender Literatur); MORGIENSZTERN, Florence (2005), *La francophonie dans le monde: 2004–2005*, Paris: Larousse; MÜLLER, Bodo (1985), *Le français d'aujourd'hui*, Paris: Klincksieck; PICOCHE, Jacqueline / MARCHELLO-NIZIA, Christiane ([5]2001), *Histoire de la langue française*, Paris: Nathan; PÖLL, Bernhard (1998), *Französisch außerhalb Frankreichs*, Tübingen: Niemeyer; frz. Übers. Paris 2001; ders. (2010), *Francophonies périphériques: histoire, statut et profil des principales variétés du français hors de France*, Paris: L'Harmattan; TÉTU, Michel (1997), *Qu'est-ce que la francophonie?*, Vanves: Hachette Édicef.; WALTER, Henriette ([2]2005), *Le français dans tous les sens*, Paris: Laffont.

3. Die Sprachen auf dem Territorium des heutigen Frankreich

Neben dem Französischen als Nationalsprache und, bis zu einem gewissen Grad, bestimmten seiner Dialekte und Varietäten des Regionalfranzösisch werden auf dem Gebiet des heutigen metropolitanen Frankreich eine beachtliche Anzahl an Idiomen aus z. T. sehr unterschiedlichen Sprachfamilien gesprochen. Frankreich ist – ähnlich wie Italien – ein Vielsprachenland. Es handelt sich, mit einer Ausnahme, um indogermanische Sprachen, nämlich um fünf romanische Sprachen zusätzlich zum Französischen, um drei Varietäten der germanischen Sprachfamilie und um eine keltische Sprache; hinzu kommt eine nichtindogermanische Sprache (siehe auch Karte S. Seite 33). Die Sprecher dieser sogenannten Minderheitensprachen (frz. *langues minoritaires*) sind heute in der Regel nicht mehr einsprachig, sie sind in den allermeisten Fällen gleichzeitig Sprecher des Französischen (Diglossiesituation). Die angeführten Sprecherzahlen (in denen sehr unterschiedliche Stufen der **Sprachkompetenz** zusammengefasst sein können) sind approximativ, da die Angaben in der Literatur häufig stark schwanken.

Sprachen und Dialekte Frankreichs
(adaptiert nach WALTER, Henriette (1988), *Le français dans tous les sens*, Paris: 128, 142, 149)

3.1 Indoeuropäische Sprachen

3.1.1 Romanische Sprachen

a) Okzitanisch (frz. l'occitan, la langue d'oc):

Das Okzitanische ist nach seiner geographischen Ausdehnung (umfasst etwa ein Drittel Frankreichs), nach seiner Sprecherzahl (maximal 200.000 Sprecher, z.T. nur mit mehr oder weniger großen passiven Kenntnissen) und auch aus kulturgeschichtlichen Gründen (vgl. etwa die reiche Troubadourlyrik des 12. und 13. Jhs.) die bedeutendste Minderheitensprache Frankreichs.

Sprachgebiet: Südfrankreich, und zwar südlich einer Linie (ungefährer Verlauf), die von der Gironde einen Bogen nördlich um das Massif Central macht, die Rhône zwischen Vienne und Valence überquert und dann in östlicher Richtung weiter verläuft, bis sie die Alpen südöstlich von Grenoble erreicht.

Dialektale Gliederung des Okzitanischen:

Nordokzitanisch: Limousinisch, Auvergnatisch, Alpenprovenzalisch (*provençal alpin*);

Südokzitanisch: Languedokisch (wird heute als "l'occitan de référence" betrachtet), Provenzalisch;

Gaskognisch: (wird zuweilen als eigene romanische Sprache klassifiziert).

b) Frankoprovenzalisch (frz. le francoprovençal):

Das Frankoprovenzalische (die Bezeichnung wurde 1878 von G. I. Ascoli einge-führt) ist keine einheitliche Sprache, auch keine Literatursprache, sondern wird von einer Gruppe von Dialekten ("patois") gebildet, die sehr stark vom Französi-schen verdrängt wurden und werden, insbesondere in den städtischen Regionen.

Sprachgebiet: Südostfrankreich (mit dem Lyonnais, Savoyen, dem nördlichen Dau-phiné mit Grenoble). [Über Frankreich hinausreichend: *Suisse Romande* (ohne den Berner Jura) und Val d'Aosta.] Sprecherzahl: ca. 140.000 (ca. 200.000 nach *LRL* V,1: 679). Die Patoissprecher haben kein eigenes Sprachbewusstsein.

c) Katalanisch (frz. le catalan):

Sprachgebiet: Departement Pyrénées-Orientales (entspricht dem Roussillon und einem Teil der Cerdagne, Gebiete, die von Spanien 1659 im Pyrenäenfrieden an Frankreich abgetreten werden mussten), das direkt an Nordkatalonien anschließt.

Zentrum: Perpignan. Sprecherzahl: ca. 189.000 (z. T. nur passive Kenntnisse).

d) Korsisch (frz. le corse):

Sprachgebiet: die Insel Korsika, die seit 1768 zu Frankreich gehört.

Korsika stand 1077–1284 unter pisanischer, 1284–1768 unter genuesischer Herr-schaft. Dialektologisch gesehen sind die nördlichen Mundarten des Korsischen toskanisch geprägt bzw. toskanisiert, die südlichen zeigen Gemeinsamkeiten mit dem Sardischen. Die Einstufung des Korsischen als eigene (romanische) Sprache beruht auf dem starken Willensakt der Selbstidentifizierung seiner Sprecher, die-ser Varietät einen eigenen Namen als Sprache zu geben und sie damit anderen anerkannten Sprachen – etwa dem Italienischen – gegenüber für autonom zu er-klären. Ausbau des Korsischen zur Schriftsprache seit Ende des 19. Jhs. Genauere Information in *LRL* IV: 799–835. Sprecherzahl: ca. 160.000.

e) Italienisch (frz. l'italien):
Wenn das Korsische nicht mehr zu den Varietäten des Italienischen gerechnet wird, bleibt für dieses fast kein Sprachraum mehr in Frankreich übrig, bestenfalls zwischen Menton und Nizza, was erst 1860 Frankreich angegliedert wurde.

3.1.2 Germanische Sprachvarietäten

a) Elsässisch (frz. l'alsacien):
Sprachgebiet: das Elsass (d.h. die Departements Haut-Rhin und Bas-Rhin) und einige Gemeinden um Sarrebourg.

Das Elsass, das bis in die Neuzeit Teil des Deutschen Reiches war, wurde im 17. Jh. (ab 1648) von Frankreich nach und nach annektiert (Straßburg im Jahre 1681). Das Elsässische gehört innerhalb des Oberdeutschen zu den alemannischen Dialekten.

Komplexe sprachliche Situation: z.T. Triglossie (Elsässisch/Französisch/Hochdeutsch). Sprecherzahl: ca. 1,2–1,8 Mio. (einschließlich der Germanophonen in Lothringen, s. unten).

b) Rheinfränkischer Dialekt (frz. le lorrain germanique):
Sprachgebiet: Ostlothringen (frz. *Lorraine thioise*) (mit Zentrum Diedenhofen, frz. *Thionville*), entspricht dem Norden und Nordosten des Departements Moselle; außerdem im Nordwesten des Departements Bas-Rhin. Die hier gesprochene Mundart gehört zu den rheinfränkischen Dialekten; stärkerer Rückgang als im Falle des Elsässischen.

c) Flämisch (frz. le flamand):
Verbreitung: eine kleine Enklave im Norden des Departements Nord um Dunkerque und Hazebrouck (wird fast nur noch auf dem Lande gesprochen), die ein Rückzugsgebiet des im 13. Jh. im Westen bis Boulogne gesprochenen Westflämischen (Gesamtsprecherzahl 1 Mio. in Belgien) darstellt. Flandern wurde 1678 endgültig von Frankreich annektiert. Das Flämische ist ein westniederdeutscher Dialekt; das Niederländische wird im Allgemeinen als Dachsprache des Flämischen betrachtet. Sprecherzahl: ca. 20.000.

3.1.3 Keltisch: Bretonisch

Das Sprachgebiet des Bretonischen (frz. *le breton*) ist die westliche Bretagne (*Basse-Bretagne*), d.h. westlich einer Linie, die heute etwa von Paimpol im Norden nach Vannes im Süden verläuft; es umfasst also das Departement Finistère und die Westhälften der Departements Côtes-d'Armor und Morbihan. Die "Bretons bretonnants" findet man heute fast nur noch in ländlichen Regionen.

Nach traditioneller Auffassung gehört das Bretonische zum Inselkeltischen, das in der Völkerwanderungszeit von 'Großbritannien' in die völlig romanisierte Bretagne eingeführt wurde (Diskontinuitätsthese). Eine neuere Auffassung (Kontinuitätsthese) schließt das Fortleben des Festlandkeltischen aus vorrömischer Zeit in der Bretagne, welches sich der Romanisierung entziehen konnte, bis zu seinem Verschmelzen mit dem importierten Inselkeltisch nicht aus. Sprecherzahl: nur noch etwa 206.000 aktive, 370.000 passive Sprecher (neueste Angaben von 2007).

3.2 Nichtindoeuropäische Sprache: Baskisch

Das Baskische (frz. *le basque*, bask. *euskera*) hat sein Sprachgebiet im westlichen Teil des Départements Pyrénées-Atlantiques, von den Basken auch *Iparralde* 'Norden' (gegenüber *Hegoalde* 'Süden' für das spanische Baskenland) genannt. Wichtigste Städte sind Bayonne und Biarritz. Der weitaus größere Teil des Baskenlandes liegt im angrenzenden Nordspanien (Zentrum: San Sebastián, bask. *Donostia*).

In sprachgenealogischer Hinsicht ist das Baskische eine im europäischen Sprachenpanorama völlig isoliert dastehende, sehr alte Sprache, deren Herkunft bisher nicht mit Sicherheit erhellt werden konnte. Eine iberische Herkunft ist heute nicht mehr haltbar; ein kaukasischer Ursprung wurde diskutiert; ein nordafrikanisch-hamitischer Ursprung wird heute eher angenommen.

Das Baskische, dessen Sprachtypus von dem der romanischen, ja der indoeuropäischen Sprachen extrem verschieden ist, konnte sich einer tiefgreifenden Romanisierung erfolgreich entziehen.

Sprecherzahl (in Frankreich): ca. 67.000, gegenüber 775.000 in Spanien. Durch Erwachsenenunterricht steigende Zahlen von Personen mit passiven Kenntnissen. Vgl. demgegenüber UHLIG in JANICH/GREULE (Hrsg.) (2002: 7) mit insgesamt noch niedrigeren Zahlen.

Über die vielen anderen Sprachen, die von Immigranten im heutigen Frankreich gesprochen werden (z.B. Arabisch, Vietnamesisch, Portugiesisch), die aber keine zusammenhängenden Sprachräume in Frankreich bilden, informiert VERMÈS, Geneviève (Hrsg.) (1988): *Vingt-cinq communautés linguistiques de la France*, II: *Les langues immigrées*, Paris: L'Harmattan, 7–338 unter der Überschrift: "Les langues déterritorialisées des communautés en immigration".

Anregung

Vertiefen Sie Ihre Information über die historischen und kulturellen Bedingungen und die aktuelle Situation einer der Minderheitensprachen nach VERMES (Hrsg.) (1988: I,7–260), und PUSTKA (2007: 45–139).

Literaturhinweise

BERTILE, Véronique (2008), *Langues régionales ou minoritaires et constitution: France, Espagne, Italie, Bruxelles*: Bruylant; BOCHMANN, Klaus (1989), *Regional- und Nationalitätensprachen in Frankreich, Italien und Spanien*, Leipzig: Verlag Enzyklopädie; KREMNITZ, Georg (²1977), *Die ethnischen Minderheiten Frankreichs*, Tübingen: Narr; PUSTKA, Elissa (2007), *Phonologie et variétés en contact: Aveyronnais et Guadeloupéens à Paris*. Tübingen: Narr; VERMÈS, Geneviève (Hrsg.) (1988), *Vingt-cinq communautés linguistiques de la France*. Tome I: *Langues régionales et langues non territorialisées*, Paris: L'Harmattan.

Zusammenfassung

Sprachgemeinschaften grenzen ihre Sprache von anderen, benachbarten Sprachen ab. Als regional und funktionell begrenzte Sprachformen unterscheiden wir Dialekte (Ortsmundarten, Regionaldialekte) von Sprachen im eigentlichen Sinne, die eine größere territoriale Verbreitung haben und alle für die nationale Gesellschaft wichtigen Funktionen erfüllen. Sprachen gehören meistens einer Sprachfamilie an, die durch die historische Abstammung von einer angenommenen gemeinsamen Grundsprache gebildet ist. Die angenommene, sicher nicht einheitliche indoeuropäische Grundsprache hat sich in langer Zeit in verschiedene Sprachfamilien ausdifferenziert, z.B. die slavische, baltische, germanische und italische. Das Französische gehört der Familie der romanischen Sprachen an, die auf das Lateinische als gemeinsamer Grundsprache zurückgehen. Das Lateinische gehört zu den frühen italischen Sprachen. Die einzelnen romanischen Sprachen sind teils Nationalsprachen geworden, teils Regionalsprachen geblieben, teils bilden sie nur sprachwissenschaftlich definierte Einheiten (z.B. Frankoprovenzalisch). Die romanischen Sprachen sind sowohl in Europa als auch in anderen Erdteilen (vor allem Amerika, Afrika und Ozeanien) weit verbreitet, zum Teil als Muttersprachen, zum Teil als Amts- oder Verkehrssprachen neben anderen einheimischen Sprachen. Dies gilt auch für das Französische, das als Primärsprache in Frankreich, Monaco, Teilen Belgiens, der Schweiz und Kanadas und der USA in vielen Teilen der Welt, vor allem in den ehemaligen Kolonialgebieten Frankreichs und Belgiens, als Amts- und Verkehrssprache verbreitet ist. Trotz der Abnahme der Bedeutung im 20. Jh. ist das Französische neben den offiziellen Verwendungen immer noch eine bedeutende Kultursprache in vielen Ländern Europas und der Welt. Zur Frankophonie im weiteren Sinne gehören auch die französischen Kreolsprachen in der Karibik, in Frz. Guayana (Südamerika) und auf vielen Inseln des Indischen Ozeans. In Frankreich findet man neben dem Französischen auch zahlreiche Minderheitensprachen.

II. Grundbegriffe der allgemeinen Sprachwissenschaft

1. Sprachwissenschaft und Sprachphilosophie

Seit der uns aus der Antike überlieferten Beschäftigung des Menschen mit Problemen der Sprache hat es Beobachtungen nicht nur zu bestimmten historischen Einzelsprachen (Griechisch, Lateinisch, Französisch, Englisch, Arabisch usw.) gegeben, sondern auch die menschliche Sprache im Allgemeinen betreffende Fragestellungen und Erkenntnisse. Wenn diese ganz grundsätzlicher Natur sind, z.B. nach dem Wesen der Sprache, dem Ursprung der Sprache, dem Verhältnis von Sprache und Erkenntnis, von Sprache und Denken usw. fragen, so handelt es sich um eine philosophische Haltung zum Gegenstand Sprache, und wir sprechen von **Sprachphilosophie** (*philosophie du langage*; Näheres bei Coseriu 2003). Setzen die Fragestellungen jedoch die Existenz der Sprache beim Menschen schon voraus und beziehen sie sich nicht mehr auf das Was, sondern das Wie der Sprache (Wie sind die Sprachen im Allgemeinen strukturiert und wie kann man sie beschreiben?), so sprechen wir von sprachwissenschaftlichen Fragestellungen und weisen sie dem Bereich der **allgemeinen Sprachwissenschaft** (oder allgemeinen Linguistik, *linguistique générale*) zu. Hier geht es u.a. um die Erarbeitung einer Theorie der Sprache und der methodischen Mittel, die eine möglichst adäquate Beschreibung aller Sprachen erlauben. Adäquat ist eine Beschreibung des Funktionierens oder Werdens einer Sprache, wenn sie weitestgehend den Fakten, d.h. dem tatsächlichen Sprachgebrauch der Sprecher und der ihnen intuitiv bewussten Regelhaftigkeit, entspricht. Da eine Sprache niemals als solche und im Ganzen beobachtet werden kann, sondern immer nur aus dem sprachlichen Verhalten der Sprecher auf die gemeinsame Grundlage aller Sprecher einer Sprachgemeinschaft rückgeschlossen werden kann, sind immer nur Annäherungen an das Sprachwissen der Sprecher möglich. Aufgabe der Sprachtheorie ist es nun, diese Annäherungen optimal zu gestalten. Aus den vielfältigen Möglichkeiten, dieser Aufgabe gerecht zu werden, erklären sich die unterschiedlichen linguistischen Ansätze, Richtungen und Schulen, die jeweils andere theoretische Prämissen haben.

2. Vorüberlegungen

2.1 Rechtfertigung der hier getroffenen Auswahl

Da es im Rahmen einer Einführung in die Sprachwissenschaft des Französischen – und einer ersten Einführung in die Sprachwissenschaft überhaupt – nicht möglich ist und auch nicht sinnvoll sein kann, einen Überblick über die wichtigsten, d.h. vielfältigen sprachwissenschaftlichen Richtungen zu geben, sollen hier exemplarisch die Grundbegriffe des europäischen sprachwissenschaftlichen Strukturalismus und ihre Weiterentwicklung durch Eugenio Coseriu dargestellt werden. Gerade die Einarbeitung in **eine** Richtung und die Erlernung des sinnvollen selbständigen Umgangs mit ihr scheint uns fruchtbarer zu sein als der notwendigerweise pauschale Überblick über ganz unterschiedliche theoretische Haltungen gegenüber dem Phänomen Sprache, der dem Anfänger kaum ein eigenes sprachwissenschaftliches Arbeiten erlauben wird.

2.2 Wissenschaftstheoretische Voraussetzungen

Sprachwissenschaftliche Theorie und Methodenbildung besteht wie in anderen Wissenschaften in einer genaueren terminologischen Erfassung des Gegenstandes, als dies im unwissenschaftlichen Sprachgebrauch üblich und notwendig ist. Die Schwierigkeit einer linguistischen Terminologie besteht u.a. darin, dass uns der Gegenstand Sprache nicht fremd ist, dass wir mit sprachlichen Mitteln über Sprache sprechen müssen und es nur unter Anstrengungen gelingt, neben uns selbst zu treten und uns beim Sprechen objektiv zu beobachten. Wir sind immer, auch als wissenschaftliche Beobachter, selbst Sprachteilnehmer und haben unser intuitives Wissen von unserer Sprache, sei es der Muttersprache oder einer erlernten. Die methodischen Begriffe der Sprachwissenschaft sind daher grundsätzlich unterscheidende, d.h. es werden terminologisch definierte Begriffe und damit Sachverhalte und Betrachtungsweisen unterschieden. Einige grundlegende sind in dem 1916 postum veröffentlichten *Cours de linguistique générale* (*CLG*) des Schweizer Sprachwissenschaftlers Ferdinand de Saussure (1857–1913) zusammengefasst worden. Er hat die ihnen zugrundeliegenden Einsichten nicht als erster gewonnen, aber sie sind in der im *CLG* niedergelegten Form rezipiert und für die Sprachwissenschaft des 20. Jahrhunderts fruchtbar geworden.

3. Funktionen der Sprache

Hierunter versteht man im Allgemeinen nicht innersprachliche Funktionen, sondern solche, die die Sprache als Ausdrucksmittel des Menschen betreffen und z.B. an die Definition der Sprache in Platons *Kratylos* anknüpfen, wo es heißt, die Sprache sei ein Werkzeug (*órganon*), "mit dem einer dem anderen etwas mitteilt über die Dinge". Es geht also um die Funktion(en) der Sprache zwischen Sprecher, Angesprochenem und dem, worüber gesprochen wird.

Bekannt ist das **Organon-Modell** der Sprache des Wiener Psychologen Karl Bühler, der dem Prager Strukturalismus nahestand (vgl. II.8.4.2). Nach Bühler hat jedes Zeichen im Kommunikationsvorgang drei (nicht immer gleich wichtige) Funktionen: In Bezug auf den Sender ist es Symptom, bzw. Ausdruck seiner Einstellung zum Empfänger oder zum Inhalt des Geäußerten (Ärger, Freude, Ironie usw.); in Bezug auf die geäußerten Gegenstände oder Sachverhalte ist es Symbol, bzw. Darstellung eben der gemeinten Sachverhalte; in Bezug auf den Empfänger ist es Signal, bzw. ein Appell zu reagieren. Eine Äußerung wie *Tu es fou?* kann z.b. die Überraschung des Senders in Bezug auf das Benehmen des Empfängers ausdrücken und den Zweck haben, ihn zu einer Änderung seines Verhaltens zu veranlassen (siehe das folgende Schema).

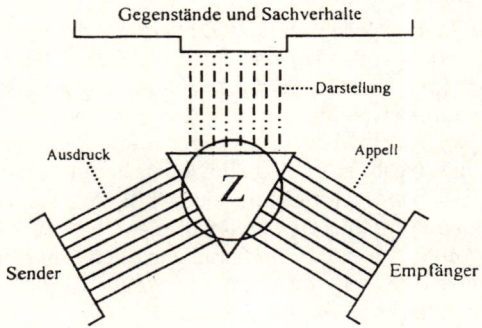

Roman Jakobson, in den dreißiger Jahren ein Hauptvertreter ebenfalls der Prager Schule des Strukturalismus, hat ein komplexeres Kommunikationsmodell entworfen[20]:

Gegenstand [bei Jakobson "Kontext"] (REFERENTIELL)

Sender ----------------------- Nachricht (POETISCH) ---------------------- Empfänger

(EMOTIV, EXPRESSIV)   (APPELLATIV, KONATIV)

Kontaktmedium (PHATISCH)

Code (METASPRACHLICH).

Jakobson unterscheidet zwischen der Nachricht und dem außersprachlichen Gegenstand, auf den sich die Nachricht bezieht. Steht die Nachricht zweckfrei – d.h. ohne aktuelle **appellative Funktion** an den Empfänger – im Zentrum, so handelt es sich um die **poetische Funktion** der Sprache. Sprache über Sprache ist **Metasprache** (*métalangage*), sie bezieht sich nicht auf Gegenstände der außersprachlichen Wirklichkeit, sondern auf Elemente oder Kategorien der Sprache (*Haus* ist ein Substantiv, *maison* ist feminin). Die **phatische Funktion** steht im Vordergrund, wenn das Sprechen vorwiegend dem Kontakthalten mit dem Empfänger oder auch einfach dem Anknüpfen eines Gesprächs dient, wie z.B. "Schönes Wetter heute" oder am

20 JAKOBSON, Roman (1960), "Linguistics and Poetics", in: Th. A. Sebeok, *Style in Language*, New York/London: 350–377. Vgl. dazu die Kritik bei E. COSERIU (³1994), *Textlinguistik. Eine Einführung*. Hrsg. und bearb. von Jörn Albrecht, Tübingen: 56–65.

Telefon ein von Zeit zu Zeit geäußertes "Hm", um dem "Sender" anzuzeigen, dass der "Empfänger" noch da ist.

4. Das sprachliche Zeichen *(le signe linguistique)*

4.1 Minimale sprachliche Einheiten

Wenn wir uns fragen, in welche minimale Einheiten sich eine sprachliche Äußerung zerlegen lässt, so erkennen wir unterhalb des Textes den **Satz** *(phrase)*, darunter den **Gliedsatz** *(proposition)*, das **Syntagma** *(syntagme,* als Anglizismus z.B. auch *phrase nominale* bzw. *verbale,* siehe III.4.2.1), das **Wort** *(mot)* und als kleinste, nicht mehr (oder noch nicht) bedeutungstragende Einheit den **Laut** *(son,* siehe III.1.1). Jedoch ist das Wort für die Sprachwissenschaftler nicht immer ein klar umrissener Begriff: Haben auch Elemente, wie z.B. die Präposition *en* oder der Artikel *la* Wortstatus? Wenn *maisonnette* 'Häuschen' zweifellos ein Wort ist, warum ist dann *rendez-vous* weniger eindeutig nur eines und *chef-d'œuvre* noch schwieriger zu beurteilen? Sind Verbformen wie *je chante* zwei Wörter, wie viele sind dann *j'ai chanté* oder *je vais me promener?* Die Sprachwissenschaftler sprechen daher statt von Wörtern lieber von kleinsten bedeutungstragenden Zeichen und nennen diese mit dem französischen Linguisten André Martinet (Martinet [4]1996, Kap. 4.3) "Moneme" (frz. *monèmes,* von griech. *mónos* 'einzig, allein') oder in der anglo-amerikanischen Tradition "Morpheme" (frz. *morphèmes,* von griech. *morphé* 'Form', also etwa 'Formelemente'). Moneme oder Morpheme, die kleinsten bedeutungstragenden Elemente jeder Sprache, beziehen sich entweder auf die außersprachliche Wirklichkeit und klassifizieren sie – je nach Sprache unterschiedlich – (z.B. in *maison* vs. *Haus, fleur* vs. *Blume – Blüte, esprit* vs. *Geist, heiß* vs. *ardent – brûlant – bouillant, warm* vs. *chaud, écrire* vs. *schreiben, rouge – roux – vermeil* vs. *rot, appeler* vs. *rufen – nennen).* Diese **Moneme** nennen wir **Lexeme** (mit lexikalischer Bedeutung). Oder sie beziehen sich auf die Sprache selbst und stellen Relationen zwischen oder Bestimmungen von Lexemen dar. Sie werden nach Martinet **Morpheme** (mit grammatischer Bedeutung) genannt (vgl. III.2.1). Gemeinsam ist beiden, dass sie Bedeutung tragen, sei diese lexikalisch oder grammatisch, denn es gibt kein **sprachliches Zeichen** *(signe linguistique)* ohne Bedeutung.

4.2 Zeichensysteme

Dieser wichtigen Erkenntnis F. de Saussures geht voraus, dass sprachliche bedeutungstragende Elemente Zeichen sind. Sie stehen für etwas, besser noch, sie enthalten eine Bedeutung, mittels derer sie auf etwas verweisen können: die Lexeme auf einen außersprachlichen Sachverhalt, Morpheme auf eine innersprachliche Beziehung (z.B. Person, Tempus oder Subjekt). Als Zeichen sind sie nicht die Sache selbst, die sie bezeichnen, sondern sie verweisen auf sie mittels ihrer Bedeutung.

Das Wort *maison* ist nicht selbst ein Haus, sondern bietet die Möglichkeit, auf eines zu verweisen, es zu benennen. Im Gegensatz zu anderen Zeichensystemen (z.B. Signalen, wie Verkehrszeichen oder Lichtzeichen) sind die sprachlichen Zeichen unabhängig von der Situation, in der sie geäußert werden, sie können sich auch auf Nicht-Anwesende, auf Vergangenes, Zukünftiges oder rein hypothetische Sachverhalte beziehen. Nach F. de Saussure ist die Sprache Teil einer umfassenderen Zeichenlehre, der sog. **Semiologie** (heute dafür eher **Semiotik**).

4.3 *Signifiant* und *signifié*

Jedes sprachliche Zeichen besteht nun nach de Saussure unbedingt aus zwei Seiten, einem Lautkörper, dem materiellen Repräsentanten ("Lautbild", "image acoustique" in der Terminologie de Saussures), z.B. /mɛzõ/, und einer damit untrennbar verbundenen **Bedeutung** 'Haus', ("concept", in der ursprünglichen Terminologie F. de Saussures). Beide Seiten sind wie die Vorder- und Rückseite eines Blattes Papier, keine existiert ohne die andere. Ein **Lautbild** /mɛzõ/ ohne Bedeutung wäre kein französisches Wort, und ohne existierende lautliche Darstellung wäre die Bedeutung 'Haus' im Französischen kein sprachliches Zeichen, da nicht einem anderen Sprachteilnehmer vermittelbar. Eigennamen sind daher keine sprachlichen Zeichen im Saussureschen Sinne, denn sie haben keine Bedeutung. Sie gehören zwar zur sprachlichen Tradition, sie vermitteln Assoziationen, aber sie sind Lautkörper besonderer Art. Sie verweisen direkt auf einen Gegenstand (Person, Ort, Fluss, Berg usw.), was sprachliche Zeichen nie tun. Sprachliche Zeichen sind keine Etiketten für festgelegte Gegenstände, sondern abstrakte Potenzen, die zur **Bezeichnung** von etwas bereitstehen, aber selbst nie die Namen dieser Gegenstände sind.

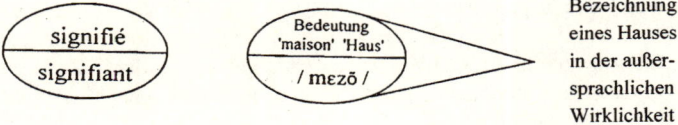

In der Terminologie de Saussures heißt die lautliche Seite *signifiant*, die inhaltliche Seite *signifié*. Im Deutschen bieten sich die von Louis Hjelmslev, dem Begründer der Kopenhagener Schule des Strukturalismus (vgl. II.8.4.2), eingeführten Begriffe **Ausdruck** (*expression*) und **Inhalt** (*contenu*) an. Für Inhalt kann man auch "Bedeutung" sagen. Nicht empfehlenswert sind die deutschen Übersetzungen "Bezeichnung" und "Bezeichnetes", weil sie terminologisch mit der Unterscheidung zwischen "Bedeutung" und "Bezeichnung" kollidieren.

Bei de Saussure fehlt aber dem abstrakten sprachlichen Zeichen die Verbindung zur außersprachlichen Wirklichkeit. Es ist nur eine Größe der "langue", nicht der "parole" (vgl. II.5.1). Das sog. semiotische Dreieck von Ogden und Richards (OGDEN/

RICHARDS, [1]1923, passim) erweitert die Zweiheit von Inhalt und Ausdruck um den "Referenten" (engl. *referent*), die bezeichnete außersprachliche (konkrete oder abstrakte oder nur vorgestellte) Sache. Der einmalige Charakter der menschlichen Sprache besteht darin, dass die sprachlichen Zeichen immer wieder für andere Gegenstände gebraucht werden können und daher mit endlichen Mitteln unendliche Mengen von Situationen bewältigt werden können. Viele objektiv unterschiedliche Gegenstände können mittels des Zeichens <Stuhl> als Stühle identifiziert werden, Gegenstände unterschiedlicher Größe, Farbe, Beschaffenheit, Polsterung usw. Wenn sie der Bedeutung 'Stuhl' entsprechen, und sei es nur, dass sie ironisch zu solchen gezählt werden (z.b. Hocker oder Sessel oder andere Sitzgelegenheiten), so können sie mit dem Zeichen <Stuhl> benannt und durch die dem Zeichen innewohnende Bedeutung beschrieben und mitgeteilt werden.

Die Lehre vom sprachlichen Zeichen und seinen zwei Seiten ist deshalb Grundlage der sprachlichen Bedeutungslehre (**Semantik**).

4.4 Bedeutung und außersprachliche Wirklichkeit

Bekanntlich herrscht in der Linguistik kein einheitlicher Terminologiegebrauch. Dies ist bei der Beschreibung sprachlicher Bedeutungen besonders misslich, weil Grundlage vieler tiefgreifender Missverständnisse. Häufig wird nämlich nicht zwischen innersprachlicher Bedeutung (Saussures *signifié*) und dem außersprachlich gemeinten Referenten unterschieden. Es dürfte aber einleuchten, dass eine Sache bzw. ein Sachverhalt nicht notwendigerweise immer mit demselben sprachlichen Zeichen bezeichnet werden muss. So kann man für einen Stuhl auch "Möbel" oder "Sitzgelegenheit" sagen, d.h. einen Oberbegriff oder allgemeineren Begriff, also ein Zeichen mit allgemeinerer, weiterer Bedeutung benutzen. Ein mit einer bestimmten Flüssigkeitsmenge gefülltes Glas kann als halb voll oder als halb leer bezeichnet werden, je nachdem, ob man den Zustand von der Füllung oder Leerung her betrachtet. Jedes sprachliche Zeichen hat seine eigene, von anderen Zeichen grundsätzlich verschiedene Bedeutung, und deshalb bedeutet jeder dieser Ausdrücke "halb voll" bzw. "halb leer" etwas anderes. Die Bedeutungen der sprachlichen Zeichen und die bezeichneten Sachen oder Ideen sind – außer bei definierten Fachtermini – nicht kongruent, sondern wir erschließen uns die Welt, wir interpretieren und begreifen sie erst mittels der verschiedenen sprachlichen Bedeutungen.

4.5 Bedeutung und Bezeichnung

Die sprachlichen Bedeutungen sind recht abstrakte Einheiten, die der Beobachtung und Beschreibung die größten Schwierigkeiten machen, weil wir sie immer nur im Zusammenhang mit der Bezeichnung konkreter Verwendungsweisen, also in Anwendung auf die verschiedensten Sachen und Sachverhalte fassen können, niemals aber in ihrem ganzen Bedeutungsumfang bzw. in ihrer Allgemeinheit als potentielle Bezeichnungsmöglichkeiten. Immerhin hat auch hier F. de Saussure eine wichtige Entdeckung gemacht: Die Bedeutung der Wörter ist durch deren Platz im System der Wörter mit ähnlicher Bedeutung bestimmt. Die so gegenseitig abgegrenzte Bedeutung der sprachlichen Zeichen nennt de Saussure *valeur* und unterscheidet sie vom *signifié*. Wir müssen jedoch heute die sprachlichen Bedeutungen als die durch die jeweilige *valeur* bestimmten Inhalte der Zeichen, d.h. als Elemente des *signifié* auffassen.

Coseriu schlägt vor[21], terminologisch zwischen **Bedeutung** (sprachlich, *significacation*), **Bezeichnung** (Verweis auf die außersprachliche Wirklichkeit, *désignation*) und **Sinn** (auf der Ebene der Texte, *sens*) zu unterscheiden. Eine Frage, wie "Vous ne trouvez pas qu'il fait froid ici?", also ein Text, kann den Sinn haben, den Angesprochenen zu ermuntern, das Fenster zu schließen oder die Heizung aufzudrehen. Der Sinn erschließt sich aus der sprachlichen Bedeutung der Wörter und grammatischen Formen, z.B. *faire froid, vous ne trouvez pas*, im Zusammenhang mit der Situation der Äußerung. Hingegen hat z.B. eine bestimmte Temperatur (außersprachliche Erscheinung) weder Sinn noch Bedeutung, sie kann aber mit dem Zeichen *froid* (*signifiant* und *signifié*) bezeichnet werden (vgl. hierzu auch unten Kap. III.6.2).

4.6 Linearität und Arbitrarität des Zeichens

Zwei weitere Charakteristika des sprachlichen Zeichens nach de Saussure sollen noch besprochen werden: Zum einen ist das sprachliche Zeichen, genauer der *signifiant*, im Gegensatz zu den Zeichenträgern manch anderer Zeichensysteme **linear** (*linéaire*), d.h. seine Bestandteile und es selbst können im Verbund mit anderen Zeichen immer nur in linearer Abfolge "gesendet" werden. Es können nicht zwei Zeichen zugleich, wie z.B. Lichtzeichen oder Tonzeichen, abgegeben werden. Auch ist die Reihenfolge der Elemente festgelegt und kann nicht verändert werden, ohne die sprachlichen Zeichen zu zerstören oder die Aussage inhaltlich zu verändern.

Besonders wichtig ist auch der sog. **arbiträre** Charakter des sprachlichen Zeichens (*l'arbitraire du signe*), der besagt, dass das Verhältnis zwischen *signifiant* und *signifié* in dem Sinne willkürlich ist, dass es nicht natürlich determiniert ist. Ein bestimmter sprachlicher Inhalt muss nicht notwendig mit einem bestimmten Ausdruck verbunden, d.h. durch die Bedeutung motiviert sein. Nur so ist es möglich, dass (annähernd) gleiche Vorstellungen in verschiedenen Sprachen im Allgemeinen ganz anders lauten, d.h. durch andere *signifiants* repräsentiert werden, aber (zufällig) gleiche oder ähnliche Lautungen ganz andere Bedeutungen haben kön-

---

21 COSERIU, Eugenio, "Bedeutung und Bezeichnung im Lichte der strukturellen Semantik", in: P. Hartmann/H. Vernay (Hrsg.), *Sprachwissenschaft und Übersetzen*, München 1970: 104–121; ders., "Bedeutung, Bezeichnung und sprachliche Kategorien", in: ders., *Formen und Funktionen. Studien zur Grammatik*, Tübingen 1987: 177–198.

nen. Dies berührt nicht die Tatsache, dass in einer Sprachgemeinschaft historisch gewordene Zeichen verbindlich sind und nicht willkürlich geändert werden können. Eingeschränkt arbiträr und insofern partiell motiviert im Saussureschen Sinne sind lautmalende Wörter (**Onomatopoetika**, frz. *onomatopées*), bei denen ein Geräusch, Tierlaut usw. mit sprachlichen Mitteln konventionell nachgeahmt wird. In jeder Sprache sind dabei die Konventionen etwas verschieden, z. B. dt. *Kikeriki*, frz. *coquerico, cocorico*, griech. *kikiríku*, argentin. Span. *cocorocó*; oder dt. *Wauwau*, frz. *oua! oua!*, span. *guau-guau*, it. *bau bau*, türk. *hav hav*.

5. System, Norm und Rede

5.1 *Langue* und *parole*

Eine grundlegende methodische Unterscheidung in der strukturellen Sprachwissenschaft ist diejenige, die in der Formulierung von F. de Saussure zwischen "langue" und "parole" (dt. **Sprache** und **Rede**) gemacht wird. Die Unterscheidung als solche ist schon vor de Saussure mehrfach während des 19. Jhs. anzutreffen. Bei de Saussure geht den Ebenen der "langue" und der "parole" der Begriff des **langage** voraus, der sich auf die Sprachlichkeit bzw. Sprachfähigkeit des Menschen vor einer Berücksichtigung der jeweiligen historischen Einzelsprachen bezieht. Bei der Beschreibung einer Einzelsprache meint "Sprache" ("langue") den komplexen sprachlichen Mechanismus, der es einem Sprecher ermöglicht, in der betreffenden Sprache zu sprechen. Die "Sprache" ist bei de Saussure die kollektive Fähigkeit der Sprecher, mit ihrer Sprache umzugehen. Sie ist als solche virtuell. Die aktuellen, d. h. tatsächlichen, Äußerungen in einer Sprache sind "Rede" ("parole"), d. h. Realisierungen der "Sprache". Konkret ist Sprache nur als Rede fassbar; die "langue" ist demgegenüber eine Abstraktion, die aus den Redeakten erschlossen wird. Insofern als die Sprachwissenschaftler die allgemeinen Möglichkeiten und Gesetzmäßigkeiten einer Sprache, also "langue" und nicht "parole" beschreiben wollen, sind sie gehalten, aus der Beobachtung des konkreten Sprechens (Rede) auf das zugrundeliegende Sprachsystem (Sprache) zu schließen und es in der Weise aufzudecken und zu beschreiben, dass es nicht nur bereits gemachte Äußerungen erklärt, sondern auch die Möglichkeiten für noch nicht Gesagtes eröffnet (vgl. COSERIU ²1992: 252–254).

5.2 Abstraktionsstufen

5.2.1 Redebedeutung und Sprachbedeutung

Die Wichtigkeit der Unterscheidung zwischen Sprache und Rede ergibt sich aus folgenden Beispielen, in denen das frz. *imparfait* konkret, d. h. auf der Ebene der Rede, scheinbar ganz verschiedenen Darstellungszielen dient:

(1) *Il se levait tous les jours à sept heures* (Ausdruck der Gewohnheit)

(2) *Il l'aimait beaucoup* (Dauer, unabgeschlossene Handlung)

(3) *Nous étions à l'étude, quand le Proviseur entra* (Gleichzeitigkeit mit der inzidierenden Handlung; G. Flaubert)

(4) *Il dut détourner la tête, car il était sur le point de pleurer* (Begleitumstand zur Handlung im Hauptsatz; G. Simenon)

(5) *Si j'avais l'argent, je te le donnerais* (irreale Hypothese der Gegenwart)

(6) *Je voulais te dire quelque chose pendant que nous sommes seules* (*imparfait de politesse* mit Bezug zur Gegenwart; G. Duhamel).

Wir gehen davon aus, dass allen diesen verschiedenen Verwendungsweisen (Redebedeutungen) ein einheitliches Konzept, nämlich eine Funktion 'Imperfekt' zugrundeliegt, da sie ja alle durch das gleiche sprachliche Zeichen ausgedrückt werden. Den verschiedenen festzustellenden **Redebedeutungen** muss also auf der höheren Ebene der "Sprache" eine einheitliche, sicherlich sehr abstrakte **Sprachbedeutung** entsprechen[22]. Mit Hilfe der oben getroffenen Unterscheidung zwischen Bezeichnung und Bedeutung können wir sagen, dass wir in der Rede konkrete Bezeichnungen (Redebedeutungen) antreffen, deren Zusammenhang hier jedoch nicht erkannt werden kann. Auf der Ebene der Sprache stellen wir dagegen die jeweils zugrundeliegende Bedeutung fest. Das Imperfekt bedeutet also weder 'Gewohnheit' noch 'Gleichzeitigkeit' noch 'Vergangenheit' und 'Gegenwart' gleichzeitig, sondern etwas, das allen diesen Redebedeutungen gemeinsam ist, nämlich 'inaktuelle Gegenwart' (siehe COSERIU 1976, Kap. 7).

5.2.2 Die Rolle des Weltwissens

In der Rede kommt also zu der Sprachbedeutung jedes sprachlichen Elements eine möglicherweise komplexe Redebedeutung hinzu. Diese ergibt sich durch das, was man Situation und **Kontext** (*contexte*) nennt, d.h. u.a. durch das Wissen über die bezeichnete Sache sowie dadurch, dass die Äußerung üblicherweise eine bestimmte Ausdrucksabsicht hat (Mitteilung, Einholen einer Auskunft, Zurechtweisung, Erzählung, ironische Bemerkung, Bitte usw.). Alle diese Dinge sind in der Kommunikation wichtig und haben Auswirkungen auf die Verwendung, d.h. die geeignete Auswahl aus den Mitteln der "langue"; sie gehören jedoch selbst nicht der Sprache an, da ihnen nicht jeweils ein eigenes sprachliches Zeichen entspricht. Es sind also nicht Sprachfunktionen, sondern Redefunktionen, die wegen ihrer Komplexität und weitgehenden Unvorhersehbarkeit linguistisch nur schwer strukturierbar sind. Die Kenntnis der Welt (sog. **enzyklopädisches Wissen**, *savoir encyclopédique*),

---

22 Vgl. COSERIU, Eugenio (1976), *Das romanische Verbalsystem*, hrsg. und bearb. von Hansbert Bertsch, Tübingen, Kap. 7. Siehe auch unten, Kap. III.4.1.2.

die Kenntnis des Gesprächspartners und die vielfältigen möglichen Ausdrucksabsichten können nicht im Ganzen Gegenstand der Linguistik sein. Nur einige typische und daher vorhersagbare Phänomene können in besonderen Zweigen, wie der Pragma-, der Fachsprachen- und evtl. der Textlinguistik, untersucht werden.

5.3 System, Norm und Rede

Die Saussuresche **Dichotomie** (binäre Unterscheidung, *dicotomie*) zwischen "langue" und "parole" wurde von E. COSERIU (1952) als unzureichend kritisiert. Wenn die Rede, wie de Saussure sagt, konkret und die Sprache abstrakt ist, dann, so Coseriu, fehlt eine Ebene für das, was in einer Sprache üblich, aber nicht unbedingt funktionell ist. **Funktionell** ist im Französischen z.B. die Unterscheidung der 2. P. Pl. im Indikativ des Präsens von allen anderen Personen, also -*ez* gegenüber etwa -*ons*, in einigen wenigen Fällen eine stammbetonte Form auf -*tes* (*vous êtes, faites, dites*). Nicht funktionell – aber **normativ** verbindlich – ist die Regel, welche Verben die 2. P. Pl. nach der einen oder der anderen Art bilden. Da einige Komposita von *dire* die analoge Form, z.B. *vous contredisez*, aufweisen, wäre funktionell auch *vous disez ebenso gut möglich wie *vous contredites. Diese falschen, d.h. normativ nicht zugelassenen Formen sind funktionell durchaus in Ordnung, indem sie eindeutig eine 2. P. Pl. ausdrücken, nur sind sie in der heutigen Sprechergemeinschaft nicht akzeptiert. Die üblichen Formen sind konkret und gleichzeitig überindividuell. Coseriu fordert daher eine weitere Aufteilung der "langue" in **System** (*système*) und **Norm** (*norme*), wobei auf der Ebene des "Systems" das Funktionelle, d.h. was durch unterschiedliche Zeichen (Ausdruck und Inhalt) unterschieden wird, und auf der Ebene der "Norm" das in einer Sprache Übliche, das historisch zur Norm Gewordene, aber nicht notwendigerweise Funktionelle, festgestellt wird (s. auch III.1.3.3). Der Normbegriff Coserius unterscheidet sich von anderen dadurch, dass hier nicht eine präskriptive Norm des guten Sprachgebrauchs gemeint ist, sondern eine linguistisch-methodische Untersuchungsebene, auf der alles das, was und wie es üblicherweise gesagt wird, von dem getrennt wird, was aktuell in einem Redeakt gesagt wird, und von dem, was und wie es notwendigerweise gesagt wird ("System"), d.h. was einer unumgänglichen sprachlichen (lautlichen, grammatischen, syntaktischen oder lexikalischen) Unterscheidung (**Opposition**) entspricht. Durch diese Unterscheidung können daher die in einer Sprache festgestellten Fakten hierarchisiert werden. Bei historischen Erklärungen hilft sie häufig zu erkennen, dass Änderungen in vielen Fällen "nur" die Norm betreffen, während das System unangetastet bleibt.

5.4 Norm versus System

5.4.1 Phonetische Norm des Französischen

So muss im Lautsystem des heutigen Französisch zwischen geschlossenem /e/ und offenem /ɛ/ unterschieden werden (vgl. *pré* 'Wiese' und *prêt* 'fertig'), aber diese Opposition des Systems funktioniert nur in offener Silbe (s. unten III.1.3.4). In geschlossener Silbe erlaubt die frz. Norm nur [ɛ], z.B. [aˈpɛl] <appel>, obwohl theoretisch, d.h. vom System her, auch ein *[aˈpel] zur Verfügung stehen könnte. In dieser Position gestattet die Norm nicht zwei verschieden lautende Formen [aˈpɛl] und *[aˈpel] mit unterschiedlicher Bedeutung. Als im 16. Jh. das bisher ausgesprochene [ə] verstummte, geriet in vielen Fällen ein [e] in der Silbe davor in eine nun geschlossene Silbe: In der Norm wurde daher [ˈperə] <pére> 'Vater' zu [pɛːr], später dann auch <père> geschrieben. Nur in einigen Fällen blieb bis zur "Nouvelle orthographe" von 1991 der alte 'Accent aigu' trotz offener Aussprache des <é> erhalten, z.B. in *événement* und *j'espérerai*. Am System der französischen Vokalopposition /e/ – /ɛ/, d.h. ihrer grundsätzlich bedeutungsdifferenzierenden Funktion, hat sich in all der Zeit nichts geändert. Geändert hat sich die Norm der Distribution.

Die sogenannten **consonnes allongeantes** bewirken in der Norm der französischen Phonetik eine automatische Längung des vorausgehenden Vokals, so z.B. in *la rage* [ʁaːʒ], *la chose* [ʃoːz], *le père* [pɛːʁ], *brève* [bʁɛːv]. Im System des Französischen gibt es jedoch keine Längen als getrennte Einheit, d.h. weder lange Vokale noch lange Konsonanten, die gegenüber den jeweiligen Kürzen eine andere Bedeutung hervorrufen könnten (vgl. aber IV.11.2.1 und III.1.2.3, Fn. 30). Aussprachen wie *[ʁaʒ], *[ʃoz], *[pɛʁ] oder *[bʁɛv] wären daher zwar höchst merkwürdig und in ihrer Normwidrigkeit "falsch", sie wären aber keine Erscheinungen des französischen Systems, da keine eigenen Einheiten mit eigener Bedeutung. Meridionale Aussprachen wie [ʃɔzə] mit kurzem, offenem [ɔ] und auslautendem [ə] sind keine **Normvarianten** (*variantes de norme*), sondern gehören zu einem anderen, nämlich zu dem auf dem Okzitanischen beruhenden System des südlichen Regionalfranzösischen.

5.4.2 Morphologische Norm des Französischen

In der Morphologie sind sogenannte Unregelmäßigkeiten, die einem historischen Zufall oder einem synchron nicht mehr erkennbaren Gesetz entsprungen sind, fast immer Fakten der Norm. Aufgrund der historischen Lautgesetze müssten die meisten Verbalparadigmata im Präsens unterschiedliche Formen in den stammbetonten (1.–3. P. Sg., 3. P. Pl.) und in den endungsbetonten Verbformen (1. und 2. P. Pl.) aufweisen, wie dies regelmäßig bei den sog. unregelmäßigen Verben der Fall ist (*je veux – nous voulons, je dois – nous devons*) und im Altfranzösischen auch noch bei den Verben der -er-Konjugation auftrat ([*je*] *truef* – [*nous*] *trouvons*, [*tu*] *aimes* – [*nous*] *amons*). Vom System her ist Eines so gut wie das Andere, da es keine

Funktion betrifft: Der Indikativ des Präsens ist dadurch gekennzeichnet, dass keine Tempus- bzw. Modusendung vorliegt wie etwa in *je trouv-ais* oder *il trouv-a*. Ob die Stammform eventuell zwischen **treuv-* und *trouv-* variiert, ist nur normativ von Belang. So erklärt sich auch die Möglichkeit des historischen Schwankens zwischen *que nous veuillions* und *que nous voulions* als gültiger Konjunktivform der 1. P. Pl. von *vouloir* und zwischen *je me vêts* und *je me vêtis* als Präsensform von *se vêtir*. Die Norm ist eine äußerst wichtige Ebene der Sprachbeschreibung, weil sich in einer Sprache eben nicht nur die Unterscheidungen des Systems ausmachen lassen, sondern eine noch viel größere Anzahl von Restriktionen der Norm, die das Gesicht einer Sprache entscheidend prägen und ohne die eine Kommunikation wahrscheinlich nicht zustande kommen würde. Aber die Fakten des Systems sind dennoch grundlegender als die der Norm. Auf jeden Fall dient es der Klarheit der Beschreibung, diese drei Ebenen, System, Norm und Rede, zu unterscheiden.

5.5 Die Architektur der französischen Systeme

Aus dem bisher Gesagten ergibt sich, dass eine Sprache wie das Französische nicht ein einziges System darstellt, in dem alles auf alles bezogen ist und die kleinste Veränderung alle Bezüge verändern würde, eine Meinung, die lange Zeit dem französischen Sprachwissenschaftler Antoine Meillet zugeschrieben wurde und die viel Verwirrung gestiftet hat. In Wirklichkeit besteht das Französische zunächst einmal aus vielen **regional (diatopisch)**, **soziokulturell (diastratisch)** und **stilistisch (diaphasisch)** unterschiedlichen Systemen, von denen eines z.B. das der Pariser kleinen Kaufleute in familiärer Unterhaltung sein könnte, ein anderes das der burgundischen Winzer bei Mâcon in berufsbezogener Diskussion. Jedes so beschriebene Teilsystem, das sich in vielem natürlich mit anderen Teilsystemen überschneidet, setzt sich aus einer Vielzahl von Subsystemen zusammen, z.B. im lautlichen Bereich mindestens aus einem Vokalsystem und einem Konsonantensystem, im grammatischen Bereich z.B. aus einem Tempus- und Modussystem des Verbs, aus einem System der Steigerungsstufen des Adjektivs, aus einem Artikelsystem des Nomens, aus einem System syntaktisch unterschiedlich gebrauchter Personalpronomina usw. Ebenso sind im Wortschatz zahlreiche unterschiedliche Subsysteme von lexikalischen Bedeutungen anzunehmen (s. III.6.2.3). *Eine* Änderung, z.B. ein historischer Wandel im Wortschatz, wird deshalb nicht zwangsläufig auch eine Änderung in den grammatischen Beziehungen, ein Lautwandel nicht notwendig eine Veränderung der lexikalischen Bedeutungsbeziehungen nach sich ziehen. Die **Architektur** (COSERIU ²1992: 294–296) einer historischen Sprache wie dem Französischen mit seinen diatopisch, diastratisch und diaphasisch unterschiedlichen Systemen wird heute vielfach auch als ein Gefüge von **Varietäten** (*variétés*) aufgefasst (vgl. III.8.1) und in der sog. Varietätenlinguistik (s. *LRL* V,1: 830–843) untersucht und beschrieben.

6. Synchronie und Diachronie

6.1 Statische und evolutive Sprachwissenschaft

Damit haben wir schon die Begriffe "Synchronie" und "Diachronie" vorweggenommen, die eine weitere fundamentale methodische Dichotomie darstellen, die auf de Saussure zurückgeht, wenngleich er wie in anderen Fällen nicht der erste war, der die Idee einer solchen Unterscheidung hatte. Zum Verständnis der Dichotomie sind zwei Gesichtspunkte zu unterscheiden: In de Saussures Vorstellung war die Synchronie die Betrachtungsachse der Gleichzeitigkeit, d.h. der in einem Sprachsystem gleichzeitig existierenden und funktionierenden sprachlichen Erscheinungen, während die Diachronie die Betrachtung des chronologischen Aufeinanderfolgens sprachlicher Phänomene war, also den Sprachwandel in den Blick nahm. De Saussure benutzt auch die Begriffe "statische" und "evolutive Sprachwissenschaft". Wichtig war und ist, dass der die Sprache untersuchende Linguist beide Betrachtungsebenen nicht willkürlich miteinander vermengt, also z.B. ein frz. Adjektiv wie *oculaire* nicht als eine heute mögliche, d.h. synchrone Ableitung zu *œil* auffasst, da ja hierfür im Französischen gar keine formale Ableitungsregel existiert, sondern dass er erkennt, dass das im Lateinischen abgeleitete Wort *ocularis* als *oculaire* in das Französische übernommen wurde, es sich also um ein diachrones Verfahren handelt.

6.2 Die Vorstellungen de Saussures

6.2.1 Funktionieren und Sprachwandel

De Saussure verstand die Dichotomie aber auch so, dass die Synchronie die Ebene der gleichzeitig funktionierenden Beziehungen im Sprachsystem sei, die Diachronie dagegen die Ebene unsystematischer, akzidenteller Veränderungen. De Saussure war noch nicht zu der Einsicht gelangt, dass auch der Sprachwandel unter dem Gesichtspunkt der Systemhaftigkeit betrachtet werden kann und muss, sondern sah hier nur einzelne Veränderungen, insbesondere lautlicher Art. Eine historische Grammatik als Darstellung der Entwicklung grammatischer oder syntaktischer Systeme erschien ihm unmöglich. Hier erfolgte eine Weiterentwicklung durch Roman Jakobson, der von 1927 an zeigte, dass auch ganze phonologische Systeme in ihrem Wandel, also diachron, betrachtet werden können[23], und der diese Erkenntnis später auch auf andere sprachliche Bereiche übertrug (vgl. unten II.8.4.2, S. Seite 59 f.).

---

23   Vgl. die Umgestaltung des lat. Vokalsystems in III.1.7, S. 81 f.

6.2.2 Das Beispiel des Schachspiels

De Saussure (1972: 125–127) illustriert die Unterscheidung zwischen Synchronie und Diachronie am Bild des Schachspiels, in dem jeder Spielzustand ein synchron zu betrachtender Gegenstand sei, bei dem man nicht wissen könne und auch nicht zu beachten brauche, auf welchem Wege, durch welche Züge dieser Spielzustand erreicht worden sei. Die Veränderung einer einzigen Figur verändere aber alle Bezüge der Figuren untereinander und sei deshalb ein diachrones Faktum. In Wahrheit zeigt dieser Vergleich ein zu statisches Bild von der Sprache, da die Synchronie in Wirklichkeit keine angehaltene Momentaufnahme sein sollte, sondern **das Funktionieren der Elemente** bedeutet. Das Spiel ist erst ein funktionierendes Spiel während des Spiels. Ein diachrones Faktum wäre dann eine Änderung der Spielregeln, etwa der Wegfall eines Figurtyps oder die veränderte Bestimmung der Bewegungsrichtung z.B. des Turmes. Wenn auch alle Vergleiche hinken, so dieser doch in besonderem Maße.

6.3 Das Problem der "Gleichzeitigkeit"

In der Nachfolge de Saussures machte zunächst der Begriff der Synchronie die größten praktischen und theoretischen Schwierigkeiten, da man diesen häufig zu sehr mit der schwer zu bestimmenden Vorstellung vom "Sprachzustand" identifizierte. Wie lange aber dauert ein Sprachzustand an und wo beginnt die Veränderung? Ein richtiges Verständnis wurde auch dadurch erschwert, dass man sich zu sehr und zu lange an den im vorigen Abschnitt erwähnten Systembegriff Meillets klammerte und meinte, eine Veränderung in einem Bereich würde alle Beziehungen im Gesamtsystem stören. Zu dem aus dem nordamerikanischen Strukturalismus übernommenen Prinzip eines umfangreichen Textcorpus als Datenbasis kam daher das Bestreben, eine synchrone Darstellung eines sprachlichen Problems durch eine "Momentaufnahme" zu ermöglichen, also etwa ein Corpus auf den Tageszeitungen eines einzigen Tages aufzubauen. Dies musste jedoch immer ein Annäherungsverfahren und theoretisch unbefriedigend bleiben.

6.4 Coserius Lösung des Problems

Eine überzeugende Lösung dieses Problems finden wir bei COSERIU (1958). Wie vor ihm schon Roman Jakobson stellt er fest, dass Synchronie und Diachronie nicht verschiedene Gegenstandsbereiche betreffen, sondern **verschiedene Betrachtungsebenen** derselben Gegenstände meinen. Außerdem schließen sich beide Begriffe nicht gegenseitig aus, da zur Beschreibung jedes Sprachzustandes die Feststellung gehört, dass die Sprecher ein gewisses Maß an diachronem Bewusstsein besitzen, indem sie durchaus altertümliche Formen, Wendungen und Wörter als solche identifizieren und auch Neuerungen vom sprachlichen Ist-Zustand zu unterscheiden wissen. So ist z.B. der "subjonctif du passé" im heutigen Frz. selbst im gewählten Sprachregister nicht mehr wirklich lebendig, aber er wird in gewählter Sprache aus stilistischen Gründen in bestimmten Fällen sozusagen zitiert: Er wird dann verstanden und entsprechend goutiert. Synchron gesehen ist er ein Archaismus, der zwar noch im System existiert, in der Norm aber starken Restriktionen unterworfen ist. Diachron gesehen ist er seit dem 19. Jh. auch in gehobener Sprache unüblich geworden, ist die "concordance des temps" im Konjunktiv also weitgehend aufgehoben.

Vor allem aber hat Coseriu de Saussures Unterscheidung auf die Trias System, Norm und Rede angewandt und die **Synchronie** als das **Funktionieren** des Systems bzw. den statischen Zustand der Norm definiert und die **Diachronie** als das **Sich-Herausbilden** des jeweilig nächsten Zustandes: "Die Sprache funktioniert synchronisch und bildet sich diachronisch" (COSERIU 1974: 237). Nach Coserius Auffassung geht es nicht darum, ein System in einem Moment zu erfassen, sondern vom ständigen Wandel als dem sprachlich Normalen und Lebendigen auszugehen, um das Werden des Systems zum Funktionieren hin zu verstehen (COSERIU, ibidem). Eine Sprache stirbt, wenn sie sich nicht mehr wandelt. Die Dichotomie zwischen Synchronie und Diachronie ist damit keineswegs aufgehoben. Sie ist nur keine Antinomie, d. h. kein unauflöslicher Widerspruch, sondern betrifft lediglich zwei unterschiedliche Betrachtungsweisen derselben sprachlichen Wirklichkeit.

Ein anderer Gesichtspunkt ist der, dass der Wandel nicht kausal gesehen werden darf. Ein Wandel muss nicht naturnotwendig stattfinden und nicht notwendig in eine bestimmte Richtung gehen. Da die Sprache kein Gegenstand einer Naturwissenschaft, sondern ein historischer und damit ein kultureller Gegenstand ist, kann man nicht sinnvoll fragen, *warum* ein Wandel oder *warum gerade dieser* Wandel eingetreten ist. Der **Sprachwandel** ist **teleologisch**, d. h. zielgerichtet aufzufassen; er dient jeweils den Ausdrucksabsichten der Sprecher. Welches diese sind, kann immer nur – wenn überhaupt – im Nachhinein vermutet werden (vgl. COSERIU [2]1992: 120–121).

Eine **synchrone** Betrachtung betrifft nicht notwendigerweise den heutigen, aktuellen Sprachzustand, sondern kann sich je nach Interessenlage des analysierenden Linguisten auch auf einen früheren Zeitraum beziehen, in dem z. B. das Funktionieren des französischen nasalen Vokalsystems – etwa um die Mitte des 16. Jhs. – untersucht würde. So wäre z. B. auch eine synchrone Untersuchung des französischen Artikelsystems im 15. Jh. oder der Funktion bestimmter Wortbildungssuffixe zur Zeit der Französischen Revolution denkbar. Eine **diachrone** Betrachtung würde dagegen z. B. die Entwicklung der Funktion des Teilungsartikels vom 15. Jh. bis zum 17. Jh. oder auch bis heute betreffen. Die zeitlichen Grenzen des in seinen Veränderungen untersuchten Gegenstandes legen die Sprachwissenschaftler selbst je nach dem Erkenntnisinteresse und den materiellen Möglichkeiten (Quellenlage, evtl. auch Zeitaufwand) fest.

7. Syntagmatik und Paradigmatik

In der Nachfolge de Saussures unterscheidet die strukturalistische Linguistik bei der sprachlichen Analyse einer Äußerung zwei Betrachtungsachsen: In der Saussureschen *chaîne parlée*, der "Redekette" oder **Lautkette** (vgl. III.1.2.2.a)), kann ein sprachliches Element entweder im Hinblick auf das betrachtet werden, was ihm in der gleichen Redekette vorausgeht oder folgt (**syntagmatische Achse**), oder im Hinblick auf die in der betreffenden Redekette abwesenden Elemente, die an der gleichen Stelle stehen könnten (**paradigmatische Achse**). In einer Redekette wie z. B. *On étudie tous les romans de Gustave Flaubert* gibt es entsprechend dem linearen Charakter der Sprache eine "horizontale" Beziehung z. B. zwischen dem Subjekt *on* und dem Prädikat *étudie*, insofern als das Verb in der gleichen Person, hier der 3. P. Sg., steht wie das Subjekt. Die Regel, dass sich das Prädikat in Person und Numerus nach dem Subjekt richtet, entspricht einer syntagmatischen Beziehung ebenso wie die Tatsache, dass das Subjekt dem Prädikat in der Regel vorausgeht, in gewissen Fällen aber auch folgt (Inversion). Zur Syntagmatik gehört z. B. auch die Stellung der Quantifikatoren (hier *tous*) und der Determinanten (hier *les*) oder im lautlichen Bereich die Regeln der Liaison.

Paradigmatisch ist in dem gleichen Beispielsatz dagegen z. B. die "vertikale" Beziehung zwischen dem hier gewählten Präsens *étudie* und anderen an dieser Stelle denkbaren Tempusformen desselben Verbs (*étudiait, étudiera, a étudié* usw.), die mit dem durch *étudie* markierten Tempus zusammen das Paradigma (die Klasse) der französischen Tempora bilden. *Tous les* steht in Opposition zu anderen Quantifikatoren (etwa *deux, trois, quelques*), die mit ihrer jeweils eigenen Bedeutung die gleiche syntagmatische Position einnehmen könnten wie *tous les*. Ein lexikalisches Paradigma zeigt sich im Ersatz von *romans* durch z. B. *lettres, journaux intimes, contes*, das im Fall der Wahl von *lettres* syntagmatische Konsequenzen für *tous* hätte. Die Glieder des jeweiligen Paradigmas gehören dem Sprachsystem an – sie sind nach de Saussure eine Beziehung *in absentia* –, während die syntagmatischen Beziehungen zunächst auf der Ebene der Rede – *in praesentia* – beobachtbar sind.

Anregung

Suchen und diskutieren Sie andere Beispiele für syntagmatische und paradigmatische Beziehungen.

---

8. Zur Geschichte der Sprachwissenschaft

8.1 Geschichtlichkeit des Sprachwandels

Im Rahmen dieser Darstellung können naturgemäß nur einige wenige Bemerkungen gemacht werden, im Übrigen muss auf die am Ende aufgeführten Werke verwiesen werden. Trotz vielfältiger Äußerungen zur Sprache (*langage*) und zu den

Sprachen (*langues*) im alten Indien, in der europäischen Antike und vom Mittelalter über die Renaissance bis hin zur blühenden Sprachphilosophie im 18. Jh. (vgl. hierzu ARENS ²1969; BREKLE 1985 und MOUNIN 1996 am Ende dieses Kapitels) beginnt die eigentliche Sprach*wissenschaft* erst mit der Entdeckung des historischen Charakters der Sprachen und der Entwicklung einer Phonetik und systematischen Lautuntersuchung um die Wende des 18. zum 19. Jh. Die Entdeckung der **Sprachverwandtschaft** zwischen dem altindischen Sanskrit und der Mehrzahl der europäischen Sprachen (vgl. I.1) führte zu einer deutlicheren Trennung von Laut und Buchstabe als in den Jahrhunderten zuvor und zu einer klareren Erkenntnis des Wesens des Sprachwandels, der zunächst wissenschaftlich als Lautwandel, dann auch als morphologischer und als Bedeutungswandel der Wörter erkannt und schrittweise erarbeitet wurde. Das Hauptinteresse der Sprachwissenschaft des 19. Jhs. ist daher ein historisches, der Nachweis der Sprachverwandtschaft der finno-ugrischen und indogermanischen bzw. indoeuropäischen und danach immer weiterer Sprachfamilien auf sprachvergleichender Grundlage. Während die Namen Friedrich Schlegel, Franz Bopp, Rasmus Rask und Jacob Grimm an die Entwicklung der **historisch-vergleichenden Methode** geknüpft sind, steht Wilhelm von Humboldt für die Fortführung der Sprachphilosophie im 19. Jh., obwohl neuerdings auch mehr und mehr sprachwissenschaftlich-analytische Arbeiten aus seiner Feder, insbesondere zu amerikanischen Sprachen, bekannt werden. Sprache ist für Humboldt über die äußere Lautgestalt der Sprachformen hinaus vor allem die jeweilige innere Formung der Welt, die durch die sprachlichen Kategorien und lexikalischen Abgrenzungen bedingte "eigentümliche Weltansicht". Diese Betrachtung führt ihn notwendigerweise zur Forderung einer individualisierenden Typologie jeder Einzelsprache, ohne dass er das Postulat je einlösen würde.

Der Hauptstrom der Sprachwissenschaft bewegt sich fern von Humboldts Idealismus hin zu einem analytischen Positivismus. Mit dem Namen August Schleicher ist um die Jahrhundertmitte die Vervollkommnung der artikulatorischen Phonetik und die durch die rigorose Sprachvergleichung vorangetriebene Rekonstruktionsmethode verbunden. In der Romanistik rekonstruiert man das nicht belegte Vulgärlatein, auf dem die romanischen Sprachen beruhen (vgl. IV.2), nach dem Vorbild der Bemühungen um die **Rekonstruktion** der indogermanischen Ursprache, mit dem Vorteil, dass man dort wenigstens eine annähernde Quelle, das klassische Latein, kennt. Die romanische Philologie war in der Romantik im Zuge der Begeisterung für die mittelalterliche Volksliteratur, hier die okzitanische Troubadourlyrik, und die Sprachvergleichung entstanden. Während François Raynouard in seinem *Choix des poésies originales des troubadours* sowie später in seinem *Lexique roman ou dictionnaire de la langue des troubadours*, Paris 1836–1845, die irrige These aufstellte, das Altprovenzalische sei die Vorstufe aller übrigen romanischen Sprachen gewesen, wurde die romanische Sprachwissenschaft (und Philologie) in Deutschland durch Friedrich Diez (1794–1876) begründet, der seit 1825 Professor in Bonn war und in seiner bahnbrechenden, nach dem Vorbild Jacob Grimms verfassten *Romanischen Grammatik* (1836–1843) die Bedeutung des Vulgärlateins erkannte und in seinem *Etymologischen Wörterbuch der romanischen Sprachen,* 1853, ⁵1887, die Grundlage für die historische romanische Wortforschung legte.

8.2 Historisch-vergleichende Sprachwissenschaft: Positivismus

Die mit Schleicher eingeführte naturwissenschaftliche, biologisch-darwinistische Betrachtungsweise der Sprache und ihres Entwicklungsganges kulminierte in den siebziger Jahren des 19. Jhs. in der Entwicklung der sogenannten **Junggrammatischen Schule** (*l'école des néo-grammairiens*), die mit Namen wie Karl Brugmann, Berthold Delbrück, Hermann Paul, Wilhelm Streitberg und vielen anderen verbunden ist. Das **Lautgesetz** (*loi phonétique*) wurde als Naturgesetz, also als eine zu einer Zeit und an einem Ort naturgesetzlich determinierte, blind wirkende Entwicklung verstanden. Wenn eine Entwicklung unter gleichen Bedingungen nicht lautgesetzlich verlaufen war, wurde sie durch Analogie erklärt, jenem psychologisch begründeten Prinzip der menschlichen Trägheit, das im Aufschwung der wissenschaftlichen Psychologie einen ebenfalls beherrschenden Platz in der damaligen Sprachwissenschaft bekam. Kennzeichnend für die Junggrammatiker ist ihr positivistischer Glaube an die Beherrschbarkeit der Menge des Stoffs, ihre Hochachtung des Details und ihr geringes Interesse an theoretischen Überlegungen und Synthesen. Ihr Verständnis der Historizität der Sprache erfasst eher die relative Lautchronologie und die als abstrakte Formel aufgefasste Rekonstruktion als die reale Sprachentwicklung in einzelnen kulturgeschichtlich greifbaren Epochen. In vielen europäischen Ländern hat sich die junggrammatische Lehre lange gehalten, z. T. hat sie unausgesprochen viele der späteren Richtungen bis in die sechziger Jahre des vergangenen Jahrhunderts überdauert. Auf romanistischem Gebiet war ihr größter Vertreter Wilhelm Meyer-Lübke (1861–1936), der im Anschluss an Diez eine neue, bis heute nicht völlig ersetzte *Romanische Grammatik,* 4 Bde., 1890–1902 (Nachdruck Darmstadt 1972), ein *Romanisches Etymologisches Wörterbuch (REW),* ³1935, ⁶1992, und eine *Historische Grammatik der französischen Sprache,* Bd. I, ⁵1934, Bd. II, 1920, ²1966, verfasst hat.

8.3 Junggrammatiker und ihre Überwindung

8.3.1 Dialektologie und Sprachgeographie

Ansätze zur Überwindung der junggrammatischen Haltung gegenüber den Sprachen zeigten sich ab etwa 1885 in mindestens dreifacher Hinsicht. Hugo Schuchardt (1842–1927), der schon Bedeutendes in der vulgärlateinischen Forschung geleistet hatte, protestierte gegen die junggrammatische Auffassung vom Lautgesetz und zeigte deren relativen Charakter auf. Zum anderen fasste er das Verhältnis von Sprache und Dialekt genauer und wies darauf hin, dass sich die Sprachwissenschaft bis dahin ausschließlich mit literarischen Texten der Schriftsprache, so gut wie nie aber mit der lebendigen gesprochenen Sprache beschäftigt hatte. Damit unterstützte er die Bestrebungen in Deutschland, der Schweiz und Frankreich, die noch lebenden Mundarten zu erforschen und kartographisch zu erfassen. Er selbst untersuchte z.b. als erster Kreolsprachen auf romanischer Basis in Westafrika, Indien und Ostasien.

Systematische Mundartenaufnahmen in einem bestimmten Gebiet, bei denen nach festgelegten Kriterien ausgewählte Sprecher (*sujets*) nach einem Fragenkatalog (*questionnaire*) durch den *enquêteur* befragt und die Ergebnisse für jeden Punkt des Netzes von Orten der Befragung eingetragen wurden, führten zur Entwicklung der sog. **Sprachgeographie** (*géographie linguistique*), einer sprachwissenschaftlichen Methode der dialektalen Datenerhebung, die bis heute erfolgreich angewendet wird[24]. Nach Vorarbeiten Georg Wenkers in Deutschland hat sich die Sprachgeographie vor allem in Frankreich entwickelt. Jules Gilliéron hat zu Beginn des 20. Jhs. nicht nur den *ALF (Atlas Linguistique de la France)* erstellt, sondern auch viel zur Theorie und Methode der Sprachgeographie geleistet. Das Ziel ist die sprachhistorische Interpretation der Karten, denn aus der geographischen Verteilung bestimmter lautlich-morphologischer oder lexikalischer Erscheinungen können Rückschlüsse auf die Sprachgeschichte gezogen werden. So lässt sich z.B. erkennen, dass Flusstäler und Ebenen im Allgemeinen die Ausbreitung von Neuerungen, die von kulturellen Zentren (etwa Paris oder Lyon) ausgehen, begünstigen oder dass Phänomene, die sich nur in Randgebieten und/oder unzugänglichen Berglandschaften finden, meist die älteren, eben zurückgedrängten Lautungen oder Wortformen gegenüber den weiter verbreiteten, neueren sind.

Ein berühmt gewordenes Beispiel ist die Verteilung der Bezeichnungen für die 'Biene' in Frankreich (vgl. WOLF 1975: 57–60): Die Karte 1 *abeille* des ALF zeigt, dass der aus dem Okzitanischen stammende Typ *abeille* vor allem im Süden Frankreichs bodenständig ist, während nördlich der Loire eher ein Kompositum mit *mouche*, z.B. *mouche-à-miel*, verbreitet ist. Am äußersten nördlichen, östlichen, westlichen und südwestlichen Rand findet man noch Spuren des auf lat. APIS beruhenden, im Altfranzösischen belegten Typs *a* bzw. *é(s)*. Dessen Bewahrung in vier kleinen, weit auseinander liegenden Gebieten führte Gilliéron zu dem Schluss, dass dieser Worttyp ursprünglich in ganz Nordfrankreich verbreitet gewesen sein muss, aber aufgrund seiner lautlichen Schwäche durch die populäre Umschreibung mit *mouche* einerseits und den seit dem 13. Jh. zunächst schriftsprachlich verbreiteten[25] Okzitanismus *abeille* andererseits verdrängt wurde.

---

24 Zur Geschichte und Methodik der frühen romanischen Sprachgeographie siehe IORDAN/ BAHNER (1962: 171–322), ROHLFS, Gerhard (1971), *Romanische Sprachgeographie*, München: Beck, und WOLF, Lothar (1975), *Aspekte der Dialektologie. Eine Darstellung von Methoden auf französischer Grundlage*, Tübingen: Niemeyer (Rom. Arbeitsheft 15).

25 Vergleiche hierzu MÖHREN, Frankwalt (1999), "Kreuzzugsvokabular: exotisches Dekorum oder kulturelle Übernahme?", in: BIERBACH, Mechthild / VON GEMMINGEN, Barbara (Hrsg.), *Kulturelle und sprachliche Entlehnung: Die Assimilierung des Fremden*. Bonn: Romanist. Verlag, 104–118, hier 110–112.

Zu Beginn des 20. Jhs. entwickelte sich mit der Sprachgeographie ein starkes Interesse für die historische Sachkultur des ländlichen Lebens, die Richtung "Wörter und Sachen", die auch in der Romanistik eine große Rolle spielte. Eingang fand sie auch in den "Sprach- und Sachatlas Italiens und der Südschweiz" (*AIS*, 1928–1940). Die eigentliche Sprachgeographie erfuhr ab 1939 ihre theoretische Weiterentwicklung durch Albert Dauzat, der kleinräumigere Sprachatlanten und einen aktuelleren Bezug auf die sprachlichen Verhältnisse in Frankreich forderte, die durch das Vordringen des Standardfranzösischen und die Aufgabe der lokalen Dialekte gekennzeichnet sind. Das regionale Standardfranzösisch, das durch zahlreiche auf den alten Dialekten beruhende lautliche und lexikalische Züge charakterisiert ist, wird als Regionalfranzösisch bezeichnet. Seit 1950 entsteht so der inzwischen weit fortgeschrittene *Nouvel Atlas Linguistique de la France par Régions (NALF)*, der die historische mit der ethnographischen und soziolinguistischen Blickrichtung verbindet. Beispielhaft sei hier der *Atlas linguistique et ethnographique de Bourgogne (ALB)* von Gérard Taverdet, I–III, Paris 1975–1980, genannt.

8.3.2 Psychologismus und Idealismus

Wenn wir nun zur Geschichte der Sprachwissenschaft in der Phase der Überwindung der junggrammatischen Richtung zurückkehren, so sind neben der Mundartforschung und Sprachgeographie noch zwei andere Ansätze zu erwähnen, die beide für eine gewisse Zeit neben anderen Strömungen die Sprachwissenschaft in der ersten Hälfte des 20. Jhs. beeinflusst haben. Zum einen ist dies die schon erwähnte psychologische Richtung, die wohl mit Wilhelm Wundt (*Völkerpsychologie*, Leipzig 1900) ihren Höhepunkt erreicht hatte, zum anderen die idealistische (oder, nach Humboldt, die neuidealistische) Schule, die im Gegensatz zu den Junggrammatikern die Geistesgeschichte zur Grundlage aller Erklärungen machte. Ihr Hauptvertreter war der bedeutende Romanist Karl Vossler, der sich als Schüler Benedetto Croces scharf gegen die positivistischen Untersuchungen einzelner Laute und Formen wandte und dagegen den schöpferischen Geist als Triebkraft aller sprachlichen Erscheinungen ansah (vgl. seine frz. Sprachgeschichte *Frankreichs Kultur im Spiegel seiner Sprachentwicklung*, Heidelberg 1913). Sowohl mit der volkskundlichen Richtung der Wörter und Sachen als auch mit dem Vorherrschen der Psychologie und der synthetisierenden Geistesgeschichte war das Pendel der linguistischen Forschung nach der anderen Seite ausgeschlagen, hatte die Sprachwissenschaft ihren eigentlichen Gegenstand, die Sprache und die Analyse der ihr eigenen Kategorien, etwas aus den Augen verloren.

8.4 Neubeginn durch Ferdinand de Saussure

8.4.1 Linguistik der *langue*

Zurückgegeben wurde er ihr durch den unter dem Namen Ferdinand de Saussures veröffentlichten *Cours de linguistique générale* (1916), der drei Jahre nach Saussures Tod erschien. Hier kann und soll nicht erörtert werden, wieviel der dort vertretenen Gedankengänge auf den Genfer Indogermanisten Saussure selbst und wieviel auf seine Herausgeber, vor allem seinen Nachfolger in Genf, Charles Bally, zurückgeht. Die Bedeutung seiner methodischen Unterscheidungen ist bereits hinreichend erörtert worden (vgl. II.4–7). Obwohl er keineswegs die Bedeutung der historischen Linguistik leugnet, wertet er durch seine Überlegungen doch die synchronische Betrachtung der Sprache gegenüber der Tradition des 19. Jhs. ganz entscheidend auf.

Wenn auch manche seiner Ideen von vielen zunächst nur partiell verstanden wurden, so beriefen sich doch bald etliche Sprachwissenschaftler auf das eine oder andere seiner Prinzipien und bauten darauf eigene Richtungen auf. Da Begriffe wie die *valeur* den Gedanken implizieren, dass sich sprachliche Bedeutungen durch die jeweilige Opposition mindestens zweier Einheiten konstituieren, und die Dichotomie "langue" – "parole" das Denken in systematischen Zusammenhängen förderte, kam bald auch der Begriff der **Struktur** (*structure*) auf, der im krassen Gegensatz zur atomistischen Denkweise der Junggrammatiker stand. Nun konnte man nicht mehr z. B. allein die Geschichte des lateinischen Dativs im Französischen untersuchen, da der Dativ sich ja nur dadurch als spezifische Funktion ergibt, dass er durch mindestens einen anderen Kasus abgegrenzt ist. Sind mehrere andere Kasus als Funktionen festzustellen (z. B. Akkusativ, Genitiv, Ablativ und Nominativ), so ist sein Bedeutungsumfang kleiner, als wenn ihm etwa nur ein Nominativ gegenübersteht und der sog. "Dativ" – wie im Altfranzösischen – mit dem Genitiv und dem Akkusativ zusammenfällt, in Wirklichkeit also überhaupt nur zwei Kasus sich die Bedeutungszone 'Satzbeziehung' teilen (vgl. IV.6.3.1).

8.4.2 Schulen des Strukturalismus in Europa

Neben der **Genfer Schule** um Charles Bally (*Linguistique générale et linguistique française*, Berne ²1944, ⁴1965; zuvor *Traité de stylistique française*, Heidelberg 1909, Genève ⁵1970) ist für die weitere Entwicklung der Theorie vor allem die **Prager Schule** des Strukturalismus von Bedeutung (vgl. SZEMERÉNYI 1971: 53–97). Sie ist im Wesentlichen mit den Namen zweier Russen, Nikolai Sergejewitsch Trubetzkoy (1890–1938) und Roman Jakobson (1896–1982), verbunden. Die Leistung Trubetzkoys wird in Kap. III.1.2 im Zusammenhang mit der Entwicklung der Phonologie dargestellt. Roman Jakobsons nachhaltiger Einfluss auf viele Zweige der Sprachwissenschaft kann hier nicht gewürdigt werden. Erwähnt wurde schon seine Ausweitung des Saussureschen Systemgedankens von der Synchronie auf die Diachronie im Bereich der Lautsysteme (Phonologie); zu nennen sind weiterhin die konsequente Anwendung des Oppositionsgedankens, des Begriffs der *valeur* und der Trennung zwischen "langue" und "parole" im Bereich der grammatischen Analyse (z. B. Kasuslehre), die Idee der "Sprachbünde" zwischen genetisch nicht (nah) verwandten Sprachen sowie Beobachtungen zum Verhältnis zwischen der Reihenfolge des kindlichen Erlernens der Sprachlaute der Muttersprache und deren Verlust bei Aphasie (Sprachstörung durch Schädigung des Großhirns). Zu den späteren, korrespondierenden Mitgliedern des *Cercle Linguistique de Prague* zählten in den dreißiger Jahren auch die bedeutenden französischen Linguisten Georges Gougenheim und André Martinet.

Die Lehre der **Kopenhagener Schule** des Strukturalismus um Viggo Brøndal (1887–1942, *Théorie des prépositions*, 1950) und Louis Hjelmslev (1899–1965, *Prolegomena to a theory of language*, engl. 1953), die beide auch zum Französischen gearbeitet haben, ist unter dem Namen "Glossematik" bekannt. Sie fordert eine "immanente" Sprachbeschreibung, die also von jedem semantischen Bezug, der durch die Sprache die außersprachliche Realität widerspiegelt, und von jedem Verweis auf die Diachronie absieht. Ihr algebraischer Charakter macht den Zugang schwierig. Konkret zum Französischen erschien in diesem Rahmen von Knud Togeby *Structure immanente de la langue française*, Kopenhagen 1951.

8.4.3 Amerikanischer Strukturalismus

Fast gänzlich unabhängig von den europäischen Strömungen entwickelte sich in den USA eine für die weitere Entwicklung der allgemeinen Sprachwissenschaft ebenfalls bedeutsame methodische Richtung heraus, die auch strukturalistisch genannt wird, jedoch mit den Prinzipien de Saussures nicht viel zu tun hat. Sie ist auch vorwiegend synchron-beschreibend, lehnt aber die Hierarchie der Betrachtungsebenen (System, Norm, Rede) ab, vor allem die Abstraktion des Sprachsystems, da sie eine völlig andere Auffassung von der sprachlichen Bedeutung hat, die hier nicht im Einzelnen erörtert werden kann. Vereinfachend gesagt, ist die nordamerikanische Meaning-Auffassung viel pragmatischer, den einzelnen Redebedeutungen verhaftet und scheut die Abstraktion der Annahme eines sprachlichen Zeichens mit einem ihm immanenten *signifié*. Die für die Romanistik im Allgemeinen und die Linguistik des Französischen aus unserer Sicht im Ganzen nicht grundlegende amerikanische Sprachwissenschaft kann hier nur grob angedeutet werden. Ansonsten sei auf die entsprechenden Kapitel bei SZEMERÉNYI (1971), MOUNIN (1975) und HELBIG (1988) verwiesen. Während die Entwicklung zu Beginn des Jahrhunderts noch von den aus Deutschland stammenden Linguisten Franz Boas und Edward Sapir bestimmt wurde und eigenes Profil durch die an den schriftlosen Indianersprachen zu erprobenden Methoden gewann, erhielt die amerikanische Linguistik mit Leonard Bloomfield (*Language*, 1933) und vor allem mit seinen Schülern ihr gänzlich von Europa unabhängiges Gewicht.

Bloomfields Verzicht auf eine Semantik steht am Beginn der Meaning-Diskussion in den USA. Sie erklärt sich zum einen aus dem Untersuchungsgegenstand: Ein aufgenommener indianischer Text ist zunächst völlig unverständlich und kann nicht durch Bezug auf vorhandene Wörterbücher und Grammatiken analysiert werden; zum anderen liegt dem amerikanischen Wissenschaftsverständnis eine vorwiegend naturwissenschaftliche Betrachtungsweise zugrunde, die kein Vorwissen vom Gegenstand annimmt, ganz von außen beobachtet und eine Annäherung durch Hypothesen versucht (vgl. auch COSERIU ²1992: 58 ff.). Die Bedeutung einer sprachlichen Äußerung (ihr "Sinn") in einer Redesituation kann nur durch die Beobachtung der Reaktionen der Dialogteilnehmer erschlossen werden (Rückgriff auf die Psychologie des Behaviorismus). Diese Haltung führte insbesondere bei Zellig Harris (*Structural Linguistics*, 1951) zu einer asemantischen Analyse, die strikt auf der Verteilung und Anordnung der konstanten Lauteinheiten und morphologischen Segmente beruht (Distributionalismus) und diese klassifiziert (**taxonomischer Strukturalismus**).

Gegen Ende der fünfziger Jahre wurde vor allem die Vernachlässigung der Syntax zu Recht als Mangel empfunden. Dagegen erhob sich Noam Chomsky (*Syntactic Structures*, 1957) mit der Ausarbeitung der **Generativen Transformationsgrammatik** (auch vereinfacht **Generative Grammatik**, *grammaire générative*, genannt), die hier nur erwähnt werden kann. Die Berücksichtigung der Syntax führte nun dazu, dass alle sprachlichen Strukturen syntaktisch erklärt wurden. Ein Hauptkritikpunkt bleibt weiterhin die unzureichende semantische Beschreibung der Sprache wie überhaupt die Auffassung von der sprachlichen Bedeutung.

8.5 Neuere Strömungen der Linguistik

Mit den verschiedenen Formen des Strukturalismus war die führende Rolle der Indogermanistik in der allgemeinen Sprachwissenschaft vorbei, auch die der Romanistik, die mit der Sprachgeographie noch einmal für alle Disziplinen wegweisend geworden war. Neben dem nach dem Zweiten Weltkrieg sich in Europa zaghaft verbreitenden europäischen Strukturalismus und dem Aufschwung der sich seit den sechziger Jahren entwickelnden Spielarten der Generativen Grammatik hat sich in neuerer Zeit das Interesse der Sprachwissenschaftler wieder von der eigentlichen Sprachanalyse als Beschreibung (synchron) bzw. als historischer Erklärung (diachron) des Systems und der Norm wegbewegt. Sie geht einerseits hin zu eigentlich interdisziplinär zu bearbeitenden Bereichen wie dem Problem des Verhältnisses zwischen konkurrierenden Sprachformen, z.B. Nationalsprache, Minderheitsprache(n) und Dialekte(n), und der Gesellschaft (**Soziolinguistik**), des Spracherwerbs und -verlustes (bei Krankheit; **Psycholinguistik, Neurolinguistik**), der Organisation von Texten (**Textlinguistik**) und des Verhältnisses von Text, Sender und Empfänger, also z.B. der Angemessenheit einer Äußerung in einer bestimmten Situation (**Pragmalinguistik**). In den letzten Jahren finden verstärkt kognitive Überlegungen Eingang auch in die romanische Sprachwissenschaft (**kognitive Linguistik**), die davon ausgehen, dass die Sprache eingebettet ist in umfassendere Denk- und Wahrnehmungsprozesse. Das z.T. zu beobachtende sinkende Interesse an der Sprachanalyse wie schon zuvor an der Sprachgeschichte ist erklärlich, wenn man bedenkt, dass von einzelnen Methoden, sei es dem funktionellen Strukturalismus europäischer Prägung oder dem taxonomischen Strukturalismus nordamerikanischer Provenienz manchmal auch zuviel erwartet wurde. Jede Methode hat ihre Stärken und Schwächen. Eine Überwindung des Strukturalismus hat einer seiner wichtigsten kritischen Vertreter, Eugenio Coseriu, mit seiner **integralen Linguistik** als einer Linguistik des Sprechens und des sprachlichen Wissens versucht (COSERIU ²1988, und ders., *Sprachkompetenz*, Tübingen 1988 [UTB 1481]).

Andererseits wird aber die strikt innersprachliche Analyse durchaus fortgeführt, vor allem ausgehend von und mit kritischem Bezug zur Generativen Transformationsgrammatik (GT) Noam Chomskys der 1960er Jahre. So entwickelt sich die Generative Grammatik in vielen Formen weiter, vor allem durch amerikanische Linguisten, weitgehend ohne Kenntnisnahme des in Europa schon erreichten theoretischen Standes. Hatte die GT das Verdienst, die Syntax in den Mittelpunkt der Aufmerksamkeit gerückt zu haben, so forderte man nun eine stärkere Berücksichtigung empirischer sprachlicher Daten, auch unter dem Gesichtspunkt der Variation. So entstand, unter Einbeziehung von Prinzipien der kognitiven Linguistik und der aufkommenden Korpuslinguistik, z.B. die *Usage Based Grammar*, vertreten von Linguisten wie Joan Bybee, Paul Hopper und Talmy Givón. In der Phonologie wurden Theorien wie die Natürlichkeits- bzw. Optimalitätstheorie (*théorie de l'optimalité*) entwickelt. Sie können hier – wie auch die Grammatikalisierungstheorien – nur erwähnt werden.

8.6 Entwicklung der Linguistik in Frankreich

Die Linguistik in Frankreich war im 20. Jahrhundert zunächst durch die Vorherrschaft des großen Indogermanisten Antoine Meillet gekennzeichnet, der Saussures Lehren zwar begrüßte, aber kaum umsetzte. Als Vertreter des Prager Strukturalismus ist André Martinet (1908–1999) schon genannt worden. Große Verbreitung hat in Frankreich neben allen anderen Schulen auch die durch Gustave Guillaume (1883–1960) begründete Richtung erlangt. Nach Guillaumes "psychosystématique" (*Temps et verbe*, 1929) entstehen alle grammatischen Kategorien (z.B. Tempora, Modi, Artikel) durch einen spezifischen Denkakt im Augenblick des Sprechens. Der Linguist analysiert die Denkabläufe, die in dem kurzen Moment der (individuell vollzogenen und gleichzeitig kollektiv begründeten) Genese der jeweiligen grammatischen Funktion angenommen werden. Auch ein Sprachwissenschaftler wie Bernard Pottier hat seine eigenen Theorien ausgehend von den Ideen Guillaumes entwickelt.

Zur Vertiefung kann mit Gewinn auch Teil I von GAUGER/OESTERREICHER/ WINDISCH (1981, im Anhang), der die Geschichte der romanischen Sprachwissenschaft behandelt, gelesen werden. Als erster Teil einer umfassenden Geschichte der romanischen Sprachwissenschaft aus dem Nachlass von Eugenio Coseriu liegt vor: Eugenio COSERIU/Reinhard MEISTERFELD (2003), *Geschichte der romanischen Sprachwissenschaft*, Bd. I: *Von den Anfängen bis 1492*, Tübingen: Narr.

Literaturhinweise:

ALBRECHT, Jörn (³2007), *Europäischer Strukturalismus. Ein forschungsgeschichtlicher Überblick*, Tübingen: Francke (UTB 1487); ARENS, Hans (²1969), *Sprachwissenschaft. Der Gang ihrer Entwicklung von der Antike bis zur Gegenwart*. Freiburg/München: Karl Alber; BLASCO FERRER, Eduardo (1996), *Linguistik für Romanisten. Grundbegriffe im Zusammenhang*, Berlin: E. Schmidt; BREKLE, Herbert (1985), *Einführung in die Geschichte der Sprachwissenschaft*, Darmstadt: Wiss. Buchgesellschaft; BÜHLER, Karl (1934), *Sprachtheorie*, Jena: Fischer; Jena/Stuttgart: Lucius u. Lucius ³1999, UTB 1159; COSERIU, Eugenio (1975), "System, Norm und Rede", in: E. COSERIU, *Sprachtheorie und allgemeine Sprachwissenschaft, 5 Studien*, München: Fink, 11–101. Span. Original: Montevideo 1952; COSERIU, Eugenio (1974), *Synchronie, Diachronie und Geschichte. Das Problem des Sprachwandels*. München: Fink. Span. Original: Montevideo 1958; COSERIU, Eugenio, (²1992), *Einführung in die Allgemeine Sprachwissenschaft*, Tübingen: Francke; COSERIU, Eugenio (2003), *Geschichte der Sprachphilosophie. Von den Anfängen bis Rousseau*. Neu bearbeitet und erweitert von Jörn Albrecht, Tübingen-Basel; HELBIG, Gerhard (²1988), *Entwicklung der Sprachwissenschaft seit 1970*, Leipzig: Enzyklopädie; LEROT, Jacques (1993), *Précis de linguistique générale*, Paris: Minuit; MARTINET, André (⁴1996), *Eléments de linguistique générale*, Paris: Colin; MOUNIN, Georges (1996), *Histoire de la linguistique des origines au XXe siècle*, Paris: PUF (Nachdruck der 4. Aufl. von 1985); MOUNIN, Georges (²1975), *La linguistique du XXe siècle*, Paris: PUF; OGDEN, Charles K./Richards, Ivor A. (¹1923, ¹⁰1953), *The Meaning of Meaning*, London; PORZIG, Walter (1957), *Das Wunder der Sprache. Probleme, Methoden und Ergebnisse der modernen Sprachwissenschaft*, Bern. Nachdruck Tübingen ⁹1993 (UTB 32); POTTIER, Bernard (²1985), *Linguistique générale. Théorie et description*, Paris: Klincksieck; DE SAUSSURE, Ferdinand (1916), *Cours de linguistique générale*, Lausanne/Paris; édition critique préparée par Tullio de Mauro, Paris: Payot 1972; SZEMERÉNYI, Oswald (1971), *Richtungen der modernen Sprachwissenschaft*, I, *Von Saussure bis Bloomfield, 1916–1950*, Heidelberg: Winter; TRABANT, Jürgen (2008), *Was ist Sprache?*, München: Beck; VENDRYÈS, Joseph (1921), *Le langage. Introduction linguistique à l'histoire*, Paris: La Renaissance du Livre (u. Nachdr.).

Zusammenfassung

Wissenschaft besteht in dem Bemühen, möglichst gesicherte Erkenntnisse über den Menschen und die ihn umgebende Welt zu gewinnen. Daher benötigt jede wissenschaftliche Beschäftigung ein ihren Zwecken gemäßes Instrumentarium. Ausgangspunkt ist die Abgrenzung des Gegenstandsbereiches und die Definition der darin vorkommenden Gegenstände und Kategorien (Sprache, Dialekt, Wort, Satz, Bedeutung, Sprachwandel usw.). Darum haftet aller Wissenschaft etwas Taxonomisches, d.h. Gliederndes, Klassifizierendes, Unterscheidendes an. Zur Methodik der Sprachwissenschaft (oder Linguistik) gehören zunächst Überlegungen zu den Funktionen von Sprache, zum sprachlichen Zeichen und zur Bedeutung, sowie die Unterscheidung verschiedener Betrachtungsebenen, da die Sprache als eine dem Menschen innewohnende sehr komplexe Tätigkeit vom Menschen selbst nicht auf einmal und nicht zur Gänze beobachtet und erfasst werden kann, sondern immer nur hinsichtlich bestimmter Perspektiven (Rede, Norm, System, Typus einerseits und Synchronie versus Diachronie andererseits). Bei der sprachlichen Analyse auf einer dieser Ebenen sind dann noch syntagmatische Bezüge in der Redekette von paradigmatischen Bezügen zwischen Einheiten verschiedener Redeketten zu unterscheiden.

Der kurze Überblick über die Geschichte der Sprachwissenschaft seit dem 19. Jh. zeigt deutlich die Verschiedenheiten der Schwerpunkte und Interessen am Phänomen Sprache und den einzelnen konkreten Sprachen und die Herausbildung immer neuerer und feinerer Methoden zur Erforschung sprachlicher Phänomene. Vom Primat der historischen Entwicklungen geht die Entwicklung zur Betrachtung der Gegenwartssprache, von der Schriftsprache zur gesprochenen Sprache, von der Sprache selbst zur Konkurrenz von Sprachen in einem Gebiet (Soziolinguistik) und zur Sprachverwendung (Pragmatik, Textlinguistik usw.). Die Verortung der Sprache im Hirn wird in medizinischer Hinsicht von der Neurolinguistik, in erkenntnistheoretischer Hinsicht von der kognitiven Linguistik untersucht. Aber auch bei der Beschreibung sprachlicher Strukturen werden die unterschiedlichen linguistischen Schulen mit ihrer verschiedenen Auffassung vom Kern der Sprache, dem Wesen der Bedeutung (divergierende Auffassungen von "Semantik") deutlich. Ausgehend von der junggrammatischen Schule, dem linguistischen Idealismus und der Sprachgeographie werden hier die verschiedenen strukturalistischen Schulen und die Generative Grammatik angesprochen. Zum Schluss wird die besondere Entwicklung der Linguistik in Frankreich aufgezeigt.

III. Beschreibungsebenen der französischen Sprache (Synchronie und Diachronie)

1. Phonetik und Phonologie

1.1 Zwei Betrachtungsebenen: Phonetik und Phonologie

Die materielle Seite (Substanz) der Sprache als "langage" (siehe II.5.1) sind die Laute, die die Menschen beim Sprechen äußern. Dies geschieht üblicherweise beim Ausatmen, während beim Einatmen gebildete Laute (z. B. Schnalzlaute) nur in wenigen, außereuropäischen Sprachen zu sprachlichen Zwecken verwendet werden[26]. Man unterscheidet die in der Sprache benutzten "artikulierten" Laute oder Phone von den unartikulierten Lauten, die in einer bestimmten Sprache nicht regelmäßig vorkommen, und von Geräuschen.

Die **Phonetik** (*la phonétique*, siehe auch PUSTKA 2011: 43–72) ist der Teilbereich der Linguistik, in dem z. T. mit naturwissenschaftlichen, d. h. experimentellen, apparativen Methoden artikulierte Laute (Phone, *phones*) als konkrete physikalische Erscheinungen untersucht und beschrieben werden. Hierbei befasst sich die **artikulatorische Phonetik** (*phonétique articulatoire*) besonders mit der Art und Weise der Hervorbringung der Laute (*phonation*) mittels des Sprechapparates (*appareil phonatoire/~ vocal*). Die **akustische Phonetik** (*phonétique acoustique*) untersucht dagegen die akustischen Vorgänge bei der Übertragung der Schallwellen, d. h. deren Frequenz, Lautstärke, Klangfarbe, Tonhöhe usw. (siehe POMPINO-MARSCHALL [3]2009: 87–139). Zur **auditiven** oder **perzeptiven Phonetik** (*phonétique auditive*), die die Erscheinungen des Hörvorgangs beschreibt, siehe jetzt POMPINO-MARSCHALL ([3]2009: 158–175). Wir werden uns hier auf einige wichtige Teilbereiche der artikulatorischen Phonetik beschränken.

Es ist nicht das erste Ziel der französischen Phonetik als linguistische Disziplin, die richtige Aussprache des Französischen ausgehend von der Schrift zu vermitteln. Die Sprachwissenschaft geht nicht von der Graphie aus. Die Verwechslung von Buchstaben und Lauten ist unbedingt zu vermeiden. Die Abstraktion der Laute von den Buchstaben ist konsequent erst seit Einführung der phonetischen Transkriptionszeichen gegen Ende des 19. Jh. möglich (s. III.1.2 und III.2.1). Erst in zweiter Hinsicht wird z. B. auch die Norm der Aussprache beschrieben, z. B. in der Abstufung der sozialen und situationsbedingten Register (vgl. PUSTKA 2011: 193–195). Es geht primär jedoch um die Beschreibung der **Laute** auf zwei Betrachtungsebenen, der phonetischen und der phonologischen.

---

26 Näheres hierzu z. B. in POMPINO-MARSCHALL ([3]2009: 207 ff.).

Die **Phonologie** (*phonologie*) untersucht die Laute hinsichtlich ihrer Funktionalität, d.h. hinsichtlich ihrer Fähigkeit, sprachliche Zeichen und damit Bedeutungen zu differenzieren. Im Gegensatz zur Phonetik ist sie an ein bestimmtes Sprachsystem gebunden. Sie führt die verschiedenen tatsächlich in der "parole" geäußerten und der jeweiligen Norm entsprechenden Laute auf die Grundeinheiten zurück, die von den Sprechern einer Sprache (oder eines Dialekts) als solche unbewusst unterschieden werden, und trennt diese Grundeinheiten, die **Phoneme** (*phonèmes*) genannt werden, von den vielfältigen Varianten, in denen sie tatsächlich realisiert werden. Phoneme sind daher abstrakte Größen, die als solche nicht Substanz sind, d.h. nicht "ausgesprochen" werden können. Die Phonetik ist somit Lautlehre auf der Ebene der Rede und der Norm, die Phonologie ist Lautlehre auf der Ebene des Systems. Die Laute werden also auf zwei verschiedenen Betrachtungsebenen untersucht und beschrieben.

1.2 Grundlagen und Begriffe der Phonetik

1.2.1 Grundbegriffe der artikulatorischen Phonetik

a) Die Bildung der Sprachlaute ist an sich ein sehr komplizierter Vorgang, an dem, vereinfacht dargestellt, außer den Stimmlippen (18) die Mundhöhle (8) – und bei Nasallauten auch die Nasenhöhle (1) –, die Zunge (9), bzw. bestimmte Teile der Zunge (10–12), und bestimmte Teile des oberen Mundraumes, nämlich Lippen (2), Zähne (3), der Zahndamm (die Alveolen, 4), der harte Gaumen (das Palatum, 5), der weiche Gaumen (das Velum, 6) oder das Zäpfchen (die Uvula, 7) beteiligt sind. Man unterscheidet so die beweglichen **Artikulationsorgane** (Lippen, Zunge, Zäpfchen) und die unbeweglichen **Artikulationsstellen** (Zähne, Alveolen, Palatum, Velum), zusammenfassend **Artikulationsorte** genannt. Hinzu kommt, besonders bei den Konsonanten, bei denen der Luftstrom auf ein Hindernis stößt, die **Artikulationsonsart**, d.h. die Frage, ob der Laut mittels eines Verschlusses, einer Reibung oder eines zusätzlichen Klingens im Nasenraum usw. gebildet wird. Stimmhafte (Abkürzung: sth.) Laute (*sons sonores*) entstehen, wenn die Stimmritze (Glottis, *glotte*) zwischen den gespannten Stimmlippen (ungenau auch Stimmbänder, *cordes vocales* (18), genannt) fast geschlossen ist, so dass diese regelmäßig schwingen können; stimmlose (stl.) Laute (*sons sourds*) entstehen, wenn die Glottis geöffnet ist und die Stimmlippen nicht schwingen (siehe auch MEISENBURG/SELIG, [3]2006: 22–27 und PUSTKA 2011: 44–54).

Die zur Beschreibung notwendigen, von den Bezeichnungen der Artikulationsorte abgeleiteten Adjektive, die im Folgenden exemplarisch für die Bedürfnisse des Französischen (nach ROTHE 1978: 77 f., siehe auch PUSTKA 2011: 49) aufgeführt werden, nennen in einigen Fällen vereinfachend nur die Artikulationsstelle, eingeklammert das beteiligte Artikulationsorgan:

Unterlippe an Oberlippe:	bilabial	[p/b/m]
Unterlippe an den oberen Schneidezähnen:	labiodental	[f/v]
Zungenspitze an den Schneidezähnen:	apiko-dental	[t/d/n]
vorderer Zungenrücken an den Schneidezähnen:	prädorsal-dental	[s/z]
mittlerer Zungenrücken an den Alveolen:	dorsal-alveolar	[ʃ/ʒ]
mittlerer Zungenrücken am harten Gaumen:	(dorsal-)palatal	[j/ɲ]
hinterer Zungenrücken am weichen Gaumen:	(postdorsal-)velar	[k/g]
Zäpfchen	uvular	[ʀ].

b) Zur Beschreibung der Vokale gehört zum einen der Parameter des Artikulationsortes, d.h. der Zungenstellung, nämlich palatal, zentral oder velar. Palatale Vokale werden auch Vorderzungenvokale (*voyelles antérieures*), zentrale Vokale werden Mittelzungen- (*v. centrales*) und velare Vokale Hinterzungenvokale (*v. postérieures*) genannt. Zum anderen ist auch der relative **Öffnungsgrad** (*degré d'ouverture/degré d'aperture*) des Mundes (Kiefernwinkel) wichtig. Hier unterscheidet man üblicherweise zwischen extrem offen (*ouvert*) bei [a] und extrem geschlossen (*fermé*) bei [i] und [u]. Dazwischen werden in den meisten Sprachen der Welt [e] und [o] als mittlere Öffnungsgrade festgestellt, die ihrerseits im Französischen entweder als [e] und [ɛ], [ø] oder [œ] bzw. [o] oder [ɔ] auftreten. Je nach Sprache lassen sich z.T. auch weniger, selten mehr Öffnungsgrade unterscheiden. So ist z.B. im Deutschen das kurze *i* in *ich* offener als das lange *i* in *Vieh*. Für *u* in *Schluck* bzw. *du* gilt Entsprechendes. Phonetisch gibt es hier also mehr Öffnungsgrade als im Französischen; zu deren phonologischer Relevanz siehe III.1.4.1.

Die Lippen sind entweder gerundet (*voyelle arrondie*) oder gespreizt (*non-arrondie*). Dieser Parameter ist im Französischen wie im Deutschen sehr wichtig, da palatale gerundete Vokale mit den gleichen Öffnungsgraden wie nicht gerundete zum System gehören, also [ø], [œ] <eu> und [y] <u>, im Deutschen [ø], [œ], [y:] (*Füße*) und [ʏ] (*Flüsse*), orthographisch <ö> bzw. <ü>. Im Spanischen und Italienischen dagegen kann man auf dieses Kriterium verzichten, da gerundete palatale Vokale mittleren Öffnungsgrades nicht vorkommen.

Ein Vokal ist außerdem entweder oral (frz. *oral*), d.h. nur in der Mundhöhle gebildet, oder nasal (*nasal*), d.h. bei Senkung des Velums und damit Öffnung des Nasendurchgangs auch im Nasenraum gebildet (zu den frz. Nasalvokalen vgl. III.1.4.1). Zudem hängt die Vokalfärbung auch von der Lippenstellung ab.

c) Für die Beschreibung der Konsonanten müssen verschiedene Artikulationsarten unterschieden werden:

1. Bei **Verschlusslauten** (**Okklusiven**, *occlusives*, oder **Plosiven**, *plosives*) wird zwischen Artikulationsorgan und Artikulationsstelle ein Verschluss hergestellt und rasch geöffnet (gesprengt), z.B. [p, t, k, b, d, g]. Man unterscheidet dabei einen Moment der Implosion (Verschluss vor der Sprengung) und einen Moment der Explosion.

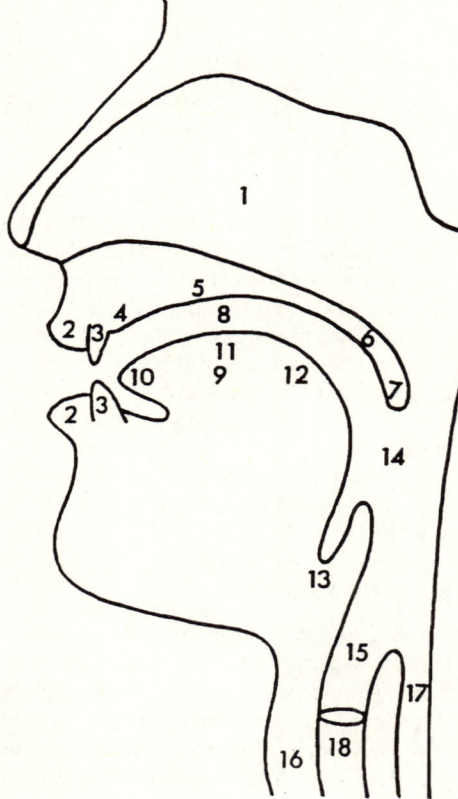

(1) Nasenhöhle – *cavité nasale*

(2) Lippen – *lèvres*

(3) Zähne – *dents*

(4) Zahndamm, Alveolen – *alvéoles*

(5) harter Gaumen, Palatum– *palais dur*

(6) weicher Gaumen, Velum – *voile du palais*

(7) Zäpfchen, Uvula – *luette*

(8) Mundhöhle – *cavité buccale*

(9) Zunge – *langue*

(10) Zungenspitze, Apex – *pointe de la langue*

(11) Z.rücken, Dorsum – *dos de la langue*

(12) hinterer Zungenrücken, Postdorsum

(13) Kehlkopfdeckel, Epiglottis – *épiglotte*

(14) Rachen, Pharynx – *pharynx*

(15) Luftröhre – *trachée*

(16) Kehlkopf, Larynx – *larynx*

(17) Speiseröhre – *œsophage*

(18) Stimmlippen, -bänder – *cordes vocales*

Der Sprechapparat, adaptiert nach Maria Schubiger, *Einführung in die Phonetik*, Berlin ([2]1977:13), ähnlich bei Pustka (2011: 48)

2. Bei **Reibelauten** (**Frikativen,** *fricatives,* **Engelauten**) wird durch Verengung des Artikulationskanals eine Reibung erzeugt, z.B. [f, v, s, z, ʃ, ʒ, ʁ]. In einigen Darstellungen werden zusätzlich die Sibilanten (Zischlaute, *sifflantes,* z.B. [s, z] bzw. *chuintantes,* z.B. [ʃ, ʒ]) als eigene Kategorie unterschieden.

3. Bei den **Affrikaten** (*affriquées*) handelt es sich um eine Kombination aus Verschluss- und Reibelaut, z.B. [ts] = [c], [tʃ] = [č] (siehe u. Fn.36). Das heutige Französisch besitzt außer in Fremdwörtern (z.B. in den Anglizismen *match, bridge, budget, match*) keine Affrikaten mehr.

4. Bei den **Nasalen** (frz. *consonnes nasales*) wird ein Verschlusslaut bei der Implosivstellung angehalten, wobei gleichzeitig der Nasenraum freigegeben wird, z.B. [m], [n], [ɲ], [ŋ].

5. Bei **Lateralen** (*consonnes latérales*) entweicht die Luft seitlich neben der das Palatum berührenden flachliegenden Zunge, z.B. [l].

6. Bei den **Vibranten** (*vibrantes*) vibriert die Zunge [r] oder das Zäpfchen [ʀ]. Nach antiker Tradition werden Laterale und Vibranten auch als **Liquide** (*liquides*) bezeichnet.

Kontrastiv zum Deutschen ist zu bemerken, dass die stimmlosen Verschlusslaute im Frz. nicht aspiriert werden (dt. z.B. [tʰatʰ], frz. [tɔtaliˈte]). Für die Transkription einer Äußerung in Lautschrift stehen verschiedene phonetische Alphabete zur Verfügung, die auf unterschiedlichen Traditionen beruhen. Weit verbreitet und auch in diesem Band verwendet ist das von der *Association Phonétique Internationale* erarbeitete *Alphabet Phonétique International* (API), das seit dem Beginn des 20. Jahrhunderts besteht und auf den frz. Phonetiker Paul Passy zurückgeht. Die für das Französische zutreffende Auswahl findet man z.B. bei HAMMARSTRÖM ([3]1998: 127–131), BUSSMANN ([4]2008: XL–XLI), PUSTKA (2011: 28–31).

1.2.2 Phonetik der Silbe

a) Das Sprechen geschieht aber nicht in Einzellauten, sondern in größeren daraus zusammengesetzten Einheiten. Die kleinste Einheit, in die sich Sprache beim Sprechen zerlegen lässt, ist die Silbe. Deshalb ist es auch für die phonetische Beschreibung wichtig festzustellen, welche Laute selbst eine Silbe bilden können und welche nur an der Bildung einer Silbe mitwirken. "Die Silbe ist einer der wichtigsten und gleichzeitig umstrittensten Begriffe der Phonetik" (SCHUBIGER [2]1977: 106). Wenn auch der wissenschaftliche Nachweis der Existenz der Silbe Schwierigkeiten macht, so ist sie doch eine Realität der Sprachen, synchron wie diachron. Sie ist im Wesentlichen von der akustischen Phonetik her zu erfassen (vgl. vor allem LAUSBERG [3]1969: 95–100). Es lässt sich apparativ[27] leicht zeigen, dass offene Vokale so-

---

27 Das wichtigste Hilfsmittel der akustischen Phonetik ist der Sonagraph, der die Schallwellen in ihre Komponenten zerlegt und elektromagnetisch aufzeichnet (sog. Sonagramme, s. POMPINO-MARSCHALL [3]2009: 108 f.).

norer sind als geschlossene, diese wiederum sonorer als Vibranten. Es folgen stimmhafte Reibelaute, stimmhafte Verschlusslaute, stimmlose Reibelaute und stimmlose Verschlusslaute. Um einen Schallgipfel gruppieren sich schallärmere Laute in der Reihenfolge ihres Schallfüllegrads (vgl. auch PUSTKA 2011: 112).

Die Kette der aneinandergereihten Laute bildet, was die **Schallfülle** (Sonorität) der einzelnen Laute betrifft, ein wellenförmiges Auf und Ab. Jeder relativ klangvolle Laut, der vom vorhergehenden oder vom folgenden klangvollen Laut durch einen klangärmeren getrennt wird, bildet einen Wellenberg, d.h. einen Schallgipfel (SCHUBIGER ²1977: 107).

Eine **Lautkette** (*chaîne parlée*) hat soviele Silben, wie sie Schallgipfel aufweist, z.B. vier in frz. *scientifiquement* [sjɑ̃|ti|fik|ˈmɑ̃]. Die Möglichkeiten der Lautgruppierung zu Silben und damit die Regeln der Silbentrennung variieren von Sprache zu Sprache sehr stark. So zählt man im Frz. etwa bei der Abfolge KVKVKV (*charité* [ʃaʁiˈte]) stets den Konsonanten zum Silbenanglitt (also [ʃa|ʁi|ˈte]) und keinesfalls zum Silbenabglitt (also niemals *[ʃaʁ|i|ˈte]). Dabei spielen im Unterschied zum Englischen morphologische Gesichtspunkte, etwa die Abtrennung von Prä- und Suffixen wie etwa in *char-ity* [ˈtʃæɹ|i|ti], keine Rolle, also [sy|boʁ|di|na|ˈsjõ] <subordination>, nicht nach dem deutschen etymologisierenden Vorbild [zʊp|ʔɔʁ|di|na|ˈtsjoːn] (vgl. zur "Syllabierung" PUSTKA 2011: 120–122). Man unterscheidet offene Silben (frz. *syllabes libres, ouvertes*), die auf Vokal enden (Vokal in freier Stellung, z.B. [bo|ˈte], [pa|ˈʁi]), und geschlossene Silben (frz. *syllabes fermées, entravées, couvertes*), die auf Konsonant enden (Vokal in gedeckter Stellung, z.B. [mal], [tɔːʁ] <tort>).

Die Laute lassen sich nun klassifizieren in silbentragende und nichtsilbentragende. Erstere werden auch **Sonanten** genannt. Sonanten sind alle Vokale, aber auch bestimmte Konsonanten, vor allem [r]/[ʁ], [l] und [n]. Im Französischen wird diese Möglichkeit nicht ausgenutzt, aber z.B. im Deutschen, Englischen und in slavischen Sprachen (vgl. deutsch *haben*, vereinfacht [ˈhaː|bm̩], *Betten* [ˈbɛ|tn̩]; engl. *little* [ˈli|tl̩] oder die kroatische (ursprünglich dalmatische, s. I.1.2) Insel *Krk*, in deren Namen [r] Silbengipfel ist).

b) Der Unterschied zwischen Vokalen, bei deren Artikulation kein Hemmnis auftritt, und Konsonanten, die durch ein Hindernis im Artikulationskanal charakterisiert sind, ist aber nicht nur in akustischer, sondern auch in artikulatorischer Hinsicht fließend. Wenn die extrem geschlossenen Vokale [i], [y] und [u] weiter geschlossen werden, berührt in der Stellung [i] der Zungenrücken das Palatum, und es entsteht ein unsilbischer Konsonant, nämlich der palatale Reibelaut [j]; entsprechend entsteht bei Lippenrundung aus [y] labiopalatales [ɥ] und aus [u] bei weiterem Zurückziehen der Zunge unsilbisches labiovelares [w]. Konsonanten, die eine so nahe Verwandtschaft zu den geschlossenen Vokalen zeigen, heißen **Halbvokale** (frz. *semi-voyelles*). Der unsilbische Charakter von Vokalen (Halbvokalen) wird durch einen daruntergesetzten Halbkreis ([i̯, u̯]) angedeutet. Die manchmal vorgenommene Unterscheidung zwischen Halbvokalen und sog. Halbkonsonanten (frz. *semi-consonnes*) ist problematisch. Vor allem im Hinblick auf einen folgenden silbischen Vokal nennt man die Halbkonsonanten oder Gleitlaute (engl. *glides*) [w, ɥ, j] in neuerer Zeit – in Anlehnung an die amerikanische Linguistik – auch **Approximanten** (frz. *approximantes*) als eine Klasse von Lauten, die durch eine Enge oberhalb der hochstehenden Zunge, also wie bei der Zungenposition für [u], [y] oder [i] gebildet werden und so zu [w], [ɥ] bzw. [j] führen (vgl. die Darstellung und Einschätzung der "Gleitlaute" bei PUSTKA 2011: 104f.).

c) **Hiate** (frz. *hiatus*) nennt man die unmittelbare Aufeinanderfolge von Vokalen, von denen jeder einen Silbengipfel darstellt. **Diphthonge** (frz. *diphtongues*) sind dagegen Vokalverbindungen in **einer** Silbe, von denen das eine Element ein Vokal und das andere ein Halbvokal ist. Fällt die Verbindung zum Halbvokal ab, spricht man von **fallenden Diphthongen** (*diphtongues descendantes*), steigt sie zum Vokal auf, spricht man von **steigenden Diphthongen** (*d. ascendantes*). Das Französische kennt die steigenden Diphthonge [wɑ, wɛ, wi, ja, jɛ, jɛ̃, je, jo] und [ɥi], wie z.B. in *moi* [mwɑ], *ouest* [wɛst], *oui* [wi], *piano* [pjano], *ciel* [sjɛl], *mien* [mjɛ̃], *pied* [pje], *idiot* [idjo], *puis* [pɥi][28]. Gar nicht vertreten sind im modernen Französisch fallende Diphthonge wie in deutsch *Haus, Eis, neu* oder engl. *cow, say, cry*. Ob eine Vokalgruppe als (steigender) Diphthong oder hiatisch gesprochen wird, hängt u.a. von der Sprechgeschwindigkeit ab: Was bei langsamem, betontem Sprechen (sog. Lentoformen) ein Hiat sein kann, ist im Frz. bei normalem (schnellem) Sprechen (sog. Allegroformen) immer ein Diphthong, da der geschlossene Vokal vor dem folgenden offeneren Vokal konsonantisch – oder eben "approximantisch" – wird (*ciel* [sjɛl], *affection* [a│fɛk│ˈsjõ]. Die Lentoformen können beim Rezitieren silbenzählender klassischer Verse zur Auffüllung der gewünschten Silbenzahl erscheinen (Diärese, *diérèse*), d.h. neben [a│fɛk│ˈsjõ] auch viersilbiges [a│fɛk│si│ˈõ].

1.2.3 Suprasegmentale Elemente: Dauer, Akzent, Tonhöhe, Intonation

Die Elemente (Segmente) der Lautkette werden nicht nur durch das Auf und Ab der Eigenschallfülle jedes Lautes gegliedert, sondern auch durch eine zusätzliche Variation in Bezug auf die Dauer, die Druckbetonung und die Tonhöhe, die sich, bildlich gesprochen, über die Lautkette legt und deswegen **suprasegmental** genannt wird. Suprasegmentale Einheiten (*éléments suprasegmentaux*) werden auch als **Prosodeme** (*prosodèmes*) bezeichnet. Bei der **Dauer** oder **Quantität** (*quantité*)[29] wird die Artikulation der Laute gedehnt, bzw. bei Verschlusslauten und Affrikaten

---

28 Anders STRAKA (1990: 1), der hier von Verbindungen aus Konsonant + Vokal spricht. Die Problematik ergibt sich daraus, dass ein unsilbischer Vokal mehr oder weniger konsonantisch sein kann und entweder als Halbvokal oder als Konsonant gewertet wird; vgl. auch den Unterschied zwischen dt. *Ei* [ai̯] und frz. *ail* [aːj].

29 Im Gegensatz zur **Qualität** (*qualité*) der Vokale oder Konsonanten, die sich auf die jeweilige Klangfarbe bezieht. Die Länge eines Lautes wird durch : bezeichnet, z.B. [aː], [nː] usw., in älterer Tradition auch durch ¯, z.B. [ā], [s̄] usw.

die Lösung des Verschlusses hinausgezögert. Sie spielt im Französischen kaum eine Rolle, da sprachliche Zeichen im Allgemeinen nicht durch die Quantität eines Vokals oder Konsonanten unterschieden werden[30]. Zur Prosodie insgesamt siehe auch PUSTKA 2011: 130–144.

Bei der **Betonung** (*accent*) unterscheidet man generell den exspiratorischen oder Druckakzent (*accent d'intensité*), bei dem eine Silbe mit größerem Druck als ihre Nachbarsilben ausgesprochen wird (in der Transkription durch ' vor der betonten Silbe angezeigt), und den musikalischen oder Tonakzent (*accent tonal* bzw. *musical*), bei dem eine Silbe mit einer anderen Tonhöhe als die sie umgebenden gesprochen wird. In bestimmten Sprachen (Chinesisch, Vietnamesisch, in geringerem Maße auch Serbokroatisch, Schwedisch) wird dies zur Unterscheidung von Wörtern ausgenutzt. Wenn die Tonalität wie im Französischen und Deutschen jedoch nur auf Satzebene (z.B. Aussagesatz mit sinkendem Ton, etwa frz. *tu viendras* ↘, gegenüber dem Fragesatz mit steigender Stimmführung am Ende, *tu viendras?* ↗) relevant ist, spricht man von **Intonation** (*intonation*). Diese kann freilich auch noch weiteren Zwecken auf der Ebene der Rede dienen (z.B. Ausdruck des Ärgers, der Ironie, der Höflichkeit usw.). Diese Mechanismen werden erst langsam erforscht und sind bisher noch nicht, wie die Grundlagen der segmentalen Phonetik, Allgemeingut der Sprachwissenschaftler geworden.[31]

PUSTKA (2011: 132) weist darauf hin, dass es im Deutschen einen Wortakzent gibt, welcher manchmal bedeutungsunterscheidend ist wie z.B. in um*fahren* vs. *um*fahren, *übersetzen* (*er setzte über den Rhein*) vs. *übersetzen* (*sie übersetzte das Buch ins Französische*). Im Französischen dagegen gibt es keinen Wortakzent, sondern einen **Phrasenakzent**. Traditionell sagt man, dass die prosodische Grundeinheit im Französischen nicht das Wort, sondern das *mot phonétique* ist (siehe Beispiel in PUSTKA 2011: 135). Ein *mot phonétique* besteht im Allgemeinen aus einer Nominalphrase (*son grand amour, malgré tous ses efforts*) oder einer Verbalphrase (*je ne sais pas, il les a envoyés, sans savoir pourquoi, qu'est-ce qu'il a donc?*). Typisch für die französische *chaîne parlée* ist auch die Tatsache, dass die durch Betonung hervorgehobene Stelle gegenüber den anderen nur unwesentlich stärker akzentuiert ist (s. auch WUNDERLI 1990: 36f.). Man könnte hier eher von einem schwebenden Akzent (*isotonie*, d.h. gleichmäßige Betonung aller Silben wie im Türkischen oder Baskischen) als von einem Hervorhebungsakzent (*accent d'insistance*) sprechen. Daher werden auch "unbetonte" Silben in der Rede nicht so reduziert wie im Deutschen, einer stark akzentuierenden Sprache (vgl. frz. *intéressant* [ɛ̃teʀɛsɑ̃] gegenüber dt. [ɪnt(ə)ʀɛsant]. "Daneben kann sie [die Akzentuierung] auch eine **empha-**

---

30 Zu den vokalischen Längen s. II.5.4.1 und III.1.7. Konsonantische Längen entstehen nur an der Morphemgrenze zwischen sprachlichen Zeichen, s. ROTHE 1978: 110.

31 Vgl. dazu WUNDERLI, Peter (1990: 39 ff.) und ders. (1987), *L'intonation des séquences extraposées en français*, Tübingen. Für Fortgeschrittene siehe dazu jetzt MEISENBURG, Trudel/SELIG, Maria (2004).

tische Funktion haben, wozu sie die erste oder zweite Silbe des hervorzuhebenden Wortes trifft, z. B. in *C'est dégueulasse!* oder *C'est épouvantable!* (PUSTKA 2011: 134).

1.3 Grundlagen und Begriffe der Phonologie

1.3.1 Phonologie als funktionelle Phonetik

Die Phonologie wurde ab 1928 in der Prager Schule des Strukturalismus, insbesondere von Roman Jakobson und Nikolai Sergejewitsch Trubetzkoy entwickelt (vgl. II.8.4.2). Ein Vorläufer, der Pole Jan Baudouin de Courtenay, war in den siebziger Jahren des 19. Jh. zu der psychologisch begründeten Vorstellung gekommen, dass die unendlich verschiedenen tatsächlich geäußerten Laute im Bewusstsein der Sprecher einer Sprache einer genau angebbaren Menge von Lauttypen entsprechen. Dieses auch von Saussure vertretene Konzept wurde von Trubetzkoy zu einem funktionellen entwickelt, das vor allem auf dem Begriff der Unterscheidung, der **Opposition**, beruht. Betrachtet werden in der Phonologie nicht alle vorkommenden Laute, sondern nur in dem Maße, in dem sie den im Bewusstsein der Sprecher verankerten Einheiten entsprechen und in dem sie **bedeutungsunterscheidend** sind. Als distinktiv werden nur die "Schallgegensätze" bezeichnet, "die in der betreffenden Sprache die intellektuelle Bedeutung zweier Wörter differenzieren können" (TRUBETZKOY [5]1971: 30). Die phonologische Analyse bedient sich natürlich der phonetischen Beschreibung. Sie zerlegt die Laute in ihre artikulatorischen oder akustischen Komponenten und filtert daraus die distinktiven oder **merkmalhaften Züge** (*traits distinctifs*) heraus. So beruht z. B. die distinktive Funktion von /p/ gegenüber /b/ im Frz. auf dem Merkmal der Stimmlosigkeit, ein Schallgegensatz, der z. B. in /po/ <peau> oder <pot> gegenüber /bo/ <beau> ausgenutzt wird. Dagegen beruht z. B. die Opposition /b/ – /d/, z. B. in /bo/ <beau> – /do/ <dos>, auf dem Merkmal 'bilabial' für /b/ und 'dental' für /d/ (statt 'bilabial' und 'alveolar' bei PUSTKA 2011: 49 und 100, da die Autorin die Grenzen im mittleren Mundraum anders zieht, als es in diesem Band geschieht; das ist in phonetisch/phonologischen Beschreibungen nichts Ungewöhnliches).

Das Verfahren der Zerlegung einer Einheit in ihre distinktiven Merkmale hat auch außerhalb der Phonologie große Bedeutung in der strukturellen Linguistik gewonnen, so z. B. in der strukturellen Semantik (vgl. unten III.6.2.4).

1.3.2 Ermittlung der Phoneme einer Sprache

Grundeinheit der Phonologie sind die **Phoneme**[32] (*phonèmes*) als kleinste bedeutungsunterscheidende sprachliche Einheiten. Phoneme haben als solche niemals

---

32 Davon sind im angloamerikanischen Bereich die Termini "Phonem(at)ik" und "phonem(at)-isch" statt "Phonologie" und "phonologisch" abgeleitet.

eine Bedeutung[33], aber bedeutungsunterscheidende Funktion. Ob eine solche vorliegt, wird anhand der Substitution in einer Kommutationsprobe festgestellt. Die **Kommutation** (*commutation*) zweier Laute (**Phone**, *sons*; wenig üblich: *phones*) geschieht in einem Minimalpaar, d.h. in zwei sprachlichen Zeichen mit der gleichen Anzahl von Lauten, bei dem einer gegen den anderen ausgetauscht und geprüft wird, ob sich dadurch ein Bedeutungsunterschied ergibt. Ersetzen wir z.B. in *bain* [bɛ̃] 'Bad' [b] durch [p], so erhalten wir [pɛ̃] *<pin>*, was 'Fichte, Kiefer' bzw. *<pain>* 'Brot' bedeutet. Ist die distinktive Funktion einmal festgestellt, so sind beide Laute Phoneme und wir sagen, dass /b/ und /p/ zueinander in Opposition stehen, nicht nur in dem Minimalpaar, sondern ganz allgemein (vgl. aber III.1.3.4 zur Neutralisierung durch Positionsbeschränkung). Gekennzeichnet wird der Phonemstatus durch Schrägstriche / /. Eine Opposition kann jedoch immer nur zwischen zwei positiven Phonemen bestehen, nicht zwischen einem positiven Phonem und einem Phonem Null, ø. Zwar besteht auch zwischen *bain* /bɛ̃/ und *brin* /bʁɛ̃/ ein Schall- und ein Bedeutungsunterschied, jedoch keine phonologische Opposition des Typs */bøɛ̃/ – /bʁɛ̃/, da ø keine merkmalhaften Züge hat, d.h. keiner phonetischen Realität entspricht.

1.3.3 Phonologie der Norm und der Rede: Varianten/Allophone

Wenn die Substitution trotz eines Schallgegensatzes keinen Bedeutungsunterschied hervorruft, nennt man den zu prüfenden Laut eine **Variante** (*variante*) oder ein **Allophon** (*allophone*) desjenigen Phonems, zu dem es in Kontrast gesetzt wurde. Eine **kombinatorische Variante** kommt nicht im gleichen Kontext vor, hängt also von der Kombinatorik ab, z.B. der deutsche *Ich*-Laut (palataler stl. Frikativ wie in [ɪç] <ich>) nur nach palatalem Vokal bzw. /l/ oder /ʁ/, der *Ach*-Laut (velarer stl. Frikativ, vgl. [daχ] <Dach>) nur nach velaren Vokalen; eine **freie Variante** hängt nicht vom lautlichen Kontext ab. Einen Kommutationstest unternimmt man nur zwischen phonetisch verwandten Lauten, da ja möglichst eine einfache, in nur *einem* distinktiven Zug bestehende Opposition untersucht wird (siehe III.1.3.1). Es ist nur manchmal sinnvoll und auch notwendig, eine mehrfache Opposition, z.B. /m/ 'nasal, bilabial, stimmhaft' – /p/ 'okklusiv, bilabial, stimmlos', zu untersuchen. So sind z.B. die freien Varianten [ʁ] (uvularer Frikativ) – [ʀ] (uvularer Vibrant) – [r] (apikodentaler Vibrant) im Frz. deswegen phonologisch nicht relevant (*non-pertinent*), weil sie keinen Bedeutungsunterschied hervorrufen, wohl aber den jeweiligen Sprecher sozial und regional charakterisieren, indem die historisch ältere Lautung [r] als ländlich oder/und südfranzösisch, d.h. letztlich auf dem Okzitanischen beruhend, gilt. Allophone werden in phonetischer Umschrift zwischen eckigen Klammern notiert, jedoch phonologisch als Vertreter des jeweiligen Phonems ge-

---

33   Wenn sprachliche Zeichen nur aus einem Phonem bestehen, wie z.B. *à* als Präposition, *y* /i/ als Substitut ("Pronomen") für Ortsangaben bzw. durch *à* eingeleitete Nominalausdrücke, *haut* /o/ als Lexem sowie *et* /e/ und *ou* /u/ als Konjunktionen, haben die **Zeichen** die jeweilige Bedeutung, nicht jedoch das sie repräsentierende Phonem.

wertet. Das Phonem, das – manchmal willkürlich – notiert wird, steht für alle seine möglichen Realisierungen, also /r/ für [ʁ, ʀ, r] oder auch /d/ für das Assimilationsprodukt [t] vor stl. Konsonant, z.B. in /medsɛ̃/ [metsɛ̃] <médecin>.

1.3.4 Distribution und Neutralisierung

Wenn eine Opposition an einer bestimmten Stelle aufgehoben wird, so spricht man von **Neutralisierung** (*neutralisation*, s. auch PUSTKA 2011: 77):

> Es gibt Fälle, bei denen zwei phonetisch verschiedene Laute eines Sprachsystems, die den Status von Phonemen haben, alle ihnen eigenen phonetischen Merkmale nur in bestimmter Umgebung, d.h. in einer begrenzten Anzahl von Positionen und Kombinationen wirksam werden lassen können, in anderen hingegen mindestens eines der differenzierenden Merkmale verlieren. [...] Diesen Vorgang nennt man *Neutralisierung* (ROTHE 1978: 34).

Ein Musterbeispiel ist die sog. Auslautverhärtung (Entsonorisierung) im Deutschen (und auch im Altfranzösischen): Im Wortauslaut wird die im Anlaut (z.B. Dorf – Torf) und im Inlaut existierende Opposition zwischen stimmhaften und stimmlosen Okklusiven und Frikativen (z.B. *baden – baten* /ˈbaːdn/ – /ˈbaːtn/) aufgehoben, da hier nur die jeweils stimmlosen Vertreter realisiert werden: *Rad – Rat* [ʁaːt]. Phonologisch tritt als Stellvertreter für die neutralisierten Phoneme das Archiphonem (*archiphonème*), hier /T/ ein, das die gemeinsamen Merkmale von /t/ und /d/ enthält (/ʁaːT/). Archiphoneme werden in der Transkription durch Großbuchstaben dargestellt[34].

Neutralisierungen beruhen im Allgemeinen auf Positionsbeschränkungen. Jedes Phonem hat eine bestimmte **Distribution** (*distribution*), wobei man grundsätzlich **Anlaut** (*position initiale*), **Inlaut** (*position médiane*) und **Auslaut** (*position finale*) unterscheidet[35]. Im Französischen sind z.B. die halboffenen Qualitäten [ɔ] und [œ] im Auslaut phonetisch nicht möglich, so dass die Opposition /ɔ/ – /o/, wie sie in

---

34 Die Möglichkeit der Neutralisierung spielt in strukturalistischen Untersuchungen auch über die Phonologie hinaus in der Grammatik und Lexikologie eine große Rolle. Leider wird in manchen Darstellungen jedoch nicht sauber zwischen der hier beschriebenen Neutralisierung, einem synchronen Phänomen, und der Aufhebung einer Opposition (**Entphonologisierung**, frz. *déphonologisation, perte d'une opposition*), einer immer nur diachron feststellbaren Erscheinung, unterschieden, so z.B. in der ansonsten verdienstvollen Arbeit von H. WALTER (1977: 114f.) im Zusammenhang mit den gefährdeten Oppositionen des heutigen Französisch (s. III.1.4.1).

35 Im Französischen ist die Bestimmung der Auslautposition in **phonetischer** Hinsicht mit etlichen Problemen behaftet: Sie ist z.B. eine Frage der Definition insofern, als das sog. [ə] *instable* zu berücksichtigen ist, das ja nicht immer einfach "stumm" ist, sondern z.B. nach den Regeln des Dreikonsonantengesetzes (s. ROTHE 1978, 87–91) in gewissen Positionen hörbar wird, etwa in [pɔʁtədeliˈla] *Porte des Lilas* gegenüber [laˈpɔʁt] *la porte*. Schon dadurch kann sonst auslautendes /t/ silbenanlautend werden. Weitergehende Probleme, wie etwa die kontrastive phonetische Beschreibung der Auslautkonsonanten im Französischen und Deutschen können hier nur als solche erwähnt werden, ebenso Erscheinungen der regressiven **Assimilation** (*assimilation régressive*), die z.B. zu einer Entsonorisierung wie in dem genannten Beispiel [pɔχt] statt [pɔʁt] durch nachfolgendes /t/ oder in [strazˈbuːʁ] durch folgendes /b/ führen.

/pɔm/ <pomme> – /pom/ <paume> bzw. /ʒœn/ <jeune> – /ʒøn/ <jeûne> funktioniert, dort nicht gegeben ist (*[pɔ] – [po], also auch nicht */pɔ/ – /po/). Diese Positionsbeschränkung von /ɔ/ begründet die Neutralisierung der genannten Opposition im Auslaut, wie das Nicht-Vorkommen (Positionsbeschränkung) eines stimmhaften Okklusivs bzw. Frikativs im Auslaut des Deutschen die Opposition 'stimmhaft – stimmlos' neutralisiert. Auch die in II.5.4.1 erwähnte Positionsbeschränkung von /e/ in geschlossener Silbe neutralisiert dort die Opposition /e/ – /ɛ/. In diachroner Hinsicht ist die Opposition /e/ – /ɛ/, die teilweise noch funktioniert, auf dem Wege, im verbalen Auslaut neutralisiert zu werden, da im Französisch der Ile-de-France Formen wie *je rencontrerai* und *je rencontrerais* lautlich nicht mehr unterschieden werden, sondern durchweg das Archiphonem /E/ als [ɛ] auftritt. Man vergleiche demgegenüber aber /pre/ – /prɛ/, d.h. *pré* [pʁe] 'Wiese' – *prêt* [pʁɛ] 'fertig, bereit'. Die Entphonologisierung ist noch nicht total.

1.4 Synchrone französische Phonologie

Die Darstellung der Grundzüge der synchronen französischen Phonologie, auf die wir uns hier beschränken müssen, ist z.T. schon in den vorangegangenen Abschnitten zu den Allophonen und zur Neutralisierung begonnen worden.

1.4.1 Das französische Vokalsystem

Das phonologische System der Vokale des heutigen Standardfranzösischen ist nicht einfach zu ermitteln. Bei dieser Frage zeigt sich, dass nicht nur diatopische, sondern auch diastratische und vor allem diachronische Unterschiede zu berücksichtigen sind. Das Vokalsystem des heutigen Französisch ist ein System im Umbruch, das durch die unvollendete Aufgabe einiger Oppositionen auf dem Weg zu einer neuen Synchronie ist. Die Darstellung im Einzelnen hängt von der Schärfe der gewählten Optik ab: Wählt man als Grundlage nur das als besonders fortschrittlich, aber auch als prestigeträchtig geltende Französisch von Paris (diatopischer Ausschnitt) des mittleren Bürgertums (diastratischer Ausschnitt) in einer neutralen Stillage (diaphasischer Ausschnitt), so sind die sog. gefährdeten Oppositionen /a/ – /ɑ/, /ɛ/ – /ɛ:/, /ɛ̃/ – /œ̃/ bereits so gut wie aufgegeben, im traditionelleren Sprachsystem der Touraine dagegen noch weitgehend bewahrt. Umstritten ist außerdem, ob [ə], das sog. *e instable (e caduc, e muet)*, ein Phonem, ein Allophon von /œ/ oder ein funktionsloser Murmelvokal (neutraler Vokal, Schwa) ist, der im Französischen z.B. immer beim Zusammentreffen mehrerer Konsonanten auftreten kann (vgl. zum sog. **Dreikonsonantengesetz** (*loi des trois consonnes*), etwa in [diskəblø] <disque bleu>, [uχsəblɑ̃] <ours blanc>, [ʒɔʁʒəsimnõ] <Georges Simenon> usw., ROTHE 1978: 87–91, und MEISENBURG/SELIG ³2006: 143).

In Anbetracht des Gesagten zeigt das (phonologische) Vokalsystem des heutigen Französisch folgendes Bild, wobei der Übersichtlichkeit halber zwischen einem System der Oralvokale und einem System der Nasalvokale unterschieden wird. Der Konvention entsprechend werden die palatalen Vokale links, die velaren rechts, die geschlossenen oben und die offenen unten angeordnet. Wenn die gefährdeten Oppositionen der Vokalqualitäten berücksichtigt werden, ergibt die Darstellung ein sog. Vokaltrapez mit vier Öffnungsgraden bei den Oralvokalen (offen, halboffen, halbgeschlossen, geschlossen); wenn nicht, ergibt sich ein Vokaldreieck. Die Nasalvokale bilden ein Vokaldreieck mit zwei Öffnungsgraden. In der jüngsten Darstellung der französischen Phonologie (PUSTKA 2011: 10) werden die hier als "gefährdet" eingestuften Vokaloppositionen schon gar nicht mehr berücksichtigt, sondern als "veraltete Informationen" eingestuft, dann aber doch teilweise im Nordfranzösischen, teilweise im belgischen, teilweise im kanadischen Französisch festgestellt (s. PUSTKA 2011: 199, 202).[36] Zur konstrativen Darstellung der deutschen und französischen Vokalphoneme siehe PUSTKA 2011: 95–100. Unsere Darstellung der frz. Vokalsysteme:

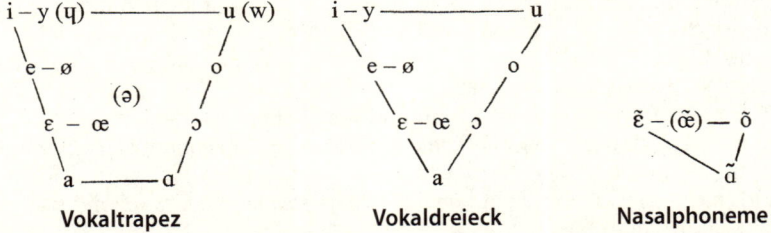

Vokaltrapez   **Vokaldreieck**   **Nasalphoneme**

Diejenigen Vokale, deren phonologischer Status umstritten bzw. gefährdet ist, erscheinen eingeklammert, ebenso die allophonischen Halbvokale [ɥ] und [w]. Unter den Oralvokalen bilden das palatale [a] und das velare [ɑ] im heutigen Französischen zusammen ein einziges Phonem, da sie zwar häufig phonetisch unterschiedlich sind (z.B. *pas* immer [pɑ], *patte* eher palatal als [pat]), aber nicht mehr unbedingt bedeutungsdifferenzierend wirken. Die phonologische Relevanz der Vokalphoneme kann hier nicht systematisch ermittelt werden (vgl. ROTHE 1978: 56–58), ergibt sich aber beispielsweise aus Bedeutungsdifferenzierungen in Fällen wie /paʁi/ *pari* – /puʁi/ *pourri*, /ne/ *nez* – /nø/ *nœud*, /atʁape/ *attraper* – /atʁapɛ/ (*j'*)*attrapais*, /bo/ *beau* – /bõ/ *bon*, /ta/ *tas* – /tã/ *tant*. Auch bezüglich der sog. gefährdeten Oppositionen verweisen wir für weitere Einzelheiten auf Kap. IV.11.2.1 und ROTHE (1978: 63–69). Allgemein lässt sich festhalten, dass gefährdete Oppositionen wie die zwischen /a/ – /ɑ/, /ɛ/ – /ɛ:/, /ɛ̃/ – /œ̃/ durchweg eine geringe

---

36 Neben dem hier verwendeten Transkriptionssystem der *Association Phonétique Internationale* (API) gibt es zahlreiche andere Traditionen. In der historischen Phonetik werden offene Vokalqualitäten traditionell durch unter den betreffenden Vokal gesetzte Häkchen (wie z.B. ę, ǫ) und geschlossene Vokalqualitäten durch einen untergesetzten Punkt gekennzeichnet; in der slavistischen Tradition werden [ʃ, ʒ, tʃ, dʒ] durch den "Háček" (ˇ) markiert, also als [š, ž, č, ǧ].

phonologische Belastung (*rendement phonologique*) aufweisen, d.h., wenn die Opposition überhaupt gemacht wird, nur in wenigen Fällen distinktiv wirken (z.B. *tache – tâche, mettre – maître, brin – brun*) und daher ohne die Gefahr des lautlichen Zusammenfalls allzu vieler Wörter aufgegeben werden können. Der phonologische Status der Diphthonge /wa/, /wɛ̃/, /ɥi/ ist umstritten, da z.B. [w] kein Allophon von /u/ vor Vokal zu sein scheint, vgl. Oppositionen wie (*il*) *roua* – (*le*) *roi*. Genauere Untersuchungen haben aber die drei Diphthonge als feste Einheiten nachgewiesen (siehe ROTHE 1978, 59–61). Bei PUSTKA (2011: 105) wird dieses Problem nicht thematisiert.

1.4.2 Das französische Konsonantensystem

Das System der französischen konsonantischen Phoneme lässt sich in folgendem zweidimensionalen Schema darstellen, wobei /r/ phonetisch ein uvularer Frikativ ist, d.h. [ʁ] realisiert wird (mit der apiko-alveolaren Variante [r]). Es fällt – gegenüber anderen Sprachen, wie etwa dem Spanischen oder Italienischen – auf, dass im System des Neufranzösischen keine Affrikaten vorhanden sind. Das übliche französische "r" ist der uvulare Engelaut (Frikativ) [ʁ], der aus praktischen, typographischen Gründen im Allgemeinen wie auch hier phonologisch als /r/ transkribiert wird, aber eigentlich nicht zu den Vibranten gehört. Er wird in unserem Schema aus Platzgründen zusammen mit den velaren Lauten eingereiht. Einige Minimalpaare mögen den Phonemcharakter der konsonantischen Phoneme zeigen: /bõ/ *bon* – /põ/ *pont*, /ty/ (*il s'est*) *tu* – /sy/ (*il a*) *su*, /sã/ *sang* – /ʃã/ *chant*, /gid/ *guide* – /ʁid/ *ride*, /paj/ *paille* – /paɲ/ *pagne* 'Lendenschurz' (vgl. auch PUSTKA 2011: 100–107).

	bilabial	labio-dental	dental	alveolar	präpalatal	palatal	velar/uvular
Stimmbeteiligung	– +	– +	– +	– +	– +	– +	– +
Okklusive	p b		t d				k g
Frikative		f v	s z		ʃ ʒ	j	[ʁ]
Nasale	m		n			ɲ	ŋ
Laterale				l			
Vibranten			/r /[r]				

Die Angabe der Artikulationsorte kann bei der notwendigen Vereinfachung der Darstellung besonders im Bereich 'dental – alveolar' und 'alveolar – palatal' in den

Handbüchern unterschiedlich sein (s. oben unsere Bemerkung in III.1.3.1). Allerdings werden die Phoneme in den verschiedenen Sprachen auch unterschiedlich realisiert. So wird [s] im Französischen prädorsal-dental, d.h. mit dem vorderen Zungenrücken an den Zähnen, im Deutschen prädorsal-alveolar, im Standardspanischen aber apiko-alveolar, d.h. mit der Zungenspitze am Zahndamm gebildet. Ob /ŋ/, das nur in Lehnwörtern aus dem Englischen und nur im Auslaut vorkommt, tatsächlich ein Phonem des Französischen ist, ist oft diskutiert worden. Immerhin hat es auch nur eine sehr geringe phonologische Belastung, etwa in der Opposition /ʃɔpiŋ/ *shopping* – /ʃɔpin/ *chopine* 'Schoppen' (vgl. ROTHE 1978: 75).

1.5 Probleme der Beschreibung des *h aspiré* und der *Liaison*

Besondere Probleme der Darstellung der französischen Lautlehre bilden das sog. "h aspiré" und die "liaison" (Genaueres bei ROTHE 1978: 91–108). Die Frage des "h aspiré" ist, strenggenommen, keine der Lautlehre, denn es ist kein Laut (mehr) hörbar. Die heute noch vorhandene Spur eines diachronen Faktums, nämlich des bis spätestens zum 17. Jh. hörbaren /h/ germanischen Ursprungs, etwa in *la haine* (s. IV.4.2.2.d)), ist synchron nur daran erkennbar, dass syntagmatisch die Liaison unterbleibt, d.h. der Hiat obligatorisch ist ([leãtõ] *les hannetons* 'die Maikäfer' vs. [lezami] *les amis*) und morphologisch die Elision bei den Determinanten unterbleibt und ebenfalls ein Hiat entsteht, im Nominalbereich etwa beim Artikel (*la haine*), im Verbalbereich beim Subjekt- oder Objektpronomen (*je hais, je la hais*). Das "h aspiré" hat nach Rothes Auffassung weder etwas mit Phonologie noch mit Phonetik zu tun, sondern lässt sich für die Beschreibung am besten lexikalisch lösen: Es gebe eben, so seine Darstellung nach Heger (siehe ROTHE 1978: 95 ff. bzw. 100 ff.), drei durch die Determinanten bestimmte französische "Deklinationsparadigmata": 1) den Typ /ləmaʁi/ – /lemaʁi/ und ebenso /lɔɛtʁ/ – /leɛtʁ/; 2) den Typ /lafam/ – /lefam/ und ebenso /laɛn/ – /leɛn/; 3) den Typ /lami/ – /lezami/ mit Elision bzw. Liaison.

Die Liaison besteht im Hörbarwerden eines sonst stummen Auslautkonsonanten vor vokalischem Anlaut. Sie ist somit ein Phänomen, das im Zusammenhang mit dem "mot phonétique" (gegenüber dem stärkeren Gewicht des Einzelwortes im Deutschen) zu betrachten ist. Zu den Regeln im Einzelnen s. PUSTKA (2011: 156–178). Der hörbar werdende Auslautkonsonant wird phonetisch zum Anlautkonsonanten der im Einzelwort vokalisch anlautenden Silbe: *petit enfant* /pti|tã|fã/. Nicht jede "Bindung" ist aber eine Liaison. Wenn ein immer hörbarer Auslautkonsonant anders als im Deutschen zum Anlaut der folgenden vokalisch anlautenden Silbe wird (*grande amie* /gʁã|da|mi/, *Bel Ami* /bɛ|la|mi/), liegt keine Liaison, sondern Bindung vor, die von der frz. Phonetik nicht behandelt wird, da sie selbstverständlich ist. Hier weicht das Deutsche mit seinem Glottisverschluss ("Knacklaut", bezeichnet durch ˈ) vor vokalischem Anlaut vom europäischen Standard ab (*Tatort* [ˈtʰatʰʔɔʁtʰ]). So wird auch im Frz. die vokalische Bindung, etwa in *elle a été enlevée* /ɛlaeteɑ̃lve/ nicht eigens bezeichnet. Nicht normgerecht wäre gerade [ɛlʔaʔeteʔɑ̃lve]. Dass die Liaison kein Gegenstand der Phonologie ist, kann daran gezeigt werden, dass es keine Minimalpaare und damit auch keine bedeutungsdifferenzierende Opposition zwischen Formen ohne und mit Liaison gibt, etwa des Typs *voix agréable* /vwɑagʁeabl/ 'Sg.' – *voix agréables* /vwɑzagʁeabl/ 'Pl.'. Die zweite Form hat nämlich ein Phonem mehr als die erste, so dass zwar ein Kontrast, aber keine Opposition besteht; dagegen besteht etwa in /gʁɑ̃'tɔm/ *grand homme* gegenüber /gʁɑ̃zɔm/ *grands hommes* eine phonologische Opposition. Liaison besteht in beiden zuletzt genannten Formen.

1.6 Andere phonologische Theorien

Neuere phonologische Theorien wie die autosegmentale Phonologie, die generative Phonologie und die Optimalitätstheorie werden hier nicht behandelt, da sie die Kenntnis der Phonologie der Prager Schule unseres Erachtens nicht ersetzen können und ihre Darstellung eine "Einführung" bezüglich der Stoffmenge unnötig überfrachten würde. Siehe aber dazu PUSTKA 2011, 78–94.

Anregungen

1. Identifizieren Sie anhand der folgenden Angaben die gemeinten Phone:
   - stimmhafter velarer Okklusiv
   - stimmhafter palataler Frikativ
   - stimmloser präpalataler Frikativ
   - oraler palataler halbgeschlossener gespreizter Vokal
   - nasaler velarer Vokal
2. Transkribieren Sie phonetisch und phonologisch folgende Ausdrücke: *la prononciation parisienne, l'oiseau dans la cage, les ruisseaux étincelants, fleur blanche, le soin mis à la restauration de ce chef-d'œuvre extraordinaire.*
3. Informieren Sie sich anhand der einschlägigen, bei ROTHE (1978, 87– 91) angegebenen Literatur über die Gültigkeit des sog. "Dreikonsonantengesetzes".
4. Untersuchen Sie die Fälle, in denen das konstante Vorhandensein von [ə] bedeutungsdifferenzierend gegenüber seinem Fehlen ist bzw. zu sein scheint und diskutieren Sie den phonologischen Status dieses Lautes.

Weiterführende Aufgaben auch in ERNST, Gerhard / FELIXBERGER, Josef (1987), *Sprachwissenschaftliche Analysen neufranzösischer Texte*, Tübingen: Narr.

Literaturhinweise

PUSTKA, Elissa (2011), *Einführung in die Phonetik und Phonologie des Französischen*, Berlin: E. Schmidt; DURAND, Jacques / LAKS, Bernard / LYCHE, Chantal (dirs., 2009), *Phonologie, variation et accents du français*, Paris: Hermes u. a.; EGGS, Ekkehard / MORDELLET, Isabelle (1990), *Phonétique et phonologie du français*, Tübingen: Niemeyer (Romanist. Arbeitsheft 34); HAMMARSTRÖM, Göran (³1998), *Französische Phonetik*, Tübingen: Narr; LAUSBERG, Heinrich (³1969), *Romanische Sprachwissenschaft*, Teil I: *Einleitung und Vokalismus*, Berlin: Göschen; MEISENBURG, Trudel / SELIG, Maria (³2006), *Phonetik und Phonologie des Französischen*, Stuttgart: Klett; dies. (2004), *Nouveaux départs en phonologie. Les conceptions sub- et suprasegmentales*, Tübingen: Narr; POMPINO-MARSCHALL, Bernd (³2009), *Einführung in die Phonetik*, Berlin: de Gruyter; ROTHE, Wolfgang (²1978), *Phonologie des Französischen. Einführung in die Synchronie und Diachronie des französischen Phonemsystems*. Bearb. von Richard Baum, Berlin: E. Schmidt; STRAKA, Georges (1990), "Französisch: Phonétique et phonématique", in: *LRL* V, 1: 1–33; TERNES, Elmar (²1999), *Einführung in die Phonologie*, Darmstadt: WB; TRUBETZKOY, Nikolai Sergejewitsch (¹1939), *Grundzüge der Phonologie*, Prag; Göttingen: Vandenhoeck & Ruprecht (⁷1989); WALTER, Henriette (1977), *La phonologie du français*, Paris: PUF; WUNDERLI, Peter (1990), "Intonationsforschung und Prosodie", LRL, Bd. V, 1, 34–46, Tübingen.

1.7 Diachrone französische Phonologie und Phonetik

Hier können nur ausschnitthaft einige wichtige Veränderungen des Vokalsystems vom Lateinischen zum Altfranzösischen unter phonologischem Gesichtspunkt behandelt werden. Darüber hinaus wird auf die Ausführungen in IV.6 verwiesen.

Das klassische Latein unterschied in einem dreistufigen Vokalsystem 10 Phoneme, allerdings mit einer jeweils phonologisch relevanten Quantitätenopposition: /populus/ 'Volk' – /poːpulus/ 'Pappel'. Im Sprechlatein der Kaiserzeit wurde die Quantitätenopposition aufgegeben (sog. Quantitätenkollaps, frz. *chute/bouleversement des quantités*) und durch eine Qualitätenopposition ersetzt, indem in großen Teilen des Römischen Reiches ursprünglich kurzes /ĭ/ zu [ɪ] (wie in dt. *ich bin*) geöffnet wurde und mit ursprünglich langem /ē/ zu der neuen Qualität geschl. /e/ zusammenfiel (wie in niederdt. *Melk* 'Milch'). Demgegenüber erhielt ursprünglich kurzes /ĕ/ nun das Merkmal der Öffnung, /ɛ/. Auf der velaren Seite wurde entsprechend ehemaliges kurzes /ŭ/ > /ʊ/ und fiel mit /ō/ zu /o/ zusammen, während kurzes /ŏ/ offen wurde: /ɔ/.

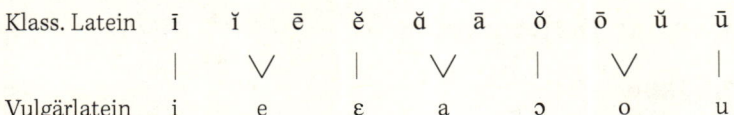

Klass. Latein	ī	ĭ	ē	ĕ	ă	ā	ŏ	ō	ŭ	ū
Vulgärlatein	i		e		ɛ	a	ɔ		o	u

Dieses gegenüber dem dreistufigen System des klass. Lateins vierstufige vulgärlat. Vokalsystem (vgl. damit das frz. Schema S. Seite 77) bildet die Grundlage für die Vokalentwicklung in den meisten romanischen Sprachen (vgl. LAUSBERG ³1969: 144–149). Die klass. lat. Diphthonge /oe̯/ und /ae̯/ wurden schon früh zu [eː] und [ɛː] monophthongiert, /au̯/ erst später zu [o]. Für die spätere Entwicklung ist vor allem zwischen betonten und unbetonten Vokalen zu unterscheiden (siehe IV.6). Hier sollen nur die betonten Vokale betrachtet werden: Die vulgärlat. Vokale unterliegen starken Veränderungen, können aber durch den frz. Lautwandel noch erschlossen werden. Als romanische Diphthongierung bezeichnet man den Wandel von /ɛ/ in offener Silbe zu [jɛ]/[je] bzw. von /ɔ/ > [wɔ], später > [wɛ] und, nach dem Zusammenfall mit [eu̯], > [ø]. Nur französisch ist die Diphthongierung von geschlossenem /e/ in offener Silbe zu (vereinfacht) [ei̯] > [oi̯] > [o̜e] > [o̜e] > [wɛ] > [wa] > [wɑ] und ähnlich von /o/ > /ou̯/ > /eu̯/ > /ø/ sowie von /a/ vermutlich über [ai̯] zu [ɛ] und [e]. Während einzig /i/ erhalten bleibt, wird vlat. /u/ zu /y/ (s. IV.3 bzw. IV.6). So lässt sich der vulgärlat. Zustand noch im heutigen Französisch an folgenden Beispielen zeigen (Ausgangspunkt lat. Akk. ohne -*m*):

măre > mer, cantāre > chanter; arbore > arbre;

pĕde > pied, bĕne > bien, aber *fĕsta > feste > fête; pĕrdit > (il/elle) perd;*

mē > mei > moi; rēge > rei > roi; aber *vēndit > (il/ elle) vend;*

pĭlu > pelu > poil; bĭbĭt > (il/elle) boit; frĭgĭdu > froid; fĭde > fei > foi;

scrīptu > escrit > écrit; fīlia > fille, fīlius > fils, fīlu > fil; venīre > venir;

nŏvem > nuef > neuf; mŏrit(ur) > muert > (il/elle>) meurt; aber *mŏrte > (la) mort, pŏrta > porte;*

flōre > flour > fleur; vōtum > vœu; imperatōre > empereour > empereur;

gŭla > gola > goule > gueule; mŭsca > mosca > mousche > mouche;

mūru > mur; dūru > dur; matūru > meür > mûr; secūru > seür > sûr.

Literaturhinweise

ENGLEBERT, Annick (2009), *Phonétique historique du français*, Bruxelles: De Boeck Duculot; ZINK, Gaston (2006), *Phonétique historique du français*, Paris: Quadrige/PUF. Siehe außerdem ROTHE [2]1978 und FOUCHÉ, Pierre ([2]1966–1969), *Phonétique historique du français*, 3 vols. Paris, sowie unten Kap. IV.6.

2. Graphie und Orthographie

2.1 Definitionen

- Unter **Graphie** versteht man einerseits ganz allgemein die schriftlich realisierte Form von Sprache (in Opposition zur **Phonie**), andererseits die schriftliche Umsetzung einer bestimmten sprachlichen Einheit (beachten Sie zwischensprachliche Unterschiede in der Graphie, etwa zwischen frz. *rythme* und dt. *Rhythmus*!). Der Terminus **Graphie** schließt keine Wertung ein, im Gegensatz zu:

- **Orthographie** (dt. **Rechtschreibung**) ist die Bezeichnung für die Lehre von der normativ und einheitlich geregelten Verschriftung von Sprache und für diese Verschriftung selbst.
- **Graphemik** (auch **Graphematik**) ist die Lehre von den distinktiven Einheiten des Schriftsystems einer bestimmten Sprache; die distinktiven Einheiten werden **Grapheme** genannt.

Diese Definitionen stehen in Parallele zu denen von **Phonemik** (auch **Phonematik**, am üblichsten: **Phonologie**) und **Phonem**. Die Entsprechungen zur **Phonetik** und zum **Phon** sind die **Graphetik** und das **Graph** (definiert als konkrete Realisierung eines bestimmten Graphems).

2.2 Laut und Buchstabe

Für den Studierenden, der sich mit sprachwissenschaftlichen Fragen zu beschäftigen beginnt, ist es von entscheidender Bedeutung, dass er frühzeitig lernt, bei seinen Sprachanalysen zwischen "Buchstabe" und "Laut" zu unterscheiden (z.B.: frz. *eau* besteht zwar aus drei Buchstaben, aber nur aus dem **einen** Laut bzw. Phonem /o/), denn sonst verwechselt er zwei verschiedene Manifestationsformen menschlicher Sprache, die in neuerer Zeit gängig als "code graphique" (oder "ordre scriptural") und "code phonique" (oder "ordre oral") bezeichnet werden (z.B. von L. Söll bzw. J. Peytard). Diese Unterscheidung beruht auf den in unterschiedlichen Medien realisierbaren Weisen sprachlicher Kommunikation. Im "code phonique" übermittelt ein **Sprecher** einem **Hörer** eine artikulatorisch, also akustisch realisierte Botschaft (betrifft **sprechen – hören**), während im "code graphique" ein **Schreiber** einem **Leser** eine visuelle, also optisch realisierte Information liefert (betrifft **schreiben – lesen**). Genetisch gesehen ist der "code phonique" gegenüber dem "code graphique" primär, denn sowohl in der Entwicklung der Sprachgemeinschaften als auch in der der menschlichen Individuen tritt Sprache zuerst in ihrer mündlichen Realisierung auf, bevor, davon abgeleitet, ihre Verschriftung bzw. das Erlernen einer Schrifttradition erfolgen kann (aber nicht muss). Der "code graphique" ist prinzipiell dazu da, den "code phonique" zu repräsentieren, und zwar möglichst dauerhaft (vgl. dazu das lat. Diktum *verba volant, scripta manent*). So sind in unserem Kulturkreis alte Sprachzeugnisse ausschließlich in schriftlicher und nicht in mündlicher Form auf uns gekommen.

2.3 Phonie und Graphie

Aus dem Repräsentationsverhältnis der Graphie zur Phonie ergibt sich die Frage der Adäquatheit der Wiedergabe der Phonie durch die Graphie in einer bestimmten Einzelsprache, hier: im Französischen. Ausgangspunkt der bekannten Schwierigkeiten ist die Tatsache, dass ab den frühesten Texten für die graphische Umsetzung der mündlichen Form der romanischen Sprachen das lateinische Alphabet verwendet wurde (ursprünglich mit Ausnahme des Rumänischen). Dieses Alphabet mit seinen 23 Buchstaben mag für die graphische Repräsentation des phonischen Codes der lateinischen Sprache zu einem bestimmten Zeitpunkt adäquat gewesen sein und ist es z.T. auch heute noch bei Übereinstimmung zwischen einem lateinischen und einem romanischen Laut. Aber als sich im Vulgärlatein bzw. in der frühromanischen Phase neue, d.h. dem klassischen Latein unbekannte Laute bzw. Lautserien wie der palatale Lateral [ʎ] und der palatale Nasal [ɲ] sowie die Serie der Affrikaten [ts, ʣ, tʃ, ʤ] entwickelten, standen für diese im traditionellen lateinischen Alphabet keine graphischen Entsprechungen bereit. Gleiches gilt für die französischen Nasalvokale. Zur graphischen Wiedergabe ihrer vom lateinischen Lautstand abweichenden Laute bzw. Phoneme mussten die Schreiber romanischer Sprachen durch die Jahrhunderte hindurch Lösungsmöglichkeiten auf der Grundlage von Kompromissen mit dem lateinischen Alphabet suchen, wie etwa die folgenden, das Französische betreffenden (siehe auch PUSTKA 2011: 20–42):

- die Funktion lateinischer Grapheme wurde erweitert: so repräsentiert z.B. nfrz. *c* je nach lautlichem Kontext die Phoneme /k/ (z.B. in *cas, col, cuve*) und /s/ (z.B. in *cerf, cire*);
- die Funktion lateinischer Grapheme wurde völlig verändert: z.B. repräsentiert nfrz. *u* nicht mehr den Vokal [u], sondern den Vokal [y] ([u] wird im Nfrz. bekanntlich durch den Digraph *ou* wiedergegeben);
- eine Kombination von unterschiedlichen oder von gleichen Graphen repräsentiert einen einzigen Laut: z.B. *ou* für [u], z.B. *coup*; *au* für [o], z.B. *haut*; *in* (vor Konsonant oder am Wortende) für [ɛ̃], z.B. *intense, fin*; *ch* für [ʃ] z.B. *chou*; *gn* für [ɲ], z.B. *montagne*; *il(le)* zunächst für [ʎ], dann für [j], z.B. *portail, canaille*, dies aber nicht in allen Fällen, vgl. *piller* /pije/ vs. *ville* /vil/;
- Graphe mit rein diakritischem Wert werden zur Modifizierung anderer Graphe zur Wiedergabe eines einzigen Lautes eingesetzt: z.B. *g* + *e* vor *a, o, u* zur Wiedergabe von [ʒ], etwa in *mangeons*; *g* + *u* vor *e* und *i* zur Repräsentation von [g], wie in *guêpe* und *guichet*;
- mit Hilfe von diakritischen Zeichen wie graphischen Akzenten (accent aigu, accent grave, accent circonflexe), Cédille, Trema werden unterschiedliche Laute graphisch differenziert: z.B. *é* für [e], etwa in *pré*; *è* für [ɛ], etwa in *près* (im Inlaut nur in offener Silbe, etwa *guè-re, parallè-le*, sonst kein Akzent, z.B. in *guer-re, in-tel-lec-tuel-le*); *â* als Vokallängung, etwa in *infâme*; *ç* für [s], etwa in *(il) lança, lançant, conçu*; das Trema zeigt den Hiat bei aufeinanderfolgenden Vokalen an, die auch als Digraph vorkommen, etwa in *maïs* vs. *mais* [ɛ];
- neue Buchstaben wurden kaum eingeführt, außer im Falle von *w* (germanischer Herkunft) und der Differenzierung zwischen *u* und *v* sowie zwischen *i* und *j* (im 16. Jahrhundert).

Sprachgeschichtlich lässt sich feststellen, dass sich die graphische Form einer bestimmten Sprache traditionellerweise immer konservativ, ja retardierend gegenüber der phonischen Entwicklung der Sprache verhält. Daher kommt es im Laufe der Zeit zu einem Auseinanderklaffen des "code graphique" in seinem Verhältnis zum "code phonique", wenn diese Kluft nicht durch (Ortho-)Graphiereformen gemildert oder gar aufgehoben wird. Als besonders auffällige Beispiele für dieses Auseinanderdriften der beiden Codes kann das moderne Englisch und, in etwas geringerem Maße, das moderne Französisch angeführt werden; dagegen ist im Standardspanischen die Korrespondenz der beiden Codes relativ gut gewährleistet.

2.4 Französische Phonographie

Das im heutigen Französisch verwendete (lateinische) Alphabet umfasst 26 Buchstaben: a, b, c, d, e, f, g, h, i, j, k, l, m, n, o, p, q, r, s, t, u, v, w, x, y, z, während sich die Zahl der Phoneme im zeitgenössischen Französisch, je nach funktioneller Sprache, zwischen 31 und 34 bewegt. Das unterschiedlich große Inventar der Grapheme und der Phoneme hat notwendigerweise zur Folge, dass sich Schwierigkeiten bei den Entsprechungen ergeben.

In einem idealen System würde man die Entsprechung von Phonie und Graphie im Verhältnis 1:1 eineindeutig regeln, d.h. dass einem bestimmten Phonem /x/ ein bestimmtes Graphem *x* entspricht und umgekehrt. Von diesen Idealverhältnissen sind wir im heutigen Französisch jedoch weit entfernt, wie wir nachfolgend kurz zeigen werden.

Phonographische Betrachtung:

- 1 Phonem entspricht 1 Graphem: kommt im Frz. nicht vor, allenfalls bei /v/ ≈ *v*, vgl. *vite* (jedoch mit einigen Ausnahmen, z.B. *wagon, neuf heures*);
- 1 Phonem entspricht 2 Graphien: z.B. /d/ ≈ *d* bzw. *dd*, vgl. *aider, addition*;
- 1 Phonem entspricht 3 Graphien: z.B. /f/ ≈ *f* bzw. *ff* bzw. *ph*, vgl. *froid, affaire, phonème*;
- 1 Phonem kann bis zu 12 Graphien haben, wie der folgende Fall, zugegebenermaßen ein Grenzfall, zeigt:

Das frz. Phonem /ɛ̃/ kann durch folgende, mit sehr unterschiedlicher Häufigkeit auftretende graphische Entsprechungen wiedergegeben werden:

aim (z.B. *essaim*), *ain* (z.B. *main*), *eim* (z.B. *Reims*), *ein* (z.B. *rein*), *em* (z.B. *sempiternel*), *en* (z.B. *lycéen*), *im* (z.B. *implorer*), *in* (z.B. *vin*), *în* (z.B. *qu'il vînt*), *ïn* (z.B. *coïncidence*), *ym* (z.B. *thym*), *yn* (z.B. *syntaxe*).

In umgekehrter, also in graphophonischer Richtung:

- 1 Graphem entspricht 1 Phonem: z.B. *q* ≈ /k/, vgl. *coq*;
- 1 Graphem entspricht ø: z.B. *h* ("h muet") ≈ ø, vgl. *homme*;
- 1 Graphem entspricht 2 Phonemen: z.B. *c* ≈ je nach Umgebung /k/ bzw. /s/, vgl. *cancer* (oder auch ø, vgl. *estomac*); *s* ≈ je nach Distribution /s/ bzw. /z/, vgl. *sang, rose* (oder auch ø, vgl. *paradis*);

- 2 kombinierte Graphe (Digraph oder Digramm) entsprechen 1 Phonem: z.B. *ph* ≈ /f/, vgl. *philologie*; oder 2 Phonemen: z.B. *ll* ≈ /l/ bzw. /j/, vgl. *village, fille*;
- 3 kombinierte Graphe (Trigraph oder Trigramm) entsprechen 1 Phonem: z.B. *eau* ≈ /o/, vgl. *château*, oder, je nach Distribution, 2 Phonemen: z.B. *œu* ≈ /ø/ oder /œ/, vgl. *vœu* bzw. *cœur*.

Weitere Besonderheiten der französischen Graphie:

- die ununterbrochene Wiedergabe von im Laufe der Sprachentwicklung verstummten Lauten, vgl. *chanter, les maisons* (Pluralmarkierung), *porte* ("e instable"), *trop*;
- der Erhalt von unter historisch-etymologischen Gesichtspunkten in bestimmte Lexeme eingeführten Buchstaben, die aber im Französischen nie phonisch realisiert wurden, vgl. *compter, temps, doigt, aspect; poids* (das *d* aufgrund falscher Deutung der Etymologie des Wortes), z.T. zwecks graphischer Differenzierung von Homophonen, z.B. *conter – compter*. Bei diesem Beispiel tritt die ausgeprägte ideographische Funktion der französischen Orthographie in Aktion, die u.a. durch die Aufrechterhaltung traditioneller Graphien – also durch Heterographie – graphische Homophonendifferenzierung leistet, vgl. z.B. *ver/vers/vert/verre*.

Abschließend kann man sagen, dass es im Französischen im Allgemeinen leichter ist, die Aussprache von der Graphie abzuleiten als die Graphie von der Lautung.

Anregungen

1. Stellen Sie, etwa anhand von HAMMARSTRÖM, Göran (³1998), *Französische Phonetik*, Tübingen, zusammen, welche verschiedenen Graphien den frz. Phonemen /e/, /y/, /ã/, /k/, /s/ entsprechen.
2. Informieren Sie sich über Vorschläge zur Reform der frz. Orthographie seit Ende des 19. Jahrhunderts (ausgehend von *LRL* V,1 (1990): 488–489, und ARRIVÉ (1993), 111–131, 189–221 und KELLER (1991)).

Literaturhinweise

Zur raschen Orientierung die folgenden Sachartikel: "L'alphabet", in: *GLLF* 1 (1971): 131–135; "L'orthographe", in: *GLLF* 5 (1976): 3843–3852; "L'orthographe du français", in: REY, Alain (Hrsg.) (1992): *Dictionnaire historique de la langue française*, II: 1386–1387; *LRL* V,1 (1990): 46–58; 471–493; GOOSSE, André (1991), *La nouvelle orthographe*, Paris u.a.: Duculot; CATACH, Nina (⁸1998), *L'orthographe*, Paris: PUF, und BURIDANT, Claude / PELLAT, Jean-Christophe (1992): *Bibliortho. Essai de bibliographie raisonnée de l'orthographe française et des systèmes graphiques*, Strasbourg: Presses Universitaires de Strasbourg; ARRIVÉ, Michel (1993), *Réformer l'orthographe?*, Paris: PUF; PUSTKA, Elissa (2011), *Einführung in die Phonetik und Phonologie des Französischen*, Kap. 2: *Graphematik*, Berlin: E. Schmidt; KELLER, Monika (1991), *Ein Jahrhundert Reformen der französischen Orthographie. Geschichte eines Scheiterns (1886–1991)*, Tübingen: Stauffenburg; CATACH, Nina (1995), *Dictionnaire historique de l'orthographe française*, Paris: Larousse; dies. (2001), *Histoire de l'orthographe française*, Paris: Champion; Historisch: CERQUILINI, Bernard (2004), *La genèse de l'orthographe française (XIIe–XVIIe siècles)*, Paris: Champion.

Zusammenfassung

Die Beschreibung des Gegenstandes ist die Voraussetzung für seine wissenschaftliche Erfassung. Die Beschreibung der lautlichen Seite jeder Sprache erfordert andere Mittel und Methoden als die Beschreibung der bedeutungstragenden Elemente einer Sprache (vor allem der grammatischen Mittel, der Satzbildung, der lexikalischen Wörter und der Wortbildungsverfahren). Die Laute bedeuten als Laute nichts, sind aber wegen der primär akustischen Übermittlung von Sprachäußerungen beim Sprechen in dem Sinne deren Grundlage, dass durch sie die sprachlichen Zeichen (die grammatischen Morpheme und die Lexeme) gebildet werden. Die Phonetik als Wissenschaft von den Sprachlauten hat demgemäß eine eher naturwissenschaftliche Grundlage, teils medzinisch-physiologisch, wenn man die Bildung der Laute im Mund (Artikulation) betrachtet, teils akustisch-physikalisch, wenn man den Hörvorgang ins Auge fasst. Die Kenntnis der in Europa traditionell vorherrschenden artikulatorischen Phonetik, der Vokale und Konsonanten und ihre Verbindung zu Silben und Wörtern ist wiederum die Grundlage für die linguistische Interpretation der Laute in der Phonologie. Die sprachwissenschaftlich-funktionelle Betrachtung der Laute (Phonologie) geht von dem eigentlich Wichtigen bei der sprachlichen Kommunikation aus, der Bedeutung der sprachlichen Zeichen, die mit Hilfe der Phoneme gebildet werden (Lexeme und Morpheme, Kap. III.3–6). Phoneme sind abstrakte Größen, virtuelle Laute, die unter dem Gesichtspunkt ihrer Fähigkeit zur Bedeutungsdifferenzierung als Einheiten angesetzt werden, in diesem Fall der französischen Standardsprache. Dabei ist die Bedeutungsdifferenzierung jeweils nur in der paradigmatischen Gegenüberstellung von Zeichen mit gleicher Phonemanzahl möglich (Kommutationsprobe). Ist der Phonemcharakter eines typischen Lauts der französischen Sprache im Unterschied zu einem anderen ermittelt, stehen die Phoneme zueinander in Opposition, d.h. haben die Funktion der Bedeutungsdifferenzierung. Während die Phonologie des Französischen die Beschreibung auf der abstrakten Ebene des Systems zum Ziel hat, ist es die Aufgabe der keineswegs weniger wichtigen französischen Phonetik, die üblichen Realisierungen auf der Ebene der Norm zu beschreiben, d.h. z.B. auch Phänomene wie die Liaison und das Dreikonsonantengesetz. In anderen Fällen, z.B. beim sogenannten "h aspiré", ist zu erörtern, ob und aus welchem Grund ein Phänomen eher zur Phonetik oder zur Phonologie gehört. Das gilt auch für die diachrone französische Phonetik und Phonologie, also die Frage, welche Oppositionen im Laufe der Geschichte beibehalten und welche aufgegeben wurden bzw. welche neu entstanden sind.

Die Graphie ist die in der Schrift realisierte Form der Sprache, die Orthographie die Lehre von der normativ geregelten Verschriftung. Laut und Schrift entsprechen einander nur bedingt, die Graphien sind konventionell. Daher sind immer wieder Rechtschreibreformen zu beobachten.

3. Morphologie

3.1 Lexeme und Morpheme

Die nach der Phonologie, der Ebene der kleinsten **bedeutungsunterscheidenden** Elemente, nächsthöhere Ebene der sprachlichen Strukturierung ist die der kleinsten **bedeutungtragenden** Elemente, der Morpheme (*morphèmes*). Die Morphologie (*la morphologie*) ist also die Lehre von den Formen als kleinsten bedeutungstragenden Elementen der Sprache. Ein Morphem ist ein minimales, nicht weiter unterteilbares sprachliches Zeichen mit *signifiant* und *signifié*. Nun gibt es sprachliche Bedeutungen, die sich auf die außersprachliche Wirklichkeit beziehen und dort Einheiten (Gegenstände, Erscheinungen, Vorstellungen, Qualitäten, Tätigkeiten, Zustände usw.) abgrenzen. Diese werden in der europäischen Tradition der Sprachwissenschaft **Lexeme,** *lexèmes* (oder **Semanteme,** *sémantèmes*) genannt (vgl. II.4.1). Sie bilden zusammen die große Liste der Einheiten des Lexikons oder Wortschatzes (*le lexique*). Den lexikalischen Elementen (*éléments lexicaux, lexèmes*) gegenüber stehen die grammatischen (*éléments grammaticaux, morphèmes*), die Relationen und Bestimmungen innerhalb oder zwischen den Lexemen ausdrücken. Hierzu gehören Pronomina (*moi, je, me ...*), Präpositionen und Konjunktionen ebenso wie die grammatischen Personen beim Verb, Tempora oder Numeri (Singular – Plural). Die solche grammatischen Bedeutungen (Funktionen) ausdrückenden Morpheme werden in der europäischen Tradition **Morpheme** im engeren Sinne genannt. Morphem ist also Obergriff (minimales sprachliches Zeichen) und gleichzeitig Unterbegriff (grammatisches Morphem). In der amerikanischen Sprachwissenschaft, die sich auf L. Bloomfield (siehe II.8.4.3) beruft, spricht man von lexikalischen und grammatischen Morphemen und klassifiziert sie nach ihrer Distribution in freie (*free forms*, z.B. Lexeme, freie Pronomina (*moi, toi*), Präpositionen) und gebundene Morpheme (*bound forms*, z.B. Verbendungen, Klitika (*me, te*), Pluralmorpheme). Die gebundenen grammatischen Morpheme werden noch in Flexionsmorpheme (Deklination und Konjugation) und Derivationsmorpheme (Ableitung in der Wortbildung, siehe III.5) unterteilt. A. MARTINET ([4]1996, vgl. Literaturangaben zu II.) hingegen gebraucht **Monem** als Oberbegriff für Lexem und Morphem (vgl. II.4.1):

$$\text{Monem}$$
$$\wedge$$
$$\text{Lexem} \qquad \text{Morphem}$$

3.2 Segmentierung der Lautkette

Die Lexeme werden in der Lexikologie untersucht (siehe III.6), die Morpheme in der Morphologie. Daher führen die verschiedenen Terminologien in der Praxis nicht zu Unklarheiten. In der Linguistik bevorzugt man "Monem" (oder "Mor-

phem") gegenüber "Wort", weil dieses nicht eindeutig abgrenzbar ist (vgl. oben
II.4.1). Bei der morphologischen Analyse ist nun die Anzahl, Form und Funktion
(*signifiant* und *signifié*) der Moneme in einer Lautkette (*chaîne parlée*) zu ermitteln.
Diese Art der morphologischen Analyse, bei der jeder nicht weiter unterteilbaren
Einheit eine lexikalische oder grammatische Bedeutung zuzuordnen ist, nennt
man **Segmentierung** (*segmentation*). Der in der Lexikologie durchaus brauchbare
Wortbegriff wäre hier fehl am Platze. Denn in einem Beispiel wie *ich habe gesungen*

ich	*hab-*	*-e*	*ge-X-en*	*-sung-*
'P. Pron. 1. Sg.'	'Hilfsverb Ind./Konj. Präs. Akt.'	'1. Sg.'	'Part.Perf.'	'singen'

ist die Anzahl der Moneme leichter festzustellen als die der Wörter, und auch für
die Bedeutungsangabe ist der Monembegriff unbedingt notwendig. Da Moneme
(Morpheme) immer Zeichen mit Ausdruck und Inhalt sind, kann es in unserem Fall
kein Morphem *ge-* geben, da *ge-* allein nichts bedeutet. Wir haben es beim deutschen Partizip Perfekt Passiv mit einem sog. diskontinuierlichen Morphem (*ge-* +
-t in *gehabt*, *ge-* + *-en* in *gesungen*) zu tun, wobei das Lexem zwischen beide Mor-
phemteile eingefügt wird. *Ich habe gesungen* besteht also aus fünf Monemen, wobei
zwei Moneme redundant die Person angeben und zwei Moneme (Hilfsverb + Part.
Perf.) periphrastisch das Tempus 'Perfekt' ausdrücken. Ein diskontinuierliches
Morphem ist z. B. auch frz. *ne...pas*.

3.3 Morphologie und Allomorphie

Da Ausdruck und Inhalt so eng zusammenhängen, ist bei der morphologischen
Analyse die Bedeutung immer mit dem Ausdruck zusammen festzustellen. Dabei
fällt auf, dass ein grammatischer Inhalt häufig durch verschiedene, allerdings
jedes Mal in der Norm festgelegte Morpheme ausgedrückt wird. So wird z. B. das
imparfait im Französischen in Abhängigkeit von der Person ausgedrückt, nämlich
bei einigen Personen durch /ɛ/ (*je chant-ais, tu chant-ais, il/elle chant-ait, ils/elles
chant-aient*), bei anderen durch /i/ (*nous chant-i-ons, vous chant-i-ez*). Wie in der
Phonologie spricht man auch hier von **Varianten** (*variantes*) oder eben **Allomor-
phen** (*allomorphes*; analog zu den Allophonen) eines Morphems. Noch nicht einem Morphem oder Lexem zugeordnete Segmente nennt man **Morphe** (*morphes*).
Es fällt außerdem auf, dass Funktionen auch morphologisch **redundant** ausgedrückt sein können (*morphème redondant*), wie hier die Kategorie der Person
z. B. durch das *pronom personnel conjoint* <u>*nous*</u> und durch das Morphem -/ɔ̃/ (graphisch -*ons*).

Die Allomorphie ist etwas sehr Häufiges in den indoeuropäischen Sprachen, und
zwar sowohl im morphologisch-grammatischen wie im lexikalischen Bereich. Die
sog. unregelmäßigen Verben zeichnen sich durch starke lexikalische Allomorphie
aus, wobei jedes Allomorph in der Sprachnorm an bestimmte Umgebungen, d.h.
eine Kombination mit einer bestimmten Person, einem bestimmten Tempus usw.

gebunden ist ("gebundenes Morphem"!). Primär geschieht die morphologische Analyse auf phonischer, nicht auf graphischer Ebene. Als Beispiel diene das Verb *venir* (ohne die *pronoms personnels conjoints*):

/vən/-	ven-	(*nous ven-ons, ven-ez!, je ven-ais, nous ven-ions, ven-ir, ven-u*)
/vjɛ̃/-	vien-	(*je viens, tu viens, il/elle vient*)
/vjɛn/-	vienn-	(*ils/elles viennent, qu'il/qu'elle vienne, que tu viennes* usw.)
/vjɛ̃d/-	viend-	(*je viend-r-ai, vous viend-r-ez, il/elle viend-r-ait*)
/vɛ̃/-	vin-	(*je vins, il/elle vint, qu'il/qu'elle vînt, ils/elles vin-rent*).

Im Einzelnen wird dies üblicherweise unter der Verbalmorphologie in den Grammatiken beschrieben bzw. in guten Wörterbüchern aufgeführt. Die grammatisch-morphologische Analyse kann aber – ebenso wie z.B. die phonetische Beschreibung – weiter oder enger sein, d.h. verschieden genau sein, z.B. die Endung *-ions* wie hier, wo es eher auf die lexikalische Allomorphie ankam, als ein kombiniertes Personen-/Tempus-/Modusmorphem auffassen oder die Funktionen auch im *signifiant* trennen in -/i/- '*imparfait*' und -/õ/ '1.P.Pl.' (redundant zu vorausgehendem *nous*). Dies gelingt aber bei stark amalgamierten Formen (etwa [*elle*] *a*, [*elle*] *est*, [*qu'il*] *eût*) nicht immer vollständig.

3.4 Nullmorpheme in der Segmentierung

Bei morphologischen Analysen spielt der paradigmatische Gedanke innerhalb des zu analysierenden Syntagmas eine große Rolle. Bei der Analyse von Texten oder Textabschnitten stellt man häufig fest, dass einem Morphem an einer anderen Stelle des gleichen Paradigmas kein positives Morphem entspricht, sondern ein Null-Zeichen. Da einem Morphem immer eine positive Funktion zugeordnet ist, kann auch sein Fehlen eine solche als Allomorph markieren. In der Phonologie gibt es dagegen kein Null-Phonem, da ein Phonem nur unterscheidende, also keine positiv markierende Funktion hat; seine distinktive Funktion ist an sein Erscheinen an einer bestimmten Stelle in der Lautkette gebunden. In der Morphologie kann dagegen z.B. das Präsens gegenüber dem Imperfekt durch ein **Nullmorphem** (*morphème zéro*, ø), oft ein Nullallomorph, ausgedrückt sein, z.B.

/nu-ʃɑ̃t-ø-õ/ *nous chant-ø-ons*   /nu-ʃɑ̃t-i-õ/ *nous chant-i-ons*

Wenn man von dem suprasegmentalen Unterschied zwischen Stammbetonung (etwa in *je chant-e*) und Endungsbetonung (z.B. in *il chant-ait*) absehen will, so ist das Präsens auch in den anderen Personen durch ein Nullmorphem gegenüber anderen Tempora gekennzeichnet, ebenso das Imperfekt gegenüber dem Konditional, usw.:

/ʒə-ʃɑ̃t-ø-ø/ *je chante-ø-*	– /il-ʃɑ̃t--ø/ *ils chant-ø-ent*
/ɛlʃɑ̃t-ø-ɛ-ø/ *elle chant-ai-t*	– /ɛl-ʃɑ̃t-ɛ-ø/ *elles chant-ai-ent*
/il-ʃɑ̃t-ɑ-ø/ *il chant-a-ø*	– /il-ʃɑ̃t-ɛr-ø/ *ils chant-èr-ent*
/ɛl-ʃɑ̃t-ʁ-ɛ-ø/ *elle chant-er-ai-t*	– /ɛl-ʃɑ̃t-ʁ-ɛ-ø/ *elles chant-er-ai-ent*
/il-ʃɑ̃t-ʁ-a-ø/ *il chant-er-a-ø*	– /il-ʃɑ̃t-ʁ-õ/ *ils chant-er-ont*
/nu-ʃɑ̃t-ʁ-õ/ *nous chant-er-ons*	– /vu-ʃɑ̃t-ʁ-e/ *vous chant-er-ez.*

Bei konsequenter Analyse müsste in den Futur- und Konditionalformen ein Morphem -r- mit der unspezifizierten Funktion 'Futur/Konditional' isoliert werden, dessen Funktion erst durch das folgende Tempusmorphem spezifiziert wird (/-ɛ/, /-a/, /-õ/, /-e/ bzw. /-ɛ/, /-iõ/, /-ie/). Der morphologisch deutliche Zusammenhang zwischen Futur und Konditional wird auch durch das Gemeinsame der Bedeutung ('direktes' bzw. 'indirektes Futur') gerechtfertigt. Außerdem zeigt sich in unserer Analyse die Diskrepanz zwischen der rein auf dem Phonischen basierenden Analyse, bei der die Personenmarkierung weitgehend ausfällt (vgl. /ʃɑ̃t/-/-a/ <chanta> bzw. <chantas>), und der auf dem graphischen *signifiant* beruhenden Segmentierung, die auch Einheiten der Personenmarkierung durch Endungen erkennen lässt, denen allerdings weitgehend keine phonische Realisierung entspricht. Wenn man auf diesen rein orthographischen Aspekt verzichten will, kann man dies bei der Analyse vernachlässigen und darauf verweisen, dass im phonischen Bereich die Hauptinformation über die Personenangabe durch die vorangestellten *pronoms personnels conjoints* geleistet wird.

3.5 Diachrone Morphologie

Für die diachrone Morphologie (*morphologie diachronique*) verweisen wir auch hinsichtlich der Literatur auf Kap. IV.6. Zusätzlich sei nur beispielhaft genannt FOUCHÉ, Pierre ([2]1981), *Le verbe français. Etude morphologique* [auf dem Umschlag *Morphologie historique du français. Le verbe*], 2ᵉ éd. refondue et augmentée, Paris. Hier seien exemplarisch zwei Erscheinungen erwähnt, die Adverbbildung von Adjektiven und die Morphologie des Futurs der Verben.

3.5.1 Adverbbildung

Die Bildung des Adverbs aus qualifizierenden Adjektiven zeigt insofern eine diachrone Verschiebung vom Lateinischen zum Romanischen und damit auch zum Französischen, als die lat. Morpheme -e (*lente*) und -(i)ter (*fortiter*) aufgegeben wurden. Neuere Forschungen (siehe HUMMEL 2010) zeigen zwei Entwicklungsrichtungen auf: In der Umgangssprache wurde wohl die adverbielle Funktion einfach durch das Neutrum des Adjektivs ausgedrückt, was bei der Aufgabe des Neutrums im Vulgärlatein (vgl. IV.2.4.2) zu Formen führte, die mit dem Mask. bzw. dem reinen lexikalischen Stamm zusammenfielen. Solche Formen finden wir noch heute z.B. in frz. *parler haut/bas, voir clair, travailler dur; allez droit devant vous!* In höheren Sprachregistern, vielleicht zunächst in der Kirchensprache, wurde die adverbielle Funktion durch eine periphrastische Konstruktion mit *mente* (z.B. *benigna mente* 'in/mit gutmütigem Sinn') ausgedrückt. Das sich aus der lexikalischen Redeweise entwickelnde frz. Morphem *-ment* verlangt bis heute von seinem Ursprung her die feminine Form des Adjektivs, das es adverbialisiert. Die auf lat. MENTE beruhende Adverbbildung ist bis heute in allen romanischen Sprachen nicht sehr populär, sondern hat eher schriftsprachlichen Charakter. Im Rumänischen ist sie gar nicht entwickelt worden.

Eine vom Maskulinum verschiedene Form des Femininums konnten im Französischen zunächst nur Adjektive haben, die dies auch im Lateinischen gehabt hatten, d.h. die Adjektive der *-o/-a*-Deklination, deren *-a* im Frz. als [ə] instable erhalten ist (*lente* < *lenta*, daher *lentement*). Bei den Adjektiven der konsonantischen Deklination waren aber die Formen gleich (*fortis* mask./fem., afrz. *fort* mask./fem. < lat. *forte(m)*). Bei der Adverbbildung trat daher im Afrz. das Morphem *-ment* direkt an diese Form, wobei mögliche Konsonantenhäufungen vereinfacht wurden, also **fortment > forment* 'fortement'. Die als Bedeutung angegebene nfrz. Form zeigt bereits die mfrz. (mittelfranzösische) analoge, d.h. nicht etymologisch-lautgesetzliche Einschaltung eines femininen *-e*. Diese Analogiebildungen, die die Regel sind (vgl. *grand, grande* < lat. *grande(m)*), haben sich bei den auf *-ent, -ant* auslautenden Adjektiven (< lat. *-ente(m), -ante(m)*) nicht durchgesetzt, so dass Adverbien des Typs **prudentment > prudenment > prudemment* (mit späterer Entnasalierung des Nasalvokals vor Nasalkonsonant) bis heute üblich sind.

3.5.2 Bildung von Futur und Konditional

Historischen morphologischen Wandel zeigen auch die Formen des Futurs vom Lateinischen zum Französischen, mit dem allerdings zunächst auch ein Bedeutungswandel einherging. Die Idee des Zukünftigen verlangt eine große Abstraktionskraft und wird daher in den indoeuropäischen Sprachen häufig morphologisch erst spät entwickelt und durch Periphrasen ausgedrückt. Das klassische Latein hatte verschiedene Allomorphe des Futurs (*canta-b-o, -b-is* usw. bzw. *leg-a-m, -e-s* usw.). In der lateinischen Sprechsprache wurden mit der Zeit Konkurrenten mit stärker affektiv-modaler Bedeutung populär, wie z.B. die Typen ILLUD HABEO FACERE 'j'ai à le faire', 'ich habe es zu tun und werde es auch tun', HABEO AD FACERE, das materielle Grundlage für frz. *j'ai à* + Inf. ist sowie für den sardischen Futurtyp *app'affákere* 'je ferai', VOLO FACERE 'ich will es tun' (Grundlage für rum. *voi face* 'ich werde tun'), DEBEO FACERE 'ich soll und muss es tun' (Basis für sardisch *dia fákere* 'je ferais' < DEBEBAM FACERE). In den meisten romanischen Sprachen hat sich der im Schriftlatein seltenere Typ FACERE HABEO durchgesetzt, der dazu geeignet war, die periphrastische Form mit der Zeit durch Morphematisierung der *habere*-Form wieder zu einem synthetischen Futur werden zu lassen: *chanter-ai > je chanterai, fer-ais > je ferais.* Parallel zum Futur ist nämlich im Vulgärlateinischen das Konditional aus der gleichen Periphrase "Infinitiv + Imperfekt von HABERE" gebildet worden: FACERE HABEBAT > (*il/elle*) *ferait* (siehe auch im nächsten Unterkapitel III.4.1.3).

Anregungen

1. Nennen Sie die lexikalischen Allomorphe von *acheter, finir, faire, prendre, savoir, aller,* indem Sie jedem Allomorph als Beleg einige Verbformen zuordnen.
2. Machen Sie eine morphologische Analyse von *Ces étudiantes allemandes prépareront leurs devoirs oraux* auf lautlicher (*code phonique*) und graphischer Basis (*code graphique*).

Literaturhinweise

FOUCHÉ, Pierre (²1981), *Le verbe français. Etude morphologique* [auf dem Umschlag *Morphologie historique du français. Le verbe*], 2ᵉ éd. refondue et augmentée, Paris: Klincksieck; HUNNIUS, Klaus (1990), "Französisch: Flexionslehre", *LRL* V,1 59–71; SCHPAK-DOLT, Nikolaus (³2010), *Einführung in die französische Morphologie*, Berlin: de Gruyter (Romanist. Arbeitsheft, 36); HUMMEL, Martin (2010), "La diachronie du système adverbial des langues romanes: tradition orale et écrite", in: *Congrès Internat. de Linguistique et de Philologie Romanes,* IV, Berlin u. a.: de Gruyter, 445–461.

4. Grammatik und Syntax

4.1 Grammatik

4.1.1 Der Begriff der Grammatik

In einem weiteren Sinn wird "Morphologie" meistens als Lehre von den Formen mit ihren Bedeutungen gebraucht. Es kann aber wegen des Umfangs des Gebietes zweckmäßig sein, die Lehre von den (bedeutungstragenden) grammatischen Formen zu trennen von der Untersuchung der grammatischen Inhalte und erstere in einem eingeschränkten Sinn "Morphologie", letztere "Grammatik" zu nennen. Die Grammatik als Ebene der grammatischen Funktionen unterhalb der Satzebene ist dann zu trennen von der Syntax als Satzlehre und Ebene des Syntagmatischen (vgl. II.7). Wenn auch Morphologie, Grammatik und Syntax vielfältig miteinander zusammenhängen und eine saubere Trennung manchmal nicht möglich ist, so bevorzugen wir in diesem Band doch die prinzipielle Unterscheidung gegenüber dem häufig anzutreffenden undifferenzierten Begriff "Morphosyntax" (*morphosyntaxe*).

4.1.2 Exemplarische Beschreibung des französischen Tempussystems

a) Methodologie

Beschreibungen einer grammatischen Kategorie wie der der französischen Tempora sind notwendigerweise Interpretationen der Funktion, d.h. der Bedeutung dieser Kategorie und ihrer Einheiten auf der Ebene des Systems. Daran müsste sich die Beschreibung der Normen des Gebrauchs anschließen. Es ist also erstens naturgemäß damit zu rechnen, dass es hier wie bei allen interpretativen Gegenständen der Kulturwissenschaften unterschiedliche Auffassungen gibt, die nicht immer miteinander harmonisiert werden können und auch nicht müssen. Eine einheitliche Meinung aller Wissenschaftler als idealen Endzustand kann es wissenschaftstheoretisch nicht geben. Anzustreben ist vielmehr die Fähigkeit zur kritisch-methodischen Beurteilung der verschiedenen Ansätze. Bei der Analyse einer grammatischen oder syntaktischen Funktion besteht zweitens das grundsätzliche Problem der Abfolge der Analyseschritte. Die Regelhaftigkeiten der Norm können nur aus dem intensiven Studium vieler Redeakte ermittelt werden; die abstrakte Funktion auf der Ebene des Sprachsystems kann wiederum nur aus der Beobachtung der Rede und der Fakten der Norm erschlossen werden, wobei aber die Norm als solche von der schon bekannten Systembedeutung getrennt und die Systemfunktion auch in jedem Redeakt identifiziert und als in der jeweiligen Redebedeutung enthalten erkannt werden muss. Dies ergibt insgesamt ein sehr komplexes Gefüge von Verfahren der Analyse und Beschreibung, das jeder Wissenschaftler etwas unterschiedlich handhaben dürfte.

Das umfangreiche Gebiet der französischen Tempora kann hier weder im Ganzen dargestellt werden noch können auch nur die wichtigsten bisherigen Ansätze dazu diskutiert werden. Vielmehr soll eine Auffassung in ihren Grundzügen vorgeführt werden, die auch schon in Kap. II.5.2.1 bei der Unterscheidung zwischen Sprache und Rede erwähnt wurde und auf die wir auch bei der Beschreibung einiger Grundzüge des heutigen Französischen (s. IV.11.2) wieder zurückkommen werden. Es handelt sich um die von Eugenio COSERIU (1976, Kap. 5 und 7) vorgelegte Darstellung, die die allen romanischen Sprachen gemeinsamen Grundlagen, unter Einbezug von bestehenden Unterschieden in der Norm, d.h. in der Ausnützung dieses Systems in den Einzelsprachen, betrifft. Zum Verhältnis von Tempus und Aspekt siehe unten III.4.1.2.e).

b) Die deiktisch bestimmten Zeiträume

Die romanischen Sprachen haben vom Lateinischen mehr Tempora ererbt, als es Zeiträume gibt, und stellen daher besondere Probleme an die Funktionsbestimmung. Die Zeiträume sind übereinzelsprachlich anthropologisch definiert, nämlich vom jeweiligen Sprecher her, dessen Gegenwart die jeweilige Gegenwart ist und der von daher den davor liegenden, als von der Gegenwart getrennt aufgefassten Zeitraum als Vergangenheit und den noch vor ihm liegenden Zeitraum als Zukunft bestimmt. Die in jeder Sprache recht zahlreichen, grundlegenden Kategorien, die von der Position des Sprechers her definiert werden, werden in der Sprachwissenschaft deiktische Kategorien genannt. Zentrum jeder Deixis (frz. *la deixis, déictique*) ist der Sprecher, der den Raum zeigt, wo er steht (*ici* vs. *là*), und damit die räumlichen Distanzen zum Du (*moi – toi*) und zu den Personen und Dingen außerhalb des Dialogs (*eux, elles, cela*) angeben kann[37]. Da unsere Zeitvorstellungen aus dem Räumlichen entwickelt sind, ist das temporale Grundgerüst das eben skizzierte, dem auch die temporalen Pronomina (Substitute für Zeiträume, traditionell temporale Adverbien) *maintenant – alors, hier – aujourd'hui – demain* ebenso wie die verbalen Grundtempora entsprechen:

Vergangenheit	Gegenwart	Zukunft
passé simple *il/elle chanta*	présent *il/elle chante*	futur *il/elle chantera*

Dabei wird das vollständigere System der Schriftsprache zugrundegelegt, in dem sowohl *passé simple* als auch *passé composé* mit jeweils unterschiedlichen Funktionen vorkommen. Das *passé simple* ist demnach eine Erzählvergangenheit mit einer deutlichen Grenze zur Gegenwart.

c) Aktuelle und inaktuelle Zeitebene

Die grundlegende Unterscheidung, die das romanische Verbalsystem vom germanischen trennt, ist nach Coseriu die der "Zeitebene". Dabei drücken die bereits genannten Tempora den "Vordergrund" der zeitlichen Darstellung aus, sie sind "aktuell" (COSERIU 1976: 92), weil sie die Handlungen und Zustände als im jeweiligen Zeitraum uneingeschränkt geschehend präsentieren. Ihnen gegenüber stehen die Tempora der "inaktuellen Ebene", die dazu einen "parallelen Hintergrund" bilden, auf dem man die Handlungen darstellt, "die nicht direkt diese Zeitlinie betreffen", sondern das, was man als "irgendwie eingeschränkt", "als unsicher, als bedingt, als von den aktuellen Handlungen entfernt darlegt", z.B. in Formeln der Höflichkeit (frz. *je voulais vous dire* ...) oder in den Konditionalsätzen (frz. *si j'avais* ..., COSERIU 1976: 92f.). Eine wichtige Form der zeitlichen Einschränkung ist die abhängige, d.h. die sog. indirekte Rede (*elle m'a dit qu'elle viendrait me voir ce soir; – qu'elle était malade*). Dabei entspricht das *imparfait* zeitlich dem Präsens, das sog. Konditional dem Futur. Ein dem *passé simple* entsprechendes inaktuelles Vergangenheitstempus hat das Französische – anders als z.B. das Spanische oder Portugiesische – nicht (mehr):

aktuell	Vergangenheit p.s. *il/elle chanta*	Gegenwart prés. *il/elle chante*	Zukunft fut. *il/elle chantera*
inaktuell	– –	imp. *il/elle chantait*	cond. *il/elle chanterait*

---

[37]   Vgl. zum Hier-Jetzt-Ich-System vor allem BÜHLER, Karl (1934), *Sprachtheorie*, Jena; 3. Aufl. Stuttgart 1999, Kap. II. § 7.

Redebedeutungen des *imparfait,* wie sie in II.5.2.1 angegeben wurden, erweisen sich bei näherer Betrachtung (vgl. auch COSERIU 1976: Kap. 7) als kontextgebunden und nicht konstant. Dagegen lässt sich in allen Verwendungen (Redebedeutung der Gewohnheit, Unabgeschlossenheit, Gleichzeitigkeit, Irrealität, Höflichkeit usw.) als Grundfunktion des *imparfait* die der 'inaktuellen Gegenwart' annehmen. Bei der Darstellung des Hintergrundes zu einer Erzählvergangenheit im *passé simple* ist die Inaktualität des *imparfait* als totale Negierung der Gegenwart aufzufassen, die schon in der Norm des Lateinischen als Vergangenheit interpretiert wurde. Nur ist dies keine selbständige Erzählvergangenheit, sondern immer ein Hintergrund, dem irgendwo im Text ein aktuelles Tempus entgegengestellt werden muss. Irrealität, Potentialität, Höflichkeit usw. sind zu verstehen als Einschränkungen der aktuellen Gegenwart.

d) Sekundäre Perspektiven

Zusätzlich zu den einfachen Grundtempora bietet das romanische Tempussystem die Möglichkeit, die primäre deiktische Aufgliederung der Zeitraumvorstellung in jedem einzelnen Zeitraum zu wiederholen und damit sekundäre Zeiträume zu schaffen. Während der Sprecher mit der primären Vergangenheitsperspektive ausdrückt: 'in einer von meiner Gegenwart getrennten Vergangenheit', kann er die Vergangenheit auch ohne semantische "Trennungslinie" von seiner Gegenwart aus anvisieren und sie so von seiner Gegenwart aus konstatieren und besprechen[38]. Er drückt dies mit dem *passé composé* (*il/elle a chanté*) aus. Analog kann er in einer sekundären Perspektive die Zukunft von seiner Gegenwart aus anvisieren (*il/elle va chanter*) und diese der von der Gegenwart getrennt erfassten Zukunft (*il/elle chantera*) gegenüberstellen. Dieser Bedeutungsunterschied muss – wie alle grammatischen Oppositionen – nicht in allen Fällen (Redeverwendungen) deutlich sein, sondern kann häufig durch den Kontext neutralisiert sein. Zur Stellung der periphrastischen Tempora im gesprochenen Französisch vgl. IV.11.2.2; zur typologischen Bewertung der romanischen zusammengesetzten Tempora siehe III.9.5.

e) Zum Verhältnis von Tempus und Aspekt

Gegenüber dem Tempus als deiktisch bestimmter Kategorie im Hinblick auf die zeitliche Einordnung einer verbalen Äußerung wird die Kategorie des **Aspekts** (*aspect*) definiert als eine grammatische "Betrachtung" des Ablaufs der Handlung. Dabei kennt man in vielen Sprachen der Welt Unterscheidungen zwischen der morphologisch gekennzeichneten Darstellung der Handlung im Ganzen, d.h. mit Einschluss des Abschlusses (perfektiv), oder ohne Einbeziehung des Abschlusses, d.h. im Verlauf oder einfach ohne Ende (imperfektiv). Diese z.B. aus den slavischen Sprachen bekannte Opposition wurde und wird von Linguisten vielfach auf romanische Sprachen, auch auf das Französische, übertragen. COSERIU (1976: 13, 82–88, 112f.) hat aber gezeigt, dass die Unterscheidungen gerade auch im Französischen anders sind, nämlich wie hier oben erläutert, und dass das frz. *imparfait* nicht dem

---

38 Vgl. das in diesem Punkt ähnliche Ergebnis, zu dem WEINRICH (¹1964) und (1982: 160 f.), wenn auch von einem ganz anderen methodischen Ausgangspunkt aus, kommt.

slavischen imperfektiven Aspekt entspricht und das *passé simple* keinesfalls dem slavischen perfektiven Aspekt. Aspektuelle Funktionen finden sich dagegen im Französischen außerhalb der Tempusunterscheidungen in weiteren Subsystemen, wie etwa in periphrastischen Formen wie *le train vient de partir; elle venait de rentrer; je suis/j'étais en train de lui expliquer la grammaire française; les lumières allaient s'éteignant une à une.* Genaueres dazu bei COSERIU (1976, Kap. 5 und 6); DIETRICH (1973: 139–151).

4.1.3 Zur Entstehung dieses Tempussystems

Das Tempussystem des klassischen Lateins war aus romanistischer Sicht funktionell uneinheitlich. Die Unterscheidung zwischen aktuellen und inaktuellen Tempora wurde nur an einer Stelle gemacht, nämlich im Zentrum zwischen Präsens und Imperfekt. Im Zeitraum Zukunft wurde das System im Vulgärlatein durch die Schaffung des Konditionals (siehe III.3.5) ergänzt. Die Unterscheidung zwischen einfachen (primäre Perspektive) und zusammengesetzten Tempora (sekundäre Perspektive) war im klassischen Latein noch nicht da; vielmehr drückte z.B. das lat. Perfekt sowohl eine Erzählvergangenheit als auch eine aus der Gegenwart heraus ins Auge gefasste Vergangenheit aus (konstatierendes Perfekt). Durch die Anlage des zusammengesetzten Perfekts, dessen Entstehung im Einzelnen recht kompliziert ist (Entwicklung wohl über ein resultatives Perfekt des Typs *litteras scriptas habeo* 'j'ai la lettre écrite [devant/chez moi]'), konnte sich ein ganzes System zusammengesetzter Tempora im Indikativ und Konjunktiv entfalten und so die Unterscheidungen zwischen inaktuellen und aktuellen Tempora spiegeln (wie *je fais – je faisais,* so auch *j'ai fait – j'avais fait;* wie *je fais – je fis,* so auch *j'ai fait – j'eus fait;* wie *je ferai – je ferais,* so auch *j'aurai fait – j'aurais fait*). Auch wenn das Futur composé nach griechischem Vorbild schon in der lateinischen Sprechsprache angelegt gewesen sein sollte, wofür eindeutige Belege nicht eben zahlreich sind (vgl. DIETRICH 1973: 316 f. und GOUGENHEIM 1929: 83 f., 92–110), so ist das Tempussystem der romanischen Einzelsprachen und damit auch des Französischen erst spät durch die Mechanisierung dieser Subkategorie in dieser Richtung ausgebaut worden (vgl. IV.7.2).

Anregungen

1. Stellen Sie aus Angaben in den Grammatiken und aus Textbeispielen Redebedeutungen zu anderen Tempora, z. B. Futur oder Passé simple, zusammen und diskutieren Sie sie mit dem/der Seminarleiter(in) im Lichte der Funktionsangaben Coserius.
2. Vergleichen Sie die Ansätze Coserius und Weinrichs miteinander, etwa im Hinblick auf die Vollständigkeit der berücksichtigten Tempora und auf die Parallelität von *imparfait* und Konditional.

Literaturhinweise

a) Synchrone Grammatiken

CHEVALIER, Jean Claude/BLANCHE-BENVENISTE, Claire/ARRIVÉ, Michel/PEYTARD, Jean (2005), *Grammaire du français contemporain*, (Nachdr.), Paris: Larousse; CONFAIS, Jean-Paul (²1997), *Grammaire explicative*, (Nachdr.), München: Hueber; DELATOUR, Y./JENNEPIN, D./LÉON-DUFOUR, M. (2008), *Nouvelle grammaire du français*, Paris: Hachette; FUCHS, Volker (2001), *Taschenlexikon der französischen Grammatik*, Tübingen u. a.: Francke (verbindet neuere linguistische Forschung mit Verständlichkeit); GREVISSE, Maurice (¹⁴2010), *Le bon usage. Grammaire française*, refondue par André GOOSSE, Bruxelles: De Boeck/Duculot (eine der besten Grammatiken); RIEGEL, Martin/PELLAT, Jean-Christophe / RIOUL, René (⁵1999), *Grammaire méthodique du français*, Paris: Quadrige/PUF; WAGNER, Robert-Léon / PINCHON, Jacqueline (2004), *Grammaire du français classique et moderne*, nouv. éd., Paris: Hachette Supérieur; WEINRICH, Harald (1982), *Textgrammatik der französischen Sprache*, Stuttgart. Frz. Übers. (²2005), *Grammaire textuelle du français*, Paris: Didier-Hatier; WILMET, Marc (⁵2010) *Grammaire critique du français*, Bruxelles: De Boeck & Larcier.

b) Historische Grammatiken

Ältere Standardwerke, die dem Anspruch nach die gesamte Entwicklung umfassen: BRUNOT, Ferdinand/BRUNEAU, Charles (⁵1961), *Précis de grammaire historique de la langue française*, Paris; NYROP, Kristoffer (1899–1930), *Grammaire historique de la langue française*, 6 vols., Copenhague: Gyldendal/Leipzig: Harrassowitz; KUKENHEIM, Louis (1967–68), *Grammaire historique de la langue française*, 2 vols., Leiden.Viele gute Angaben sind zu finden in der monumentalen Sprachgeschichte von Brunot: BRUNOT, Ferdinand (²1966 ff., ¹1905 ff.), *Histoire de la langue française des origines à nos jours*, 21 Bde., und in RHEINFELDER (I: ⁵1976/II: ²1976), *Altfranzösische Grammatik*, München: Hueber (siehe IV.6). Sehr informativ ist auch PRICE, Glanville (1988), *Die französische Sprache, von den Anfängen bis zur Gegenwart*. Tübingen: Francke (UTB 1507). Modern und historisch umfassend ist BURIDANT, Claude (2007), *Grammaire nouvelle de l'ancien français*, (Nachdr.), Paris: SEDES.

c) Zum romanischen (und französischen) Tempussystem

COSERIU, Eugenio (1976), *Das romanische Verbalsystem*, bearb. u. hrsg. von Hansbert Bertsch, Tübingen: Narr; DIETRICH, Wolf (1973), *Der periphrastische Verbalaspekt in den romanischen Sprachen. Untersuchungen zum heutigen romanischen Verbalsystem und zum Problem der Herkunft des periphrastischen Verbalaspekts*, Tübingen: Niemeyer; GOUGENHEIM, Georges (1929), *Etude sur les périphrases verbales de la langue française*, Paris, réimpression Paris 1971; WEINRICH, Harald (¹1964, ⁶2001), *Tempus. Besprochene und erzählte Welt*, Stuttgart: Kohlhammer.

4.2 Syntax

4.2.1 Der Satz

Oberhalb der Wortebene ist die Syntax (griech. 'Anordnung', frz. *syntaxe*) die Lehre von der Wortgruppe und vom Satz. Die Wortgruppe (z. B. ein durch Determinant + Attribut determiniertes Substantiv wie *la fleur blanche, la tige hérissée d'épines de la rose*) wird Syntagma (*syntagme*) genannt und hinsichtlich der syntagmatischen Beziehungen und der paradigmatischen Funktionen beschrieben.

In diesem Sinn spricht man traditionellerweise z. B. vom Gebrauch oder von der Syntax des Infinitivs oder des bestimmten Artikels im Französischen. Zu diesem Bereich gehören auch Fragen wie die Stellung des Adjektivs zum Substantiv oder die der Objektpronomina zum Verb. Syntax wird also häufig als Oberbegriff zu Syntagmatik und Satzlehre gebraucht.

Ohne dass hier auf die zahlreichen Definitionsversuche zur Bestimmung des "Satzes" eingegangen werden kann, gehen wir davon aus, dass die menschliche Rede die Lexeme und Morpheme zu Äußerungen (*énoncés*) verbindet. Die Ausdrucksabsicht führt zu einer Mitteilung (im weitesten Sinne, der auch ein Gedicht als Selbstausdruck einschließt). Eine Mitteilung wird in der Linguistik Text genannt[39]. Unterhalb des Textes ist der Satz (*proposition*) die minimale Form der Äußerung, deren ausgebaute Erscheinungsform (Gefüge von Haupt- und Gliedsätzen, *propositions*) traditionell als *phrase* bezeichnet wird. Gegenstand der Syntax als Satzlehre ist nun die Bestimmung und Beschreibung der Funktion und Vorkommensweise der Satzteile.

4.2.2 Die Satzteile

Die Satzanalyse beruht prinzipiell noch immer auf den Fragen der aristotelischen Logik, d.h. auf den Fragen nach den Satzteilen oder Satzfunktionen:

Durch die Antwort auf die Frage "Was geschieht/ist?" wird das **Prädikat** (*prédicat, verbe*) ermittelt. Das Prädikat kann formal verbal (*on s'ennuie, tu dors*) oder nominal sein, d.h. aus **Prädikatsnomen** bzw. **-adjektiv** (*attribut!*) und **Kopula** (*copule*) bestehen (*elle est médecin, il est malade, vous me semblez fatiguée*).

Das **Subjekt** (*sujet*) ergibt sich durch die Antwort auf die Frage "Von wem oder was wird etwas ausgesagt?"; dabei kann die Subjektfunktion durch ein Nomen (Substantiv, Eigenname oder Infinitiv), ein Pronomen oder einen Satz, genauer einen Nebensatz (**Subjektsatz**, *proposition sujet*), ausgedrückt sein, z.B. *Mon frère/Pierre/ il – mangeait une pomme*; *écrire correctement – n'est pas facile*; *qui me connaît – me comprendra*; *que tu ne le saches pas – ne m'étonne pas* (auch mit pronominaler Wiederaufnahme des Subjektsatzes: *que tu ne le saches pas –, cela ne m'étonne pas*; *qu'il puisse venir samedi –, cela nous réjouit beaucoup*).

Durch die Frage "Auf wen oder was erstreckt sich die Handlung?"/"Wer oder was ist (im weitesten Sinne) Ziel der Handlung?" lässt sich das **direkte Objekt** (*complément d'objet direct*) ermitteln. Verben, die neben dem Subjekt ein direktes Objekt erfordern, werden **transitiv** genannt (*verbes transitifs*), solche, die es nicht haben können, **intransitiv** (*v. intransitifs*). Auf diese Weise stehen sich Verben wie *jn./etwas sehen, ~ begrüßen, etwas lesen* (*voir qn./qc., saluer qn./qc., lire qc.*) und *schlafen, gehen, scheinen* (*Sonne*) (*dormir, marcher, briller*) gegenüber. Als transitiv gelten auch Verben mit doppeltem, also direktem und indirektem Objekt (*donner qc. à qn.*).

---

[39] Die Organisation von Texten wird in der **Textlinguistik** (*linguistique textuelle*) untersucht. Gegenstand der **Pragmalinguistik** (oder **Pragmatik**, *pragmatique*) ist das situationell bestimmte Handeln mit Sprache (vgl. unten III.7). Zur **Soziolinguistik** (*sociolinguistique*) wiederum gehört das Problem des Verhältnisses zwischen konkurrierenden Sprachformen (z.B. Nationalsprache versus Minderheitensprachen und Dialekten) und der Gesellschaft, z.B. im öffentlichen Raum oder in der Privatsphäre.

Das von den Griechen entwickelte und der Struktur der gängigen europäischen Sprachen entsprechende Konzept einer Handlung, die von einem Handelnden (**Agens**, *agent*) ausgehend sich auf ein Ziel, das direkte Objekt, erstreckt, macht die Unterscheidung zwischen den innersprachlichen, syntaktischen Funktionen Subjekt (S) und Objekt (O) und den außersprachlichen Rollen (im Handlungsspiel) des Urhebers bzw. Verursachers der Handlung, d.h. dem Agens (A), und der Rolle des von der Handlung betroffenen, die Handlung "erleidenden" Elements, dem **Patiens** (P, *patient*), notwendig. In Sätzen wie *la jeune fille a mangé une pomme, je lis ce roman, j'ai rencontré mon voisin, ton frère aidera ta mère* sind *la jeune fille, je, ton frère* die Subjekte, von denen – sprachlich aktivisch – eine Handlung ausgeht (erster Pfeil als Symbol). *Une pomme, ce roman, mon voisin, ta mère* sind die direkten Objekte der jeweiligen Verben. Die Verbalhandlung "ergreift" diese Objekte (symbolisiert durch den im Grunde als fortgesetzt zu denkenden Pfeil):

La jeune fille	→	*a mangé*	→	*une pomme*
S = A		V_{act}		O = P
Ton frère	→	*aidera*	→	*ta mère*
S = A		V_{act}		O = P

Hier fallen Subjekt und Agens sowie Objekt und Patiens zusammen, weil unsere Sprachen akkusativische Sprachen sind, in denen eben das Subjekt als Agens und das Objekt als Patiens definiert sind. Wenn wir diese aktivische Darstellung in eine passivische verwandeln, ändert sich nichts am Verhältnis von Agens und Patiens, denn *une pomme* ist weiterhin das Patiens, das von der Handlung *mangea* erfasst wird; ebenso bleibt *ton frère* im zweiten Beispiel das Agens, dessen Handlung *aidera* die Mutter (*ta mère*) als Patiens "ergreift". Sprachlich wird der Vorgang im Passiv aber so dargestellt, dass das Patiens als Subjekt kodiert und damit eine Aussage über die Mutter als Subjekt gemacht wird, also textlinguistisch ein Element des Rhemas "aidera ta mère" zum Thema wird (*Ta mère – sera aidée par ton frère*)[40]. Das Agens *ton frère* erscheint nun in einer hervorgehobenen Stellung, nämlich in einer präpositionalen **Agensergänzung** (*complément d'agent*) *par ton frère* '(deine Mutter wird) von deinem Bruder (unterstützt werden)':

Thema und **Rhema** (*thème et rhème*) sind in der Textlinguistik verwendete Termini zur Gliederung einer Äußerung nach kommunikativen Gesichtspunkten (s. auch "Funktionale Satzperspektive"). Vereinfacht bezeichnet das Thema den Satzgegenstand ("das, worüber gesprochen wird") und das Rhema die Satzaussage ("das, was darüber ausgesagt wird").

La pomme	←	*fut mangée*	←	*par la jeune fille*
S = P		V$_{pass}$		A = C d'A
Ta mère	←	*sera aidée*	←	*par ton frère*
S = P		V$_{pass}$		A = C d'A

Formal kann ein direktes Objekt durch ein Nomen (Substantiv/Eigenname), ein Pronomen oder einen untergeordneten Satz (**Objektsatz,** *proposition complétive*)[41], z.B. *je vois – que tu as raison; il m'a dit – qu'il ne pourrait pas venir; elle ne sait pas encore – si elle pourra venir ce soir,* vertreten werden.

Das **indirekte Objekt** (*complément d'objet indirect*) ist traditionell und insbesondere in den romanischen Ländern jedes nicht direkte Objekt, also jedes, das mit einer Präposition angeschlossen wird, wie z.B. *nuire à son prochain, croire en Dieu, compter sur son ami, consister dans une simple liste* usw. Im engeren, eigentlichen Sinn versteht man unter einem indirekten Objekt eines, das rollensemantisch als "Rezipient" (bei Verben des Gebens und Nehmens im weitesten Sinn, also auch bei *le film **lui** a plu, on **m'**a volé mon vélo*) bzw. als "Benefaktiv" (bei "Zustands"beschreibungen wie *il **lui** importe, **mir** ist kalt*) auftritt. In diesem Verständnis von indirektem Objekt, das wir uns hier zu eigen machen wollen, ist das Identifizierungskriterium nicht der präpositionale Anschluss, sondern die genannte semantische Rolle. Gewöhnlich kann als indirektes Objekt nur ein Lebewesen eintreten. Im Deutschen ergibt sich das indirekte Objekt auf die Frage "Wem geschieht/kommt die Handlung zu?", im Französischen "A qui s'adresse l'action?". Die Ermittlungsprobe geschieht durch die Pronominalisierungsmöglichkeit mit *lui, leur: J'ai parlé à Marie – je lui ai parlé; il obéit à ses parents – il leur obéit.* Dagegen *Jean s'est adressé au maire – *Jean se lui est adressé,* sondern *Jean s'est adressé **à lui**;* daher kann *au maire* kein indirektes Objekt im eigentlichen Sinne sein.

Vielmehr handelt es sich um ein **präpositionales Objekt** (*complément d'objet prépositionnel*), welches in unseren Sprachen sehr häufig ist. Es wird vom Verb mit seinem Satzbauplan (traditionell mit seiner **Rektion**/*son régime*) gefordert und ist in der Regel nicht weglassbar wie direkte Objekte, die im Text schon bekannt oder generisch sind, d.h. zu den üblich zu erwartenden gehören (*Que fait Jeanne? Elle écrit* [*une lettre, un devoir*]). Nicht weglassbar sind z.B. nicht nur Ergänzungen bei Verben wie *consister en/dans, s'adresser à, se référer à* (*Que fait votre projet? *Il consiste ø. Que fait Paul? *Il s'adresse ø*), sondern auch solche bei *aller* (*Que fait-elle? *Elle va ø,* statt *elle va bien, elle va à bicyclette, elle va à Limoges, ~ chez son médecin*) und *habiter* (*Que fait-il? *Il habite ø,* statt *il habite rue Montaigne, ~ à Bordeaux*). Neben den oben unter dem indirekten Objekt gegebenen Beispielen ließen sich

---

41 Im Französischen wird traditionell nicht zwischen Subjekt- und Objektsatz unterschieden, sondern für beides als Oberbegriff *proposition substantive* bzw. *p. complétive* gesagt. Dennoch ist auch *proposition sujet* für 'Subjektsatz' üblich.

zahllose weitere nennen, wie *se souvenir de (ses vacances), se plaindre de (son voisin), protester contre (les plans du gouvernement), s'étonner de (son comportement), tenir à (cette amitié, à les inviter)* usw. Die Verbindung von Verb und Ergänzung und damit die Weglassmöglichkeit der Ergänzung, d.h. des präpositionalen Objekts, ist von Verb zu Verb unterschiedlich.

Auf die Frage "Wie/unter welchen Umständen findet die Handlung statt?" findet man die vielfältigen Arten der **Umstandsbestimmung** (*complément circonstanciel*). Sie ist von den Objekten dadurch unterschieden, dass sie nicht vom Verb des Satzes gefordert wird, also nicht zum Satzbauplan bzw. zur Rektion gehört. Die traditionellen Unterscheidungen zwischen einzelnen Arten von Umstandsbestimmungen – der Art und Weise (modal), des Ortes (lokal), der Zeit (temporal), des Grundes (kausal), der Einräumung (konzessiv), des Zieles (final) usw. – sind nicht morphologisch, sondern nur inhaltlich voneinander trennbar und deshalb auch kaum exhaustiv beschreibbar.

Formal können Umstandsbestimmungen durch präpositionale Ausdrücke, wie (*il est rentré*) *à neuf heures, sous une pluie torrentielle, avec tous ses amis, malgré l'obscurité qui régnait* usw., durch Infinitivkonstruktion (*sans avoir mangé, après avoir rencontré Paul, pour convaincre sa femme*) und andere infinite Verbformen (*pensant à tout ce qu'il avait souffert, tout en accélérant ses pas*), durch Adverbien oder auch durch Nebensätze ausgedrückt werden. Hierzu gehören die zahlreichen kausalen, temporalen, konzessiven, finalen usw. Nebensätze des Typs *je le fais parce que cela me plaît, ~ pour que je gagne de l'argent, ~ bien que mes parents ne soient pas d'accord, ~ avant que les grandes pluies (ne) commencent* usw.

Diese "*propositions circonstancielles*" werden im Deutschen zusammenfassend meistens Adverbialsätze (frz. auch *propositions adverbiales*)[42] genannt, obwohl eine Umstandsbestimmung nicht immer ein Adverb ist und umgekehrt ein Adverb zwar häufig, aber nicht immer eine Umstandsbestimmung bildet.

Schließlich sind determinierende Ergänzungen eines Nominalsyntagmas (Frage "was für ein?") **Attribute**, die nach der französischen Tradition nur in den Subkategorien der *adjectifs épithètes* (*une voiture puissante, une grande aventure*), der *compléments de nom* (*la voiture de mon frère*) bzw. der *propositions adjectives ou relatives* (*la voiture que mon frère a achetée en province*) vorkommen. Attribute sind keine eigenständigen Satzteile auf Satzebene, sondern weitere Bestimmungen auf der darunter liegenden Ebene des Syntagmas. Ihr determinierender Charakter impliziert immer eine Opposition zu anderen denkbaren Attributen (*une voiture puissante* versus ~ *élégante, neuve, qui n'est pas très puissante* usw.).

---

[42] Der Begriff "Adverbialsatz" ist ein Beispiel für die ungute Tradition, Wortarten und Satzfunktionen miteinander zu verwechseln (auch im Englischen "adverbials" für "Umstandsbestimmungen"). Auch Tesnière zollte in seiner strukturellen Syntax dieser Tradition seinen Tribut, indem er "circonstant" und "adverbe" gleichsetzte.

Nicht determinierende Ergänzungen eines nominalen Syntagmas sind **Appositio-nen** (*appositions*, z.B. *sa voiture, une vieille Renault 19*). Sie unterscheiden sich von den Attributen durch die Tatsache, dass sie lediglich weitere Informationen geben (explikative Funktion), aber keine unterscheidende Bestimmung einfügen (determinative Funktion des Attributs) – in unserem Beispiel kein Merkmal, das den alten Renault von anderen Autos mit anderen Qualitäten abgrenzt. Appositive Relativsätze werden im Französischen mit Pause gesprochen und mit einem Komma geschrieben (*sa voiture, qui est une vieille Renault 19*), attributive Relativsätze ohne Pause gesprochen und ohne Komma geschrieben: *La voiture que mon frère a achetée en province* impliziert, dass es noch ein anderes Auto des Bruders gibt, eventuell *la voiture qu'il a achetée à Paris*.

4.2.3 Strukturelle Syntax – Dependenzgrammatik

Die durch TESNIÈRE (1959) begründete strukturelle Syntax und die im Anschluss daran vor allem in Deutschland, insbesondere in der DDR-Germanistik der sechziger und siebziger Jahre entwickelte Dependenzgrammatik ist in den romanischen Ländern zwar kaum rezipiert worden; wir wollen sie hier aber dennoch vorstellen, weil sie die syntaktischen Strukturen semantisch, d.h. funktionell versteht und daher unserer Ansicht nach besser als andere Ansätze geeignet ist, das Wesen der Syntax deutlich zu machen. Die strukturelle Syntax geht von der Einsicht aus, dass die grundlegenden Satzteile Subjekt, Prädikat und Objekt nicht auf derselben Ebene angesiedelt sein können, sondern dass dem Prädikat als aussagekonstituierendem Satzteil eine hierarchisch höhere Position zukommt, von der alle anderen Satzteile "abhängen" (daher "Dependenz"grammatik). Wie oben in III.4.2.1 bereits angedeutet, unterscheidet sich der Satz vom Syntagma durch seinen Aussagecharakter. Die Aussage (*énoncé*) wird aber – jedenfalls in vollständigen Sätzen – stets durch das Prädikat geleistet.[43] Die vom Prädikat abhängenden und von ihm durch die Verbrektion geforderten bzw. möglichen Ergänzungen – Subjekt, direktes und indirektes Objekt – stellt Tesnière alle auf die gleiche Ebene. Die Präpositionalobjekte trennte Tesnière noch nicht von den indirekten Objekten. Diese Ergänzungen werden **Aktanten** (*actants*) genannt und tatsächlich als Akteure in dem durch einen Satz ausgedrückten Handlungsspiel begriffen. H. BRINKMANN (²1971: 210) hat dafür "Mitspieler" vorgeschlagen.

Das traditionelle Subjekt ist der *prime actant*, weil dieser die erste notwendige Ergänzung der Mehrzahl aller Prädikate (Verben) ist, das direkte Objekt der *second actant*, das indirekte Objekt der *tiers actant*. Es ist ersichtlich, dass die Definition

---

43 Auf die formale Darstellungsweise Tesnières, die Anlage seiner Stemmata genannten Satzanalyseschemata und erst recht seine Translationstheorie der Satzteile im komplexen Satz kann hier nicht eingegangen werden, so wichtig deren Grundgedanken auch sind. Siehe dazu auch im bibliographischen Anhang GAUGER/OESTERREICHER/WINDISCH (1981), 228 ff. Zur Dependenzgrammatik siehe auch WEBER (1997).

der einzelnen Aktanten weniger rollensemantisch als in anderen, auch neueren syntaktischen Theorien, sondern eher formal und die Satzanalyse daher in höherem Maße operationalisierbar ist. Die strenge Unterscheidung zwischen Prädikat und davon abhängenden Aktanten und zwischen Aktanten und Zirkumstanten ist aber dennoch eindeutig semantisch-funktionell. Die einfachen Sätze *Alfred dort*, *Alfred parle à Nicole* und *Alfred donne le livre à Nicole* können in einfachen Strukturbäumen so dargestellt werden, dass die hierarchischen Abhängigkeiten deutlich werden: Vom Verb hängen die Aktanten ab (hier durch die Indices 1,2,3, gekennzeichnet), die ihrerseits wieder durch Determinanten (Artikel, Possessiva usw.) bestimmt sein können. Dies ergibt in unserem Beispiel drei Ebenen:

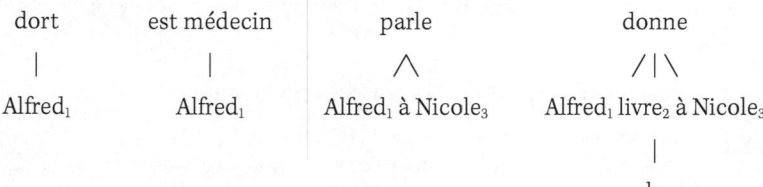

Den Aktanten gegenüber stehen die nicht im Satzbauplan vorgesehenen **freien Angaben**, bei Tesnière **Zirkumstanten** (*circonstants*). Es sind alle die bereits oben genannten zusätzlichen, aber pragmatisch häufig sehr wichtigen Angaben der Zeit, des Ortes, des Grundes, des Zieles usw. Die notwendigen Ergänzungen des Verbs werden seit Tesnière **Valenzen** (*valences*) genannt, wodurch heute im Allgemeinen der traditionelle Terminus der Rektion ersetzt wird. Die Anzahl und Art der notwendigen Ergänzungen des Verbs, also die Aktanten werden seit Tesnière **Valenzen** (*valences*) oder genauer **die Valenz** (*la valence*) des Verbs genannt, wodurch heute im Allgemeinen der traditionelle Terminus der Rektion ersetzt wird. Man stellt sich die Valenz wie die Wertigkeit eines Atoms vor: Wie das Atom eines Elements eine bestimmte Anzahl anderer Atome an sich binden kann, um ein bestimmtes Molekül zu bilden, so binden die Verben einer bestimmten Sprache jeweils eine bestimmte Anzahl von Ergänzungen (Valenzen) an sich, um so ein Verb mit einer festen syntaktischen Valenz und damit einer festen, durch die Valenz gegebenen Bedeutung darzustellen: So bedeutet z.B. *donner (qc.) à qn.* als grundsätzlich transitives Verb etwas anderes als intransitives *donner* mit unbelebtem Subjekt, etwa in *La pièce donne sur la cour.* Ebenso hat z.B. transitives *décider* (*Le gouvernement a décidé une augmentation des taxes*, 'beschließen') eine etwas andere Bedeutung als intransitives (*décider sur l'avenir du pays*, 'entscheiden über', 'bestimmen über'); wiederum verschieden ist die lexikalische und syntaktische Gesamtbedeutung von z.B. *se décider à*, z.B. in *Enfin elle s'est décidée à une réponse/ ~ à répondre*, 'sich entschließen zu'.

Die nicht vom Verb geforderten Zirkumstanten (*circonstants*) stehen außerhalb der Valenzen des jeweiligen Satzbauplans. Die Valenz bestimmt entscheidend die Bedeutung des Verbs; nur das Verb mit seiner Valenz bildet eine lexikalische Einheit: Es gibt z. B nicht *tenir*, sondern nur *tenir qc.* bzw. *tenir à qc.* (siehe auch die obigen Beispiele; vgl. hierzu G. KRASSIN (1995), "Der Einfluss der Verbvalenz auf die Feldzugehörigkeit", in: HOINKES, U. (Hrsg.), *Panorama der lexikalischen Semantik*, Tübingen: Narr, 413–425).

Die Problematik der Abgrenzung von Objekt und Umstandsbestimmung beherrschte vor allem die Diskussionen innerhalb der Dependenzgrammatik. Heute ist man sich einig, dass es vom Verb abhängige, im Satzbauplan vorgesehene Ergänzungen (traditionell Objekte) und von der Verbvalenz unabhängige freie Angaben (traditionell Umstandsbestimmungen) gibt. Die freien Angaben umfassen die bereits genannten zahlreichen Möglichkeiten zusätzlicher Angaben (Ort, Zeit, Beweggrund, Ziel, Mittel usw.).

Anregungen

1. Bestimmen Sie die Satzteile in einem kurzen französischen Text und zeigen Sie eventuell entstehende Abgrenzungsprobleme auf.
2. Bestimmen Sie unter Zuhilfenahme des französischen Verblexikons von BUSSE/DUBOST ([2]1983) die Bedeutung bestimmter Verben in Abhängigkeit von ihrer Valenz.
3. Versuchen Sie zusammen mit dem/der Seminarleiter(in) die Vorzüge der strukturellen gegenüber der traditionellen Satzanalyse herauszuarbeiten.

4.2.4 Andere Aufgaben der syntaktischen Beschreibung

Zum weiten Bereich der Syntax, aus dem wir hier aus Platzgründen nur exemplarisch einiges nennen können, gehören neben den Fragen der Satzteile oder der Satzbaupläne (Rektion oder Valenz der Verben, d.h. ihren notwendigen Ergänzungen gegenüber den freien Angaben) z.B. auch die Modus- und Tempussetzung im Satzgefüge, die Funktion der Präpositionen, die Diathese (aktive, reflexive, passivische Konstruktionen), die Stellung der Elemente im Satz, z.B. der verschiedenen Arten von Adverbien, die Stellung der attributiven Adjektive beim Substantiv usw. Wichtig sind im Französischen auch die Verfahren der Hervorhebung von Satzteilen (etwa durch *c'est ... qui, c'est ... que*). Grundlegend, da eng mit der Verbalsyntax zusammenhängend, ist die Kategorie der Diathese des Verbs (auch **Genus verbi** oder **Vox**, frz. *voix, diathèse*).

Nachdem die aktive und die passive Diathese bereits oben (III.4.2.2) im Zusammenhang mit der Bestimmung des direkten Objekts behandelt wurde, soll hier noch kurz die reflexive Diathese (*voix pronominale*) erwähnt werden. Im neueren Französischen ist neben dem aktivischen Reflexivum (Typ *je me lave, ils se sont écrit*) wie in den anderen romanischen Sprachen ein **agensloses Reflexivum** (Typ *ce roman se vend très bien; ce vin se boit frais*) als eigene Diathese immer üblicher geworden. Dieses stellt kein Passiv dar, sondern drückt eine Handlung aus, die aus sich heraus, d. h. ohne Nennung eines Agens geschieht[44].

Literaturhinweise

BÉCHADE, Hervé-D. ([3]1993), *Syntaxe du français moderne et contemporain*, Paris: PUF; GARDES-TAMINE, Joëlle (2010), *La grammaire. Syntaxe*. Paris: Colin; KRENN, Herwig (1995), *Französische Syntax*, Berlin: E. Schmidt; LE QUERLER, Nicole ([3]1998), *Précis de syntaxe française*, Caen: Presses Universitaires de Caen; MARTINET, André (1985), *Syntaxe générale*, Paris: Colin (vorwiegend französische Syntax); SOUTET, Olivier ([3]1998), *La syntaxe du français*, Paris (Que sais-je? 984); VAN RAEMDONCK, Dan/PLOOG, Katja (dir., 2008), *Modèles syntaxiques: la syntaxe à l'aube du XXIe siècle*, Bruxelles u. a.: Lang; WANDRUSZKA, Ulrich (1997), *Syntax und Morphosyntax. Eine kategorialgrammatische Darstellung anhand romanischer und deutscher Fakten*. Tübingen: Narr; WEHRLI, Éric (1997), *L'analyse syntaxique des langues naturelles*, Paris: Masson; WEINRICH, Harald (1982), *Textgrammatik der französischen Sprache*, Stuttgart: Klett; GAUGER/OESTERREICHER/WINDISCH (1981), *Einführung in die romanische Sprachwissenschaft*, Darmstadt: WB, 205–240; KOLBOOM/KOTSCHI/ REICHEL ([2]2008: 241–309), im Anhang.

Die älteren, durch ihren Materialreichtum hervorstechenden Arbeiten sind dagegen heute methodisch vielfach veraltet, wenn auch in Teilen immer noch mit Gewinn zu konsultieren, so z. B.: LE BIDOIS, Georges et Robert (1935–38, [2]1968), *Syntaxe du français moderne, ses fondements historiques et psychologiques*, 2 Bde., Paris: Picard; DE BOER, Cornelius ([2]1954), *Syntaxe du français moderne*, Leiden: Univ. Pers; SANDFELD, Kristian ([2]1965), *Syntaxe du français contemporain*, 3 Bde., Genève: Droz; VON WARTBURG, Walther/ZUMTHOR, Paul ([4]1989), *Précis de syntaxe du français contemporain*, Bern: Francke.

Zur Valenztheorie:

BRINKMANN, Hennig ([2]1971), *Die deutsche Sprache – Gestalt und Leistung*, Düsseldorf; BUSSE, Winfried/DUBOST, Jean-Pierre ([2]1983), *Französisches Verblexikon* Stuttgart: Klett; TESNIÈRE, Lucien (1959), *Eléments de syntaxe structurale*, Paris ([2]1965): Klincksieck; WEBER, Heinz ([2]1997), *Dependenzgrammatik. Ein interaktives Arbeitsbuch*. Tübingen: Narr.

Guillaumistisch:

POTTIER, Bernard (1962), *Systématique des éléments de relation. Etude de morpho-syntaxe structurale romane*, Paris: Klincksieck; WILMET, Marc (1986), *La détermination nominale*, Paris: PUF.

Generative Syntax:

GABRIEL, Christoph/MÜLLER, Natascha (2008), *Grundlagen der generativen Syntax: Französisch, Italienisch, Spanisch*, Tübingen: Niemeyer (Romanist. Arbeitsheft, 51).

Viele Fragen der Syntax sind schon auf z. T. originelle Weise behandelt in BALLY, Charles ([2]1944, [4]1965), *Linguistique générale et linguistique française*, Bern: Francke (vgl. II.8.4.2).

4.2.5 Bemerkungen zur historischen Syntax des Französischen

Syntaktischer Wandel hat sich im Verlaufe der Geschichte vom Lateinischen zum Französischen z. B. im Verlust der lat. morphologischen Kasus und der Ausbildung der festen Stellung der Satzteile im Französischen ereignet. In der Sprachgeschichte des Französischen selbst ist dieser Verlust vom Alt- zum Neufranzösischen weitergegangen und hat sich die Stellung der Satzteile SVO weiter verfestigt (siehe

---

44 Auf die Darstellung weiterer Diathesen, der **faktitiven** (*voix factitive*) mit *faire faire qc. à qn.* und der passiven mit *se voir* + Inf. (*il s'est vu infliger une amende*) – WEINRICH (1982, Kap. 3.4.6.4) spricht hier von "Partner-Passiv" –, muss hier verzichtet werden.

dazu IV.6.3.2 und IV.7). Unter den zahlreichen, z. T. unzureichend geklärten Fragen der historischen Syntax seien exemplarisch nur die Entwicklung der Nebensatzarten und -formen samt ihren einleitenden Konjunktionen und des Gebrauchs des *participe présent* (*forme verbale*) genannt. Die fehlende Kenntnis über die gesprochene Sprache früherer Jahrhunderte erlaubt in vielen Bereichen fast nur Aussagen über die syntaktische Entwicklung der Schriftsprache.

Modern konzipierte, umfassende historische Syntaxen des Französischen fehlen. Viele wertvolle Angaben sind in den historischen Grammatiken und historischen Syntaxen zu finden.

Literaturhinweise

Zusätzlich zu den auf S. 98 genannten Werken seien folgende ältere Handbücher genannt: LERCH, Eugen (1925–1934), *Historische französische Syntax*, 3 Bde., Leipzig: Reisland; SNEYDERS DE VOGEL, Kornelis (²1927), *Syntaxe historique du français*, Groningue / La Haye: Wolters; GAMILLSCHEG, Ernst (1957), *Historische französische Syntax*, Tübingen: Niemeyer.

Doch handelt es sich meist um die Darstellung der vom Neufranzösischen abweichenden Phänomene des Altfranzösischen, nur selten und nur in Ansätzen um die Entwicklung von Satzstrukturen vom Lateinischen über alle Epochen des Französischen bis zur Neuzeit. Hierzu fehlen auch noch die methodischen Voraussetzungen. Gute Dienste leisten zunächst die Syntaxen des Altfranzösischen und Mittelfranzösischen bzw. die Grammatiken zum 16. und 17. Jh.[45]

Zusammenfassung

In dieser zentralen Einheit des Bandes werden die kleinsten, nicht mehr trennbaren bedeutungstragenden sprachlichen Einheiten eingeführt. Die semantisch grundständige Einheiten bildenden sprachlichen Zeichen sind in der Sprachwissenschaft die Moneme, mit ihrer Untergliederung in Lexeme und (grammatische) Morpheme. Die Morphemanalyse setzt das Verständnis für die paradigmatischen Strukturen und die syntagmatischen Beziehungen voraus, kurz, das, was einem klassischen Grammatikunterricht entspricht. Die Grammatik einer Sprache ist die Lehre von den ihr eigenen grammatischen Kategorien. Diese werden gewöhnlich durch Morpheme ausgedrückt, die an die Lexeme angehängt sind (Endungen, Suffixe), ihnen vorangestellt sind (Präfixe) oder durch innere Abwandlung der Lexeme selbst (Flexion) gebildet werden. Eine große Rolle spielen hier die Allomorphe (Varianten), die man als verschiedene Formen für den gleichen Inhalt (die gleiche Funktion) verstehen kann.

Die hier vorgestellte exemplarische Beschreibung des französischen Tempussystems zeigt ein Gefüge von vielfach aufeinander bezogenen Tempusfunktionen, die in temporaler Hinsicht den deiktischen Zeitstufen "Vergangenheit" und "Zukunft" als Extensionen von der Gegenwart aus entsprechen, die aber

---

[45] Siehe die Literaturangaben zu Kap. IV.6–IV.9 und jetzt besonders in BURIDANT, Claude (2007), *Grammaire nouvelle de l'ancien français*, Paris: SEDES.

darüber hinaus eine doppelte Gliederung in aktuelle und inaktuelle Zeitfunktionen (*présent – imparfait* bzw. *futur – conditionnel*) und in die primäre und sekundäre Perspektive aufweisen. Letztere entsprechen den zusammengesetzten Tempora, die jeweils durch einen Bezug zu ihrem entsprechenden primären Tempus gekennzeichnet sind.

Während die so verstandene Grammatik mögliche Unterscheidungen zum Teil ohne Berücksichtigung einer ganzen Äußerung betrifft, ist die Syntax die Lehre von den Äußerungen in der Form von Sätzen. Wegen der nicht immer möglichen und sinnvollen Trennung wird heute oft von Morphosyntax gesprochen. Die reine Syntax aber beruht zunächst auf der Analyse des – recht definierten – Satzes und seinen Teilen. Aufbauend auf der klassischen Analyse des aktivischen und passivischen Satzes in Subjekt, Verb, Objekte und Umstandsbestimmungen spielt die Dependenzgrammatik mit ihrer Betonung des Verbs (Prädikats) und der von ihm "abhängenden" Satzteile, der Aktanten, eine große Rolle. Die sich daran anschließende Analyse der Valenzen eines Verbs und der Klassifizierung der Verben nach ihren Valenzen steht im Zentrum dieser Richtung der Syntaxforschung. Andere, hier nicht behandelte Richtungen, betonen andere Aspekte der Analyse menschlicher Äußerungen.

5. Wortbildungslehre

5.1 Allgemeines

Im Kapitel über die Morphologie (siehe III.3.1) haben wir gesehen, dass bestimmte grammatische Morpheme zum Ausdruck grammatischer Bestimmungen *im* Wort verwendet werden, etwa in Konjugationsformen wie *vous chantez*, wo sowohl *vous* als auch *-ez* der Markierung der 2. P. Pl. und ein anzunehmendes Nullmorphem (siehe III.3.4) dem Ausdruck von Tempus und Modus dienen. Man spricht in diesem Fall von Flexion. Diese kann synthetisch postdeterminierend (*chant-ez!*) oder auch analytisch prädeterminierend sein (*vous chantez; plus fort*; vgl. III.9.3).

Andere Morpheme werden hingegen zur Bildung sekundärer, d.h. abgeleiteter Wörter benutzt, die dann ihrerseits wieder der Flexion unterliegen können. Im Fall der Ableitung von Wörtern durch Wortbildungsmorpheme (Derivation) wie auch der Zusammensetzung schon bestehender Wörter (Komposition) zu einem neuen Wort (Kompositum) spricht man von **Wortbildung** (frz. *formation des mots*). Traditionell wird dieser Bereich der sprachwissenschaftlichen Beschreibung häufig in der "Morphologie" mit abgehandelt, was sich aber schon wegen der Komposition nicht empfiehlt, weil dort kein – zumindest kein einfach erkennbares – morphologisches Verfahren wie bei der Derivation vorliegt. Die sprachwissenschaftliche

Disziplin, die sich mit der Wortbildung befasst, bezeichnet man als Wortbildungslehre[46].

Der bei der Behandlung des sprachlichen Zeichens (siehe II.4.1) vermiedene Begriff des Worts ist in der Wortbildungslehre im Allgemeinen nicht problematisch, weil es hier vorwiegend um lexikalische Einheiten (Basislexeme) geht, von denen ein neues Lexem abgeleitet bzw. die mit einem weiteren Lexem zu einem ebenfalls neuen Wort (Lexem) zusammengesetzt werden. Als praktisch erweist sich hier auch der von Bernard Pottier eingeführte Begriff der Lexie (*lexie*), der jede – einfache oder komplexe – lexikalische Einheit meint, die sich syntaktisch wie ein einfaches Wort verhält. *Maisonnette* 'Häuschen' wäre demnach ebenso eine Lexie wie *chef-d'œuvre* 'Meisterwerk', *wagon-lit* 'Schlafwagen' oder *ouvre-boîte* 'Dosenöffner', *pomme de terre* 'Kartoffel', *prison juvénile* 'Jugendgefängnis', *imprimante à jet d'encre* 'Tintenstrahldrucker'.

Über die Stellung der Wortbildung im Gesamtsystem der Sprache gibt es heute immer noch verschiedene Meinungen unter den Linguisten, die aber vor allem von den unterschiedlichen Ansätzen herrühren, mit denen man die Verfahren bzw. die inhaltlichen Funktionen der Wortbildungsprozesse am besten zu erklären glaubt. So hat man z. T. versucht, die Bedeutung einer Ableitung wie etwa *beauté < beau* durch satzähnliche Umschreibungen wie 'quelqu'un est beau' (syntaktischer Ansatz) zu beschreiben. Dies ist durchaus sinnvoll, wenn man dabei berücksichtigt, dass die Bedeutung nicht einem wirklichen, aktuellen Satz mit einem konkreten Subjekt und einem bestimmten Tempus entsprechen kann, sondern die beschreibende Paraphrase nur satzähnliche Elemente wie ein generisches Prädikat zum Ausdruck der prädikativen Funktion einer Ableitung wie *beauté* enthalten kann (*le fait d'être beau*). Von den Produkten her gehört die Wortbildung zur Lexik, von den Verfahren her teilweise zur Morphologie. Weithin ist aber heute die von vielen vertretene Auffassung akzeptiert, dass die Wortbildung ein eigenständiger Bereich der Sprache neben Morphologie (als Formenlehre), Grammatik (als Funktionslehre der Morpheme, vorwiegend der Flexionsmorpheme) und Syntax (als Satzlehre) ist, die ihre Produkte der Lexik zur Verfügung stellt.

5.2 Verfahren der Wortbildung

Die materiellen Verfahren der Wortbildung in den romanischen Sprachen – und somit auch im Französischen – sind die Derivation (Wortableitung) und die Komposition (Wortzusammensetzung).

---

46 Es ist auffällig, dass die Unterscheidung zwischen "Wortbildung" (als Verfahren des Wortbildens und als Produkt des Prozesses der Wortbildung) und "Wortbildungslehre" im Französischen terminologisch nicht gemacht wird und dass auch kein gelehrter Terminus für 'Wortbildung' nach dem Muster von Phonologie, Morphologie, Syntax usw. existiert. Ein Ausdruck wie *théorie de la formation des mots* bezeichnet einen spezielleren Begriff als "Wortbildungslehre", nämlich eine bestimmte Theorie, die die Funktionen der Wortbildungsverfahren erklären will.

Derivation: Die Derivation ist dadurch bestimmt, dass sich ein (freies) Basislexem mit einem oder mehreren Affixen zu einer neuen Einheit des Wortschatzes verbindet. Dabei gliedern sich die Affixe (als Oberbegriff) in:

Präfixe: vor dem Basislexem, z.B. *im|possible, re|faire, anti|clérical*

Infixe: im Basislexem, in einem unscharfen Sinn auch eine Stammerweiterung durch ein Wortbildungssuffix vor einer Flexionsendung, z.B. *saut|ill|er*

Suffixe: nach dem Basislexem, z.B. *change|ment, épin|eux.*

Zum Teil sind auch Kombinationen aus Suffigierung und Präfigierung möglich, z.B. *dé | nation | al | is | ation*

$$\text{Präfix} \quad \text{Basislexem} \quad S1 \quad S2 \quad S3 \quad\quad (S = \text{Suffix}).$$

Wenn Ableitungen gleichzeitig mittels eines Suffixes und eines Präfixes gebildet werden und eine Ableitung nur mit dem Suffix oder nur mit dem Präfix nicht existiert, spricht man von **Parasynthetika** (*formations parasynthétiques*), z.B. *enrichir* ← *riche* + *en-* + *-ir*.[47] Ausgehend von (*la*) *barque* wird weder **se barquer* noch **embarque* gebildet, so dass *s'embarquer* der Definition des Parasynthetikons genügt. Bei den meist verbalen Parasynthetika des Französischen muss bei den Ableitungen auf *-er*, *-ir*, die ja flexivische Infinitivendungen sind, entweder ein Derivationsmorphem *-ø-*, etwa in *s'em|barqu|ø|er*, oder die Existenz eines Morphems angenommen werden, das gleichzeitig flexivisch und derivationell ist.

Von der Wortbildung durch Derivation (im eigentlichen Sinn) zu trennen ist die Erscheinung der **Konversion.** Sie besteht in der Überführung eines Wortes in eine andere Wortart (bzw. Wortklasse) ohne Derivationsmorphem (anders bei LÜDTKE 2005: 118–128). Sie besteht im Allgemeinen in der Ad-hoc-Substantivierung eines Wortes, auch eines Nicht-Lexems oder eines ganzen Syntagmas, durch syntagmatische Verfahren wie z.B. den Gebrauch von Determinanten (*das Grün, das Ich, ihr ständiges Rühr-mich-nicht-an; le lever, le moi, le pour et le contre, le rapide*) und ist insofern prinzipiell als Verfahren der Rede zu betrachten, wenngleich viele Einheiten, wie auch einige genannte, usuell und in der Norm fixiert sind.

Komposition: In der Komposition verbinden sich zwei (eventuell auch mehr als zwei) in der betreffenden Sprache autonom existierende Lexeme zu einer neuen Einheit, zu einem Kompositum. Dabei stellt sich für den Linguisten – wie unbewusst und intuitiv auch für den Sprecher – die Frage nach dem Verhältnis zwischen den komponierten Lexemen, denn das Kompositum ist nicht einfach eine Addition aus den beiden, sondern stellt eine neue Einheit dar. In den selteneren Fällen han-

---

47 **Richir* wird in der Norm nicht gebildet, ebenso wenig ein semantisch unsinniges **enriche*. *Enrichir* ist die Bildung eines deadjektivischen resultativen Handlungsverbs, das zusätzlich zum verbalisierenden Suffix *-ir* ein die Richtung (hin zum Resultat) angebendes Präfix aufweist, das hier der Präposition *en* entspricht.

delt es sich um eine gleichgewichtige Zusammenstellung aus zwei Teilen, ein So-wohl-als-auch (*sourd-muet* 'sowohl taub als auch stumm' bzw. das eine impliziert das andere; *wagon-restaurant* 'sowohl Waggon als auch Restaurant'). In der Mehr-zahl der Fälle liegt aber ein Determinationsverhältnis vor, indem ein Element die Basis (das Determinatum) bildet, die durch das andere, das Determinans, näher bestimmt wird. In *chou-fleur* wird *chou* durch *fleur* charakterisiert, in *auto-école* umgekehrt *école* durch *auto*. Zur richtigen Analyse empfiehlt sich stets die Frage "Was wird bezeichnet, ein x oder ein y?". Auf historisch bedingte Zweifelsfälle (z. B. *chef-d'œuvre, chef-lieu*) kann hier nicht eingegangen werden.

Problematisch ist in vielen Fällen die Abgrenzung zwischen Präfigierung und Kom-position, wenn nämlich das in Frage kommende Präfix noch mehr oder minder lexikalisch ist und der grammatische Morphemcharakter, der zur Definition des Präfixes gehört, unklar ist. Dieses Problem der Trennung zwischen Lexikon und Grammatik tritt z. B. in Fällen gelehrter Bildungen wie frz. *hémicycle, hypotension, ultrason, vice-président, extraterrestre* auf, z. T. aber auch bei erbwörtlichen Formen (siehe III.6 bzw. IV.8.2.1) wie etwa *demi-pension, sous-développement* usw. Dabei ist zu berücksichtigen, dass bei der Annahme einer Komposition erklärt werden muss, warum hier stets die Determinationsrichtung 'Determinans' → 'Determina-tum' vorliegt, die nicht die typisch romanische und damit französische ist.

Anregungen

1. Bestimmen Sie das Determinationsverhältnis in verschiedenen nomi-nalen Komposita.
2. Diskutieren Sie im Seminar den Status von z. B. *bio-, géo-, télé-, macro-, micro-, méta-, semi-* (Präfix oder eher lexikalisches Kompositionsele-ment?).

5.3 Methodische Vorbemerkungen

a) Wenn eine Beschäftigung mit den synchronen heutigen Wortbildungsfunktio-nen angestrebt ist, setzt dies voraus, dass die jeweils behandelten Wortbildungen das Verfahren erkennen lassen, nach dem sie abgeleitet bzw. zusammengesetzt werden. Das heißt zunächst, dass das Grundwort (Basislexem), das der Ableitung zugrundeliegt, ein im Französischen heute existierendes Lexem sein muss, dass die Ableitung nach einem materiell und inhaltlich erkennbaren, d. h. im Französischen von heute nachvollziehbaren Verfahren erfolgt ist und dass das abgeleitete Wort (Wortbildungsprodukt) gegenüber seinem Basislexem die inhaltliche Veränderung aufweisen muss, die nach dem bekannten Wortbildungsverfahren zu erwarten ist. Für die Wortzusammensetzung gilt analog dasselbe: Beide Elemente müssen in der Synchronie existieren und auch inhaltlich Grundlage der Komposition sein. Die Grammatikalität der Wortbildung besteht gerade in der Serialität der Prozesse: Wenn die Funktion des Verfahrens (z. B. Ableitung mit dem Suffix *-age*) bekannt ist,

ist die Bedeutung der Ableitung vorhersagbar, auch wenn sie noch nie vorher ge-bildet worden sein sollte.[48] Man spricht hier auch von der Motiviertheit der Bil-dung, Gauger nennt dies die "Durchsichtigkeit" der Wortbildungsprodukte.[49]

Dies kommt aber viel seltener vor, als man im Allgemeinen glaubt. Tatsächlich besteht für viele scheinbare Ableitungen gar kein französisches Basislexem, son-dern die Ableitung ist z.b. im Lateinischen bzw. nach lateinischem Muster erfolgt und dann als fertiges gelehrtes Produkt ins Französische übernommen worden. So sind, synchron gesehen, *action, fraction, agression* keine Nomina actionis auf *-tion/ -sion* und *médiéval, féodal, septentrional* keine durchsichtigen Adjektivableitungen auf *-al*, da *medium aevum, feudum* und *septentrio* keine französischen Wörter sind. Es ist auch eine Frage der Zweckmäßigkeit, ob man angesichts der materiellen Heterogenität des französischen Wortschatzes (vgl. III.9.4) für eine Vielzahl von Wörtern jeweils zwei allomorphe Basen annehmen soll (etwa *père/patern-el, œil/ ocul-aire, transcrire/transcrip-tion* und eventuell sogar, *lettre/épistol-aire, foie/ hépat-ique, semaine/hebdomad-aire, mois/mensu-el, aveugle/céc-ité*), um diese heterogenen Wortfamilien für die französische Wortbildung zu "retten" (so sehr dezidiert Corbin 1987). Die Alternative wäre eine Beschreibung, die diese gelehrten Bildungen aus der synchron funktionierenden Wortbildung herausnähme – ob-wohl die Ableitungssuffixe weitgehend funktionell sind – und sie als nicht analy-sierbare Lexeme dem jeweiligen "Grundwort" lexikalisch zuordnen würde nach dem Motto "Das Adjektiv zu *semaine* heißt *hebdomadaire*". Die Beschreibung ge-schähe dann nicht in der Wortbildungslehre, sondern in der Lexikologie (siehe III.6.1).

b) Unter **Lexikalisierung** (*lexicalisation*) versteht man dagegen im gleichen Zusam-menhang die diachron begründete Tatsache, dass eine Wortbildung in der Sprach-entwicklung ihre Motivation (Durchsichtigkeit) verloren hat und nun wie ein ein-faches, nicht analysierbares Wort funktioniert. So bedeutet etwa *pomme* in *pomme de terre* nicht mehr 'Apfel' bzw. ist das Bild des 'Erdapfels' verblasst, und es heißt, dass *pomme de terre* in der Bedeutung 'Kartoffel' lexikalisiert sei. Ebenso ist *tablet-te* lexikalisiert als 'Bücherbrett' oder '(Wachs-)Täfelchen/(Schokoladen-) Tafel' und kein Diminutiv von *table* 'Tisch'. Nur der Sprachhistoriker kann feststellen, dass *tablette* von *table* 'Brett' in einer Zeit abgeleitet wurde, als diese dem lat. *tabula* ursprünglich eigene Bedeutung neben der "neueren" Bedeutung 'Tisch' im älteren Französisch noch bestand. *Parlement* ist nur diachron eine Ableitung von *parler* in der afrz. Bedeutung 'le fait de parler, entretien'; synchron ist seine semantische Beziehung zu *parler* nicht mehr unmittelbar gegeben. Das Wort ist als Bezeich-

---

48 Diese prinzipielle Möglichkeit des Systems ist in der Norm des Neufranzösischen stark einge-schränkt; siehe auch IV.9.2. Der *Bon Usage* des 17. Jh. bevorzugte Wörter, also auch Ableitungen, die schon im Sprachgebrauch üblich waren. Diese Haltung ist im Französischen bis zur Gegen-wart zumindest in der Schriftsprache zu beobachten.

49 Siehe GAUGER, Hans-Martin (1971). Bei einer funktionierenden Wortbildung "sieht" der Spre-cher in seinem Sprachbewusstsein durch das gebildete Wort hindurch das Grundwort, d.h. er versteht es als Basis mit. Das Grundwort hingegen ist immer undurchsichtig (*opaque*).

nung einer Institution lexikalisiert und gehört somit nicht in den Bereich heutiger synchroner Wortbildungsuntersuchungen. Wie in vielen Fällen der Abgrenzung zwischen (grammatischem) Funktionieren und Funktionsverlust gibt es auch in der Wortbildung viele "Zwischentöne", d.h. schwächere und stärkere Lexikalisierungen.

c) Bei der Frage nach der **Produktivität** (*productivité*) von Wortbildungsverfahren, etwa bestimmter Suffixe oder Präfixe oder Kompositionstypen, müssen sich synchrone und diachrone Betrachtungsweise ergänzen. So kann man etwa feststellen, dass deverbale Substantivbildungen auf -*ure* (*coupure, blessure, égratignure; ouverture, peinture*) im heutigen Französisch "kaum produktiv" (THIELE ³1993: 35) sind. Diachron kann man die Veränderung der Produktivität untersuchen, synchron die jeweilige Funktionalität des Suffixes und seine Produktivität. Dabei zeigt sich im Allgemeinen, dass eine hohe Produktivität mit einer eher geringen Anzahl an Lexikalisierungen einhergeht und umgekehrt. Wenn man Wortbildungen unter dem Gesichtspunkt der Betrachtungsebenen System und Norm behandelt, ergibt sich häufig, dass Wortbildungsverfahren, die im System durch das Funktionieren z.B. eines bestimmten Suffixes mit einer verifizierbaren Wortbildungsbedeutung im Prinzip für alle Wörter der gleichen Wortklasse angelegt sind, in der Norm vielfach blockiert sind, indem die Bildung von den Sprechern einfach nicht akzeptiert wird. So existiert z.B. zu *tasse, bouteille, verre* keine Ableitung *tassée usw. nach dem Muster von *cuillerée, fourchetée, assiettée*, zu *collision* kein Verb nach dem Muster *occasion* → *occasionner, addition* → *additionner* (vgl. GECKELER, Horst 1977: 74 f.).

d) Bei einer Betrachtung gerade der Wortbildungs*funktionen* auf der Ebene des Sprachsystems stellt sich das Problem der Anwendung der Unterscheidung zwischen Bedeutung und Bezeichnung (vgl. II.4.5). Vordergründig stellt man zunächst leichter die Bezeichnungsfunktionen einer Wortbildung als deren abstrakte Wortbildungsbedeutung fest. So hat man in *beurrier, cendrier* immer schon die Bezeichnung von Instrumenten oder Behältnissen gesehen, in *pommier, cerisier* die Bezeichnung von Obstbäumen, in *cuisinier, jardinier* eine Berufsbezeichnung oder einen "Handlungsträger" (THIELE, ³1993: 167), sich aber häufig kaum klar gemacht, dass darüber hinaus die Formulierung der sprachlichen Bedeutung des Suffixes -*ier* – sofern man annimmt, dass es in allen Fällen dasselbe ist –, viel abstrakter sein muss als die vielfältigen in der Norm fixierten Bezeichnungsfunktionen. Weiter unten (siehe III.5.4.1.c)) wird gezeigt, dass man abstrakte grammatische Funktionen wie die Derivationsfunktion von –*ier/-ière* als generisches Kompositum eigentlich nur in einer Formel oder formelhaften Paraphrase angeben kann. Dies wird bis heute jedoch in der Linguistik kaum ernsthaft gemacht.

5.4 Französische Wortbildung

5.4.1 Die wichtigsten heutigen Wortbildungsfunktionen

Die folgende Beschreibung einiger wichtiger Wortbildungsfunktionen der heutigen Synchronie stellt die Bedeutung der Wortbildungsverfahren und ihrer Ergebnisse auf der Ebene des Systems heraus und muss daher auf eine Auflistung der einzelnen materiellen Verfahren, d.h. vor allem der Suffixe und Präfixe, verzichten. Sie beruht auf der in sich sehr kohärenten Konzeption der "inhaltlichen Wortbildungslehre" Coserius, die zudem den Verhältnissen in den romanischen Sprachen besonders gerecht wird (siehe COSERIU 1968 und 1977). Die materiellen Verfahren der Derivation, nämlich Suffigierung und Präfigierung, treten dabei in den Hintergrund, gefragt wird nach der funktionellen Wirkung der Verfahren auf die so gebildeten Wörter, nach dem, was sie über das Basislexem hinaus bedeuten. Dabei werden drei grundsätzliche inhaltliche Verfahren festgestellt.

a) Bei dem ersten, einfachsten Verfahren wird die Wortart (Wortklasse, *pars orationis*) nicht geändert, sondern das Basislexem wird in einer modifizierten Form gesehen bzw. dargestellt. Bei der **"Modifikation"** (*modification*) wird dem Grundwort im Allgemeinen eine quantifizierende Bestimmung hinzugefügt, d.h. es wird "dasselbe" in einer verkleinerten bzw. vergrößerten Form präsentiert (Diminutiv, *jardin → jardinet, maison → maisonnette*, bzw. Augmentativ, *caisse → caisson*), es wird als Kollektivum gesehen (*feuilles → feuillage, plumes → plumage, rives → rivage; pierres → pierraille, lime → limaille; chênes → chênaie, rosiers → roseraie; dents → denture*) oder als Annäherung an eine gedachte Qualität (Approximativbildung, z.B. *vert → verdâtre, gris → grisâtre*), als Iterativum und damit implizit als Abschwächung (etwa *crier → criailler, sauter → sautiller, chanter → chantonner, pleurer → pleurnicher*) oder als Wiederholung im Sinne einer Verstärkung und Intensivierung (z.B. *lire → relire, plier → replier, couvrir → recouvrir* 'couvrir de nouveau' bzw. 'couvrir entièrement'). Es kann auch eine Spezifizierung im Sinne einer Richtungsangabe gegeben werden (z.B. *voler → survoler, sélection → présélection*), einer Graduierung (*sensible → hypersensible*), einer Opposition (*pro-américain – anti-américain*) oder einer Negation (*possible → impossible*). Sowohl Präfixe als auch Suffixe werden zur Modifizierung eingesetzt. Die Diminutivbildung bedeutet nicht eine objektive Verkleinerung, sondern eine subjektive Verkleinerung im Sinne einer affektiv "modifizierten" Präsentation des Gegenstandes. Formen wie *canardeau ← canard, renardeau ← renard, agnelet ← agneau, poulet ← poule*, die das jeweilige Jungtier bezeichnen, sind nicht in erster Linie Diminutive und daher leicht lexikalisiert. Umgekehrt funktioniert die Augmentativbildung in erster Linie als vergröbernde und damit fast immer pejorative Modifizierung. Sie ist im Französischen kaum noch in irgendeiner Form produktiv. Zur Rolle des Rationalismus bei der Ausmerzung der Diminutivbildung aus der lebendigen französischen Wortbildung im 17. Jh. siehe IV.9.2.2; zur Vitalität der Diminutivbildung im 20. Jh. und zur syntagmatischen Diminutivdetermination mittels *petit* vgl. HASSELROT (1972).

b) Eine weitere wichtige Wortbildungsfunktion romanischer Sprachen besteht in der "**Transposition**" (BALLY, in einem allerdings weiteren Sinne) eines Wortes in eine andere Wortklasse. GAUGER (1971a) spricht hier von der "**Verschiebung**" eines Wortes in eine andere Wortart, während Coseriu bei dem Wortbildungstyp der "**Entwicklung**" darüber hinausgeht. Bei Coseriu impliziert die "Entwicklung" zwar häufig den Wortklassenwechsel, aber Bildungen wie *beau → beauté, haut → hauteur, faible → faiblesse; marcher → marche, nationaliser → nationalisation* "entwickeln" in erster Linie eine zusätzliche syntaktische Funktion, so z.B. die Prädikativität im Falle von *beauté* 'le fait d'**être beau**', die in deverbalem *marche* oder *nationalisation* einfach erhalten bleibt, oder die Attributivität in Fällen wie desubstantivischem *tradition → traditionnel, livre → livresque, amour → amoureux.* Formal liegt bei dem Typ *marcher → marche* eine Bildung mit Nullmorphem vor (vgl. deutsch *fallen → Fall*). Die Bedeutungsparaphrase gibt in solchen Fällen meistens klar an, welches das Basislexem und welches das abgeleitete Wort ist. So bedeutet *la marche* 'le fait de marcher', impliziert also das Verb als seine semantische Basis, während *marcher* gar nicht in dieser Weise paraphrasiert werden kann. Umgekehrt setzt z.B. *contenter* das Adjektiv *content* voraus, nicht aber umgekehrt *content contenter*, so dass das Adjektiv primär sein muss.

Paraphrasen des Typs 'le fait de marcher' für *la marche*, 'le fait d'arriver' bzw. 'le fait d'être arrivé' bzw. 'le moment où l'on arrive', 'le lieu où l'on arrive' für *l'arrivée* zeigen, dass außer dem Wortklassenwechsel und der hinzugefügten bzw. bestätigten syntaktischen Funktion noch eine Bezeichnungsfestlegung, z.B. des Resultats, des Zeitpunkts oder des Zeitraums oder auch des Ortes, an dem die Handlung stattfindet (sogenannte **Topikalisierungen**, *topicalisations*), vorliegen kann (siehe hierzu LÜDTKE 1978, 56–58 und passim).

Wie bei der Modifikation muss auch bei der Entwicklung zusätzlich zu dem Gesagten bei jedem Suffix die formale Verwendung, die Produktivität und die spezifische Funktion festgestellt werden. So werden z.B. Ableitungen mit den Suffixen *-able* und *-ible* nur von Verbstämmen gebildet. Es entstehen dadurch Adjektive, die außer der Attributivfunktion noch die Möglichkeit in der passivischen Diathese implizieren: *mangeable* 'qui peut être mangé/qui peut se manger', *critiquable* 'qui peut être critiqué' > 'qui mérite d'être critiqué'. Dabei sind viele leichte Lexikalisierungen festzustellen. So bedeutet *punissable* in der Norm 'qui est puni', 'qui entraîne une punition'; *équitable* 'qui a de l'équité' ist in diesem Sinne keine Ableitung auf *-able*, insofern, als es nicht von einem Verb abgeleitet ist und die Bedeutung der passivischen Möglichkeit gar nicht hat und nicht haben kann. Hier liegt ein analogisch übertragenes *-able* mit einer anderen Funktion vor.

c) Die Ergänzung zu den beiden genannten grundlegenden, mit derivationellen Mitteln erfolgenden Wortbildungsverfahren bildet der große Bereich der **Komposition**. Nach Coseriu besteht die Komposition in den romanischen und ähnlich strukturierten Sprachen nicht nur aus der bekannten lexikalischen Komposition nach der Strukturformel "Kompositum" = "Lexem$_1$ + Lexem$_2$ + implizite Determination", sondern auch aus generischen Komposita, bei denen sich ein Lexem und ein generisches Element verbinden. Das formal als gebundenes Morphem (Suffix) gestaltete Element fungiert inhaltlich als Proform (Substitut, indefinites Pronomen), sei es für Personen ('jemand') oder für Sachen ('etwas'). In den meisten Darstellungen erscheinen diese Wortbildungen als Ableitungen des Typs "Substantiv" → "Substantiv" mit der Bedeutung eines Nomen agentis (*pêcher* → *pêcheur* 'Fischer', *jardin* → *jardinier* 'Gärtner'), eines Nomen loci (*abattre* → *abattoir* 'Schlachthof', *cendre* → *cendrier* 'Aschenbecher') oder eines Nomen instrumenti (*cuisine* → *cuisinière* 'Küchenherd', *tondre* → *tondeuse* 'Scher'- bzw. 'Mähmaschine').

Diese scheinbaren Bedeutungsangaben sind aber alle nur Nennungen von Bezeichnungsfixierungen. Schon die Annahme, dass jeweils ein nicht-lexikalisches Wortbildungsmorphem (Suffix) so konkrete Dinge wie 'Maschine', 'Behältnis', 'Ort', 'Beruf' "bedeuten" sollte, entspricht kaum der Natur grammatikähnlicher Bestimmungen. Coseriu schlägt hier vor, solche Suffixe als Ausdruck eines prolexematischen Elements zu verstehen, das je nach Sachbezug für die generischen Klassen 'Person' bzw. 'Sache' stehen kann. Die Bedeutung der Nomina agentis wäre demnach 'jemand, der mit *fischen* zu tun hat' bzw. 'jemand, der mit "Garten" zu tun hat', die der genannten Nomina loci 'etwas in Bezug auf habituelles Schlachten' bzw. 'etwas in Bezug auf Asche' und die der Nomina instrumenti 'etwas Aktives in Bezug auf Küche' bzw. 'etwas Aktives in Bezug auf Scheren/Mähen'.

Unsere Formulierung klingt absichtlich so stereotyp und unkonkret, wie es grammatischen Relations- und Determinationsinhalten entspricht. Die Formulierung "habituelles Schlachten" wurde gewählt, um den im Suffix -*oir* enthaltenen Zug der gewohnheitsmäßigen Tätigkeit, wie er auch in *fumoir, promenoir, pissoir* enthalten ist, auszudrücken. Aus der Bedeutung der habituellen Tätigkeit ergibt sich durch die Kenntnis der Sachen die Ortsbezeichnung. 'Etwas Aktives in Bezug auf ...' soll im Gegensatz zu 'etwas in Bezug auf ...' den im Femininum der Suffixe -*ière* bzw. -*euse* liegenden Zug der potentiellen Aktivität hinweisen, der die damit bezeichneten Gegenstände als Geräte bzw. Maschinen von den z.B. durch -*ier*-Bildungen benannten inaktiven Gegenständen unterscheidet. Mit der Bedeutung 'etwas Aktives in Bezug auf Küche' lässt sich ein Gerät bezeichnen, das generische Kompositum *cuisinière* bedeutet aber im strengen Sinn weder 'Gerät' noch 'Herd'; als Personenbezeichnung ist *cuisinière* ein feminines generisches Kompositum mit der Bedeutung 'jemand/weibl. Person, die mit "Küche" zu tun hat', d.h. 'Köchin'. Siehe weitere Details zu diesem Bereich in der Arbeit von B. STAIB (1988).

Nachdem wir die "Entwicklung" und die "generische Komposition" kennengelernt haben, ist es angebracht, noch eine weitere Überlegung anzustellen: Der vielfach gebrauchte Begriff der Substantivierung oder **Nominalisierung** (*nominalisation*) ist funktionell unscharf. Er besagt nur, dass aus etwas (Adjektiv, Verb, Nebensatz) ein Nomen wird. Mit der Coseriuschen funktionellen Begrifflichkeit können wir nun feinere Unterschiede machen: *La chasse* ← *chasser* ist eine "Entwicklung", weil semantisch die Verbalität von *chasser* substantivisch gefasst, d.h. in ein Nomen überführt ist. Ebenso ist in *pureté* ← *pur* die Prädikativität des Rein-Seins "entwickelt".

Pêcheur ← *pêcher* und *arracheuse* ← *arracher* sind generische Komposita, weil sie nicht 'das Fischen', 'das Ausmachen' bedeuten, sondern sich ein generisches Element mit den verbalen Inhalten verbindet: 'jemand' + 'fischen', 'etwas' + 'ausmachen' (z.B. in *arracheuse de pommes de terre*, mit der **Wortschatzbedeutung** (übliche Verwendung in der Norm) 'Kartoffelerntemaschine', jedoch mit der **Wortbildungsbedeutung** (Funktion im System) 'Kartoffelausmacherin'.

d) Von der generischen Komposition unterscheidet Coseriu die lexematische Komposition, zu der oben (III.5.2) schon Einiges ausgeführt wurde. Die lexikalischen Komposita aus Nomen + Nomen sind im Französischen viel seltener als im Deutschen oder Englischen. Dafür stehen andere Typen zur Verfügung, deren Abgrenzung von syntagmatischen Verfahren diskutiert werden muss und diskutiert wird. Zum einen sind dies die präpositionalen Komposita, wie *avion à réaction, boîte aux lettres, chemin de fer* oder *table de marbre*, die sich von syntaktisch freien Fügungen durch ihre Unveränderlichkeit im Determinans unterscheiden: Fügungen wie **avion à forte réaction, *boîte à tes lettres, *chemin de ce fer, *table d'un marbre si rare* würden nicht dasselbe wie das Kompositum bedeuten, da sie nicht dieselbe generische Determination ausdrücken und die Einheit der Wortbildung zerstören. Diskutiert werden auch Komposita mit **Relationsadjektiven** (*adjectifs de relation*), wie z.B. *maison paternelle, prison juvénile, inscription murale* usw. Diese determinierenden "relationellen" Adjektive unterscheiden sich von Eigenschaftswörtern (*adjectifs qualificatifs*) dadurch, dass sie als von Substantiven "entwickelte" nur den Bezug zum Basislexem ausdrücken, aber keine Qualität, und daher auch weder prädikativ noch adverbiell als Bestimmung des Verbs noch komparativisch bzw. superlativisch gebraucht werden können. Sie bilden mit dem determinierten Substantiv *einen* Begriff und werden daher als zusammengesetztes Wort, als Lexie aufgefasst.

Besonders produktiv ist im Französischen wie in anderen romanischen Sprachen die Komposition aus verbalem Element + Nomen (*ouvre-boîte, tire-bouchon, porte-voix, compte-gouttes, tourne-disque* usw.). Die Natur des verbalen Elements hat der Interpretation große Mühen bereitet, zumal das damit verbundene Nomen dessen syntaktische Ergänzung (*complément d'objet direct*) zu sein scheint. So hat man darin teils einen Imperativ gesehen (*ouvre la boîte!*), teils ein reines Verbalthema (*ouvr-e* für *ouvrir* (*la boîte*)), teils eine 3. P. Sg. Präs. Akt. (*il/elle ouvre* (*la boîte*)). Von daher liegt es nicht fern, wenn man immer wieder an syntaktische Strukturen in Wortbildungsprozessen gedacht hat. COSERIU (1977) nimmt jedoch im verbalen Element ein mit Nullmorphem gebildetes generisches Kompositum an, wobei -ø dieselbe Funktion wie etwa *-eur* hätte (*ouvre- ø -boîte* 'ouvreur de boîte'). Damit sind syntaktische Funktionen wie auch in anderen Fällen von Komposition ausgeschlossen: *boîte* ist nicht das Objekt von *ouvrir*, da gar nicht *ouvrir* als Verb vorliegt, sondern ein davon abgeleitetes generisches Kompositum, also ein Nomen. Diese funktionelle Deutung ist leider in Arbeiten wie BIERBACH (1982) und GATHER (2001) nicht eingegangen.

Anregungen

1. Untersuchen Sie die verschiedenen Redebedeutungen der mit *r(e)-, ré-* präfigierten Verben und diskutieren Sie mit dem/der Seminarleiter(in) die Möglichkeiten einer Systematisierung. Ergeben sich auf System- ebene ein oder mehrere Präfixe *re-*?
2. Verfahren Sie ähnlich wie in 1. mit dem Suffix *-erie*, wie in *criaillerie, finasserie* (deverbal) einerseits sowie in *cochonnerie, pédanterie, pois- sonnerie, argenterie* usw. (denominal) andererseits. Sammeln Sie eigene Beispiele und interpretieren Sie sie nach den Kategorien von Coseriu.

Literaturhinweise

Aus den zahlreichen Publikationen kann nur eine Auswahl, vor allem neuerer Arbeiten, getrof- fen werden: Umfassend ist LÜDTKE, Jens (2005), *Romanische Wortbildung. Inhaltlich – diachro- nisch – synchronisch*, Tübingen: Stauffenburg. – Beschreibendes knappes Handbuch: THIELE, Johannes (³1993), *Wortbildung der französischen Gegenwartssprache. Ein Abriss*, Leipzig u. a.: Langenscheidt-Enzyklopädie. Problemorientiert: WANDRUSZKA, Ulrich (1976), *Probleme der neufranzösischen Wortbildung*, Tübingen: Niemeyer (Romanist. Arbeitshefte, 16). – Zur Theorie der Wortbildung und darauf bezogene Anwendungen: BREKLE, Herbert E./KASTOVSKY, Dieter (Hrsg.) (1977), *Perspektiven der Wortbildungsforschung*, Bonn: Bouvier; COSERIU, Eugenio (1968), "Les structures lexématiques", *ZFSL*, Beiheft N.F. 1 (*Probleme der Semantik*), 3–16; deutsch "Die lexematischen Strukturen", in: GECKELER, Horst (Hrsg.) (1978), *Strukturelle Be- deutungslehre*, Darmstadt: WB, 254–273; COSERIU, Eugenio (1977), "Inhaltliche Wortbildungs- lehre (am Beispiel des Typs *coupe-papier*)", in: BREKLE, Herbert E./KASTOVSKY, Dieter (Hrsg.) (1977), GAUGER, Hans-Martin (1971a), *Durchsichtige Wörter. Zur Theorie der Wortbildung*, Heidelberg: Winter; GAUGER, Hans-Martin (1971b), *Untersuchungen zur spanischen und franzö- sischen Wortbildung*, Heidelberg: Winter; GECKELER, Horst (1977), "Zur Frage der Lücken im System der Wortbildung", in: BREKLE, Herbert E./KASTOVSKY, Dieter (Hrsg.) (1977), 70–82; LÜDTKE, Jens (1978), *Prädikative Nominalisierungen mit Suffixen im Französischen, Katalani- schen und Spanischen*, Tübingen: Niemeyer; STAIB, Bruno (1988), *Generische Komposita. Funk- tionelle Untersuchungen zum Französischen und Spanischen*, Tübingen: Niemeyer.

– Zur Suffigierung: DUBOIS, Jean (1962), *Etude sur la dérivation suffixale en français moderne et contemporain*, Paris: Larousse.

– Zu den Diminutiva und Augmentativa: ETTINGER, Stefan (²1980), *Form und Funktion in der Wortbildung. Die Diminutiv- und Augmentativmodifikation im Lateinischen, Deutschen und Romanischen. Ein kritischer Forschungsbericht 1900–1975*, Tübingen: Narr; HASSELROT, Bengt (1972), *Etude sur la vitalité de la formation diminutive française au XXe siècle*, Uppsala: Almqvist & Wiksells.

– Zur Präfigierung: PEYTARD, Jean (1975), *Recherches sur la préfixation en français contem- porain*, 3 vols., Lille: Univ. III; WEIDENBUSCH, Waltraud (1993), *Funktionen der Präfigierung. Präpositionale Elemente in der Wortbildung des Französischen*, Tübingen: Niemeyer.

– Zur Komposition: Nach dem alten Standardwerk von DARMESTETER, Arsène, *Traité de la formation des mots composés dans la langue française comparée aux autres langues romanes et au latin*, Paris: Bouillon, 1894; ²1967, Paris: Champion, sind erschienen: BIERBACH, Mechthild (1982), *Die Verbindung von Verbal- und Nominalelement im Französischen*, Tübingen: Narr; GIU- RESCU, Anca (1975), *Les mots composés dans les langues romanes*, La Haye /Paris: Mouton (be- handelt Rumän., Ital., Franz. und Span.); ROHRER, Christian (1967), *Die Wortzusammensetzung im modernen Französisch*, Diss. Tübingen; GATHER, Andreas (2001), *Romanische Verb-Nomen- Komposita. Wortbildung zwischen Lexikon, Morphologie und Syntax*, Tübingen: Niemeyer.

- **Zur Morphologie der Wortbildungsbasen:** CORBIN, Danielle (1987), *Morphologie dérivationnelle et structuration du lexique*, 2 vols., Tübingen: Niemeyer; GRUAZ, Claude (1988), *La dérivation suffixale en français contemporain*, Rouen: Univ. de Rouen (diese Arbeiten beziehen sehr stark auch die gelehrte Stammallomorphie ein, etwa *eau/aquatique*; dabei besteht das Problem der fehlenden Trennung von Synchronie und Diachronie); TEMPLE, Martine (1996), *Pour une sémantique des mots construits*, Villeneuve d'Ascq: Presses universitaires du Septentrion.

- **Zu den parasynthetischen Bildungen:** REINHEIMER-RÎPEANU, Sanda (1974), *Les dérivés parasynthétiques dans les langues romanes – roumain, italien, français, espagnol*, La Haye/Paris: Mouton.

5.4.2 Zur diachronen französischen Wortbildungslehre

In der diachronen Perspektive werden Herkunft und Entwicklung der Verfahren und Elemente der Wortbildung durch die Jahrhunderte hindurch untersucht. Hier kann man neben Lexikalisierungen, d.h. Entgrammatikalisierungen, auch Grammatikalisierungen feststellen: Das lat. Suffix -ATICUM, das denominale Adjektivableitung bildete, wird im Französischen zu *-age*, das zum einen zur Bildung von Kollektiva (*ombrage, feuillage*) dient, zum anderen von prädikativen Nominalisierungen (Entwicklungen), wie etwa in *babillage* 'le fait de babiller' (vgl. LÜDTKE 2005: 99–100). Zum Suffixwechsel vgl. LINDEMANN (1977).

Literaturhinweise

Eine Gesamtschau der romanischen, einschließlich der französischen Wortbildungslehre ausgehend vom Lateinischen bietet in konzentrierter Form LÜDTKE, Jens (2005), vgl. S. 118. Veraltet und aus heutiger Sicht unzureichend sind demgegenüber die Darstellungen von NYROP (1899–1930, neue Ausgabe København: [5]1967, vgl. S. 98), Bd. III ([2]1936), und MEYER-LÜBKE, Wilhelm (1921), *Historische Grammatik der französischen Sprache*, Bd. II (*Wortbildungslehre*), Heidelberg; 2. durchgesehene und ergänzte Aufl. von J. M. PIEL (1966), Heidelberg: Winter. Wertvolle Einzelstudien sind u.a. BORK, Hans Dieter (1990), *Die lateinisch-romanischen Zusammensetzungen Nomen + Verb und der Ursprung der romanischen Verb-Ergänzung-Komposita*, Bonn: Romanist. Verlag; FLEISCHMAN, Suzanne (1977), *Cultural and Linguistic Factors in Word Formation. An Integrated Approach to the Development of the Suffix-AGE*, Berkeley/Los Angeles: Univ. of Calif. Press; GAWEŁKO, Marek (1977), *Evolution des suffixes adjectivaux en français*, Wrocław/Warszawa; HASSELROT, Bengt (1957), *Etudes sur la formation diminutive dans les langues romanes*, Uppsala: Lundequist/Wiesbaden: Harrassowitz; KURSCHILDGEN, Elke (1983), *Untersuchungen zu Funktionsveränderungen bei Suffixen im Lateinischen und Romanischen*, Bonn: Romanist. Verlag; LINDEMANN, Margarete (1977), *Zum Suffixwechsel von -eresse zu -euse und -trice im Französischen*, Tübingen: Narr.

| Anregung |

Stellen Sie die Lexikalisierungen der bei MEYER-LÜBKE ([2]1965) aufgeführten Diminutivbildungen zusammen oder diskutieren Sie mit dem/der Seminarleiter(in) den Status der bei HASSELROT (1972: 22–64) gesammelten Diminutive.

Zusammenfassung

Die Wortbildungslehre stellt im Aufbau der Sprachen nach der in diesem Band vertretenen Auffassung einen eigenen Bereich dar, der weder einfach unter "Morphologie" (wie es häufig geschieht) noch unter "Syntax" (wie es auch manchmal geschieht) subsumierbar ist. In der Derivation (Suffigierung und Präfigierung) gehört die Wortbildung eindeutig zur Morphologie (derivationelle versus flexionelle Morphologie), in der Komposition zum Bereich der nominalen Determination, also im weiteren Sinne zur Syntax. Das Wesentliche und Eigenständige sind aber die Verfahren zur Bildung neuer Wörter von einem existierenden Grundwort aus. Als funktionierende Verfahren sind die Wortbildungsprozesse synchrone grammatische Verfahren, deren Resultate Eingang in den Wortschatz finden, während sich die Grammatik außerhalb der Wortbildung auf grammatische Kategorien in einem Wort bezieht. Resultate früherer Wortbildungen, deren Beziehung zum Grundwort nicht mehr erkennbar ist, scheiden als Lexikalisierungen aus der synchronen Wortbildung aus. Ebenso sind Konversionen keine Wortbildungen, da sie keinem morphologischen Verfahren entsprechen.

Die in diesem Band vorgestellte inhaltliche Wortbildungstheorie Coserius versteht sich als eine Grammatik innerhalb des Wortschatzes. Sie nimmt grundsätzlich drei inhaltliche Wortbildungsverfahren an: Modifikation, Entwicklung und Komposition. "Modifikation" bedeutet eine Modifizierung des lexikalischen Inhalts unter Beibehaltung der Wortart. Bei der "Entwicklung" wird eine syntaktische Funktion hinzugefügt (im Wort "entwickelt"), meist unter Änderung der Wortart. Sie geht also nicht wie die traditionellen Beschreibungen von einem Morphem (Suffix oder Präfix) aus, sondern untersucht die Funktion, die die Ableitung gegenüber der Basis hat. Bei der Komposition sind jedoch zwei Arten zu unterscheiden: die generische Komposition wird zwar auch derivationell gestaltet (mit Suffixen), bedeutet aber weder die Modifizierung eines Grundwortes in der gleichen Wortart noch die Entwicklung einer syntaktischen Funktion im Grundwort, sondern die Komposition eines Lexems mit einem generischen Element, das einem Agens entspricht ('jemand', 'etwas'). So werden die traditionellen Nomina agentis, loci, instrumenti usw. kohärent eingeordnet. Bei der lexematischen Komposition ist demgegenüber das Determinationsverhältnis zwischen beiden Lexemen zu untersuchen und die Komposition gegenüber der freien Syntax abzugrenzen. Die so genannten "Verb-Nomen-Komposita" des Typs *ouvre-boîte, sèche-cheveuz* werden von Coseriu als doppelte Komposita verstanden: Der scheinbar verbale Teil ist eine generische Komposition und damit ein Nomen agentis im Sinne von 'ouvreur/ouvreuse' bzw. 'sécheuse', das durch das folgende Nomen näher bestimmt wird und mit dem es eine lexematische Komposition bildet.

6. Lexikologie und Semantik, Lexikographie

6.1 Lexikologie – synchron

Die **Lexikologie** ist der Zweig der Sprachwissenschaft, der sich mit der materiellen und inhaltlichen Erforschung und Beschreibung des Lexikons/der Lexik – d. h. des Wortschatzes – einer oder mehrer Sprachen befasst. Die Lexikologie kann synchron oder diachron ausgerichtet sein. Im Folgenden liegt der Schwerpunkt zunächst auf der Synchronie.

> Unter Lexikon ist die Gesamtheit der Wörter einer Sprache zu verstehen, die der unmittelbaren Gestaltung der außersprachlichen Wirklichkeit entsprechen. Zum Lexikon in diesem Sinne gehören also nicht alle "Wörter" einer Sprache, sondern nur diejenigen, die in dieser Sprache für die gemeinte außersprachliche Wirklichkeit selbst stehen. [...] Nur die Lexemwörter gehören mit vollem Recht zum Lexikon und somit zum Gegenstand der Lexikologie. (COSERIU 1972, 80)

Die Lexemwörter oder Lexeme umfassen die Wortarten Substantiv, Adjektiv, Verb und z. T. Adverb, z. B. frz. *église, pardonner, généreux, doucement.* Der Status des Adverbs als eigene Wortart ist umstritten. Neben den Lexemwörtern gibt es die Kategoremwörter (darunter fallen die Pronomina) und die Morphemwörter (z. B. die Präpositionen und die Konjunktionen). Zur Theorie der Wortarten und Wortklassen siehe COSERIU 1992.

6.2 Semantik – synchron

Als eine Teildisziplin der Lexikologie kann die **Semantik** im Sinne der Wortsemantik betrachtet werden.

Mit dem Terminus Semantik (deutsch auch **Bedeutungslehre**) bezeichnen wir den Zweig der Sprachwissenschaft, der sich ausschließlich mit der Bedeutung der Lexemwörter – d. h. mit der lexikalischen Bedeutung – beschäftigt, wobei man unter "lexikalischer Bedeutung" das "*Was* der Erfassung" (Coseriu) der außersprachlichen Wirklichkeit zu verstehen hat.

N.B.: Neben dieser geläufigen engen Auffassung von "Semantik" existiert auch eine weiterreichende Verwendung dieses Terminus (v. a. des Adjektivs *semantisch*):

> Die Semantik ist im weitesten Sinne die Untersuchung der sprachlichen Inhalte, d.h. der semantischen Seite der Sprache. Da nun die ganze Sprache per definitionem "semantisch" ist, so hat die Semantik in diesem Sinne die ganze Sprache als ihr Objekt. (COSERIU 1972: 81)

Wie schon oben (Kap. II.4.3–5) beschrieben, ist die in der Semantik untersuchte Bedeutung der Lexeme, im weiteren Sinne aber auch der grammatischen und syntaktischen Funktionen, die innersprachliche Bedeutung (*signification*) der jeweiligen Einheiten. Diese kann auf der Ebene des Systems (Systembedeutung), der Norm (Normbedeutung) und der Rede (Redebedeutung) beobachtet werden (vgl. auch oben III.4.1.2.a)). Ihr steht die außersprachliche Bezeichnung der Dinge (*désignation*), die mittels der sprachlichen Zeichen geschieht, gegenüber. Diese Unterscheidung wird in vielen Bereichen der modernen Linguistik, so in der weitverbreiteten Generativen Grammatik und auch in der Generativen Semantik vernachlässigt, indem mit "Bedeutung" – nach engl. "meaning" – das Gemeinte, d.h. der durch eine Äußerung ausgedrückte außersprachliche Sachverhalt bezeichnet und eine innersprachliche Bedeutung, wie wir sie hier annehmen, ignoriert wird. In der europäischen linguistischen Tradition gibt es daher auch keinen methodischen Gegensatz zwischen Syntax (als dem Verhältnis der Zeichen zueinander) und Semantik (als dem Verhältnis der Zeichen zu den Dingen), denn alle Ebenen der Sprache außer der Phonologie sind semantisch bestimmt. Auch die Syntax ist nach dieser Tradition semantisch geprägt (siehe die Satzfunktionen wie Subjekt, Objekt usw. oder die Funktion der Nachstellung des attributiven Adjektivs im Französischen). Daher kann es nach dieser Auffassung auch keine semantikunabhängige Syntax geben.

Nun aber wieder zur lexikalischen Semantik und ihrer Terminologie:

Bevor der Terminus **Semantik** 1883 von dem französischen Sprachwissenschaftler M. Bréal in die Sprachwissenschaft eingeführt wurde und dann vor allem seit Mitte des 20. Jahrhunderts international zur gängigen Bezeichnung der Disziplin geworden ist, existierten schon der deutsche Terminus **Bedeutungslehre** sowie die Bezeichnung **Semasiologie,** die bereits vor 1829 von dem Altphilologen Ch. K. Reisig gebraucht wurde und bis in unsere Tage immer wieder in diesem umfassenden Sinne Verwendung findet. N. B.: **Semasiologie** und **Semantik** dürfen nicht mit den materiell ähnlichen Termini **Semiologie** und **Semiotik** verwechselt werden; letztere bezeichnen die allgemeine Lehre oder Theorie von den Zeichen.

6.2.1 Zum Verhältnis von Wortschatz (Lexik) und Grammatik

Manche Linguisten sehen einen wichtigen Unterschied zwischen diesen beiden Ebenen darin, dass die Einheiten der Grammatik eine **geschlossene** Liste darstellen – kurz- und mittelfristig verändert sich beispielsweise die Zahl der Artikel, die Zahl der Numeri und der grammatischen Genera beim Nomen oder die der Tempora und der Modi bei den Verben einer Sprache nicht –, während die Wortschatzelemente ein **offenes** Inventar bilden, das einem ständigen Wandel unterliegt – bedingt etwa durch die sich stetig verändernden Bezeichnungsbedürfnisse. Die grammatischen Einheiten einer Sprache existieren in sehr begrenzter Zahl, sind exhaustiv aufzählbar, sie kommen in den (gesprochenen und geschriebenen) Texten jedoch sehr häufig vor, da sie sich oft wiederholen. Die lexikalischen Einheiten einer Sprache gehen hingegen in die Hunderttausende, sind nicht exhaustiv aufzählbar und haben eine viel niedrigere Frequenz als die grammatischen Elemente – wenn man von einigen 'Allerweltsverben' (wie z.B. frz. *faire*) absieht. Die Grammatik weist im Gegensatz zum Wortschatz eine relativ große materielle Regelmäßigkeit (z.B. dieselben Imperfekt-, Futur- und Konditionalendungen bei allen Verbklassen) und – wie bereits gesagt – eine starke Rekurrenz auf. Während es in der Grammatik um relativ abstrakte Funktionen und Relationen geht, stellt der Wortschatz eine näher an der außersprachlichen Wirklichkeit orientierte sprachliche Schicht dar. Veränderungen in der Realität wirken sich in den Sprachen zuerst im lexikalischen Bereich (offene Liste!) aus. Viel mehr als die Grammatik oder gar der Lautstand einer Sprache spiegelt der Wortschatz die geistig-kulturellen und die politisch-sozial-ökonomischen Verhältnisse einer Sprachgemeinschaft wider.

– Zum Begriff "Wort" verweisen wir auf die Ausführungen in Kap. II.4.1.

Es wurde bereits erwähnt, dass ein Element bzw. eine Einheit des Wortschatzes als **Lexem** oder **lexikalische Einheit** bezeichnet wird. Manche Autoren gebrauchen dafür auch den Terminus **Semantem**.

6.2.2 Semasiologie – Onomasiologie

Bei dieser Unterscheidung handelt es sich um zwei verschiedene Fragestellungen innerhalb der Semantik. Die Semasiologie im engen Sinne geht vom *signifiant* (Lautkörper) aus und untersucht die damit verbundenen *signifiés* (Bedeutungen) in ihrer Vielfalt ("semasiologisches Feld", K. Baldinger) und eventuell in ihren Veränderungen (Bedeutungswandel). Die Onomasiologie (der Terminus wurde 1902 von A. Zauner eingeführt) dagegen geht vom *signifié* bzw. Begriff (in der Praxis sogar z. T. von einer Sache der außersprachlichen Wirklichkeit) aus und fragt nach den verschiedenen *signifiants* bzw. sprachlichen Zeichen ("onomasiologisches Feld"), die den betreffenden Inhalt 'bezeichnen' können (in diachronischer Perspektive: Bezeichnungswandel).

Fragestellung in etwas vereinfachter schematischer Form:

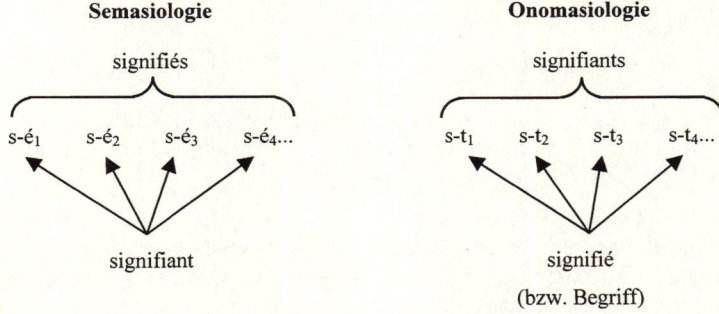

z. B.:

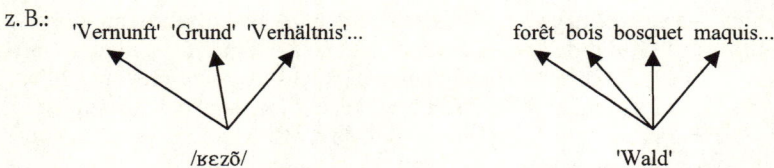

6.2.3 Semantische Relationen

a) Zunächst einmal kann festgestellt werden, dass der Wortschatz einer Sprache **einfache** Lexeme und **komplexe** Lexeme enthält, vgl. z. B. frz. *dent, herbe; jouer, laver; grand, ample; vite* gegenüber *dentiste, herbeux; jouet, lavage, lave-vaisselle; grandir, amplifier; vitesse;* die komplexen Lexeme werden durch die Verfahren der Wortbildung (Derivation und Komposition) erzeugt und dann dem Wortschatz zugeführt. In der strukturell-funktionellen Semantik von E. Coseriu entspricht die obige Unterscheidung der zwischen **primären** und **sekundären** paradigmatischen lexematischen Strukturen.

b) **Homonyme** nennt man Lexeme mit identischen *signifiants,* aber mit völlig verschiedenen *signifiés* und daher ohne semantischen Zusammenhang. Homonyme stellen keine Inhaltsrelationen wie die weiter unten in diesem Abschnitt unter c) abgehandelten Beziehungen (Synonyme, Hypo- und Hyperonyme, Antonyme und Polyseme) dar und gehören insofern eigentlich gar nicht zur Semantik. Wohl aber sind sie methodisch zur lexikalischen Beschreibung, insbesondere zur Abgrenzung der polysemen von homonymen Wörtern wichtig (siehe unter c) Punkt 5). Französische Homonyme sind z. B.

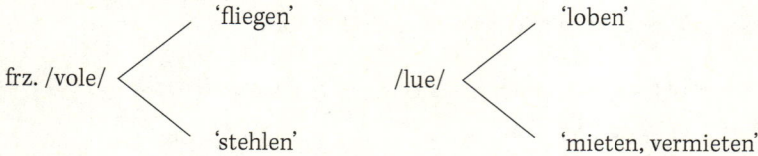

Da sie semantisch – zumindest synchron betrachtet – nichts miteinander zu tun haben, ist es sinnvoll, Homonyme als getrennte lexikalische Einheiten zu werten, also im obigen Fall: *voler*₁ und *voler*₂, *louer*₁ und *louer*₂.

Weitere Beispiele für Homonyme (noch ungeschieden): *la grève, la grue, la rate, l'avocat, le son, causer, desservir, détacher;* als Adjektive: *hospitalier, banal,* evtl. *linguistique*₁ 'sprachlich' (zu *langue*) und *linguistique*₂ 'sprachwissenschaftlich' (zu *la linguistique,* ein Substantiv, welches seinerseits – diachron betrachtet – durch Konversion aus dem Adjektiv gebildet ist).

Als Homonyme in einem weitgefassten Sinne werden auch Fälle betrachtet wie *le livre/la livre, le page/la page, le mousse/la mousse,* obwohl sie immerhin durch das unterschiedliche Genus differenzierbar sind, und *le vers/vers* (Präposition), hier differenziert durch die Zugehörigkeit zu verschiedenen partes orationis.

Je nach dem Medium, in dem der *signifiant* realisiert wird, unterscheidet man innerhalb der Homonyme zusätzlich **Homophone** (Wörter gleicher Lautung) und **Homographe** (Wörter gleichen Schriftbildes). Die obigen Beispiele sind beides. In den Beispielen *cahot/chaos; autel/hôtel; dégoûter/dégoutter; sûr/sur* (Adj.); *compte/comte/conte* oder *saut/sot/seau/sceau* haben wir es mit Homophonen zu tun, nicht aber mit Homographen. Die umgekehrte Konstellation – Homograph, aber nicht Homophon – liegt vor z.B. in frz. *(les) fils*: [fis] 'Söhne' und [fil] 'Fäden'; in *couvent*: *(le) couvent* [kuvɑ̃] und *(les poules) couvent* [ku:v] oder in *portions: (les) portions* [pɔʁsjõ] und *(nous) portions* [pɔʁtjõ].

Homonyme können historisch auf *ein* Etymon zurückgehen mit späterer Bedeutungsdifferenzierung (beide Verben *voler* stammen letztlich aus lat. *volare*) oder durch lautgeschichtlichen Zusammenfall verschiedener Etyma, vgl. lat. *locare* > frz. *louer* und lat. *laudare* > frz. *louer*, entstehen.

c) Einen ausschließlich semantisch fundierten Strukturierungsansatz des Wortschatzes stellen die **Inhaltsrelationen** dar, die im Mittelpunkt der strukturellen Semantik v. a. von J. Lyons stehen.[50] Es handelt sich hauptsächlich um folgende semantische Relationen, die zwischen Lexemen funktionieren (unsere Erklärungen sind nicht immer die von Lyons angeführten):

1. **Synonymie**: Unter "Synonymie" versteht man in einem strikten Sinne "Bedeutungsgleichheit" (von Wörtern), in einem weiteren und realistischeren Verständnis dagegen bedeutet Synonymie "Bedeutungsähnlichkeit". Totale Synonymie scheint im Wortschatz unserer Sprachen nicht zu existieren, nicht einmal in konkurrierenden Fachterminologien (vgl. *Hauptwort – Substantiv, Sprachwissenschaft – Linguistik*). Hier beziehen sich die Lexeme zwar auf dieselbe außersprachliche Realität, präsentieren sie aber von einer unterschiedlichen Warte aus. Man sagt, sie haben dasselbe **Denotat** (*dénotation*), aber unterschiedliche **Konnotationen** (*connotations*), indem die Fremdwörter die Konnotation 'fachwissenschaftlich (und damit international gültig)', die deutschen Wörter die Konnotation 'traditionell', 'populärwissenschaftlich' haben. Die Konnotationen sind aber abhängig vom individuellen Sprecher bzw. vom Kontext. Für die Annahme totaler Synonymie müssten nun aber Denotat und übliche Konnotationen übereinstimmen. Dies dürfte kaum jemals gegeben sein. Die Psychologie der Sprecher ist darauf gerichtet, Wörter mit zunächst fast gleicher Bedeutung mit der Zeit in irgendeiner ihnen nützlichen Weise zu differenzieren, sei es nur konnotativ, sei es primär denotativ. Beispiele für Synonyme ("bedeutungsähnliche Wörter") sind: *aimer – chérir – affectionner – adorer – idolâtrer; destin – destinée – sort – fatalité; faible – chétif – frêle – malingre – débile*.

---

50   Vgl. von Lyons, John (1968), *Introduction to Theoretical Linguistics*, Cambridge: 443–470, (1977), *Semantics*, I: 270–301 und (1995), *Linguistic Semantics*, Cambridge, part 2.

2. **Hyponymie:** wird als "Inklusion", genauer, als "einseitige Implikation" bestimmt, d.h. es handelt sich um das hierarchische Verhältnis von untergeordneten Inhalten zu einem übergeordneten Inhalt, z.B.

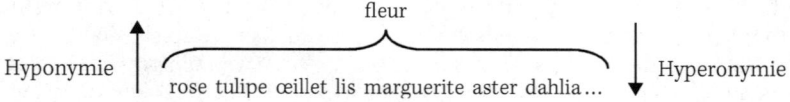

'rose', 'aster', … sind Hyponyme von 'fleur'; sie sind untereinander Ko-Hyponyme; 'fleur' ist dagegen das Hyperonym zu all diesen Blumenbezeichnungen. **Hyperonymie** ist das zur Hyponymie umgekehrte Verhältnis.

3. Die **Inkompatibilitat** ist ein Verhältnis logischer Unvereinbarkeit. Sie wird von Lyons nach dem Kriterium des kontradiktorischen Verhältnisses zwischen Sätzen definiert. So sind z.B. Antonyme untereinander unvereinbar, z.B. *jeune, vieux/âgé* u.a., denn von derselben Person kann nicht gleichzeitig gesagt werden: **M. Truffaut est jeune et vieux*, wohingegen beispielsweise Alters- und Dimensionsadjektive zwar inhaltsverschieden, aber kompatibel sind, vgl. etwa **M. Truffaut est grand et jeune*. Die Inkompatibilität muss von der bloßen Inhaltsverschiedenheit deutlich unterschieden werden.

4. **Antonymie (im weiteren Sinne)** ("oppositeness of meaning", Lyons): Etwas vereinfachend kann man vier Untertypen unterscheiden:

- **Komplementarität:** Sie wird nach dem Prinzip der Logik des "tertium non datur" (kontradiktorischer Gegensatz) definiert; Beispiele sind *vie – mort, mâle – femelle, présent – absent, intérieur – extérieur, majeur – mineur*. Im Bereich der Adjektive bilden gerade die Relationsadjektive solche komplementären Gegensätze (z.B. *national – international, présidentiel – ministériel*).

- **Antonymie i.e.S.:** entspricht dem Prinzip der Logik des "tertium datur" (konträrer Gegensatz); die Antonyme i.e.S. werden durch Graduierbarkeit und Polarität bestimmt, z.B. *jeune – vieux; petit – grand; haut – bas; bon – mauvais; beau – laid*. So ist es also möglich zu sagen: *mon frère est extrêmement prudent; ma secrétaire est plus jeune que celle de mon collègue*, während die Steigerung von Adjektiven, die der Inhaltsrelation 'Komplementarität' angehören (etwa *mort – vivant, présent – absent*), nicht möglich ist (höchstens in übertragener Bedeutung).

- **Konversion:** Die Inhaltsrelation 'Konversion' besteht zwischen Paaren von Lexemen, die "sozusagen dieselbe Beziehung von zwei verschiedenen Bezugspunkten her bezeichnen",[51] z.B. *acheter – vendre; précéder – suivre; maître – disciple*. Verben wie *acheter* und *vendre* bezeichnet man daher als Konverse.

---

51 SCHWARZE, Christoph (⁴1986), *Einführung in die Sprachwissenschaft*, Frankfurt/M.: 81.

- **Richtungsopposition:** Hierzu gehören u. a., was wir als "Kontradirektionalität" bezeichnen, also Beispiele wie *entrer/sortir, monter/descendre*, und die "antecedens-consequens-Relation", also z. B. *chercher/trouver, apprendre/savoir, savoir/oublier.*

5. **Polysemie:** Unter Polysemie versteht man die Natur der sprachlichen Zeichen, vieldeutig zu sein (gr. *poly-* 'viel' – *sēmasía* 'Bedeutung'). Die auf der Ebene des Systems anzunehmende Grundbedeutung eines Lexems kommt in der Wirklichkeit, d. h. im Rahmen einer auf eine bestimmte Situation bezogenen Äußerung (Ebene der Rede) oraktisch nicht vor, sondern es werden immer nur einzelne Aspekte der Grundbedeutung realisiert. Dabei nutzen wir die Natur des menschlichen Sprechens, unsere einfachen Konzepte – wie z. B. die Körperteilbezeichnungen 'Kopf' oder 'Fuß' – in vielfacher Weise bildlich (metaphorisch) zu verwenden (siehe Beispiele anschließend). Je weiter die Grundbedeutung ist – oder von den Sprechern im Laufe der Sprachentwicklung gedeutet wird –, desto mehr metaphorische Umdeutungen des Wortes gibt es und desto vielfältiger sind die Sachbereiche, in denen es verwendet wird. Solange die Sprecher noch einen Zusammenhang zwischen den verschiedenen Anwendungsbereichen sehen, so lange empfinden sie das polyseme Wort als *ein* Wort. Sobald sie keine Zusammenhänge mehr spüren, hat sich das polyseme Wort in zwei Homonyme verwandelt – eben mit gleichem *signifiant*, aber völlig verschiedenen *signifiés*. Wie immer in solchen Fällen, ist nicht eine klare und immer für alle Sprachteilnehmer eindeutige Zuordnung gegeben. Die Einschätzungen wandeln sich mit der Zeit (Diachronie) und können von Individuum zu Individuum verschieden sein.

Die Polysemie besteht also nicht, wie man früher oft angenommen hat, darin, dass ein *signifiant* mehrere *signifiés* hat – eine solche Annahme verträgt sich auch nicht mit Saussures Zeichenmodell –, sondern darin, dass sich eine Systembedeutung in mehreren Normbedeutungen (frz. *acceptions*) manifestiert. Polysemie ist keine Besonderheit einiger weniger Lexeme, sondern ist mehr oder weniger stark bei allen Lexemen anzunehmen. Von grammatischen Morphemen ist Polysemie ohnehin grundsätzlich anzunehmen (vgl. oben III.4.1.2.c)) die Normbedeutungen des frz. Imperfekts). Sie ist kein Mangel der Sprache, sondern gehört zum Wesen des sprachlichen Zeichens, das ja nicht Teil einer Nomenklatur ist, d. h. keine 1:1-Beziehung zwischen Sache und Sprache herstellt (siehe auch II.4.5). Beispiele für lexikalische Polysemie sind etwa *tête* mit der Grundbedeutung 'Kopf' und den verschiedenen polysemen Bedeutungen in *tête de lit, avoir de la tête, perdre la tête, tête d'un arbre, tête d'épingle, fusée à têtes multiples, tête de ligne, prendre la tête d'un mouvement* u. a., oder *pied* mit der Grundbedeutung 'Fuß' und den polysemen Bedeutungen in *le pied d'un escalier, un verre à pied, les pieds d'un meuble, au pied d'une montagne, le pied d'un appareil de photo* u. a. Bei dieser Art von Polysemie handelt es sich um metaphorische Bedeutungen. In Verwendungen wie *prendre un livre, prendre de l'essence, prendre un verre, prendre son café, prendre le train, prendre une ville, prendre sa température, prendre un amant, prendre le voile, prendre une décision, prendre du poids* geht es z.T. einfach um kontextuelle Bedeutungen (Redebedeutungen) bzw. Normbedeutungen von *prendre* oder beruht die Polysemie ebenfalls auf metaphorischem Gebrauch.

d) Als globale Strukturform des Wortschatzes soll hier das **Wortfeld** (*champ lexical* oder *champ sémantique*) angeführt werden. Wortfelder sind paradigmatische lexikalische Strukturen, die als Mikrosysteme zumindest Teile des Wortschatzes semantisch gliedern. Sie decken einen größeren oder kleineren Ausschnitt des Wortschatzes ab und strukturieren ihn durch semantische Oppositionen; die Feldglieder gehören einer bestimmten Wortart (*pars orationis*) an, vgl. z.B. das Feld der Verwandtschaftsbeziehungen oder der Gewässerbezeichnungen (Substantive), der Fortbewegungsverben oder der Kochverben, der Altersadjektive oder der Temperaturadjektive (s. dazu die folgende vereinfachende Skizze):

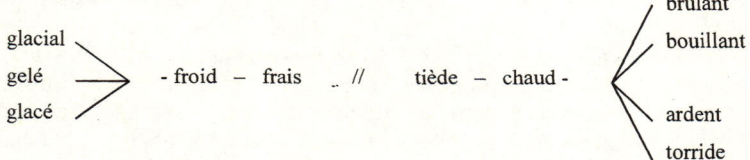

Nachstehend führen wir die zutreffendste und informativste der uns bekannten Definitionen des Wortfeldes aus der strukturellen Semantik an:

> Ein **Wortfeld** ist in struktureller Hinsicht ein lexikalisches Paradigma, das durch die Aufteilung eines lexikalischen Inhaltskontinuums unter verschiedene in der Sprache als Wörter gegebene Einheiten entsteht, die durch einfache inhaltsunterscheidende Züge in unmittelbarer Opposition zueinander stehen. (COSERIU 1967: 294)

e) Während Wortfelder semantisch strukturierte synchrone Subsysteme des Wortschatzes einer Einzelsprache sind, beruhen **Wortfamilien** (*familles de mots*) synchron auf einem Wort oder Wortstamm als Grundlage. Wortfamilien konstituieren sich aus der Summe der lexikalischen Elemente, die durch Anwendung von morphologischen Verfahren und von Wortbildungsverfahren auf das Basiselement entstehen. In diachroner Hinsicht kommen noch etymologische Faktoren hinzu. Der Ausgangspunkt einer Wortfamilie ist der *signifiant* der Basis mit seinen verschiedenen durch die o.a. Verfahren erzeugten Wortformen – zu denen inhaltliche Gemeinsamkeiten hinzukommen oder hinzukommen können. Wortfamilien umfassen im Allgemeinen Wörter verschiedener *partes orationis*, wohingegen Wortfelder als lexikalische Paradigmen jeweils nur aus Lexemen einer einzigen Wortart bestehen.

Partielle Skizze der französischen Wortfamilie mit der Basis VOIR:
revoir, entrevoir, pourvoir, prévoir; voyeur, prévoyance; vue, longue-vue, entrevue, revue, bévue; visage, avis, visiter, vision, visible, visibilité, prévisible, imprévisible, provision, improviser, visuel, visa; providence, évident etc.

6.2.4 Strukturelle Semantik

Die Wortfeldtheorie ist Grundlage der von COSERIU (1966, 1967, 1968, 1972) begründeten und von GECKELER (1971, 1973, 1978, 1982) ausgebauten strukturellen Semantik der sog. Tübinger Schule. Ähnlich wie die Phonologie der Prager Schule annimmt, dass die Phoneme einer Sprache Strukturen bilden, innerhalb derer sich die einzelnen Phoneme oppositiv gegenüberstehen und sich jeweils nur durch ein unterscheidendes Merkmal von ihrem artikulatorischen und damit strukturellen Nachbarn unterscheiden, geht die strukturelle Semantik davon aus, dass sich die Lexeme innerhalb eines Wortfeldes im Sprachsystem durch einfache inhaltsunterscheidende Züge (**Seme**, *sèmes*) voneinander unterscheiden und zueinander in Opposition stehen. Das heißt, dass sie wie die Phoneme paradigmatische Strukturen bilden. Innerhalb eines ausgedehnten Wortfeldes wie dem der französischen Altersadjektive (GECKELER 1971) oder dem der französischen Fortbewegungsverben (KRASSIN 1984) sind verschiedene weitere Unterscheidungen zu treffen, etwa in Dimensionen (z.B. "Eigenalter", z.B. *une jeune femme, un vieux manuel* versus "zeitliche Einordnung", z.B. *un vieil ami, mon ancien collègue*) und in Mikrosysteme (z.B. bei den Fortbewegungsverben in "ungerichtete Fortbewegung", z.B. *circuler, marcher, rouler, voler, nager* usw., versus "gerichtete Fortbewegung", z.B. *avancer, reculer, partir, arriver, sortir, entrer* usw.), und innerhalb der genannten Unterfelder die Mikrofelder "auf festem Untergrund", z.B. *circuler, marcher, cheminer*, oder "vom Sprecher aus nach vorn bzw. hinten", z.B. *s'avancer, se reculer*, "hin- bzw. weggerichtet", z.B. *aller, venir* usw., "gerichtet mit Ausgangs- bzw. Zielpunkt", *partir, arriver*, usw. In vielen Fällen sind auch Klasseme wie 'personenbezogen', 'auf Lebewesen bezogen', 'auf Nicht-Belebtes bezogen' bedeutungsunterscheidend.

6.2.5 Kognitive Semantik

Seit etwa 1970 haben sich, von Amerika her kommend, verschiedene ganz anders geartete Richtungen semantischer Analyse verbreitet, die alle als "kognitiv" bezeichnet werden, weil sie Bedeutung nicht als Bestandteil eines sprachlichen Zeichens sehen, sondern als Produkt der sinnlichen Welterfahrung, der Konzeptbildung und der Versprachlichung dieser Erfahrung (siehe BLANK 2001: 35). Die so genannte **kognitive Semantik** (*sémantique cognitive*) ist einerseits der Generativen Grammatik in der Nachfolge Noam Chomskys verhaftet (siehe II.8.4.3), andererseits hat sie ihre Wurzeln in der Psychologie, indem sie "grundlegende Wahrnehmungs- und Assoziationsprinzipien" (BLANK 2001: 37) und deren Versprachlichung untersucht. Diese Prinzipien waren in der historischen Semantik seit langem gut bekannt (siehe unten III.6.3 zum Bedeutungswandel), wenn auch nicht gut systematisiert und theoretisch erfasst. Es geht in der Tat um die Verfahren, wie wir die Welt sprachlich "begreifen" und unsere sprachlichen Bedeutungen weithin assoziativ aufgrund von äußerlichen oder begrifflichen Ähnlichkeiten bilden. So wurde z.B. das Blatt (am Baum) von der Form und Beschaffenheit auf das Blatt Papier übertragen, d.h. die Bedeutung von *Blatt* (und frz. *feuille*, span. *hoja*, aber nicht it. *foglia* vs. *foglio* oder engl. *leaf* vs. *sheat*) erweitert – oder auf ein homonymes *Blatt*, *feuille* usw. übertragen, wenn man es so sehen will. In kognitiver Sicht aber geht es nicht primär um diese historischen Prozesse, sondern um die synchrone Erkenntnis von Ähnlichkeiten, die zu assoziativen semantischen Verknüpfungen und dann zu Bedeutungsänderungen bzw. -übertragungen führen. Es kommt hier wesentlich auf die Reihenfolge der Erkenntnisschritte an (siehe hierzu BLANK 2001: 35–44).

Innerhalb der kognitiven Semantik stellt die so genannte **Prototypensemantik** (*sémantique du prototype*) einen eigenen Zweig dar (vgl. auch KLEIBER 1990/1993). In dieser von der Psychologie her kommenden Richtung geht es darum festzustellen, in welcher Weise Konzepte in unserem Gehirn gebildet werden und damit in unserem semantischen Wissen verankert sind. Was ist für uns ein prototypischer Vogel? Und warum ist es eher ein Spatz, eine Amsel und nicht ein Strauß und ein Pinguin? Dies sind eigentlich onomasiologische Fragen: Wie benennt man einen Spatz, zu welcher Klasse gehört ein Pinguin, und was ist für uns ein typisches Rot? Hier geht es nicht um die semasiologische Frage, was frz. *moineau* bzw. *merle*, was *pingouin* und was *rouge* gegenüber *roux, vermeil* und *écarlate* bedeuten, sondern darum, ob Konzepte – manchmal nicht klar geschieden von sprachlichen Bedeutungen – um eine zentrale Vorstellung wie 'Vogel' '+ flugfähig', '+ leicht' herum verankert sind, so dass 'Strauß' und 'Pinguin' als untypisch und randständig in der Klasse der Vögel angesehen werden. Nun ist aber gerade das Wesen der sprachlichen Hyperonymie, dass Oberbegriffe wie 'Vogel', 'Baum' oder 'Fisch' uns nicht abverlangen, die allgemeine Vorstellung ständig an Hyponymen wie 'Spatz', 'Amsel', 'Schwalbe', 'Kolibri' bzw. 'Eiche', 'Buche', 'Palme' oder 'Hering', 'Hai' oder 'Forelle' festzumachen, sondern genügend Vagheit für die allgemeine Vorstellung von einem gefiederten, eierlegenden und im Allgemeinen flugfähigen Tier bzw. einer größeren Pflanze mit Stamm, Ästen und Blättern bzw. Nadeln usw. lässt.

Vom Gesichtspunkt der **lexikalischen Semantik** (*sémantique lexicale*) her sind die Fragestellungen und Ergebnisse der Prototypensemantik zunächst unbefriedigend, da sie nicht Einzelsprachen und nicht die Sprache schlechthin betreffen, sondern außersprachliche Objekte. Die Fragen zu *moineau, merle* und *pingouin* betreffen nicht das Französische und nicht die Bedeutung im Französischen, sondern das enzyklopädische Wissen. Typischerweise geht es hier nie um die Bedeutung von Verben wie *aller, marcher, courir* oder von Abstrakta wie *idée, peine* oder *mémoire*. Dennoch stellt die kognitive Semantik insgesamt eine wichtige Etappe in der Geschichte der semantischen Forschung dar, weil sie den Blick auf die tatsächlich primär psychologisch verankerten Assoziationsketten in unserem (sprachlichen) Denken gerichtet hat. In der Geschichte der neueren Sprachwissenschaft ist sie wichtig als Gegenpol gegen die rein formale Generative Grammatik mit ihrer Lehre von der Autonomie der einzelnen sprachlichen Analyseebenen (Lexikon, Syntax, Semantik usw.), indem sie betont, dass alle sprachlichen Ebenen semantisch sind. Abgesehen von biologisch bedingten universellen Konzepten geschieht die Versprachlichung von Konzepten in Lexemen einzelsprachlich getrennt und in Abhängigkeit von kulturhistorischen Gegebenheiten (Bevorzugungen). Siehe hierzu auch die verdienstvolle Darstellung bei BLANK (2001: 62–66). Allerdings plädieren wir nicht für das von manchen Linguisten propagierte Bild von der "kognitiven Wende" in der Sprachwissenschaft, die alle frühere Semantikforschung überwinden würde, sondern für eine sinnvolle Kombination von z.B. struktureller und kognitiver Semantik. So lassen sich die Schwächen beider minimieren und die Stärken vorteilhaft verbinden.

Anregungen

1. Suchen Sie selbst in Synonymiken (vgl. S. 141) weitere Beispiele für Synonyme und versuchen Sie, diese anhand der Definitionen aus einsprachigen Wörterbüchern untereinander zu differenzieren.
2. Diskutieren Sie im Einführungskurs oder Seminar Probleme der Abgrenzung zwischen Polysemie und Homonymie, etwa im Fall von frz. *opération, acte, temps, terre* und dt. *Birne, Feder, Gürtel, Rohr.*
3. Tragen Sie für eine Wortfeldskizze die Dimensionsadjektive des Französischen zusammen, ausgehend etwa von GREIMAS, Algirdas Julien (1966, ²1995), *Sémantique structurale*, Paris: 35.
4. Zwei Seminarteilnehmer/innen könnten in Arbeitsteilung versuchen, das Wortfeld der Verben des Zerstörens im Französischen, ausgehend von GECKELER (1973: 79–80), genauer zu untersuchen. Dort auf S. 74–84 auch Anregungen zu weiteren Wortfeldstudien.
5. Stellen Sie die Wortfamilien von frz. *mettre, prendre* und *sentir* zusammen.
6. Untersuchen Sie, inwieweit es prototypische Strukturen bei den französischen Farbbezeichnungen gibt.

Literaturhinweise zur Lexikologie:

LEHMANN, Alise/MARTIN-BERTHET, Françoise (³2008), *Introduction à la lexicologie: sémantique et morphologie*, Paris: Colin; TOURNIER, Jean et Nicole (2009), *Dictionnaire de lexicologie*, Paris: Ellipses; PICOCHE, Jacqueline (²1997), *Précis de lexicologie française*, Paris: Nathan (mit guten Vorschlägen für Übungen); WUNDERLI, Peter (1989), *Französische Lexikologie. Einführung in die Theorie und Geschichte des französischen Wortschatzes*, Tübingen: Niemeyer.

Zur lexikalischen Semantik:
LYONS, John (1977), *Semantics*, 2 Bde., Cambridge – deutsche Übersetzung: *Semantik*, 2 Bde., München 1980, 1983 (sehr umfassende Darstellung). Stärker diachronisch ausgerichtet: ULLMANN, Stephen (³1963), *The Principles of Semantics*, Glasgow-Oxford (Deutsche Übersetzung ²1972). – Auch heute noch anregend zu lesen: ULLMANN, Stephen (1952, ⁵1975), *Précis de sémantique française*, Bern. Weitere ältere und neuere Darstellungen: BLANK, Andreas (2001), *Einführung in die lexikalische Semantik für Romanisten*, Tübingen: Niemeyer (Romanist. Arbeitshefte, 45); PICOCHE, Jacqueline (1986), *Structures sémantiques du lexique français*, Paris; SCHWARZ, Monika/CHUR, Jeannette (⁵2007), *Semantik. Ein Arbeitsbuch*. Tübingen; SCHWARZE, Christoph (2001), *Introduction à la sémantique lexicale*, Tübingen: Narr.

Zu Onomasiologie und Semasiologie:
Gesamtromanisch ausgerichtet: RENSON, Jean (1962), *Les dénominations du visage en français et dans les autres langues romanes*, 2 Bde., Paris: Les Belles Lettres; VERNAY, Henri (1991–1996), *Dictionnaire onomasiologique des langues romanes*, Tübingen: Niemeyer (6 Bände erschienen, nicht vollendet); QUADRI, Bruno (1952), *Aufgaben und Methoden der onomasiologischen Forschung. Eine entwicklungsgeschichtliche Darstellung*, Bern: Francke.

Beispiel für eine semasiologische Studie:
RHEINFELDER, Hans (1928), *Das Wort "Persona". Geschichte seiner Bedeutungen mit besonderer Berücksichtigung des französischen und italienischen Mittelalters*, Halle: Niemeyer.

Zu den Inhaltsrelationen:
GAUGER, Hans-Martin (1972), *Zum Problem der Synonyme*, Tübingen: Narr; PAULY, Émilie (2010), *La polysémie. Réflexion théorique, méthodologique et application à la lexicographie*, Paris: L'Harmattan; DIETRICH, Wolf (1997), "Polysemie als 'volle Wortbedeutung'", in: HOINKES, Ulrich/DIETRICH, Wolf (Hrsg.), *Kaleidoskop der lexikalischen Semantik*, Tübingen: Narr, 227–237.

Zur strukturellen Semantik:
COSERIU, Eugenio (1967), "Lexikalische Solidaritäten", *Poetica* 1: 203–303; COSERIU, Eugenio (1972), "Semantik und Grammatik", in: *Neuere Grammatiktheorien und ihre Anwendung auf das heutige Deutsch*. Jahrbuch 1971 des Instituts für deutsche Sprache, Düsseldorf, 77–89; COSERIU, Eugenio (1992), "Zum Problem der Wortarten (partes orationis)", in: KNOBLOCH, Clemens/SCHAEDER, Burkhard (Hrsg.), *Wortarten. Beiträge zur Geschichte eines grammatischen Problems*. Tübingen: Niemeyer, 366–386; GECKELER, Horst (1971), *Zur Wortfelddiskussion. Untersuchungen zur Gliederung des Wortfeldes "alt – jung – neu" im heutigen Französisch*, München: Fink; GECKELER, Horst (1973), *Strukturelle Semantik des Französischen*, Tübingen: Niemeyer (Rom. Arbeitshefte, 6); GECKELER, Horst (Hrsg.) (1978), *Strukturelle Bedeutungslehre*, Darmstadt (darin u.a. auch die grundlegenden Aufsätze von Eugenio Coseriu in deutscher Übersetzung); GECKELER, Horst (³1982), *Strukturelle Semantik und Wortfeldtheorie*, München: Fink; KRASSIN, Gudrun (1984), *Das Wortfeld der Fortbewegungsverben im modernen Französisch*, Frankfurt a.M. u.a.: Lang; WILLEMS, Klaas (2010), "Verbales Wortfeld, Norm und Polysemie. Eine synchronische Analyse des verbalen *hören*-Paradigmas im Französischen", *ZRPh* 126: 237–274.

Zur kognitiven Semantik:
BLANK, Andreas (2001), *Einführung in die lexikalische Semantik für Romanisten*, Tübingen: Niemeyer, 35–67; KLEIBER, Georges (1990), *La sémantique du prototype*, Paris: PUF. Dt.: *Prototypensemantik. Eine Einführung*. Tübingen: Narr, 1993.

6.3 Lexikologie und Semantik – diachron

Die zentralen Forschungsbereiche der diachronen Lexikologie und Semantik stellen die Etymologie, die Wortgeschichte und der Bedeutungswandel dar.

a) Unter **Etymologie** versteht man ursprünglich – nach der antiken Wortbedeutung – die Lehre von der "wahren, echten" Bedeutung der Wörter (auch griech. ἐτυμολογία; so bei den stoischen Philosophen), heute jedoch den Teilzweig der Sprachwissenschaft, der sich mit der Erforschung des Ursprungs, der Herkunft und der Grundbedeutung der Wörter befasst; andererseits wird **Etymologie** auch anstelle von **Etymon** zur Bezeichnung der ursprünglichen Form eines Wortes gebraucht, vgl. z.B. "lat. *die(m) dominicu(m)* ist die Etymologie von frz. *dimanche*" (besser: "... das Etymon von ..."). Ist das Etymon nicht belegt, sondern nur erschlossen bzw. rekonstruiert, wird es mit einem Sternchen (Asterisk) versehen, z.B. frz. *assez* < lat. **ad satis*, frz. *gerbe* < fränk. **garba*.

In der etymologischen Forschung stellt sich nun die Frage:

> Wie weit empfiehlt es sich, bei der Etymologisierung romanischer Wörter in deren Genealogie zurückzugehen? Bei solchen, die aus dem Lateinischen oder Keltischen stammen, bis zum Lateinischen bzw. Keltischen oder bis in die indogermanischen Zusammenhänge? (MEIER 1965: 105)

Der Ansatz, der die Herkunft der Wörter so weit wie möglich in der Zeit zurückverfolgen möchte, wird – da vielfach von italienischen Gelehrten vertreten – als "etimologia remota" bezeichnet, während man unter "etimologia prossima" das Zurückgreifen auf die nächstfrühere Stufe – also im Regelfall auf das Lateinische, eventuell auf das Griechische oder ggf. auf Substrat-, Superstrat- oder Adstratsprachen – versteht. In der Praxis der Etymologieforschung der romanischen Sprachen hat sich ein Konsens in der Beschränkung auf die "etimologia prossima" weitgehend durchgesetzt; die weitere Bestimmung des Etymons überlässt man den jeweils zuständigen (lateinischen, keltischen, germanischen, indogermanischen usw.) Nachbarphilologien.

Auf die besondere Situation der romanischen Etymologieforschung sei mit folgendem Zitat hingewiesen:

> Die etymologische Forschung im Bereich der Romanistik ist gegenüber den andern idg. Sprachen privilegiert, da in den meisten Fällen lateinische Belege eine sichere Ausgangsbasis abgeben und die prozentual geringe Anzahl von erschlossenen spontanlateinischen Etyma einen hohen Wahrscheinlichkeitsgrad aufweisen.
>
> Die Indogermanisten aber – wie auch Germanisten, Anglisten und Slawisten – haben keine so sicher und umfassend bekannte ältere Sprachstufe zur Verfügung [...]. (PFISTER 1980: 22)

Die Ergebnisse der Etymologieforschung sind in den etymologischen Wörterbüchern (vgl. dazu Abschnitt III.6.4) niedergelegt. Der Stand der Forschung ist jedoch nicht so, dass die Herkunft aller Wörter der romanischen Sprachen etymologisch geklärt wäre. Es bleiben immer noch zahlreiche Wörter, deren Etymon noch unbekannt oder zumindest unsicher ist (so z.B. im Falle von frz. *garçon, gauche, forêt, trouver*), oder es werden in der Forschung mehrere Etyma als Lösung diskutiert. Als besonders illustratives Beispiel dafür mag die lange Diskussion um das Etymon von frz. *aller* (vgl. auch ital. *andare* und span. *andar*) angeführt werden; zu den verschiedenen Lösungsvorschlägen siehe PFISTER, Max (1985), *Lessico Etimologico Italiano*, II: 12, Wiesbaden, unter *ambulare*, v.a. Spalten 744–750.

Während die etymologische Wissenschaft im 19. Jahrhundert sich auf die Erforschung der Herkunft der Wörter, d.h. die Identifizierung der Etyma, konzentrierte ("étymologie-origine", Baldinger), begnügt sie sich im 20. Jahrhundert nicht mehr mit dieser Aufgabe: Ihr Ziel ist es jetzt, nicht mehr nur die "Genealogie des Wortes oder der Wortgruppe" (MEIER 1965: 103) zu erforschen, sondern die Wortgeschichte einzubeziehen, ja Wortgeschichte zu machen, die "Biographie" der Wörter zu schreiben: "étymologie-histoire du mot" (BALDINGER 1977: 219). Die moderne etymologische Forschung versteht sich "als Symbiose von Wortgeschichte und Etymologie" (PFISTER 1980: 33).

Als Beispiel, wie die Kulturgeschichte ein auf traditionell-etymologischem Wege gefundenes Etymon erklären und absichern kann, soll auf frz. *foie* < lat. *ficatu(m)* '(Leber von) mit Feigen gemästet(en Tieren)' verwiesen werden (vgl. auch ital. *fegato*, span. *hígado*). Erst die Erkenntnis, dass das Lexem im Lateinischen als Übersetzungslehnwort der kulinarischen Terminologie nach griechischem Modell gebildet wurde, machte das Etymon plausibel – vgl. dazu *FEW* III: 491–493 und ROHLFS, Gerhard (1971), *Romanische Sprachgeographie*, München: 92–93 sowie Karte Nr. 40 (S. 275).

b) Wir haben bereits gesehen, dass "erst die vertiefte Wortgeschichte, das erweiterte Studium des Wortes in Raum und Zeit [...] oft Licht in das Dunkel"[52] bestimmter Probleme der etymologischen Forschung bringt.

Unter **Wortgeschichte** verstehen wir mit Baldinger die "Biographie" von Wörtern, und als sprachwissenschaftliche Teildisziplin die Untersuchung der Wörter von ihren etymologischen Grundlagen an durch die Jahrhunderte hindurch, in ihrer räumlichen Verbreitung, in ihrem materiellen und inhaltlichen Wandel, in ihrer soziokulturellen und stilistischen Zugehörigkeit. Ein langfristiges Desiderat der Wortforschung ist es, nicht nur die Geschichte von Einzelwörtern, sondern die Geschichte von ganzen Wortfeldern durch die Zeit hindurch zu untersuchen.

Die Wortgeschichte bedient sich bei ihren Forschungen der Ergebnisse der Sprachgeschichte, der Sprachgeographie, der Dialektologie, der Semantik, der Onomasiologie und der Semasiologie, der Kulturgeschichte im weitesten Sinne, der Sachforschung (vgl. die Forschungsrichtung "Wörter und Sachen"), der Rechts- und Religionsgeschichte, der Volks- und Völkerkunde u.a.

c) **Bedeutungswandel:** Das komplexe Phänomen des Bedeutungswandels kann hier nur ganz knapp angesprochen werden. Folgende gängigen Klassifizierungen von Bedeutungswandel (in Auswahl) findet man in verschiedenen Darstellungen (z.B. bei S. Ullmann und Stefenelli):

1. Logische Klassifizierung:
   - Bedeutungsverengung: z.B. lat. *potione* > frz. *poison* (vgl. dazu die gelehrte Dublette *potion*), *necare* > *noyer, ponere* > *pondre*.
   - Bedeutungserweiterung: z.B. **adripare* > *arriver; panarium* > *panier, satione* > *saison*; *granarium* > *grenier*.
   - Bedeutungsverschiebung: z.B. 'Zunge' → 'Sprache' in verschiedenen Sprachen, vgl. lat. *lingua* und die entsprechenden Lexeme in den romanischen Sprachen, ebenfalls engl. *tongue*, dt. *Zunge* (dichterisch).

---

52 ROHLFS, Gerhard (1952), *Romanische Philologie*, II, Heidelberg: Winter, 46.

2. Evaluative Klassifizierung:
   - Bedeutungsverschlechterung: z.B. *villanum > vilain, christianum > crétin, benedictum > benêt.*
   - Bedeutungsverbesserung: z.B. *cancellarium > chancelier, minister > ministre, inodiare > ennuyer.*

3. Funktionelle Klassifizierung:
   a) Übertragung des *signifiant*
   - aufgrund der Ähnlichkeit der *signifiés*: z.B. Metapher (*la feuille de papier, les dents d'une scie*);
   - aufgrund der Nähe (Kontiguität) der *signifiés*, z.B. Metonymie (*bureau* 'Schreibtisch' → *bureau* 'Schreibraum').

   b) Übertragung des *signifié*
   - aufgrund der Ähnlichkeit der *signifiants*: z.B. Volksetymologie (*forain* 'étranger' nimmt unter der Einwirkung von *foire* seine heutige Bedeutung als Adjektiv zu *foire* – wie in *fête foraine* – an);
   - aufgrund der Nähe (Kontiguität) der *signifiants*: z.B. Ellipse (*la ville capitale* → *la capitale*).

Abschließend sollen noch kurz zwei Erscheinungen, die zur Wortgeschichte bzw. zur Geschichte des Wortschatzes gehören, angesprochen werden:

1. Als **Lehnwörter** (frz. *emprunts*) werden solche Wörter bezeichnet, die aus anderen Sprachen in die jeweils betrachtete Sprache übernommen wurden – wir gehen hier nicht auf die schwierige Abgrenzung zwischen Lehn- und Fremdwort ein. In historischer Sicht kann der Wortschatz einer Sprache im Großen und Ganzen als aus drei wichtigen Komponenten zusammengesetzt betrachtet werden:
   - aus dem überkommenen historischen Fundus, d.h. im Falle des Französischen aus dem Vulgärlatein und aus den immer präsenten antiken Hochsprachen. Die sog. Erbwörter und die "Kultismen" (Latinismen und Gräzismen) bilden zwei Register, die im französischen Wortschatz zu **Dubletten** führen können – vgl. *cause* und *chose, fragile* und *frêle* – bzw. zur Dissoziierung der Wortfamilien – vgl. *aveugle – cécité, semaine – hebdomadaire, foie – hépatique*;
   - aus den aus anderen Sprachen und Dialekten im Laufe der Sprachgeschichte erfolgten Entlehnungen;
   - aus den mit den Verfahren der Wortbildung erzeugten Wörtern.

2. **Ausstrahlungsphänomene:** Wie das Französische z.T. beträchtliche lexikalische Einflüsse von den großen europäischen Kultursprachen aufgenommen hat (vgl. oben), so hat es umgekehrt auch sehr stark auf diese ausgestrahlt und deren Wortschatz mit zahlreichen Gallizismen angereichert, so ganz besonders im Falle des Englischen (seit der Epoche der Normannenherrschaft in England, 10.000 Gallizismen im Mittelenglischen), aber auch des Italienischen, des Spanischen, des

Deutschen (2.000 Gallizismen im 18. Jh.) u. a.; vgl. dazu die entsprechende Information in den verschiedenen Sprachgeschichten der jeweiligen Einzelsprachen sowie u. a. in den Werken von Hope und Mackenzie.

| Anregung |

Suchen Sie zur Veranschaulichung französische Wortbeispiele für jede der im nachstehenden Schema angeführten Komponenten, z. B. in den bekannten etymologischen Wörterbüchern (s. III.6.4) im Beitrag von HOLTUS, Günter im *LRL* V, 1: 519–529, bei GUIRAUD, Pierre (1965), *Les mots étrangers*, Paris, STEFENELLI (1981, passim) oder bei WUNDERLI (1989: 31–57).

**Vereinfachte Skizze der historischen Stratifikation
des französischen Wortschatzes:**

LATINISMEN UND GRÄZISMEN

KULTURADSTRATE

......
Anglizismen und Angloamerikanismen
Neugermanismen (Deutsch)
Hispanismen
Italianismen
Niederlandismen
Okzitanismen
Arabismen
(meist über Span. bzw. Ital. vermittelt)

SUPERSTRAT	Altgermanismen (Fränkisch)
VULGÄRLATEIN	Grundbestand der frz. Lexika (enthält auch Gräzismen)[53]
SUBSTRAT	Keltismen

---

53 Vgl. dazu DIETRICH, Wolf (1997), "Griechisch und Romanisch", *LRL*, Bd. VII, Art. 465, 2.1.1.

Literaturhinweise

PFISTER, Max (1980), *Einführung in die romanische Etymologie*, Darmstadt: WB; MEIER, Harri (1986), *Prinzipien der etymologischen Forschung. Romanistische Einblicke*, Heidelberg: Winter; MEIER, Harri (1965), "Zur Geschichte der romanischen Etymologie", *ASNS* 201: 81–109; SCHMITT, Rüdiger (Hrsg.) (1977), *Etymologie*, Darmstadt: WB; BALDINGER, Kurt (1959), "L'étymologie hier et aujourd'hui", wieder abgedruckt in: SCHMITT, Rüdiger (Hrsg.) (1977: 213–246).

Speziell zum Französischen: JÄNICKE, Otto (1991), *Französische Etymologie. Einführung und Überblick*, Tübingen: Niemeyer (Romanist. Arbeitsheft 35). DALBERA, Jean-Philippe (2006), *Des dialectes au langage: une archéologie du sens*, Paris: Champion (betont die Entwicklung der Bedeutung gegenüber der Rekonstruktion der Grundform).

Wortgeschichtliche Studien:
Eine Gesamtdarstellung der Geschichte des französischen Wortschatzes existiert nicht und ist beim augenblicklichen Stande der Forschung auch noch gar nicht realisierbar.

Eine systematische Darstellung der Entwicklung des Kernwortschatzes des Französischen vom Latein bis zur Gegenwart bietet STEFENELLI, Arnulf (1981), *Geschichte des französischen Kernwortschatzes*, Berlin: E. Schmidt. Einen knappen Überblick vermittelt: CHAURAND, Jacques (1977), *Introduction à l'histoire du vocabulaire français*, Paris: Bordas. Rein chronologisch und statistisch ausgerichtet: MESSNER, Dieter (1977), *Einführung in die Geschichte des französischen Wortschatzes*, Darmstadt: WB.

Wertvolle Einzelinformationen liefern die wortgeschichtlichen Kommentare im großen etymologischen Wörterbuch von W. VON WARTBURG, dem *FEW*, vgl. III.6.4.2.

Gesamtromanisch angelegt ist: LÜDTKE, Helmut (1968), *Geschichte des romanischen Wortschatzes*, 2 Bände, Freiburg: Rombach (umfassende Thematik, faktenreich; leicht zu lesen, da aus Vorlesungen hervorgegangen). Kulturgeschichtlich interessante bedeutungsgeschichtliche Wortmonographien bietet: SCHALK, Fritz (1966), *Exempla romanischer Wortgeschichte*, Frankfurt/Main: Klostermann.

Zum Bedeutungswandel:
BLANK, Andreas (1997), *Prinzipien des lexikalischen Bedeutungswandels am Beispiel der romanischen Sprachen*, Tübingen: Niemeyer; KLEIN, Franz-Josef (1997), *Bedeutungswandel und Sprachendifferenzierung. Die Entstehung der romanischen Sprachen aus wortsemantischer Sicht.* Tübingen: Niemeyer. Einen strukturellen Ansatz bietet der wegweisende Aufsatz von COSERIU, Eugenio (1964), "Pour une sémantique diachronique structurale", *TraLiLi*, 2,1: 139–186; dt. in GECKELER (1978, 90–163, siehe oben S. 132).

Zu den Lehnelementen:
Zur Theorie der lexikalischen Entlehnung siehe JANSEN, Silke (2005), *Sprachliches Lehngut im world wide web*, Tübingen: Narr, S. 24–234.

Zum lexikalischen Einfluss von Substrat und Superstrat: vgl. IV.3 und IV.4.

Im Überblick: WALTER, Henriette et Gérard (²1998), *Dictionnaire des mots d'origine étrangère*, Paris: Larousse (vgl. dort die einleitende Darstellung: S. 7–115). WALTER, Henriette (1997), *L'aventure des mots venus d'ailleurs*, Paris: Laffont.

Monographien zu den Entlehnungen aus den großen lebenden europäischen Sprachen: vgl. z.B.: GEBHARDT, Karl (1974), *Das okzitanische Lehngut im Französischen*, Bern /Frankfurt a.M.: Lang; HOPE, Thomas E. (1971), *Lexical Borrowing in the Romance Languages. A Critical Study of Italianisms in French and Gallicisms in Italian from 1100 to 1900*, 2 Bde., Oxford: Blackwell; MACKENZIE, Fraser (1939), *Les relations de l'Angleterre et de la France d'après le vocabulaire*, 2 Bände, Paris: Droz, sowie WALTER, Henriette (2001), *Honni soit qui mal y pense. L'incroyable histoire d'amour entre le français et l'anglais*, Paris: Laffont. Zu den Arabismen im Französischen siehe KIESLER, Reinhard (2006), "Sprachkontakte: Arabisch und Galloromania", in: ERNST, Gerhard, et al. (Hrsg.), *Romanische Sprachgeschichte*, II, Berlin/New York, 1648–1655.

6.4 Lexikographie

6.4.1 Lexikographie – synchron

Unter **Lexikographie** im engeren Sinne versteht man die wissenschaftliche Praxis der Erstellung von Wörterbüchern. Für "Lexikographie im weiteren Sinne" schlägt Hausmann die Bezeichnung **Wörterbuchforschung** vor und definiert: "*Wörterbuchforschung* ist das Gesamt der auf Wörterbücher ausgerichteten wissenschaftlichen Theorie und Praxis" (HAUSMANN 1985: 368).

Die Wörterbuchforschung umfasst die Lexikographie im engeren Sinne (vgl. oben) und die Metalexikographie, welche ihrerseits sich nach Hausmann untergliedert in: 1. Theorie der Lexikographie, 2. Wörterbuchkritik, 3. Status- und Benutzungsforschung, 4. Geschichte der Lexikographie und der Metalexikographie. Der Gegenstand der o. a. Disziplinen sind also die Wörterbücher. HAUSMANN (1985: 369) gibt folgende sehr allgemeine Definition des Wörterbuchs:

> Das *Wörterbuch* ist eine durch ein bestimmtes Medium präsentierte Sammlung von lexikalischen Einheiten (vor allem Wörtern), zu denen für einen bestimmten Benutzer bestimmte Informationen gegeben werden, die so geordnet sein müssen, dass ein rascher Zugang zur Einzelinformation möglich ist.

Zum Verhältnis von Lexikologie und Lexikographie:

> Die Lexikologie profitiert von den Datensammlungen, die die Lexikographie im Hinblick auf praktische Bedürfnisse erstellt; die Lexikographie profitiert ihrerseits von den theoretischen [und praktischen (d. Verf.)] Fortschritten der Lexikologie. (SCHWARZE/WUNDERLICH 1985: 9)

Welche Typen von Wörterbüchern gibt es?

Wir beschränken uns im Folgenden auf eine Auswahl aus der großen Vielfalt der existierenden Wörterbuchtypen und führen jeweils wichtige lexikographische Werke zum Französischen als Beispiele für die einzelnen Typen an (wir orientieren uns hinsichtlich der "Typologie" der Wörterbücher vor allem an den Arbeiten von Hausmann, siehe Literaturhinweise unten).

1. Sprachlexikon oder Wörterbuch *versus* Sachlexikon oder enzyklopädisches Wörterbuch:

Der Schwerpunkt eines Wörterbuchs liegt auf der sprachlichen Information, während enzyklopädisch ausgerichtete Nachschlagewerke vor allem Sachinformation liefern (hinzu kommen aber auch sprachliche Informationen).

Beispiele für Sprachwörterbücher s. unten; als Beispiele für enzyklopädische Lexika seien angeführt:

Pluridictionnaire Larousse: Dictionnaire encyclopédique de l'enseignement (1977), Paris: Larousse.

Grand Dictionnaire encyclopédique Larousse (1982–1985), 10 Bde., Paris: Larousse.

Grand Larousse encyclopédique Larousse (2007), 2 Bde., Paris: Larousse (+ 1 CD-ROM)

FRÉMY, Dominique et Michèle (2009), *Quid 2010*, Paris.

2. Einsprachiges Wörterbuch vs. zwei- oder mehrsprachiges Wörterbuch:

Einsprachige Wörterbücher geben zu jedem Eintrag (Lemma) eine (oder mehrere) Definition(en) in derselben Sprache wie die Einträge selbst – dazu in der Regel noch weitere sprachliche Informationen (z.B. phonetische Umschrift, Angaben zur Wortart, zur Etymologie, zum Sprachniveau bzw. Stilregister, zu Synonymen u.a.) einschließlich Beispiele zur Illustration (die auch Zitate sein können); diese Lexika werden auch **Definitionswörterbücher** genannt. Für das Französische gibt es eine beträchtliche Zahl sehr guter einsprachiger Wörterbücher. Beispiele für einsprachige Wörterbücher des heutigen Französisch:

Einbändige Werke:

Petit Larousse illustré, Paris (erscheint fast jährlich neu; enthält auch einen enzyklopädischen Teil).

Dictionnaire du français contemporain (1976), nouv. éd., Paris: Larousse.

Dictionnaire du français vivant (1975), Paris/Bruxelles/Montréal: Bordas.

Dictionnaire pratique du français (^{2}2000), Paris – Berlin u.a.: Hachette – Langenscheidt.

Larousse pratique: Dictionnaire du français quotidien, Paris: Larousse.

Le Nouveau Petit Robert. Dictionnaire alphabétique et analogique de la langue française (2009), Paris: Le Robert (auch als elektronische Ressource).

Le Lexis: dictionnaire érudit de la langue française (1975; 2008), Paris: Larousse.

Mehrbändige Werke:

Robert, Paul (^{2}1996), *Dictionnaire alphabétique et analogique de la langue française*, 9 Bände, Paris (= *Le grand Robert*). Seit 1994 auch elektronisch.

Grand Larousse de la langue française en sept volumes (1971–1978), Paris (= *GLLF*).

Trésor de la langue française: Dictionnaire de la langue du XIXe et du XXe siècle (1789–1960), (1971–1994), 16 Bände, Paris (= *TLF*). Seit 2002 auch elektronisch.

Als Wörterbuch des *bon usage*: *Dictionnaire de l'Académie Française*, 9. Aufl., t. 1, Paris: Juillard 1994. Von Bd. 2 erschienen bis 2011 36 Faszikel: *éocène* bis *quadrivium*.

Zweisprachige Wörterbücher liefern für jeden Eintrag der Ausgangssprache eine zielsprachliche Übersetzung (Äquivalent); sie werden auch **Äquivalenzwörterbücher** genannt.

Als Beispiele unter vielen seien angeführt (z. T. auch neuere Auflagen):

ESCHMANN, Heinrich (2009), *Pons-Großwörterbuch: Französisch-Deutsch/Deutsch-Französisch*, Neubearbeitung, Stuttgart: Klett.

SACHS, Karl/VILLATTE, Césaire, *Langenscheidts Großwörterbuch Französisch*, Teil I, bearb. v. E. Weis, [13]2006; Teil II, bearb. v. W. Gottschalk, [19]2009, Berlin u.a..

GRAPPIN, Pierre (2007), *Grand dictionnaire français-allemand. Großwörterbuch Deutsch-Französisch*, nouvelle éd., Paris: Larousse.

Die zweisprachigen Wörterbücher leisten meist gute Dienste in der Richtung Zielsprache → Ausgangssprache (d. h. beim Herübersetzen); die in ihnen gegebene Information reicht jedoch in der umgekehrten Richtung, d. h. beim Hinübersetzen, häufig nicht aus. Daher erweist es sich oft als notwendig, zur Ergänzung ein Definitionswörterbuch der Zielsprache zu Hilfe zu nehmen.

3. Synchrones Wörterbuch vs. diachrones Wörterbuch:

Der Prototyp des synchronischen Wörterbuchs ist das *Wörterbuch der Gegenwartssprache*. Der Prototyp des diachronischen Wörterbuchs ist das *etymologische Wörterbuch* [vgl. III.6.4.2]. (HAUSMANN 1985: 379)

Ein synchrones Wörterbuch – die meisten unter 2. aufgeführten sind solche – ist nicht auf die aktuelle Synchronie eingeschränkt, sondern es kann auch eine ältere Sprachstufe – wenn diese als ein synchroner "état de langue" betrachtet werden kann – darstellen, vgl. z. B. die Wörterbücher des Altfranzösischen (vgl. IV.6) oder:

HUGUET, Edmont (1925–1967), *Dictionnaire de la langue française du XVIe siècle*, 7 Bände, Paris: Champion. Ab 2004 bei Champion électronique.

LITTRÉ, Emile (1863–1873), *Dictionnaire de la langue française*, 4 Bände (+ Supplementband 1877), Paris: Hachette (verschiedene neuere Nachdrucke), ist für uns heute ein historisches Wörterbuch, ebenso wie die verschiedenen Auflagen des Akademiewörterbuches (von der 1. Aufl. 1694 bis zur 8. Auflage 1932–1935). Für das Studium besonders zu beachten, da sehr informativ: REY, Alain (éd.) (2010), *Dictionnaire historique de la langue française*, nouv. éd. augmentée, 3 vol., Paris: Le Robert.

4. Standardsprachliches Wörterbuch vs. regionalsprachliches Wörterbuch:

Den die Nationalsprache darstellenden Wörterbüchern stehen die Mundart- oder Dialektwörterbücher gegenüber, von denen es eine beträchtliche Anzahl für den französischen Sprachraum gibt, vgl. z. B. HAUST, Jean (1933), *Dictionnaire liégeois*, Liège: Vaillant-Carmanne.

Einen Überblick über die französischen Dialektwörterbücher bis 1967 geben von WARTBURG, Walther et al. (1969), *Bibliographie des dictionnaires patois galloromans (1550–1967)*, Genève: Droz.

5. Gemeinsprachliches Wörterbuch vs. fachsprachliches Wörterbuch:

Im Gegensatz zu den gemeinsprachlichen Wörterbüchern, die Gesamtwörterbücher sein wollen, sind fachsprachliche Wörterbücher in der Regel Differenzwörterbücher, d.h. solche, die nur die fachspezifischen Wörter einer Disziplin aufnehmen. Information über Terminologie und fachsprachliche Wörterbücher des Französischen findet man in den Bänden der vom "Conseil international de la langue française" herausgegebenen Zeitschrift *La banque des mots*, 1–82 (1971–2011).

Als Beispiel soll hier ein selektives Fachwörterbuch, das der französischsprachigen linguistischen Terminologie, angeführt werden: DUBOIS, Jean et al. (1973), *Dictionnaire de linguistique*, Paris: Larousse. Verschiedene Nachdrucke.

6. Gesamtwörterbuch vs. Spezialwörterbuch:

Aus dem breiten Spektrum von Spezialwörterbüchern kann hier nur eine kleine Auswahl berücksichtigt werden:

a) Synonymwörterbuch und Antonymwörterbuch:
Synonymiken gibt es viele, Antonymiken existieren kaum; hin und wieder erscheinen solche Spezialwörterbücher mit beiden Typen von Inhaltsrelationen; vgl. für das Französische:

Einsprachige distinktive Synonymwörterbücher:
BÉNAC, Henri (1956, + Nachdrucke), *Dictionnaire des synonymes conforme au Dictionnaire de l'Académie Française*, Paris: Hachette; GENOUVRIER, Emile/DÉSIRAT, Claude/HORDÉ, Tristan (^{3}2007), *Dictionnaire des synonymes*, Paris: Larousse.

Zweisprachiges distinktives Synonymwörterbuch:
KLEINEIDAM, Hartmut/GOTTSCHALK, Walter (^{6}1972), *Französische Synonymik*, München: Hueber.

Nivellierende Synonymwörterbücher (z.T. mit Antonymen):
BERTAUD DU CHAZAUD, Henri (2003), *Dictionnaire des synonymes et mots de sens voisin*, Paris: Gallimard; HABOURY, Frédéric (2009; dir.), *Le dictionnaire des synonymes et des contraires*, Paris: Larousse; LE FUR, Dominique (2010), *Dictionnaire des synonymes et des nuances*, Paris: Le Robert.

Diese nivellierenden Synonymiken sind meist nichts anderes als semantisch grob geordnete Materialsammlungen.

b) Begrifflich geordnetes Wörterbuch:
Im Gegensatz zu den üblichen alphabetisch gegliederten Wörterbüchern stehen die eher seltenen, nach begrifflichen bzw. semantischen Kriterien oder nach Sachgruppen geordneten Wörterbücher.

Beispiele für das Französische:
MAQUET, Charles (1936, + Nachdrucke), *Dictionnaire analogique*, Paris: Larousse; DELAS, Daniel/DELAS-DEMON, Danièle (1991), *Dictionnaire des idées par les mots (analogique)*, Paris: Le Robert; NIOBEY, Georges (³2001, + Nachdr.), *Dictionnaire analogique*, Paris: Le Robert; PÉCHOIN, Daniel (Hrsg.) (²1992), *Thésaurus Larousse: des idées aux mots, des mots aux idées*, Paris: Larousse (enthält als Index auch einen alphabetischen Teil).

c) Rückläufiges Wörterbuch:

Ein rückläufiges (a tergo) Wörterbuch ist ein lexikographisches Werk, in dem die Wörter in alphabetischer Reihenfolge vom Wortende – und nicht wie üblicherweise vom Wortanfang – her aufgelistet werden. Ein solches Wörterbuch erleichtert z.B. die Erforschung der Suffixbildungen oder auch die Reimfindung (zu diesem Zwecke gab es schon in früheren Zeiten Reimwörterbücher); vgl.:

JUILLAND, Alphonse (1965), *Dictionnaire inverse de la langue française*, The Hague: Mouton (nach dem *code phonique* aufgebaut). Heute erfüllen den gleichen Zweck sehr viel besser elektronische Wörterbücher, wie z.B. *Le Petit Robert – CD-ROM. Version électronique du Nouveau Petit Robert.* 1997.

d) Frequenzwörterbuch:

In einem Frequenzwörterbuch werden die Wörter nach der Häufigkeit ihres Vorkommens in (gesprochenen und/oder geschriebenen) Texten aufgelistet.

Für das Französische existieren folgende Frequenzwörterbücher:
Juilland, Alphonse et al. (1970), *Frequency Dictionary of French Words*, The Hague: Mouton; *Dictionnaire des fréquences. Vocabulaire littéraire des XIXe et XXe siècles* (1971), 7 Bde., Paris: Didier.

Außerdem gibt es noch viele verschiedene Arten von Wörterbüchern, wie z.B. solche, die Familien- und Vornamen, Ortsnamen, den Wortschatz einzelner Autoren, Kollokationen, Redensarten, Sprichwörter, Zitate, Neologismen, Archaismen, Regionalismen, Exotismen, Erotismen, Fremdwörter (z.B. Anglizismen), Aussprache, Stil, "faux amis", Sprachschwierigkeiten, Abkürzungen u.a. betreffen.

> **Anregungen**
>
> 1. Analysieren Sie den Aufbau, d.h. die Mikrostruktur eines Wörterbuchartikels aus einem der großen einsprachigen Wörterbücher des Französischen, z.B. aus dem "Grand Robert". Welche Arten von Information werden angeboten?
> 2. Stellen Sie mit Hilfe des rückläufigen Wörterbuchs die mit den Suffixen -*asser*, -*ément* und mit dem Kompositionselement -*vore* abgeleiteten französischen Lexeme zusammen. Welche Schlüsse zur Semantik bzw. zur Funktion der Lexeme lassen sich ziehen?
> 3. Machen Sie sich anhand eines Argotwörterbuches mit dieser diastratischen Varietät des Französischen fürs erste bekannt.[54]

Literaturhinweise

HAUSMANN, Franz Josef (1977), *Einführung in die Benutzung der neufranzösischen Wörterbücher*, Tübingen: Narr; HAUSMANN, Franz Josef (1985), "Lexikographie", in: SCHWARZE, Christoph/WUNDERLICH, Dieter (Hrsg.) (1985), *Handbuch der Lexikologie*, Königstein/Ts.: Athenäum, 367–411; HAUSMANN, Franz Josef et al. (Hrsg.) (1989–1991), *Wörterbücher/Dictionaries/Dictionnaires. Ein internationales Handbuch zur Lexikographie*, 3 Bde., Berlin/New York: de Gruyter; vgl. darin: BRAY, Laurent, "La lexicographie française des origines à Littré", S. 1788–1818; REY, Alain, "La lexicographie française depuis Littré", S. 1818–1843; RETTIG, Wolfgang, "Die zweisprachige Lexikographie Französisch-Deutsch, Deutsch-Französisch", S. 2997–3007.

6.4.2 Lexikographie – diachron

Wir beschränken uns hier auf einen kurzen Überblick über die wichtigsten etymologischen Wörterbücher der französischen Sprache.

Etymologische Wörterbücher in einem Band:

BLOCH, Oscar / VON WARTBURG, Walther (³2008), *Dictionnaire étymologique de la langue française*, Paris: PUF-Quadrige; GAMILLSCHEG, Ernst (²1969), *Etymologisches Wörterbuch der französischen Sprache*, Heidelberg: Winter. Studienausgabe 1997; DAUZAT, Albert et al. (⁶1990), *Nouveau Dictionnaire étymologique et historique*, Paris: Larousse; DUBOIS, Jean / MITTERAND, Henri / DAUZAT, Albert (2009), *Dictionnaire étymologique et historique du français*, Paris: Larousse; PICOCHE, Jacqueline (2009), *Dictionnaire étymologique du français*, Paris: Le Robert; BAUMGARTNER, Emmanuèle / MÉNARD, Philippe (³2001, + Nachdrucke), *Dictionnaire étymologique et historique de la langue française*, Paris: Librairie Générale Française.

Das bei weitem ausführlichste Werk ist VON WARTBURG, Walther (1922ff.), *Französisches etymologisches Wörterbuch. Eine Darstellung des galloromanischen Sprachschatzes* (= *FEW*), 25 Bde., Leipzig, ab 1944 Basel: Helbing & Lichtenhahn.

---

54   Vgl. auch NOLL, Volker (1993), "Les dictionnaires d'argot et les argots spéciaux", *TraLi Phi* 31: 423–475.

Inzwischen wurde mit der Neubearbeitung der Wörter mit *A*– begonnen.

Zum *TLF* (*Trésor de la Langue Française*) besteht in Nancy als fortlaufendes etymologisches Forschungsprojekt der *TLF-Étym*, abrufbar unter http://www.atilf.fr/tlf-etym.

Zum Abschluss sei noch auf das bis heute nicht ersetzte gesamtromanische Werk von MEYER-LÜBKE, Wilhelm (³1935, ⁶1992), *Romanisches Etymologisches Wörterbuch* (= *REW*), Heidelberg: Winter, hingewiesen. Ein neu konzipierter *Dictionnaire étymologique roman* (*DÉRom*) ist seit 2008 in Arbeit. Erste Ergebnisse zum panromanischen Wortschatz sind abrufbar unter http://www.atilf.fr/DERom.

Anregungen

1. Orientieren Sie sich über den unterschiedlichen Aufbau des etymologischen Wörterbuchs von Bloch/Wartburg und des *FEW*s.
2. Gehen Sie der "étymologie-histoire du mot" folgender französischer Wörter nach: *assassin, aveugle, (le) bas* 'Strumpf', *déjeuner – dîner, fromage, (la) grève* 'Streik', *hôpital – hôtel, jument, maison – ménage – manoir – manant, mauvais – méchant, nager – naviguer, niais, ouvrir/ ouvrable, païen, peser – penser – panser, porcelaine, renard, rien,* der Wortfamilie von *roman* (*romancier, romantique* usw.), *talent, tête, toilette, travail, viande/chair*; vgl. dazu KLEIN, Hans-Wilhelm (⁴1966), *Französische Wortkunde auf sprach- und kulturgeschichtlicher Grundlage*, München: Hueber.

Zusammenfassung

Die Semantik als Kernbereich linguistischer Interessen stellt die Linguisten vor besondere Schwierigkeiten, weil die Bedeutung zwar auf die Dinge der Welt bezogen, aber mit ihnen nicht identisch ist. Die hier vertretene Auffassung Saussures und Coserius vom sprachlichen Inhalt als einer abstrakten, der Beobachtung nur schwer zugänglichen Wertigkeit (*valeur*), die im Verbund mit dem *signifiant* ein sprachliches Zeichen bildet, ermöglicht bei richtiger Nutzung der Unterscheidung zwischen Bedeutung und Bezeichnung (vgl. II.4.5) dennoch verlässliche Einsichten in die Strukturierung des Wortschatzes einer Sprache. Zu der in der Grammatik und Syntax behandelten grammatischen Semantik kommt die hier vorgestellte lexikalische Semantik hinzu. Fassbar werden in der semantischen Analyse nicht die Bedeutungen selbst, sondern in erster Linie die Inhaltsrelationen (Synonymie und Antonymie, Hyperonymie und Hyponymie, Polysemie). Vor allem Synonymie und Antonymie spielen eine große Rolle in der strukturellen Semantik, die nach dem Prinzip der Phonologie semantische

Oppositionen in Wortfeldern deutlich macht. Wortfelder sind Ausschnitte aus dem Wortschatz einer Sprache, hier des Französischen, dessen Glieder einen bestimmten Inhaltsbereich gemeinsam (als Synonyme und Antonyme) abdecken, sich aber in einem Zug (Sem) voneinander unterscheiden. – Die kognitive Semantik vermittelt demgegenüber Einsichten in die Konzeptbildung aufgrund von assoziativ erfassten Ähnlichkeiten und deren Versprachlichung. Sie zeigt die psychologischen Grundlagen unserer Weltwahrnehmung auf. Die Ergebnisse der kognitiven Semantik sind vor allem bei der Erklärung des Bedeutungswandels, d.h. auch der Verschiebung oder metaphorischen Übertragung von Bedeutungen erfolgreich verwertbar. Kognitive und strukturelle Semantik sollten nicht als sich ausschließende Gegensätze aufgefasst, sondern sinnvoll miteinander kombiniert werden.

Die Etymologie umfasst die Erforschung des ursprünglichen sprachlichen Zeichens, also die Veränderung des *signifiant* und des *signifié*. Der Bedeutungswandel betrifft dagegen die verschiedenen Arten der Bedeutungsveränderung eines Lexems in der Geschichte (innerer versus von außen verursachter Wandel, lexikalische Differenzierung durch die Übernahme von Lehnwörtern).

Die Lexikographie ist die Lehre von der systematischen Erfassung aller Arten von Wörterbüchern. Auf guter semantischer Analyse beruhen sollten die Definitions- und Äquivalenzwörterbücher, doch steht dem gegenüber häufiger die praktische Verwendbarkeit im Alltag im Vordergrund.

7. Pragmatik

7.1 Definition

Die Pragmatik (*la* [*linguistique*] *pragmatique*) ist, der etymologischen Bedeutung des Terminus entsprechend, die Lehre vom Handeln mit Sprache. Sprechen dient in aller Regel der Kommunikation, und erfolgreiche Kommunikation oder – modern gesprochen – erfolgreiche sprachliche Interaktion beruht einerseits auf der richtigen Einschätzung der Situation durch den Sprecher, damit er seine Rede angemessen kodiert, und durch den Hörer, damit er sie richtig dekodiert, d.h. versteht. Erfolgreiche Kommunikation beruht andererseits aber auch auf einzelsprachlichen Regeln, wie man in einer bestimmten Sprache etwas üblicherweise sagt. So ist es zwar grammatisch nicht falsch, jemanden auf Französisch mit *Bon matin!* zu begrüßen. Es ist aber pragmatisch höchst unangemessen und insofern "falsch" in einer Begrüßungssituation so zu sprechen, denn in pragmatischer Hinsicht wird im Französischen bekanntlich nicht wie im Deutschen der Morgen vom Tag im Ganzen unterschieden. Sollte es sich um eine formelle Begrüßung handeln, so ist wiederum ein einfaches *Bonjour!* unter Umständen zu salopp und sollte durch den Zusatz *Monsieur, Madame* oder *Mademoiselle* ergänzt werden. Kontrastiv zum Deutschen könnte dann noch festgestellt werden, dass es zum Gruß *Bonjour, Monsieur!* im Deutschen keine wörtliche Entsprechung gibt, denn *Guten Morgen, mein Herr!* ist im Deutschen pragmatisch unmöglich, da völlig unüblich, während wiederum deutsches *Guten Morgen, Frau Meier!* im Französischen keine pragmatisch angemessene Entsprechung durch eine eventuelle Nennung des Familiennamens hat: **Bonjour, Madame Dupont!*.

7.2 Die Stellung der Pragmatik in der Sprachwissenschaft

Die Pragmatik hat sich seit etwa 1970 als neue Richtung der Linguistik etabliert. Sie geht in ihren Anfängen zurück auf die Sprechakttheorie von AUSTIN (1962) und SEARLE (1969). Im Gegensatz zur deskriptiven Linguistik des Sprachsystems will sie eine Linguistik der sprachlichen Norm der Einzelsprachen und des Sprechens im Allgemeinen sein, häufig unter expliziter Vernachlässigung der Ebene des Systems. Da es ihr weitgehend nicht um das geht, was in diesem Band als sprachliche Bedeutung (siehe III.6.2) bezeichnet wird, sondern um den pragmatischen Sinn von Äußerungen (siehe auch II.4.5), also das Gemeinte, ist ein Großteil der Ergebnisse pragmatischer Forschung nicht einzelsprachlich gebunden, sondern entspricht allgemeiner menschlicher Logik bzw. Weltkenntnis. Sie unterscheidet daher oft nicht zwischen z. B. französischer Norm und allgemeiner Welterfahrung.

Ein in diesem Zusammenhang oft zitiertes Beispiel (siehe ähnlich auch II.4.5) ist dieses: In einer bestimmten Situation sagt A zu B: "Il y a un courant d'air ici". Da in einer Kommunikationssituation kaum jemals etwas ohne Absicht geäußert wird, geht es nun pragmatisch nicht darum zu untersuchen, was *il y a un courant d'air ici* sprachlich bedeutet (z.B. wie die Aussage syntaktisch zu analysieren ist), sondern, was der Sinn dieser Äußerung in dieser Situation ist. Nach allgemeiner Erfahrung – zumindest in unserem Kulturkreis – ist auch ohne genaue Kenntnis der Situation zu vermuten, dass die Äußerung sprachlich zu einer Handlung von B auffordert, nämlich die Tür oder das Fenster zu schließen oder den Platz zu wechseln, und dies unabhängig davon, ob die Äußerung auf Französisch, Deutsch, Niederländisch oder Polnisch geschieht.

In anderen Fällen, gerade im Falle längerer und ausführlicherer Kommunikation mit Äußerungen, Fragen und Antworten geschieht es erfahrungsgemäß immer wieder, dass der Hörer eine Antwort interpretieren muss, Schlüsse ziehen muss, wie etwas gemeint sein kann, da Sprechen im Alltag nie bedeutet, dass in jeder Hinsicht vollständige Äußerungen gemacht werden. All dies kann wichtig und interessant sein, gehört aber meistens nicht zum Code einer bestimmten Sprache, sondern zum Sprechen im Allgemeinen.

7.3 Beispiele sprachlicher Interaktion

Weitgehend einzelsprachlich strukturierte Bereiche pragmatischer Beobachtung stellen die Formen sprachlicher Höflichkeit (z.B. Anredeformen, Formen der Aufforderung, siehe FRANK 2011) und die so genannten Diskursmarker dar, die manchmal von den Gliederungssignalen innerhalb eines einzigen Redebeitrags unterschieden werden. Die Gliederungssignale eines Textbeitrags, die der Suche nach Zustimmung oder Verständnis beim Gesprächspartner, der Schlussfolgerung oder dem Wunsch nach Beendigung des eigenen Beitrags dienen können, werden häufig auch in der Textlinguistik behandelt. Die Diskursmarker dienen demgegenüber eher der sinnvollen Einbettung des eigenen Beitrags in das Gesamtgespräch. Den deutschen Abtönungspartikeln wie *denn, ja, doch* (z.B. *Da ist er ja! Das ist ja denn doch zuviel! Wo ist sie denn?*) entsprechen im Französischen nur bedingt ähnliche morphematische Einheiten. Eher stellt man z.B. Eröffnungssignale fest wie *eh bien, tu sais, tu vois, mais alors, écoute!* usw. Zur Konversationsanalyse siehe GÜLICH/MONDADA 2008.

7.4 Kritische Bewertung der Pragmatik

Die Pragmatik erlaubt zweifellos hoch interessante Einsichten in den üblichen Umgang mit Sprache, in die Strategien des Sprechens, z.B. des Überzeugens, Überredens und des Wort-Behaltens in der Diskussion. Es muss aber klar sein, dass hier sinnvollerweise einzelsprachliche Normen von übereinzelsprachlichen getrennt werden sollten. Außerdem muss die Rolle der Pragmatik im Gesamtgebäude der Linguistik gesehen werden: Die oft geführte Rede von einer "pragmatischen Wende" in der Linguistik Ende der sechziger Jahre des 20. Jh. kann nicht bedeuten, dass alle übrigen, schon vorher betriebenen Zweige der Sprachwissenschaft deswegen obsolet geworden wären. Die Unterscheidung zwischen den Beobachtungsebenen des Systems, der Norm und der Rede erlaubt es gerade, jedem Bereich seinen angemessenen Platz zuzuweisen und den verschiedenen Interessen der Linguisten Raum für ihre jeweiligen Schwerpunktsetzungen zu geben.

Anregungen

1. Informieren Sie sich über französische Gliederungssignale anhand von GÜLICH (1970).
2. Vergleichen Sie Formen der Aufforderung im Französischen in onomasiologischer und semasiologischer Perspektive anhand von FRANK (2011, Kap. 5–6).

Literaturhinweise

AUSTIN, John L. (1962), *How to do things with words*, Cambridge, Mass.: Harvard University Press; BERRENDONNER, Alain (²1988), *Eléments de pragmatique linguistique*, Paris: Minuit (Nachdr. 1999); COSERIU, Eugenio (1990), *Sprachkompetenz*, Tübingen: Francke; GARRIC, Nathalie/CALAS, Frédéric (2007), *Introduction à la pragmatique*, Paris: Hachette Supérieur; FRANK, Birgit (2011), *Aufforderung im Französischen: Ein Beitrag zur Geschichte sprachlicher Höflichkeit*. Berlin u.a.: de Gruyter (Beiheft *ZRPh* 358); GÜLICH, Elisabeth (1970), *Makrosyntax der Gliederungssignale im gesprochenen Französisch*, München: Fink; GÜLICH, Elisabeth/ MONDADA, Lorenza (2008), *Konversationsanalyse. Eine Einführung am Beispiel des Französischen*. Tübingen: Niemeyer; SEARLE, John R. (1969), *Speech acts. An essay in the philosophy of language*. Cambridge: Cambridge University Press; WEYDT, Harald (1969), *Abtönungspartikel. Die deutschen Modalwörter und ihre französischen Entsprechungen*, Bad Homburg: Gehlen.

Zusammenfassung

Die linguistische Pragmatik ist der Zweig der Sprachwissenschaft, in dem das Handeln mit Sprache im Kommunikationsakt untersucht wird. Dies geschieht sowohl übereinzelsprachlich, indem allgemeine Regeln der Gesprächsführung, der Kodierung von Äußerungen in bestimmter Absicht gegenüber dem Gesprächsteilnehmer und der Dekodierung, dem situationsgerechten Verstehen von Äußerungen durch den Hörer, festgestellt werden. Es geschieht aber auch einzelsprachlich, z.B. im Rahmen der Untersuchung der Kodierung von Höflichkeit im Französischen, der angemessenen Anrede sowie der Gliederung eines Diskussions- oder Gesprächsbeitrags durch bestimmte Eingangssignale, die sich auf das Vorwissen oder die Zustimmung des Hörers zum Gesagten beziehen.

Die Pragmatik ist nicht eine autonome Form moderner Linguistik, sondern ein linguistischer Teilbereich, in dem viele Fragen der einzelsprachlichen Norm des Französischen und des Sprechens im Allgemeinen untersucht werden.

8. Zur Variation des Französischen

8.1 Zur Theorie der Variation

Wie jede natürliche Sprache ist auch das Französische trotz aller Normierungsbestrebungen, die seit dem 17. Jh. der Hochsprache galten, eine facettenreiche Sprache mit vielfältigen regionalen (diatopischen), soziokulturellen (diastratischen) und stilistischen (registerspezifischen, diaphasischen) Unterschieden geblieben (siehe dazu, vor allem zur Unterscheidung zwischen "gesprochenem" und "geschriebenem" Französisch, IV.11.2). Jede 'historische Sprache' – so also auch das Französische – ist als synchrone Technik der Rede niemals völlig homogen, sondern sie weist stets interne **Varietäten** auf. Sie stellt somit nicht ein monolithisches System, sondern ein 'Diasystem' dar, d.h. "eine mehr oder weniger komplexe Gesamtheit von 'Dialekten', 'Niveaus' und 'Sprachstilen'" (COSERIU ²1992: 283), das von der **Varietätenlinguistik** untersucht wird. Nachfolgend sollen die drei "grundlegenden Typen mehr oder weniger tiefgreifender interner Unterschiede" (COSERIU 1988a: 280) kurz kommentiert und ihre Relevanz für das heutige Französisch knapp aufgezeigt werden.

1. **Diatopische Unterschiede** sind Unterschiede im geographischen Raum. Umgekehrt sind "Einheiten, die an einem einzigen Punkt im Raum betrachtet werden bzw. die (praktisch) keine räumlich bedingten Unterschiede aufweisen, [...] *syntopische* Einheiten oder *Dialekte* (dieser Ausdruck kann auf alle Arten regionaler Varietäten innerhalb der historischen Sprache verwendet werden, auch auf die der Hochsprache)" (COSERIU 1988a: 283).

In der Diatopik des Französischen unterscheidet z.B. MÜLLER (1975: 107 ff.; 1985: 134 ff.; dort ausführliche Information) "zwei große übereinander gelagerte Schichten": a) die Schicht der "langue commune, langue générale, langue nationale, langue officielle", d.h. "le français" *[le français tout court*, d. Verf.] als Ebene 1 und b) die Schicht der "Regiolekte" mit folgender Stratifizierung: die "français régionaux" als Ebene 2, die französischen Dialekte mit der Untergruppe der "parlers locaux (du type d'oïl)" (unprofessionell und abwertend manchmal als "patois" bezeichnet) als Ebene 3a und schließlich die nichtfranzösischen "langues ethniques" oder "langues minoritaires"[55] (z.B. das Bretonische, das Elsässische) als Ebene 3b, die in Wirklichkeit zu anderen Sprachsystemen und somit nicht zur "historischen Sprache" Französisch gehören, die aber, da sie bestimmte Varietäten des "français régional" oder die Gemeinsprache beeinflussten oder noch beeinflussen, von B. Müller hier mit aufgenommen werden.

"Als *français régional* wird eine regionale Varietät bezeichnet, die in einer bestimmten Gegend als *langue véhiculaire*, als Verkehrssprache, gesprochen, aber nicht nur dort verstanden wird. Es ist ein Französisch 'mit Akzent' [...]". (PRÜSSMANN-ZEMPER in *LRL* V,1: 831). "Die meisten *français régionaux* sind durch die Ausbreitung der Gemeinsprache über die Dialektzonen und die Gebiete nichtfranzösischer *langues ethniques* entstanden." Sie stellen eine "regionale Zwischenebene" (MÜLLER 1975: 117) zwischen Gemeinsprache und Dialekten dar. Regionale Besonderheiten lassen sich auf allen Ebenen, auf der phonischen, der grammatischen und der lexikalischen feststellen; vgl. etwa die bekannten phonetischen Besonderheiten des "français régional du Midi" (z.B. die typische Aussprache der Nasalvokale) oder, in Belgien und in der *Suisse Romande*, die spezifischen Numeralia *septante, nonante* für standardfrz. *soixante-dix, quatre-vingt-dix* (in der Schweiz auch *huitante* für *quatre-vingts*).

Ein "Dialekt" kann definiert werden als "eine Sprache, die einer historischen Sprache als deren räumliche Varietät untergeordnet ist" (COSERIU 1988, 24). Neben dieser arealen Einschränkung unterscheidet die "Prestigebarriere" (MÜLLER 1975: 109) die Dialekte – und noch mehr die "parlers locaux" (aber auch die "français régio-

---

55   Sie werden zuweilen auch "langues régionales" genannt.

naux") – von der Gemeinsprache. Unter dem Druck der Umstände des modernen Lebens (z.B. Massenmedien) weichen die französischen Dialekte immer mehr vor dem "français commun" und z.T. auch vor den "français régionaux" zurück; im Zentrum Nordfrankreichs existieren die Dialekte nicht mehr, am ehesten noch in Randzonen der Picardie und der Normandie. Vgl. als knappe Darstellung: GUIRAUD, Pierre (1968), *Patois et dialectes français*, Paris.

2. Diastratische Unterschiede sind Unterschiede zwischen den verschiedenen soziokulturellen Schichten einer Sprachgemeinschaft. Umgekehrt sind "Einheiten, die in einer einzigen soziokulturellen Schicht betrachtet werden oder die in dieser Hinsicht (praktisch) keine Unterschiede aufweisen, [...] *synstratische* Einheiten oder *Sprachniveaus* (die sog. 'Soziolekte' oder 'soziale Dialekte')" (COSERIU 1988a: 283).

Während "die diatopische Vielfalt des Französischen" die "*horizontale* Ausfächerung der Sprache im Raum" widerspiegelt, stellen die diastratischen Unterschiede die "Varianz in der *Vertikalen*" dar, d.h. "die unterscheidbaren Register der *soziologischen Gruppen*, die die (Sprach-)Gemeinschaft ausmachen." (MÜLLER 1975: 135) Dass Kategorien wie "Sprache der gehobenen Schicht", "Sprache der Mittelschicht" u.a. zu den soziokulturellen Unterschieden gehören, ist unbestritten. Hingegen wird die Zuordnung der "Gruppensprachen", z.B. biologisch differenziert in Sprache der Männer und Sprache der Frauen, nach Generationen differenziert in Sprache der Erwachsenen, der Jugendlichen und der Kinder, der Berufsgruppen (Fachsprachen, frz. *langues techniques, langues de spécialités*), unterschiedlich gesehen (bei Coseriu zu den Sprachstilen gerechnet, bei Müller zu den diastratischen Unterschieden).

3. Diaphasische Unterschiede sind solche zwischen den verschiedenen Arten der Ausdrucksweise oder "stilistische Verschiedenheit je nach den Typen von Situationen des Sprechens" (COSERIU 1988b: 141). Umgekehrt sind "Einheiten der Ausdrucksweise ohne diaphasische Unterschiede [...] *symphasische* Einheiten oder *Sprachstile* (z.B. familiärer, epischer, lyrischer, allgemein literarischer Stil usw.)" (COSERIU 1988a: 283).

In der Fachliteratur und in den Wörterbüchern werden gängig folgende Stilregister hierarchisch von oben nach unten unterschieden (nach MÜLLER 1985: 226):

– *français cultivé* (auch frz. *soigné, choisi, soutenu, tenu*)

– Ebene der (präskriptiven) Norm

– *français courant* (auch frz. *usuel, commun*)

– *français familier*

– *français populaire*

– *français vulgaire* (auch frz. *argotique*).

In der Praxis ist es zuweilen schwierig, bestimmte Sprachfakten einem Stilregister präzise zuzuordnen.

Diese kurzen Ausführungen können nur andeutungsweise eine Vorstellung vermitteln von der Komplexität des Diasystems der französischen Sprache, um so mehr, als die Beziehungen zwischen diesen internen Variationsfaktoren vielfältig sind.

Im Folgenden sollen in aller gebotenen Kürze lediglich die wesentlichen Merkmale der wichtigsten diatopischen Varianten angesprochen werden. Dabei betrachten wir als vordergründig wichtig diejenigen, die in Gebieten mit Sprechern gesprochen werden, die Französisch als Muttersprache haben, also außer Frankreich selbst Belgien und die Schweiz in Europa sowie die frankophonen Gebiete in Nordamerika. Zu den französisch-basierten Kreolsprachen, die wir nicht als zur Variation des Französischen gehörig betrachten, können wir hier nur skizzenhafte Angaben machen.

8.2 Diatopische Variation in Frankreich

Das Französische des Mittelalters war durch das Fehlen einer einheitlichen Schriftsprache und das Vorherrschen der Dialekte gekennzeichnet (siehe auch IV.6.2.2). Die wichtigsten, auch auf der Karte S. Seite 33 verzeichneten Dialekte waren im Norden das Wallonische und Pikardische (*wallon, picard*), im Nordosten das Champagnische und Lothringische (*champenois, lorrain*), im Nordwesten das Normannische und Anglonormannische (*normand, anglo-normand*). Die übrigen Dialekte, im Westen und Südwesten die Dialekte der Loiregegend (*orléanais, tourangeau, angevin*), der romanischen Bretagne (*gallo*), des Poitou und der Saintonge (*poitevin, saintongeais*), im Osten Burgunds und der Franche-Comté (*bourguignon, franc-comtois*), im Zentrum des Berry und des Bourbon (*berrichon, bourbonnais*) waren zumindest literarisch weniger bedeutend. Sie haben sich auch in der Neuzeit viel weniger gut behauptet als die westlichen, nördlichen und östlichen Dialekte.

Allgemein ist festzustellen, dass es heute im zentralistischen Frankreich als Folge des jahrhundertelangen Anpassungsdrucks an die Überdachungssprache Französisch reine Dialekte des Französischen nicht mehr gibt. Sie sind abgelöst worden durch mehr oder minder stark ausgeprägte Formen des **Regionalfranzösischen** (*français régional*), das die (eher weniger gebildeten) Sprecher häufig für Französisch schlechthin halten. Wenn ihnen der Abstand zum Französischen bewusst ist, benennen sie ihre mündliche Sprachform mit dem üblichen abwertenden Ausdruck *patois* (vgl. IV.11.1 und CHAURAND (1999: 547–580)). Regionalfranzösisch ist Französisch, jedoch ein Französisch, das lautliche Merkmale und lexikalische Elemente der dialektalen Zone, der es angehört, bewahrt hat. Insofern ist es – wie dialektale Merkmale generell – gegenüber der Standardsprache vorwiegend archaisierend. Zu den verschiedenen "Accents" innerhalb des Großraums Paris und den Merkmalen des "Südfranzösischen" siehe PUSTKA (2011: 193–197). Wir geben im

Folgenden einige ausgewählte lautliche Merkmale der noch bestehenden größeren dialektalen Zonen (Zonen des Regionalfranzösischen) in einer sehr an die französische Orthographie angenäherten Transkription:

a) Pikardisch-wallonischer Raum: Bewahrung von germanisch W- (*warder/varder* für *garder*); Bewahrung von K^a, G^a (*canter* für *chanter, gardin* für *jardin*); Nichtzusammenfall von [ɛ̃] und [ɑ̃] (*din, les gins* für *dent, les gens*); Diphthongierung von lat. [e] in geschlossener Silbe (*fier* für *fer* < FERRU); Entwicklung von lat. K$^{e, i}$ > [ʃ] (*chire* für *cire*, *che livre* für *ce livre*); Fehlen der Gleitkonsonanten in den vulgärlat. Nexus M$^|$L, M$^|$R, N$^|$L, N$^|$R (*tinre* für *tendre, simle* für *semble*); Metathese von K + [ə] zu [ə] + K, z.B. in [əm] für *me*, [əd$^|$sy] für *dessus*, [stɔm] für *cet homme*, [stə$^|$fam] für *cette femme*; Tendenz zur Entsonorisierung im Auslaut ([ʒɑ̃p] 'jambe'; Bewahrung der altfrz. Affrikaten [tʃ], [ʤ] im Wallonischen ([tʃo] 'chaud', [ʤɑ̃p] 'jambe').

b) Normannisch-bretonischer Raum: Die Zone setzt die Bewahrung von germ. W- und K^a, G^a (vgl. Punkt a)) fort (vgl. auch *vaque* für *vache*). Vulg.lat. [$^|$e] > [ej] > [ɛ] (*tèle* für *toile*) im Normannischen, > [ej] > [aj] (> [a]) im Gallo (*pài, pa* für *poil*); vulg. lat. Nexus <ect>, <oct> > [e] (*lectu* > *lé* 'lit', *nocte* > *né* 'nuit').

c) Zentrum: Ein im populären Französischen durchgehender Zug, der bis an die Tore von Paris reicht, ist die nicht vollständige Monophthongierung von [eáw] > [jaw] > [jo] in dem alten Suffix -ELLU (*russiau* 'ruisseau', *siau* 'seau'). Dieser Zug findet sich so oder ähnlich auch in allen anderen Dialektzonen.

d) Östlicher, vor allem lothringischer Raum: Wegen der Nähe zum germanischen Sprachgebiet findet sich die gleiche Bewahrung von germ. W- wie im Norden (*varder* 'garder'); Bewahrung der altfrz. Affrikaten [tʃ], [ʤ] wie im Wallonischen; Bewahrung der alten vokalischen Quantitätenoppositionen zur Markierung von Genus und/oder Numerus (*ami* [a$^|$mi] – *amis* [a$^|$mi:] bzw. *amie* [a$^|$mi:]); Bewahrung der Unterscheidung von [ɛ̃] und [ɑ̃] wie im Norden; Diphthongierung von lat. /ě/ und Monophthongierung zu [i] in geschlossener Silbe (*tierre/tirre* für *terre*); Entwicklung von lat. /ō/ > [ow] > [u] (*tchessou* für *chasseur*), von /á/ + [j] > [a] (*fare* für *faire*).

e) Im frankoprovenzalischen Raum finden sich Übergänge zu okzitanischen Lautungen, so z.B. die Bewahrung von betontem lat. A (*pra* für *pré*) und die Bewahrung von Auslautvokalen (*barba* für *barbe*, *tremblo* für *je tremble*), letztlich auch die lange Bewahrung von [u] statt [y], die auch vor Nasal die Entwicklung gebremst hat (vgl. den unbest. Artikel *on* für *un*).

8.3 Das Französische in Belgien und der Schweiz

In beiden Staaten hat das Standardfranzösische keine mit Frankreich vergleichbare alte Tradition. In Belgien ist es gerade im niederländischsprachigen Flandern eine bewusste Wahl des höheren Bürgertums seit dem Spätmittelalter und überlagert im wallonisch-pikardischen Dialektraum die Dialekte seit dem 16. Jh., vor allem aber seit der Unabhängigkeit Belgiens im Jahre 1830. Seit einigen Jahrzehnten ist in Flandern eine umgekehrte Haltung zu beobachten, die dem Flämischen die Priorität gibt. Dadurch erklärt sich ein Teil des Sprachenstreits in Belgien. In der Schweiz ist das Französische seit der Reformation und mit der Reformation auf Kosten der bodenständigen frankoprovenzalischen Mundarten bewusst eingeführt worden. Dieses nicht dialektal geprägte Französisch galt wegen seiner "Reinheit" im Ausland lange Zeit als vorbildlich.

Aufgrund der unterschiedlichen zugrundeliegenden Dialekte (Wallonisch, Pikardisch und in einem sehr kleinen südlichen Gebiet Champagnisch, *le gaumais*) kann man nicht von einem einheitlichen belgischen Französisch sprechen. Die Selbsteinschätzung der Sprecher erlaubt es nicht, von einem *français régional*, sondern von einer durch die Andersstaatlichkeit bedingten Variante des Französischen zu sprechen. Allgemein lässt sich das Französische Belgiens durch bestimmte lautliche und lexikalische Archaismen (neben einigen lexikalischen Innovationen) charakterisieren. Die archaischen Züge fallen naturgemäß weitgehend mit den unter III.8.2.a) bzw. d) genannten zusammen, sofern die Sprechweise ungebildeter Sprecher stärker dialektal geprägt ist. Darüber hinaus gilt der Erhalt der im Standardfranzösischen gefährdeten Oppositionen (vgl. III.1.4.1): Bewahrung der Opposition /ɛ̃/ – /œ̃/, der Opposition /a/ – /ɑ/, der vokalischen Quantitätenopposition (vgl. oben III.8.2.d)) und weitere Merkmale wie die zweisilbige Aussprache [ie] und [yi] statt der Diphthonge [je], z.B. in *pied, collier*, und [ɥi], z.B. in *cuir, puis, fuite*. Siehe auch Pustka (2011: 198–200).

Zu den lexikalischen Archaismen gehören die Zahlwörter *septante* 'soixante-dix' und *nonante* 'quatre-vingt-dix' sowie Wörter wie *farde* 'dossier, chemise', *pistolet* 'petit pain rond', *cramique* 'Rosinenweißbrot', *praline* 'bonbon au chocolat' (in Frankreich dagegen 'gebrannte Mandel'), *ajoute* 'appendice, supplément', *bloquer* 'büchern, pauken', *être busé* 'échouer', *copion* 'antisèche, Spickzettel', *guindaille* 'sortie joyeuse d'étudiants, beuverie'; zu den Entlehnungen aus dem Flämischen *drache* 'averse' < flämisch *draschen* 'pladdern'. In der Wortbildung finden sich weniger normative Beschränkungen als in Frankreich, so z.B. in Fällen wie *amitieux* 'amical', *savonnière* 'porte-savon', *entièreté* 'totalité'. Typisch sind sog. Statalismen wie *bourgmestre* 'maire', *échevin* 'magistrat adjoint au bourgmestre', *comunal* 'municipal', *milice* 'service militaire', *athénée* 'lycée' (vgl. auch Pöll 1998, 51–53). In der Syntax findet sich z.B. ein unterschiedlicher, letztlich auf "insécurité linguistique" beruhender Gebrauch der Hilfsverben *avoir* und *être* (*j'ai arrivé, je suis quitté Verviers*, vgl. Schmitt, *LRL*, V, 1, 720 f.), ein z.T. abweichender Gebrauch des *subjonctif*, häufig eine Futurbildung mit *vouloir* statt *aller* + Infinitiv. Durch niederländischen und deutschen Einfluss ergeben sich Lehnkonstruktionen wie z.B. *faire frais* 'kühl sein (Wetter)' statt *faire froid* oder (familiär) *faire frisquet*, *faire facile* 'es (jdm.) leicht machen' statt *faciliter*, *avoir facile* 'es leicht haben' statt *être facile* (*à qn.*), *avoir bon* 'es gut haben' statt *avoir de la chance* usw.

Das Französische der *Suisse Romande* hat keine Merkmale, die auf das Staatsgebiet der Schweiz beschränkt wären, sondern zeichnet sich wie die angrenzenden französischen Gebiete durch eine konservative Haltung, vor allem in der Lautung aus (Bewahrung der vier Nasalvokalphoneme; der Opposition von palatalem und velarem *a*; der Opposition /o/ – /ɔ/ im Auslaut, z. B. *maux* /mo/ – *mot* /mɔ/, *seau* /so/ – *sot* /sɔ/; der Längenopposition bei *-é* – *-ée* in der Form [-eː] versus [-eːj]). Einen Archaismus bildet auch die häufige Futurbildung mit *vouloir* statt *aller* + Inf., die Bevorzugung von *septante, huitante, nonante* statt der Zwanzigerzählung sowie die Beibehaltung der vorrevolutionären Bedeutung der Bezeichnungen für die Mahlzeiten (*dîner* 'déjeuner', *souper* 'dîner'). Auf dem Alemannischen beruhende Lehnkonstruktionen sind postpositionale Bestimmungen von Verben wie *il me vient contre* 'er kommt mir entgegen' oder *il me copie dessus* 'er schreibt von mir ab'. Den belgischen Statalismen vergleichbar sind Ausdrücke wie *canton, maturité* 'baccalauréat', *numéro postal* 'code postal' usw. (vgl. SCHMITT, *LRL*, V, 1, 730f.).

8.4 Das Französische in Kanada

Als kanadisches Französisch ist das regionale Französisch der Atlantikprovinzen Neubraunschweig und Neuschottland (Akadie, *Acadie, l'acadien*) und der Provinz Québec (*le québécois*) anzusehen. Eine Form des *québécois* sprechen auch die frankophonen Siedler in Ontario und Manitoba. Die erste französische Ansiedlung war Port-Royal an der Atlantikküste (1605 durch Samuel de Champlain), es folgten 1608 Québec, 1634 Trois-Rivières und 1642 Montréal[56]. Die relativ wenigen Einwanderer aus dem Mutterland (bis 1760 kaum 10.000) stammten vorwiegend aus den nordwestlichen und zentralen Provinzen sowie aus der Ile-de-France. Trotz der Vereinheitlichung der mitgebrachten Dialekte sind im kanadischen Französisch bis heute sowohl (vor allem nordwestliche) dialektale als auch populärfranzösische Merkmale nachweisbar, und zwar mehr im Akadischen als im Québécois. Das Akadische ist in höherem Maße eine rein häusliche Sprache geblieben und spielt im öffentlichen Leben der Atlantikprovinzen bei Weitem nicht die Rolle (Diglossiesituation) wie das in den letzten vier Jahrzehnten viel stärker normierte Québécois in der Provinz Québec, wo es seit 1974 die einzige offizielle Sprache ist.

Wie andere diatopische Varietäten des Französischen sind auch das Québécois und das Akadische stark durch Archaismen gekennzeichnet. In beiden kanadischen Varietäten findet man z. B. die Aussprache [wɛ], [we] für <oi> in Wörtern wie *moi, toi, foi, soir, tiroir*, wie sie generell in Frankreich bis zur Revolution üblich war (vgl. IV.10.3) und heute noch im Nordwesten, Westen und Zentrum erhalten ist; daneben [ɛ] in *froid* [frɛt], *étroit* [etrɛt] und *croire* [krɛːr], wie es sich im Standardfranzösischen Frankreichs nur in den Imperfekt- und Konditionalendungen durch-

---

56 Zur Siedlungsgeschichte siehe WOLF 1987, 1–8 und 39–123, sowie BOLLÉE, *LRL*, Bd. V, 1, 740–742.

gesetzt hat[57]; [y] für <eu> in unbetonter Stellung, wie etwa *Europe* [y'rop], *heureux* [y'rø]; die Bewahrung von [-s] in einsilbigen Wörtern wie (*les*) *gens* [ʒɑ̃s], *ceux* [søs]. Siehe auch PUSTKA (2011: 201–203).

Die Bewahrung regionaler Eigenheiten des französischen Westens und Nordwestens, die vom Standpunkt des Standardfranzösischen ebenfalls Archaismen sind, zeigt sich in der Unterscheidung von /ɛ̃/ von /ɑ̃/, z.B. in *appartement, première-ment* mit [ɛ̃], wobei auch /ɑ̃/ auffällig palatal realisiert wird; in der Diphthongierung langer Vokale wie in *frère* [fʁaᵉʁ]/[paⁱʁ], *chaise* [ʃaᵉz]/[ʃaⁱz], *côté* [kow'te]; in der Öffnung von /e/ vor /r/ > /a/ ([saʁ'vi:ʁ] 'servir'; die Bewahrung von auslautendem [-t] in *bout* [but], *lit* [lit], *fouet* [fwɛt] usw. sowie auch die Assibilierung von /t/ und /d/ vor palatalem Vokal, wie z.B. in *tu dis* [tsy dzi], *syndicat* [sɛ̃dzi'ka], *costume* [kos'tsʏm][58], und in der häufigen Öffnung der geschlossenen Vokale /i/, /y/, /u/, wie in *bouche* [bʊʃ], *difficile* [dzɪfɪ'sɪl], *rhume* [ʁʏm].

Im Wortschatz finden sich, wie zu erwarten, vielfältige Archaismen wie *astheure, à cette heure* [astœ:ʁ] 'maintenant' (vgl. oben III.8.2.a)), *noirceur* 'obscurité', *œuvrer* 'travailler', *s'écarter* 's'égarer', *menterie* 'mensonge', und Regionalismen der normannisch-bretonischen Küste wie *amarrer* 'attacher', *débarquer* (*d'une voiture*) 'descendre' usw. Daneben gibt es naturgemäß zahlreiche Anglizismen zur Bewältigung der modernen Alltagsrealität in einer weithin anglophonen Nachbarschaft. So finden sich nicht nur *car* 'voiture', *job* 'travail', *fun* 'amusement' usw., sondern auch Adaptationen wie *ploguer* 'to plug', *bines* < *beans* und *smatte* < *smart, drave* 'flottage des bois' < *drive*. Die ins Französische übernommenen Wörter werden lautlich und orthographisch adaptiert. Als Interferenzphänomene kommen häufig englische Begriffe und Namen in originaler angloamerikanischer Aussprache hinzu. Außerdem gibt es zahlreiche Lehnübersetzungen wie *annonces classées* 'petites annonces', *heures de travail* 'heures d'ouverture', *crème glacée* < *ice cream* usw. Dagegen sind viele in Frankreich bekannte Anglizismen unüblich: Statt *weekend* sagt man *fin de semaine*, statt *parking stationnement*, statt *ferry-boat traversier*, statt *fax télécopie*, und auf dem Stopp-Schild heißt es *Arrêt*. Leichter als in Frankreich werden feminine Berufsbezeichnungen gebildet, wie *auteure, écrivaine, professeure*.

8.5 Französisch-basierte Kreolsprachen

Die schon unter I.2 bzw. I.2.2.2 erwähnten **Kreolsprachen** (*langues créoles*) auf französischer lexikalischer Basis sind in der Kolonialzeit entstanden, als schwarzafrikanische Sklaven auf frühe Überseegebiete Frankreichs, vor allem die Inseln im karibischen Raum (Martinique, Guadeloupe, Haiti), dann Französisch-Guayana, und im Indischen Ozean (Réunion, Mauritius, Seychellen) gebracht wurden. Die

---

57 Erst 1835 sanktionierte die *Académie Française* die Schreibungen *je chantais, je chanterais, français* statt traditionellem *je chantois, je chanterois, françois*.

58 In der Acadie stehen dafür präpalatale Affrikaten: [tʃʏ'ʤi], [sɛ̃ʤi'ka], [kos'tʃʏm].

aus verschiedenen Gebieten Afrikas stammenden Sklaven hatten keine gemeinsame Sprache. In der Abgeschlossenheit der Inseln und Festlandsgebiete wie Louisiana (U.S.A.) und Französisch-Guayana und unter den Gegebenheiten des Sklavendaseins erlernten sie vermutlich von den Aufsehern ein morphologisch und syntaktisch reduziertes Französisch, ähnlich dem "Gastarbeiterdeutsch" zwischen "Gastarbeitern" und ihren deutschen Vorarbeitern und ersten Nachbarn, jedoch mit dem Unterschied, dass die Sklaven keine Chance hatten, dieses Pidgin nur übergangsweise, also als Behelfssprache zu benutzen, um dann schrittweise Französisch zu lernen, sondern daraus – auf jeder Insel etwas verschieden – neue Muttersprachen entwickelten, mit jeweils veränderter, in vieler Hinsicht vereinfachter französischer Lautung und eigenständiger Morphosyntax, aber weitgehend auf der Grundlage der französischen Lexik. So lautet jedenfalls eine Erklärung der bisher noch nicht völlig aufgedeckten Entstehungsgeschichte der Kreolsprachen (siehe hierzu auch STEIN 1984: 87–97). Hier können nur exemplarisch einige kurze sprachliche Beispiele für Ausdrucksstrukturen gegeben werden, die den Abstand des Kreols zum Standardfranzösischen aufzeigen: Beispiele zum haitianischen Kreol (aus LEFEBVRE 1982: 4–8; siehe dazu auch DAMOISEAU 2008): Die Orthographie ist an das Französische angepasst, wobei <e> für [e] steht, da [ə] davon nicht unterschieden wird; <y> ≈ /j/. Gleich im ersten Beispiel erscheint der im älteren Französischen übliche, heute veraltete Verbstamm *bailler* 'donner':

Mari   te bay liv   la ba pyè
Marie TEMP donner livre pour Pierre
'Marie a donné ce livre pour Pierre'

pòte   sa aller pòtoprens
apporter ça aller Port-au-Prince
'Apporte ça à Port-au-Prince!'

Mari   pi grãd paser Jã
Marie plus grande dépasser Jean
'Marie est plus grande que Jean'

Frè mwen achte yon machin (DAMOISEAU 2008: 5)
frère mien acheté une voiture
'Mon frère a acheté une voiture'

Die Kreolsprachen stellen eine besondere Ausprägung des Sprachkontakts dar. Allgemeiner zu den vielfältigen Formen des Sprachkontakts: RIEHL (^{2}2009).

Anregungen

1. Arbeiten Sie die bei MÜLLER (1975: 183–215 oder 1985: 225–262) dargestellte reiche Exemplifizierung der o. a. Stilregister durch.
2. Informieren Sie sich anhand der Literatur genauer über das Regionalfranzösische und seine verschiedenen Ausprägungen.

3. Suchen Sie anhand des Wörterbuchs von RÉZEAU (2001) Gemeinsamkeiten zwischen dem belgischen Französisch und dem pikardischen Regionalfranzösischen.

4. Arbeiten Sie anhand der Literatur strukturelle Unterschiede zwischen dem haitianischen Kreol und dem Kreol der Seychellen heraus.

Literaturhinweise

Zur Theorie der Dialektologie:
COSERIU, Eugenio (1988a), "Die Begriffe 'Dialekt', 'Niveau' und 'Sprachstil' und der eigentliche Sinn der Dialektologie", in: ALBRECHT, Jörn et al. (Hrsg.), *Energeia und Ergon* [...], Bd. 1, Tübingen: Narr, 15–43; COSERIU, Eugenio (1988b), *Sprachkompetenz*, Tübingen: Francke; COSERIU, Eugenio (²1992), *Einführung in die Allgemeine Sprachwissenschaft*, Tübingen: Francke (UTB 1372).

Zur inneren und äußeren Variation des Französischen:
MÜLLER, Bodo (1975), *Das Französische der Gegenwart. Varietäten, Strukturen, Tendenzen.* Heidelberg: Winter. Frz. in erweiterter Form: *Le français d'aujourd'hui*, Paris: Klincksieck 1985; NEUMANN-HOLZSCHUH, Ingrid, "Das Französische in Nordamerika", in: KOLBOOM/KOTSCHI/ REICHEL (²2008) (s. Anhang), 109–119; SCHMITT, Christian, "Das Französische außerhalb Frankreichs: Belgien, Schweiz, Luxemburg", ibidem, 103–109; WEINHOLD, Norbert, "Diatopische Varianten des Französischen", ibidem, 82–91. Siehe auch die entsprechenden Artikel im *LRL*, Bd. V, 1, 686–816, sowie DE ROBILLARD, Didier/BENIAMINO, Michel (éd.) (1993–96), *Le français dans l'espace francophone. Description linguistique et sociolinguistique de la francophonie*, I–II, Paris: Champion; PÖLL, Bernhard (1998), *Französisch außerhalb Frankreichs*, Tübingen: Narr, frz. (2001), *Francophonies périphériques: histoire, statut et profil des principales variétés du français hors de France*, Paris: L'Harmattan; RÉZEAU, Pierre (éd.) (2001), *Dictionnaire des régionalismes de France*, Bruxelles: De Boeck-Duculot; STEIN, Peter (Hrsg.) (2000), *Frankophone Sprachvarietäten/Variétés linguistiques francophones*, Tübingen: Stauffenburg; TAVERDET, Gérard/STRAKA, Georges (1977), *Les français régionaux*, Paris: Klincksieck; VALDMAN, Albert (éd.) (1979), *Le français hors de France*, Paris: Champion; WOLF, Lothar (1983), *Le français régional d'Alsace*, Paris: Klincksieck. Siehe auch BERSCHIN/FELIXBERGER/GOEBL (²2008), Französische Sprachgeschichte, München: Beck, 289–296 (gute Beispiele); CHAURAND, Jacques (1999), *Nouvelle histoire de la langue française*, Paris: Seuil, 510–580.

– Zum Französischen in Belgien: BLAMPAIN, Daniel/GOOSSE, André/KLINKENBERG, Jean-Marie/ WILMET, Marc (1997), *Le français en Belgique: une langue, une communauté*, Louvain-la-Neuve: Duculot; FUCHS, Heinz (1988), *Untersuchungen zu Belgizismen. Zu Ursprung und Verbreitung lexikalischer Besonderheiten des belgischen Französisch*, Frankfurt/M. u.a.: Lang.

– Zum Französischen in der Schweiz: BENZ, Gérard et al. (1996), *Le français en Suisse romande. Regards sur une civilisation.* Genève: Université de Genève; THIBAULT, André (²2004), *Dictionnaire suisse romand. Particularités lexicales du français contemporain*, Carouge-Genève: Zoé.

– Zum Französischen in Nordamerika: BRASSEUR, Patrice (éd.) (1998), *Français d'Amérique. Variation, créolisation, normalisation*, Avignon: CEAV; MOUGEON, Raymond/BENIAK, Édouard (1994), *Les origines du français québécois*, Québec-Sainte-Foy: Presses de l'Univ. Laval; VALDMAN, Albert (dir.) (2005), *Le français en Amérique du Nord: état présent*, Sainte-Foy: Presses de l'Univ. Laval; WOLF, Lothar (1987), *Französische Sprache in Kanada*, München: Vögel.

– Zu den französisch-basierten Kreolsprachen: BOLLÉE, Annegret, "Pidgin- und Kreolsprachen auf französischer Basis", in: KOLBOOM/KOTSCHI/REICHEL (2008) (s. Anhang), 121–127; CHAUDENSON, Robert (1995), *Les créoles*, Paris; DAMOISEAU, Robert (2008), *Eléments de grammaire comparée Français – Créole haïtien*, Matoury (Guyane Française): Ibis Rouge; LEFEBVRE, Claire (éd., 1982), *Quelques aspects de la syntaxe du créole haïtien*, Ann Arbor; STEIN, Peter (1984), *Kreolisch und Französisch*, Tübingen: Niemeyer (Romanist. Arbeitshefte, 25).

Zur Sprachkontaktforschung:
RIEHL, Claudia Maria (²2009), *Sprachkontaktforschung. Eine Einführung*. Tübingen: Narr.

9. Zur Typologie des Französischen

9.1 Aufgaben der Typologie

Die Sprachtypologie als Wissenschaftszweig befasst sich mit der Typologie von Sprachen, genauer gesagt: sie identifiziert und beschreibt Sprachtypen, beginnend mit dem (Sprach-)Typus jeweils einer Einzelsprache. In der Auffassung von E. Coseriu stellt der Sprachtypus die oberste der Ebenen der Sprachgestaltung dar; er bildet die höchste Stufe der Abstraktion in der Rangfolge "Sprachnorm" – "Sprachsystem" – "Sprachtypus". Der Sprachtypus umfasst "die funktionellen Prinzipien einer Sprachtechnik" (E. Coseriu); er repräsentiert die Einheit und die Kohärenz der funktionellen Verfahren eines Sprachsystems. Diese Auffassung vom Sprachtypus ist eine sehr anspruchsvolle, da sie zu einer integralen Typologie der realen Sprachen gehört, welche sich allerdings noch im Anfangsstadium ihrer Erforschung befindet.

In der sprachwissenschaftlichen Tradition wurden vorzugsweise **genealogische Typologie** (nach genetisch-historischen Kriterien) und **Arealtypologie** (nach geographisch-räumlichen Kriterien) betrieben – was eher als Sprachenklassifizierung einzuordnen ist –, und innerhalb der strukturellen Typologie, zu der auch die globale bzw. integrale Typologie gehört, befasste man sich fast ausschließlich mit partieller Typologie (siehe III.9.4), die vielmehr zur Sprachencharakterisierung führt.

9.2 Zwei Ansätze

Mit Bezug auf das Französische sollen hier zwei sehr bekannt gewordene Ansätze partieller Sprachtypologie vorgestellt und kritisch besprochen werden.

August Wilhelm von SCHLEGEL unterscheidet in seinen *Observations sur la langue et la littérature provençales*, Paris 1818 (Neudruck Tübingen 1971), drei "Klassen" von Sprachen: "les langues sans aucune structure grammaticale" (z.B. das Chinesische), "les langues qui emploient des affixes" (z.B. das Baskische) und "les langues à inflexions", d.h. die flektierenden Sprachen. Diese letztere Klasse von Sprachen unterteilt er in zwei "Genera", nämlich in die "langues synthétiques" und die "langues analytiques". Als Beispiele für synthetische Sprachen führt er Griechisch, Latein und ganz besonders Sanskrit an, während "les langues dérivées du latin", d.h. die romanischen Sprachen, aber auch das Englische, den analytischen Sprachen zugerechnet werden. Schlegel definiert seine Unterscheidung "synthetisch/ analytisch" zunächst nicht, sondern illustriert sie durch Sprachfakten aus analytischen Sprachen und fügt dann schließlich noch an, dass die synthetischen Sprachen solcher "moyens de circonlocution" – die also gerade die analytischen Sprachen charakterisieren – nicht bedürfen. Das Schlegelsche Kriterium der "moyens de circonlocution" wird man in moderner Terminologie mit "periphrastischen" oder "syntagmatischen Verfahren" wiedergeben dürfen.

Die 5 Erscheinungen aus der Grammatik, die Schlegel zur Bestimmung des analytischen Sprachtypus anführt, liegen nicht alle auf derselben Ebene, und einige scheinen ganz besonders im Hinblick auf das moderne Französisch ausgewählt worden zu sein. Schlegels Liste sieht wie folgt aus:
- die obligatorische Setzung des Artikels vor den Substantiven (z.B. *le garçon*);
- die obligatorische Setzung der Subjektspersonalpronomina vor den Verben – in Abwesenheit eines anderen Subjekts – (z.B. *je lis*);
- der Rückgriff auf Hilfsverben in der Konjugation (z.B. *elle a téléphoné; tu seras récompensé*);
- der Gebrauch von Präpositionen anstelle von morphologisch markierten Kasus (z.B. frz. *de la nuit* für lat. *noctis*);
- die Bildung der Steigerungsformen des Adjektivs mittels Adverbien (z.B. *plus étroit*).

Synthetisch im Sinne Schlegels bedeutet also, dass die lexikalische und die grammatische Komponente in *einem* Wort 'synthetisiert' sind (vgl. lat. *am-a-tur* gegenüber frz. *(il/elle) est aimé(e)*), während er **analytisch** so versteht, dass die beiden Komponenten 'aufgelöst', d.h. auf verschiedene Wörter aufgeteilt sind (vgl. frz. *de l'amie* gegenüber lat. *amic-ae*).

Harald Weinrich (1962) hat die Schlegelsche Unterscheidung "analytisch/synthetisch" verworfen und an ihre Stelle die Kategorien "prädeterminiert/postdeterminiert" gesetzt. **Prädetermination** wird so verstanden, dass das morphematische Element dem lexematischen Element vorausgeht, vgl. z.B. frz. *plus fort*, während bei der **Postdetermination** das morphematische Element dem lexematischen nachfolgt, vgl. entsprechend lat. *fort-ior*. Für Weinrich – und in seinem Gefolge für zahlreiche weitere Linguisten – ist die Prädetermination "eines der wichtigsten Strukturmerkmale der französischen Sprache geworden" (WEINRICH 1962: 186).

9.3 Anwendung auf das Französische

In verschiedenen Veröffentlichungen (z.B. GECKELER 1989 und früher) haben wir uns dagegen gewandt, dass es hier einfach um eine Ersetzung einer Unterscheidung durch eine andere geht. Vielmehr haben beide Kriterienpaare ihre 'raison d'être' und können sogar miteinander kombiniert werden, wenn man zuvor ihr gegenseitiges Verhältnis bestimmt hat. In Wirklichkeit sind die beiden besprochenen Begriffspaare nicht auf derselben sprachlichen Strukturierungsebene anzusiedeln. Die Unterscheidung "analytisch/synthetisch" betrifft den Grad der morphologischen Kohäsion der Wörter. Wenn man nun wie Weinrich diese Unterscheidung aufgeben will, verlässt man die Ebene der morphologischen Kohäsion und verlegt die Betrachtung auf eine andere Ebene, die der ersteren nach- und untergeordnet ist, denn "Prä- bzw. Postdetermination" stellen einfach eine Unterscheidung positioneller Art dar, da sie ausschließlich das Stellungsverhältnis des grammatischen Elementes zu dem zu determinierenden lexikalischen Element des Wortes angeben. Unser Vorschlag, beide Unterscheidungen hierarchisiert zu kombinieren, sieht folgendermaßen aus:

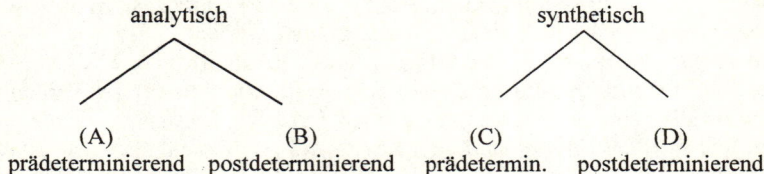

analytisch	synthetisch

| (A) | (B) | (C) | (D) |
| prädeterminierend | postdeterminierend | prädetermin. | postdeterminierend |

Es zeigt sich nun in der typologischen Beschreibung romanischer Sprachen und insbesondere des Französischen, dass die Kombinationen (A) und (D) dort stark vertreten sind, (B) und (C) dagegen sehr selten auftreten. (A) erscheint vor allem im nominalen Bereich (vgl. Kasusäquivalente beim Substantiv, z.B. *du soleil, au patron*; Steigerung des Adjektivs, z.B. *plus grand*), (D) insbesondere im romanischen Verbalsystem (weniger ausgeprägt im Französischen, hier vor allem bei der Tempusmarkierung in den einfachen Tempora, z.B. *(il, elle) joue, jouait, joua, jouera, jouerait*). Hinzu kommen noch Kombinationen aus den vier o.a. Konstellationen (vgl. dazu GECKELER 1989: 183–184). Dieser kombinatorische Ansatz leistet mehr als die auf nur einer Unterscheidung beruhenden Versuche von Schlegel und Weinrich.

Die Konstellation der 'bevorzugten Zusammenhänge' zwischen "analytisch" und "prädeterminierend" (A) einerseits und zwischen "synthetisch" und "postdeterminierend" (D) andererseits ist die faktische Voraussetzung dafür, dass man überhaupt auf den Gedanken kommen konnte, die jeweilige Schlegelsche Kategorie durch das entsprechend positionell bestimmte Kriterium ersetzen zu wollen.

Eine knappe Beschreibung des Französischen nach den typologischen Kategorien von V. Skalička gibt GECKELER (1984).

9.4 Das Französische unter den romanischen Sprachen

Es ist in der Forschungsliteratur immer wieder darauf hingewiesen worden, dass das Französische – neben dem Rumänischen – unter den romanischen Sprachen eine Sonderstellung einnimmt. Zur Tatsache, dass das Neufranzösische vom gemeinsamen romanischen Sprachtypus stark abweicht, vgl. auch IV.6 und IV.7.

So haben verschiedene Autoren (z.B. B. Müller, E. Ternes, Z. Hess) in Arbeiten zum phonischen Bereich, die der partiellen Typologie zuzurechnen sind, in jeweils eigener Weise die Sonderstellung des Französischen herausgearbeitet (das Französische wird von Ternes als "die eigentlich exzentrische Sprache der Romania" charakterisiert). Auch unter dem Gesichtspunkt der Silbenzahl in volkstümlich entwickelten Wörtern nimmt das Französische auf der Skala der romanischen

Sprachen die Position ein, die durch den stärksten Silbenverlust im Vergleich zum Lateinischen gekennzeichnet ist (St. H. Richman).

In Untersuchungen zur morphologischen Typologie, z. T. unter Einbeziehung auch von phonologischen Kriterien, gelangen unterschiedliche Romanisten (Žarko Muljačić, Maria Iliescu) zu sehr ähnlichen Ergebnissen, nämlich dass das Französische – zusammen mit dem Sardischen und dem Rumänischen – eine Sonderstellung einnimmt im Verhältnis zu den übrigen romanischen Sprachen (die von A. Alonso als "Romania continua" bezeichnet wurden).

Im syntaktischen Bereich ist heute die Wortfolgetypologie sehr bekannt. Hier erscheinen die romanischen Sprachen vielfach als Block, der dem Typ "S (Subjekt) – V (Verb) – O (Objekt)" – und damit einhergehend: Präposition vor Substantiv; Hilfsverb vor Hauptverb; adjektivisches bzw. substantivisches Attribut, Relativsatz nach dem Bezugsnomen – zugerechnet wird.

Im Hinblick auf die Wortbildungsverfahren ist das moderne Französisch gegenüber den anderen romanischen Sprachen dadurch charakterisiert, dass die Möglichkeiten der Diminutiv- (und Augmentativ-)Bildung mittels Suffixen äußerst eingeschränkt sind (z.B. *table* → *petite table*, da die Stelle von *tablette* schon durch eine Lexikalisierung besetzt ist, vgl. auch *cheval/chevalet*).

Was die Lexik betrifft, so wurde immer wieder, besonders auch von W. von Wartburg, auf die materielle Heterogenität vieler französischer Wortfamilien hingewiesen. Diese Dissoziierung zeigt sich beispielsweise darin, dass ein Substantiv und das dazugehörige Adjektiv oder ein Verb und das entsprechende Substantiv materiell sehr stark voneinander abweichen oder gar keine Gemeinsamkeiten im *signifiant* aufweisen, vgl. etwa *mois – mensuel, dimanche – dominical; semaine – hebdomadaire, lettre – épistolaire, foie – hépatique, œil – oculaire, cécité – aveugle, eau – aquatique; maudire – malédiction, éteindre – extinction; tomber – chute, s'agenouiller – génuflexion.*

9.5 Coserius romanischer Sprachtypus

Zum Abschluss noch ein Wort zu E. Coserius Vorstellungen vom romanischen Sprachtypus (COSERIU 1988). Wir knüpfen an das unter 1. zu Coserius integraler Typologie Gesagte an und kommen sogleich zum Wortlaut des einheitlichen Gestaltungsprinzips, d.h. des Typus der romanischen Sprachen, so wie er von Coseriu identifiziert wurde:

> innere, paradigmatische materielle Bestimmungen für gleichfalls innere, nicht-relationelle Funktionen und äußere, syntagmatische materielle Bestimmungen für gleichfalls äußere, relationelle Funktionen (COSERIU 1988: 213).

NB: Dieses Gestaltungsprinzip gilt für alle romanischen Sprachen, wobei zu präzisieren ist, dass das Mittel- und Neufranzösische sich von diesem Prinzip weitgehend abgekoppelt hat, vgl. dazu IV.7.

Innere, nicht-relationelle Funktionen (Funktionen der Wörter an sich) wie Numerus und Genus im Nominalbereich und die einfachen Tempora der Verben werden paradigmatisch ausgedrückt, z. B. span. *toro/toros,* frz. *blanc/blanche;* span. *canto/ cantaba/canté/...* (aber frz. *je chante, ...*), wohingegen äußere, relationelle Funktionen (Funktionen im Satz) wie die Kasus im Nominalbereich, die periphrastischen Tempora und das Passiv des Verbs syntagmatisch ausgedrückt werden, z. B. frz. *de mon ami, à mon ami; (j')ai chanté/avais chanté/...; (elle) est aimée/était aimée/fut aimée/...* Dieses homogene Prinzip lässt sich auch auf die Steigerung der Adjektive und der Adverbien, auf die Diminutiv- und Augmentativbildung und sogar auf die Syntax des einfachen und des komplexen Satzes ausdehnen (s. COSERIU 1988: 219–222).

Coseriu weist ausdrücklich darauf hin, dass es sich in der Typologie um eine "allgemeine Ausrichtung" des Systems bzw. der Systeme der romanischen Sprachen handelt und nicht "um starre Gesetze ohne Ausnahmen. Von Fall zu Fall muss man immer auch die jedem Sprachsystem innewohnende Freiheit mit in Betracht ziehen." (S. 222)

Anregungen

1. Informieren Sie sich über die Anwendung der Weinrichschen Unterscheidung "Prädetermination/Postdetermination" durch BALDINGER (1968) auf das Französische und diskutieren Sie diese kritisch mit dem/der Seminarleiter(in).
2. Besprechen Sie im Seminar die "dominantes sémantiques du français", die von Stephen ULLMANN in seinem *Précis de sémantique française,* Berne [5]1975: 316–318, herausgestellt wurden.
3. Stellen Sie weitere Beispiele für die materielle Heterogenität französischer Wortfamilien zusammen.

Literaturhinweise

BALDINGER, Kurt (1968), "Post- und Prädeterminierung im Französischen", in: *Festschrift Walther von Wartburg zum 80. Geburtstag,* Tübingen: Niemeyer, 87–106; COSERIU, Eugenio (1980), "Der Sinn der Sprachtypologie", *TCLC* 20: 157–170; COSERIU, Eugenio (1988), "Der romanische Sprachtypus. Versuch einer neuen Typologisierung der romanischen Sprachen", in: ALBRECHT, Jörn et al. (Hrsg.) (1988), *Energeia und Ergon. Sprachliche Variation – Sprachgeschichte – Sprachtypologie. Studia in honorem Eugenio Coseriu,* Bd. I, Tübingen: Narr, 207–224; FEUILLET, Jack (2006), *Introduction à la typologie linguistique,* Paris: Champion; GECKELER, Horst (1989), "'Alter Wein in neue Schläuche'. Überlegungen zur Nützlichkeit verworfener traditioneller Kategorien für die typologische Beschreibung romanischer Sprachen", in: RAIBLE, Wolfgang (Hrsg.), *Romanistik, Sprachtypologie und Universalienforschung,* Tübingen: Niemeyer, 163–190; INEICHEN, Gustav ([2]1991), *Allgemeine Sprachtypologie. Ansätze und Methoden,* Darmstadt: WBG; SCHWEGLER, Armin (1990), *Analyticity and Syntheticity. A Diachronic Perspective with Special Reference to Romance Languages,* Berlin/New York: de Gruyter; WEINRICH, Harald (1962), "Ist das Französische eine analytische oder synthetische Sprache?", *Mitteilungsblatt des Allgemeinen Deutschen Neuphilologenverbandes* 15: 177–186.

Zusammenfassung

Die beiden Abschnitte zur Variation und zur Typologie des Französischen am Ende dieses Kapitels, das der Beschreibung des Französischen in synchroner und in diachroner Perspektive gewidmet ist, haben gleichsam einen Blick von außen auf das Französische als Sprache gemeinsam. Hier geht es nicht mehr um die Erfassung der Sprache auf den verschiedenen Strukturebenen (Phonetik/Phonologie, Morphologie/Grammatik, Syntax, Wortbildung, Wortschatz), sondern um die Frage nach Einheit und Variation und um die typologische Charakterisierung im Verhältnis zu anderen Sprachen.

Mehr als früher berücksichtigt die Sprachwissenschaft heute die Tatsache, dass das, was wir vereinfachend Französisch nennen, kein monolithischer Block ist, sondern ein Komplex diatopischer, diastratischer und diaphasischer Dialekte und Sprachformen. Diese Varianten (Varietäten) werden in der Variationslinguistik (Varietätenlinguistik) untersucht und zueinander in Beziehung gesetzt. Die diatopische Variation betrifft die räumlichen, die eigentlich dialektalen Verschiedenheiten, die diastratische die Unterschiede zwischen den soziokulturellen Schichten, die Soziolekte z.B. der gehobenen oder der Mittelschicht, der Jugendlichen oder bestimmter Berufsgruppen; die diaphasische Variation betrifft die unterschiedliche Verwendung der Sprache in bestimmten Situationen. Traditionell sind dies die verschiedenen Register. In diatopischer Hinsicht lässt sich neben den historischen französischen Dialekten und ihren Einflüssen im jeweiligen "français régional" von heute das Französische anderer frankophoner Gebiete, so etwa Belgiens, der Schweiz und Kanadas hervorheben. Die so genannte französische Standardsprache ist demgegenüber definiert als neutral im Hinblick auf diatopische, diastratische und diaphasische Varietäten. Die französisch-basierten Kreolsprachen stellen keine Varietäten (Dialekte im weitesten Sinn) des Französischen dar, sondern eigene Sprachen. Sie haben allerdings enge Bezüge zum Französischen und können nicht ohne Rückbezug auf das Französische sinnvoll erklärt und beschrieben werden. Ihr Wortschatz geht in großem Maße auf französische Wurzeln zurück. Sie haben sich vor allem im karibischen Raum, in Frz.-Guayana und auf den Inseln im Indischen Ozean herausgebildet.

Die Typologie ist heute ein bedeutender Zweig der allgemeinen Sprachwissenschaft (Linguistik). Sie dient dem übereinzelsprachlichen Vergleich bestimmter Strukturmerkmale aller Sprachen der Welt (z.B. phonologische, syntaktische oder derivationelle Typologie). Im Hinblick auf das Französische sind hier Phänomene der morphologischen Typologie beschrieben worden, besonders mit Hilfe der Parameter "synthetisch" –"analytisch" und "postdeterminierend" – "prädeterminierend". Dabei zeigt sich, dass das Französische unter den romanischen Sprachen typologisch eine Sonderstellung einnimmt, weil es in höherem Maße analytisch und prädeterminierend ist als beispielsweise das Portugiesische, Spanische, Katalanische und Italienische.

IV. Etappen der Geschichte der französischen Sprache

Gegenstand dieses vierten Hauptteils unserer Einführung in die französische Sprachwissenschaft sind die wichtigsten Etappen der **Sprachgeschichte** als "externer Geschichte" der französischen Sprache, d. h. ihrer Entstehung und Entwicklung als funktionierendes Ausdrucks- und Kommunikationsmittel, als Institution und Gegenstand der nationalen Identifikation. In diesem Sinne steht Sprachgeschichte der **historischen Grammatik** als "interner Geschichte" der Phonetik/Phonologie, Morphologie, Grammatik, Syntax, Wortbildung, Pragmatik, Variation und Typologie gegenüber, sowie der **historischen Lexikologie** als der Geschichte des Wortschatzes, die im III. Hauptteil kurz angesprochen worden sind. Hier geht es um die Entwicklung vom Vulgärlatein in Gallien zum heutigen Französisch, wobei die verschiedenen äußeren Einflüsse auf das Französische, die Probleme der ersten Verschriftung, die Entwicklung der Nationalsprache aus der altfranzösischen Dialektsituation heraus und die Etappen der französischen National- und Literatursprache seit der Renaissance im Vordergrund stehen.

1. Die Eroberung und Romanisierung Galliens

"Die Romanisierung bildete das erste Kapitel der romanischen Sprachgeschichte und der Geschichte der Einzelsprachen"[59].

1.1 Die Provincia Gallia Narbonensis

Die **Romanisierung** beginnt mit dem ersten nachdrücklichen Kontakt zwischen den Römern als Kolonisatoren und den damals in Gallien ansässigen Völkerschaften. Dieser Kontakt geschah im Jahre 154 v. Chr., als erstmals in Südgallien ein römisches Heer erschien, nachdem die Massilioten die Römer gegen die offensichtlich ständigen Angriffe der Ligurer um Hilfe gerufen hatten. Die Römer befreiten die griechischen Einwohner Marseilles zunächst von der Bedrohung, griffen aber in den Folgejahren immer wieder in die Zwistigkeiten ein. Nachdem sie in den Jahren 125 und 124 östlich der Rhône die Voncontier besiegt hatten, gründeten sie 122 v. Chr. *Aquae Sextiae* (Aix-en-Provence) als Festung gegen die "unruhigen" Ligurer. Der Proconsul Cn. Domitius Ahenobarbus gründete 118 v. Chr. Narbonne und richtete die *Provincia Gallia Transalpina* (im Gegensatz zur *Gallia Cisalpina* in Oberitalien) ein, die unter Augustus den Namen *Provincia Gallia Narbonensis* erhielt. *Provincia* hat nicht nur der späteren *Provence* den Namen gegeben, sondern

---

59 INEICHEN, Gustav (1987), "Zwischen Latein und frühem Romanisch (Die Schwelle um 800 n. Chr.)", in: ARENS, Arnold (Hrsg.), *Text-Etymologie. Untersuchungen zu Textkörper und Textinhalt. Festschrift für Heinrich Lausberg zum 75. Geburtstag.* Stuttgart: 14–18, 15.

ist durch die vor der im übrigen Gallien erfolgten Romanisierung auch Keimzelle und Grundlage des Occitanischen (Okzitanischen) geworden. Die Römer, die zunächst zur Hilfe gerufen worden waren, hatten sich also unentbehrlich gemacht und waren im Lande verblieben.

Die damaligen einheimischen Völkerschaften Galliens (vgl. auch IV.3.2) waren in der Mehrheit die **Kelten (Gallier)**, die vor allem das Zentrum und den Norden des Landes besiedelten. Die **Iberer**, ein wahrscheinlich mit den Basken verwandtes Volk mit nicht indoeuropäischer Sprache, saßen wohl vor allem nördlich der Pyrenäen, im Südwesten (Aquitanien) und im heutigen Roussillon und südlichen Languedoc (bis etwa Béziers). An der Mittelmeerküste befanden sich verschiedene Kolonien der **Griechen**, darunter *Massilia* (Marseille), *Níkaia* (Nice), *Antípolis* (Antibes), *Heraklēs Monoikos* (Monaco) und westlich der Rhône *Agathē Týchē* (Agde). Die Griechen, die Handelsbeziehungen bis zum Atlantik unterhielten, waren zivilisatorisch in der gesamten Umgebung – bei den Galliern und teilweise den Helvetiern – prägend, z.B. durch die Einführung ihrer Schrift, der Münzprägung, den Anbau der Weinrebe und des Ölbaums. Das vorindoeuropäische Volk der **Ligurer** siedelte ursprünglich von den Pyrenäen bis zu den Alpen sowie in Oberitalien bis zum Arnotal. Durch die Einwanderung der Kelten wurden sie im 4. Jh. v. Chr. auf die Seealpen und den nordwestl. Apennin beschränkt.

Die zweite Etappe der Romanisierung Galliens vollzog sich in der Folge des Gallischen Krieges (58–51 v. Chr.), den C. Iulius Caesar im römischen Namen führte, um die schon bestehende Provincia Gallia Transalpina zu sichern. Damit gelangte ganz Gallien bis zur Rheingrenze unter römischen Einfluss.

Die Romanisierung Galliens erfolgte zunächst im Süden und dehnte sich erst allmählich auch über das nördliche Gallien aus. Die Römer gründeten Städte sowohl im Rhônetal, wie *Lugdunum* (Lyon, 43 v. Chr.), *Arausio* (Orange), *Némausus* (Nîmes) als auch an der Küste *Forum Iulii* (Fréjus, noch von Caesar gegründet), und bauten bestehende Griechenstädte wie *Massilia, Arelate* (Arles) und *Aphrodisiás* (> *Portus Veneris*/Port-Vendres) aus. In augustäischer Zeit wurden die meisten von ihnen zu Kolonien erhoben. Für die gallische Landbevölkerung waren sie Anziehungspunkte durch ihre Handelsmöglichkeiten und kulturellen Einrichtungen. Die Gallier des Südens waren durch den schon seit langem bestehenden Kontakt mit den Griechen der Küstenstädte an die Kultur des Mittelmeerraumes gewöhnt. Ihre Romanisierung verlief daher nach antiken Zeugnissen außerordentlich rasch (vgl. auch BERSCHIN/FELIXBERGER/GOEBL [2]2008: 159). Die Römer verfolgten eine geschickte Politik der Assimilierung der unterworfenen Völkerschaften, indem sie die Angehörigen der Oberschicht in die Provinzialverwaltung einbezogen und ihre Söhne in ihren Schulen ausbildeten. Berühmt wurden in der Kaiserzeit gerade die Rhetorenschulen der galloromanischen Siedlungen des Rhônetales, insbesondere die von Lugdunum. Die Römer drängten niemandem ihre Sprache auf, zumal sie sahen, dass diese – zunächst von der gebildeten Oberschicht – als Prestigesprache bereitwillig angenommen wurde und auch in den unteren Schichten als Verkehrssprache neben der einheimischen Sprache gebraucht wurde.

Die älteste und tiefste Schicht der Romanisierung Galliens ist also die von der Narbonensis ausgehende, die nach Westen und Südwesten das Gebiet bis zum Atlantik und nach Norden das Rhônetal hinauf bis Lyon umfasste. Die narbonensische Latinität ist die Grundlage der okzitanischen und im Südwesten der gaskognischen Romanität.

1.2 Die Romanisierung des übrigen Gallien (der "tres Galliae")

Von Lugdunum aus ging eine zweite Stufe der Romanisierung nach Norden das Saônetal aufwärts und östlich die Rhône aufwärts bis in die Westschweiz. Diese kann man eventuell als Basis des Frankoprovenzalischen ansehen. Unter Augustus wurden 27–22 v. Chr. die gallischen Provinzen neu geordnet: Außer der Narbonensis bestanden dann die Provinzen *Aquitania* (mit *Burdigala*/Bordeaux als Hauptstadt seit dem 2. Jh. n. Chr.), *Lugdunensis* (mit der Hauptstadt *Lugdunum*) und *Belgica*, die das ganze heutige Nordfrankreich vom Kamm der Vogesen bis zur belgisch-niederländischen Kanalküste umfasste (Hauptstadt *Durocortorum in Remis*/Reims, später *Augusta Treverorum*/Trier). Die in diesem Raum entwickelte Latinität dürfte die Grundlage der Romanität des Französischen sein. Außer den erwähnten "tres Galliae", die von der Narbonensis stets getrennt behandelt wurden, erstreckte sich auf später galloromanischem Gebiet auch ein Großteil der Provinz "Germania superior", die (außer der Westschweiz) auch die Franche-Comté und das heutige Burgund umfasste, außerdem die germanisch-keltischen Gebiete am Rhein – von Speyer bis zum Niederrhein – und in Südwestdeutschland.

Die aufeinanderfolgenden Hauptstädte der Belgica zeigen in etwa die Richtung des weiteren Verlaufs der Romanisierung an. Verglichen mit dem Süden blieb die Zahl der Städtegründungen geringer, und die Heranführung der vorwiegend auf dem Lande siedelnden Gallier an die römische Kultur ging langsamer voran. Überreste römischer Prachtbauten finden sich westlich und nordwestlich von *Augustodunum*/Autun (Burgund), *Vesontio*/Besançon und Trier kaum noch. Das Zentrum, d. h. das Massif Central und die schwer zugänglichen Sumpf- und Waldgebiete beiderseits der mittleren und unteren Loire wurden erst spät von der Romanisierung erfasst. Vom heutigen Ostfrankreich aus wurde das Gebiet an Seine, Marne und Aisne wohl erst Ende des 2. bzw. zu Beginn des 3. Jh. n. Chr. wirklich romanisiert. Noch im 4. Jh. wird das Gallische als gesprochene Sprache bezeugt, dennoch war es sicher schon seit langem kein ernsthafter Konkurrent des Lateinischen mehr[60].

---

60 Auch wenn wir über den Zeitraum, in dem die letzten Reste des Gallischen ausstarben, nicht im Bilde sind, so muss doch klargestellt werden, dass es sich nicht etwa im keltischen Bretonisch der Bretagne erhalten hat. Im Gegensatz zum festlandkeltischen Gallisch ist das Bretonische eine inselkeltische Sprache, die im 5. Jh. von Britannien (Cornwall) aus auf das Festland getragen wurde, als der Einfall der germanischen Angeln und Sachsen die keltische Bevölkerung in Rückzugsgebiete drängte.

> Wie, wann und unter welchen Umständen die Romanisierung der Landbevölkerung, der sozialen Unterschicht, der Frauen vor sich ging, wann die Zweisprachigkeit Latein-Keltisch zur Einsprachigkeit wurde, all das entzieht sich unserer Kenntnis. Sicher war jedoch mehrere Generationen hindurch ein beträchtlicher Teil der Bevölkerung zweisprachig. Deshalb muss während dieser Zeit mit Interferenzen zwischen den beiden Sprachen gerechnet werden. (BERSCHIN/FELIXBERGER/GOEBL ²2008: 163).

Gallien war nach der bereits Ende des 3. Jh. v. Chr. begonnenen Eroberung und Romanisierung der Pyrenäenhalbinsel der zweite große Raum in Europa, der der römischen Zivilisation zugeführt werden sollte. In Britannien und Germanien ist dies dauerhaft nicht gelungen, Dakien folgte erst ca. 160 Jahre nach Gallien und mit größeren Schwierigkeiten für die Kontinuität des Römertums im Lande. Dennoch waren es überall die gleichen Faktoren, die die Romanisierung – wenn auch mit jeweils unterschiedlichem Erfolg – förderten. Reichenkron[61] führt davon die sieben folgenden auf, die wir kurz kommentieren wollen:

1. Das römische Heer und das römische Militärwesen

Der Prozess der Romanisierung wurde vor allem dadurch gefördert, dass Einheimische aus den Provinzen in das Heer aufgenommen wurden und in späterer Zeit sogar höhere und höchste Stellen bekleideten. Die lateinische Kommandosprache war für die Soldaten selbst ein Element der Integration der verschiedenen Völkerschaften, die Verbindung römischer Soldaten aus verschiedenen Teilen des Reiches mit einheimischen Frauen ein Faktor, der Frauen und Kinder durch Familienbande an die lateinische Sprache heranführte.

2. Die römische Kolonisation und die Siedlungsarten

Da die römische Kultur – wie die antiken mediterranen Hochkulturen überhaupt – eine Stadtkultur war, vollzog sich die Romanisierung der Provinzen über die urbanen Zentren. Diese waren, wie wir gesehen haben, zunächst in der Narbonensis zahlreicher und kulturell höherstehend als im Norden. Doch bauten die Römer auch in der Belgica und in Germania superior die bestehenden keltischen Siedlungen aus und benannten sie nach dem Volksstamm, der in der Umgegend siedelte. So erklären sich die vielen Städtenamen im Frankreich außerhalb der Narbonensis aus keltischen Stammesnamen, wie *Paris, Reims, Angers, Bourges, Saintes* (vgl. IV.3.2.2.a)).

3. Die römische Verwaltung und das römische Straßennetz

Die straffe römische Verwaltung sorgte indirekt für eine Verbreitung lateinischer Sprachkenntnisse dadurch, dass eben das Lateinische die Sprache der Verwaltung war. Doch ist für den Anfang des 3. Jh. bezeugt, dass auch das Gallische z. B. in Privatverträgen zugelassen war (vgl. BERSCHIN/FELIXBERGER/GOEBL ²2008: 161). Von besonderer Bedeutung für die Wege des Vordringens der Romanisierung wa-

---

61 REICHENKRON, Günter (1965), *Historische Latein-Altromanische Grammatik*, I. Teil, *Einleitung. Das sogenannte Vulgärlatein und das Wesen der Romanisierung*. Wiesbaden: Harrassowitz, 153–221.

ren aber auch die römischen Straßen. Die *Via Aurelia* war die Verbindungslinie zwischen Rom und Arles. An der Küste der Seealpen wurde sie von Augustus erneuert, wovon die *Tropaea Augusti* (*Trophée des Alpes*) bei La Turbie oberhalb Monacos noch heute künden. Die *Via Domitia* verband Arles mit den Pyrenäen bei Port-Vendres. Wichtig waren die Verbindungsstraßen vom Mittelmeer nach Lyon und weiter nach Trier sowie von Lyon über Reims und *Bononia*/Boulogne nach Britannien und, vorher bei *Cabillonum*/Chalon-sur-Saône abzweigend, nach *Lutetia*/Paris und weiter nach *Rotomagus*/Rouen. Von Zentralspanien führte eine Verbindung über *Pompaelo*/Pamplona, *Burdigala*/Bordeaux, *Mediolanum Sántonum*/Saintes und *Caesarodunum*, später *Túrones*/Tours nach *Lutetia*, entlang der sich die zunächst unzureichende Romanisierung der Gebiete nördlich und südlich der unteren Loire vollzog.

4. Der römische Handel

Handelsbeziehungen hatten schon vor Ankunft der Römer bestanden. Sie konnten aber dank der römischen "Befriedung" und des römischen Straßennetzes in viel größerem Umfang aufgenommen werden und trugen ebenfalls zur Verbreitung römischer Zivilisation und Sprache bei.

5. Das römische Bürgerrecht

Nachdem schon Caesar das begrenzte Latinische Recht ("ius Latii") an die Bewohner der Gallia Narbonensis verliehen hatte, bewirkte das 212 n. Chr. von Caracalla an alle freien Bürger des Reiches vergebene volle römische Bürgerrecht eine weitere Integration der fremden Völker auf dem Wege zur Romanisierung.

6. Die römischen Schulen und die römische Erziehung

Die berühmten gallischen Rednerschulen sind schon erwähnt worden. An einer solchen lehrte in Bordeaux Decimus Magnus Ausonius (etwa 310 – etwa 393), der berühmteste Sohn der Stadt, der dann zum Prinzenerzieher an den Hof nach Trier berufen wurde und neben vielen anderen Dichtungen auch eine über die Mosel (*Mosella*) verfasst hat.

7. Das Christentum

Gallien war eines der ersten Zentren des Christentums in Europa. Von Vienne und Lyon aus vollzog sich die tiefere Romanisierung des nördlichen Gallien im Gefolge der Christianisierung, deren Brennpunkte u. a. Reims, Metz, Trier, Sens, Paris, Rouen, Tours und Poitiers waren. Überall im Westen des Reiches war das Christentum Träger der Latinisierung. Irenäus von Lyon (*St. Irénée de Lyon*, etwa 130 bis etwa 200), der aus Kleinasien stammende griechischsprachige Kirchenvater, lehrte und schrieb in Lyon und machte die Stadt zu einem frühen Stützpunkt der neuen Religion.

Literaturhinweise zur französischen Sprachgeschichte:

In erster Linie sei auf ERNST, Gerhard, et alii (Hrsg.) (2003–2008), *Romanische Sprachgeschichte*, Bd. 1–3 (s. Anhang) hingewiesen. BERSCHIN, Helmut/FELIXBERGER, Josef/GOEBL, Hans (²2008), *Französische Sprachgeschichte*, Hildesheim: Olms; BRUNOT, Ferdinand (1905 ff.), *Histoire de la langue française des origines à nos jours*, Paris: Colin, Neuausgabe Paris ⁵1969–70; CHAURAND, Jacques (éd.) (1999), *Nouvelle histoire de la langue française*, Paris: Seuil; KLARE, Johannes (²2002), *Französische Sprachgeschichte*, Stuttgart u. a.: Klett; PERRET, Michèle (²2001), *Introduction à l'histoire de la langue française*, Paris; PICOCHE, Jacqueline/MARCHELLO-NIZIA, Christiane (⁵2001), *Histoire de la langue française*, Paris: Nathan; RICKARD, Peter (²1989), *A History of the French Language*, London: Hutchinson; dt.: RICKARD, Peter (1977), *Geschichte der französischen Sprache*, Tübingen: Narr; WALTER, Henriette (1988), *Le français dans tous les sens*, Paris: Laffont; VON WARTBURG, Walther (¹²1993), *Évolution et structure de la langue française*, Tübingen u. a.: Francke; WOLF, Heinz-Jürgen (²1991), *Französische Sprachgeschichte*, Heidelberg: Quelle & Meyer; *LRL*, Bd. II, 1 (1996); II, 2 (1995); V, 1 (1990).

Zur Romanisierung Galliens:

FAVIER, Jean (dir.) (1984–1989), *Histoire de France*, 6 Bde., Paris: Fayard; dt.: *Geschichte Frankreichs*, 6 Bde., Stuttgart: DVA, 1989–1995; GOUBERT, Pierre (2002), *Initiation à l'histoire de France*, Paris: Fayard (Nachdr.); PARAVICINI, Werner/WERNER, Michael (Hrsg.) (2005–2007), *Deutsch-Französische Geschichte*, 11 Bde., Darmstadt: WBG; SIEBURG, Heinz Otto (⁵1995), *Geschichte Frankreichs*, Stuttgart: Kohlhammer; DUVAL, Paul-Marie, (1988), *La vie quotidienne en Gaule pendant la paix romaine*, Paris: Hachette; dt. *Gallien. Leben und Kultur in römischer Zeit*, Stuttgart: Reclam 1979.

Für eine erste Information: LOTH, Wilfried (³1993), *Frankreich-Ploetz. Französische Geschichte zum Nachschlagen*. Freiburg/Würzburg: Ploetz; PLOETZ, Karl (³⁴2005), *Auszug aus der Geschichte*, Frechen.

Zur besseren Anschaulichkeit sollten auch entsprechende Geschichtsatlanten eingesehen werden. Für die Fragen der eigentlichen Romanisierung kann man auch heute noch mit Gewinn auf das schon alte Werk von BUDINSZKY, Alexander (1881), *Die Ausbreitung der lateinischen Sprache über Italien und die Provinzen des römischen Reiches*, Berlin: Hertz (Nachdruck Wiesbaden: Saendig, 1973), zurückgreifen.

2. Die vulgärlateinische Grundlage

2.1 Zum Begriff "Vulgärlatein"

2.1.1 Latino und volgare im Italien der Renaissance

Wie in jeder Hochkultur mit ausdifferenzierter Schrifttradition gab es auch bei den Römern das Bewusstsein verschiedener Stilniveaus. Schon Cicero schreibt von der Unterschiedlichkeit des "vulgaris sermo", auch "plebeius sermo", gegenüber der "urbanitas" oder dem "sermo urbanus", d. h. dem kultivierten literarischen Latein der Hauptstadt. In diatopischer Hinsicht steht dem "sermo urbanus" auch der "sermo rusticus", das plumpe Latein der ländlichen Gegenden, gegenüber. Die gepflegte Rede für besondere Anlässe unterscheidet sich vom Alltagslatein, dem "sermo cotidianus" oder "sermo municipalis". Diese spontane städtische Sprechsprache entwickelt sich mit der Zeit unbemerkt weiter, während die einmal erreichte "Hochform" der Literatursprache Modellcharakter bekommt und nachgeahmt und tradiert wird. Dabei entfernt sich die gesprochene, unkontrolliert gebrauchte Sprache mehr und mehr von der "klassischen" Sprache, die kaum noch Neuerungen aufnimmt, sondern durch Versteinerung langsam zu einer toten Sprache wird.

Dieser Zustand setzt sich nach dem Ende der Antike im Mittelalter fort, indem die "lingua Latina" als Schriftsprache weitergebraucht und in ihren Normen, so gut es geht, als selten erreichtes Vorbild gilt, dem die in den einzelnen Regionen unterschiedlich entwickelte Volkssprache ("lingua romana rustica" oder "romanz") gegenübersteht. Für Dante Alighieri ist zu Beginn des 14. Jh. das Lateinische gar keine historische Sprache mehr, sondern eine künstliche "Grammatik", die als eine Art Welthilfssprache der Gelehrten fungiert, während die "vulgaris eloquentia" die gesprochene romanische Sprache bezeichnet, in Italien also das Italienische, in Frankreich das Französische[62]. Im Italien der Renaissance ist das *volgare* die gängige Bezeichnung für das Italienische in Abgrenzung vom Lateinischen, und Gelehrte wie Leonardo Bruni gewinnen wieder die Erkenntnis, dass es schon im alten Rom zwei Varianten des Lateinischen gegeben habe, nämlich "latino" und das "volgare" jener Zeit. Dabei hat *volgare* keineswegs den Beigeschmack des "Vulgären", sondern meint einfach die ungezwungene Spontansprache im Gegensatz zur normierten Schriftsprache[63]. So ist auch unser heutiger Terminus **Vulgärlatein** (*latin vulgaire*) zu verstehen. Erst bei der Wiederaufnahme dieses Begriffes zunächst durch die französische Romanistik im 19. Jahrhundert als "latin vulgaire", dann als "Vulgärlatein" in Deutschland, bekam der Ausdruck zuerst den negativen Anstrich des Lateins der untersten Volksschichten und der Abweichungen vom **klassischen Latein** (*latin classique*), des Fehlerhaften, während er heute alle Formen der gesprochenen Spontansprache meint, und zwar auch dann, wenn sie mit denen des klassischen Lateins übereinstimmen.

2.1.2 Das Vulgärlatein der Romanisten

Für die heutigen Romanisten ist das Vulgärlatein nicht – wie für die Latinisten – eine fehlerhafte Sprachform der Epoche der Dekadenz, in der Kasus "verwechselt" oder "falsche" Konstruktionen verwendet wurden, sondern Grundlage des Übergangs zu etwas Neuem, die lebendige Ausgangssprache für die romanischen Idiome. Die Romanisten betrachten das Vulgärlatein als die "normale", spontane Ausdrucksform der Römer, das klassische Latein dagegen eher als hoch entwickelte Sonderform des Lateinischen. Die romanischen Sprachen sind die Fortsetzer des Vulgärlateins und insofern lebendes, modernes Vulgärlatein.

---

62   Dante ALIGHIERI (ca. 1304), *De vulgari eloquentia*, I, IX,11.

63   Vgl. auch Celso CITTADINI (1601), *Trattato della vera origine, e del processo, e nome della nostra lingua*, Venedig, wo zuerst das Vulgärlatein als historische Form des Lateins erkannt wird, während Bruni mit "volgare" Italienisch meinte (was zu eng ist).

Allerdings ist Vulgärlatein ein Sammelbegriff, ein Kürzel für recht verschiedene Sprachformen. Das Vulgärlatein darf man sich nicht als einheitliche Sprache wie etwa das heutige Deutsch oder die heutige französische Standardsprache vorstellen. Es hat nicht nur eine mehrhundertjährige Entwicklung mitgemacht (diachrone Unterschiede), sondern ist auch als dialektal gegliedert vorzustellen (diatopische Unterschiede[64]). Die römischen Soldaten und Kolonisten, die das Latein in die verschiedenen Provinzen des Reiches trugen, kamen zunächst aus unterschiedlichen Gegenden Italiens, später auch aus möglicherweise weit auseinander liegenden Provinzen des Imperiums. Die einheimischen Völkerschaften, die sich z. B. in Gallien oder Hispanien das Lateinische aneigneten, brachten jede ihre Aussprachegewohnheiten und spezielle Bezeichnungen landestypischer Dinge ein und trugen so zur Differenzierung des Vulgärlateins und letztlich zur **Ausgliederung** (*différenciation*) der romanischen Sprachen schon in der lateinischen Epoche bei (vgl. auch IV.3, S. 186–193; zur regionalen Variation des Lateinischen siehe jetzt ADAMS 2007, zum Einfluss anderer Sprachen auf das Lateinische durch Sprachkontakt ADAMS 2008). Vulgärlatein ist auch ein Sammelbegriff für das gesprochene Latein aller Bevölkerungsschichten, nicht nur der untersten, wie man früher gemeint hat, und impliziert insofern auch schichtenspezifische (diastratische) Unterschiede. In stilistischer Hinsicht (diaphasische Unterschiede) umfasst es alle Register von "kolloquial-ungezwungen" über "familiär" bis zu wirklich "vulgär".

Der Gedanke, dass das Lateinische schon zu früher Zeit regional differenziert war und sich die Differenzen in den neu eroberten Provinzen (Sardinien, Hispanien, Africa, Gallia Cisalpina und Gallia Transalpina, Dacia) weiter verstärkten und so schon frühzeitig die Herausbildung von Unterschieden begründeten, die später in die verschiedenen romanischen Dialekte und Sprachen mündeten, wird auch von ADAMS (2007: 689–701) verfolgt.

2.2 Die Notwendigkeit der Annahme des Vulgärlateins

2.2.1 Schriftlatein

Kenntnisse über das Latein haben wir fast ausschließlich aus überlieferten lateinischen Texten. Als geschriebene Texte gehören sie jedoch per definitionem so gut wie alle in die Kategorie des "klassischen" Lateins. Vulgärlateinische Texte kann es aus dem gleichen Grund nicht geben. Da das Vulgärlatein also weitgehend nicht direkt bezeugt ist, sondern aus vielfältigen Quellen erschlossen werden muss (siehe IV.2.5), kann es eine Diskussion um die Notwendigkeit geben, das Vulgärlatein als Ausgangsbasis der romanischen Sprachen zu postulieren. Zwar sind wohl von vornherein auch Elemente des klassischen Lateins als gelehrte Wörter in gehobenen Formen der Sprechsprache tradiert worden (etwa in der kirchlichen

---

64 Zur Terminologie der sprachlichen Variation (diatopisch, diastratisch, diaphasisch) siehe III.8.1.

Sphäre) und in späteren Jahrhunderten, besonders seit der Renaissance, in den jeweils wieder zu differenzierten Schriftsprachen ausgebauten romanischen Sprachen aufgenommen und von Skeptikern gegenüber dem Konstrukt des Vulgärlateins als Argument benutzt worden, das Latein schlechthin sei die Grundlage der romanischen Sprachen[65].

2.2.2 Spontanlatein oder regionales Sprechlatein

Jedoch lassen sich viele grundlegende Fakten der romanischen Grammatik und Syntax sowie des Lexikons nicht als Entwicklung aus den bekannten Strukturen des literarischen oder klassischen Lateins erklären. Die Aufgabe der Kasusdeklination im Nominalsystem und die Einführung der syntaktischen Markierung durch Präpositionen in den romanischen Sprachen ist ein durchgängiges Phänomen, das schon in einer Phase aufgekommen sein muss, als noch eine relative Einheit der Sprache, d.h. des Lateinischen, gegeben war und Innovationen noch in alle Teile des Reiches dringen konnten, auch wenn sie dann eventuell unterschiedlich realisiert wurden (z.B. Bewahrung von zwei Kasus, Rectus und Obliquus im Galloromanischen, Nom.-Akk. versus Gen.-Dat. im Dakoromanischen, totale Aufgabe der Kasus und Bewahrung einer einzigen, auf dem ursprünglichen Akk. beruhenden Form im Italo- und Iberoromanischen). Das Vorhandensein des bestimmten Artikels in allen romanischen Sprachen kann nicht aus dem Schriftlatein erklärt werden, da er dort nicht existiert hat, und eine polygenetische Erklärung, nach der er sich in der Mehrzahl der romanischen Sprachen jeweils getrennt, aber in gleicher Weise aus dem lat. Demonstrativum *ille/illu(m)* entwickelt hätte, entbehrt jeder Wahrscheinlichkeit. Auch die in III.3.5 angesprochene Ersetzung der synthetischen Formen des lat. Futurs (vom Typ *cantabo, dicam*) durch periphrastische Bildungen, vor allem durch den Typ *cantare habeo* (> frz. *(je) chanterai*), muss einen gemeinsamen Ursprung haben, den wir uns aufgrund der historischen Abläufe nur im Vulgärlatein vorstellen können (siehe dazu den folgenden Abschnitt IV.2.3, S.174–176).

2.2.3 Bildhaftigkeit der Spontansprache

Herman ([3]1975: 10–11) verweist auf die kl.-lat. Wörter *ignis* 'Feuer', *loqui* 'sprechen' und *pulcher* 'schön', die in keiner romanischen Sprache in volkstümlicher Entwicklung weiterleben. Wir müssen aus dieser Tatsache schließen, dass die Sprecher in den verschiedenen Teilen des Römischen Reiches – zumindest von einer bestimmten Zeit an – andere, konkurrierende Wörter bevorzugten, die ihnen vielleicht bildhafter und ausdrucksstärker erschienen. Viele ungebildete Sprecher dürften

---

[65] Siehe etwa die Außenseiterthese, die Witold Mańczak vertritt, so etwa in MAŃCZAK 1977, *Le latin classique – langue romane commune*, Wrocław/Warszawa/Kraków/Gdańsk, und in neueren Aufsätzen.

die hochsprachlichen Lexeme kaum jemals aktiv verwendet haben. Die vom klassischen Latein aus als Abweichungen erscheinenden Ausdrücke dürften für diese in der späteren Kaiserzeit den Ton angebenden Sprecher die normalen, neutral markierten Wörter gewesen sein, während die schriftsprachlichen eben als solche konnotiert waren[66]. Die Ersetzungen für *ignis, loqui, pulcher* lauten demnach:

ignis ersetzt durch *focus*, ursprünglich 'Feuerstelle'
(vgl. frz. *feu*, span. *fuego*, port. *fogo*, it. *fuoco*, rum. *foc*)

parabolare 'Gleichnisse erzählen'
(vgl. frz. *parler*, it. *parlare*, okz./kat. *parlar*)

loqui ersetzt durch

fabulare 'Fabeln, Geschichten erzählen'
(vgl. span. *hablar*, port. *falar*)

formosus 'formenreich' > 'schön'
(vgl. span. *hermoso*, port. *formoso*, rum. *frumos*)

pulcher ersetzt durch

bellus 'hübsch' > 'schön'
(vgl. frz. *beau*, it. *bello*, kat. *bell*)

Auch hier spricht die gleichförmige Art der lexikalischen Bevorzugung für die Annahme der Herausbildung schon im Vulgärlatein und nicht erst in der unabhängigen einzelsprachlichen Phase der Entwicklung.

2.3 Die zeitliche Abgrenzung des Vulgärlateins

2.3.1 Vulgärlatein als volkstümliche Umgangssprache

Über die zeitliche Abgrenzung des Vulgärlateins gibt es in der Forschung keine einheitliche Meinung. Die verschiedenen Auffassungen hängen davon ab, wie sehr der Begriff des **Vulgärlateins** an die Gegenüberstellung zum **klassischen Latein** gekoppelt wird. Autoren wie Väänänen und zuletzt auch Kiesler sehen im Vulgärlatein eher eine volkstümliche Umgangssprache, die zu allen Zeiten der Latinität existiert hat, d.h. vom Ausgang der archaischen Epoche des Lateins (Ende 3. Jh. v. Chr.) bis zum Auftreten der ersten schriftlichen Texte in romanischer Sprache (9. Jh. n. Chr.). In der Tat gibt es populäre Formen, die immer gebraucht wurden,

---

66 Ähnliches wiederholt sich ständig, da gewisse zunächst "plastische" Ausdrücke der populären Sprache mit der Zeit normal und daher neutral werden und dann wieder durch neue bildhafte Wörter ersetzt werden, vgl. frz. *bouquin* für neutrales *livre*, *caboche* (das mit *bosse* 'Buckel' zusammenhängt) für neutrales *tête*, das selbst im Vulgärlatein eine populäre Metapher (< *testa* 'Tonscherbe') für 'Kopf' war, *chialer* für neutrales *pleurer* (< *plorare* 'plärren' statt *flere* 'weinen'). Vgl. auch Koch, Peter / Oesterreicher, Wulf (1990), *Gesprochene Sprache in der Romania: Französisch, Italienisch, Spanisch*, Tübingen: Narr, 114ff.

aber keine Aufnahme in die klassische Schriftnorm gefunden haben, z.B. die Form der 2. P. Pl. des Possessivums *voster* neben *vester*. Da wir in den romanischen Sprachen nur Fortsetzer von *vostru(m)* finden (vgl. frz. *votre*), zählen die genannten Autoren und viele andere solche Formen auch zu den "vulgärlateinischen", obwohl zur Zeit der Abfassung der frühen Texte, die diese und ähnliche Formen enthalten (z.B. die Komödien des Plautus, um 200 v. Chr.), noch keine als Norm geltende Schriftsprache bestand.

2.3.2 Vulgärlatein als Umgangssprache im Römischen Reich

Eine mittlere, aber nicht grundsätzlich andere Position hinsichtlich des Beginns vertreten etwa Battisti und Herman, die für das Vulgärlatein den Zeitraum zwischen 200 v. Chr. und 600 n. Chr. ansetzen. Dadurch werden immerhin die sogenannten "dunklen" Jahrhunderte der Germanenherrschaft in Gallien (siehe IV.4.1), Spanien und Italien, in denen die Einheit des Römischen Reiches längst zerbrochen und der Austausch sprachlicher Entwicklungen unter den Provinzen unterbunden war, aus der zeitlichen Definition des Vulgärlateins weitgehend herausgenommen und dafür eine frühromanische Phase schon der Einzelsprachen postuliert.

2.3.3 Vulgärlatein vs. klassisches Latein: 100 – 450 n. Chr.

Definitorisch viel stärker an die Opposition zum klassischen Latein gebunden und daher chronologisch viel stärker eingegrenzt sieht COSERIU (2008: 119–129) das Vulgärlatein. Seine Auffassung lässt sich in folgender Skizze verdeutlichen:

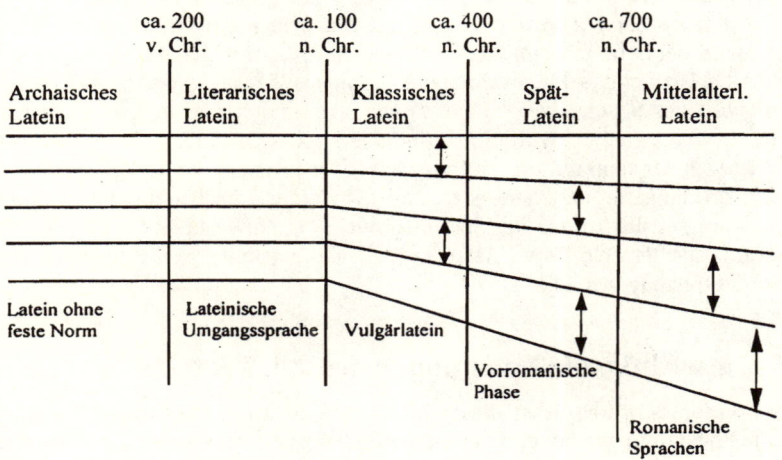

Die horizontalen Linien kann man als verschiedene konkurrierende Sprachformen deuten, z. B. als den Gebrauch von *bellus* neben und in der Bedeutung von *pulcher* bzw. als Kasusgebrauch in *villa patris mei* gegenüber der Präpositionalsyntax in *villa de meo patre* bzw. als A.C.I.-Konstruktion nach Verben des Sagens *(dico me illum cognoscere)* neben einer **Hypotaxe** *(subordination)* mit *quod* (*dico quod illum cognosco* 'je dis que je le connais'). Zwischen ca. 200 v. Chr. und 100 n. Chr. werden das literarische und das umgangssprachliche Latein unterschieden; in dieser Epoche existiert noch eine wechselseitige Beeinflussung dieser beiden lateinischen Traditionen. In der nachaugustäischen Zeit wird das literarische Latein zum klassischen Latein fixiert und bekommt Modellcharakter; es nimmt keine Neuerungen mehr aus der gesprochenen Sprache auf. Daher stellt man nun ein deutliches Sichwegentwickeln des Vulgärlateins vom klassischen Latein (angedeutet durch ↕) sowie eine sich verstärkende innere Differenzierung des Vulgärlateins fest, die auch auf der zunehmend schwächer werdenden zentralisierenden Kraft Roms beruhen. Das Vulgärlatein ist also **nicht** – wie vielfach fälschlich angenommen wird – **aus dem Klass.- Lat. entstanden**, sondern bestand nach 100 n.Chr. parallel dazu, also gleichzeitig, als eine **sprechsprachliche, informelle Varietät**.

Coseriu setzt dann eine vorromanische Phase von ca. 400 – ca. 700 n. Chr. an, der schließlich die Phase der verschiedenen romanischen Einzelsprachen folgt. Es gibt aber auch gute Gründe dafür anzunehmen, dass die innere Differenzierung der einzelnen romanischen Idiome im 7. Jh. schon so weit vorangeschritten war, dass damals z. B. schon von "Frühfranzösisch" gesprochen werden kann, auch wenn noch keine Texte vorliegen (siehe Arbeiten von Fouché (S. 82) und Straka (S. 81)). Die sog. "vorromanische Phase" würde dann nur das 5. und 6. Jh. umfassen (vgl. zum Problem des "Übergangs" Latein – Romanisch IV.5, S. 200–204).

Dieses Schema verdeutlicht einerseits die Auffassung, dass es eine Kontinuität des gesprochenen Lateins von den Anfängen der lateinischen Sprache bis zur Gegenwart der heutigen romanischen Sprachen gibt, indem die von alters her bestehenden Grundzüge der gesprochenen Sprache, wie die Bevorzugung bildhafter Ausdrücke, des Nebensatzes mit *quod* und volkstümlicher Formen wie *voster* statt *vester*, weiter tradiert wurden; andererseits dass zusätzlich die wichtigsten Neuerungen der späteren romanischen Sprachen zwischen ca. 100 n. Chr. und 400 n. Chr. im Vulgärlatein entstanden seien, in einer Epoche, die einen anomal beschleunigten Rhythmus der Sprachentwicklung aufweise. Bis zur Entstehung der französischen Schriftsprache im 9.–11. Jh. verlangsamt sich dieser Rhythmus in Nordfrankreich jedoch kaum.

2.4 Die wichtigsten Neuerungen des Vulgärlateins

Hier können dem Charakter dieser Einführung entsprechend nur einige ausgewählte Erscheinungen behandelt werden. Eine umfassende Darstellung findet sich in den Handbüchern zum Vulgärlatein und zur romanischen Philologie (z. B. LAUS-BERG 1956–62). Erschlossene Formen werden durch den Asterisk (*) bezeichnet.

2.4.1 Lautliche Neuerungen

Im lautlichen Bereich kann man weithin sicher nicht die Fortführung alter sprech-sprachlicher Tendenzen feststellen (Ausnahmen siehe am Ende von IV.2.4.1), sondern beobachtet Sprachwandel, der in die Hochsprache nicht mehr Eingang gefunden hat. Noch im 1. Jh. vor Chr. verstummen /h/ und auslautendes –/m/; diese Fakten werden auch von den Grammatikern beschrieben und gelten auch für die Hochsprache, allerdings nicht mehr für die Orthographie. Vulgärlateinische (vglt.) Formen werden daher allgemein ohne –/m/ angegeben (z. B. *illu, homine, forte*). Die alten Diphthonge [aᵉ] und [oᵉ] werden schon früh zu /ɛ/ bzw. /e/ (z. B. in *caelum* > [kɛlo] > [tsjɛl] > [sjɛl] *ciel* und *poena* > [pena] > [pejnə] > [ˈpenə] (noch 16. Jh.) > [pɛn] *peine*), und auch **Synkopen** (*syncopes*) des Typs *dom(i)nus, dom(i)na, cal(i)-dus*, die später üblich werden (vgl. *femina* > *[femna] > *femme, homine* > *[omne] > *homme*), sind noch in der Zeit der Republik belegt. Auch Hiattilgungen wie zwei-silbiges *filja*, später [ˈfiʎa], aus dreisilbigem *filia* sind früh eingetreten.

Der "Quantitätenkollaps", d. h. die Aufgabe der ursprünglichen Längenopposition sowohl bei den Vokalen als auch bei den Konsonanten, wurde bereits in den Grundzügen beschrieben (siehe III.1.5.1). Er findet wohl im 2. nachchr. Jh. statt. Damit werden ursprünglich kurzes /i/ zu /e/ und kurzes /u/ zu /o/ geöffnet, so dass vulgärlateinische Akkusativformen des Singulars auf -*o* ausgehend notiert werden können (etwa *caballo, illo, scripto*). Auch die ersten Diphthongierungen des Typs *pede(m)* > *piede, caelo* > *cielo* werden für das 3. Jh. angenommen.

Fortsetzungen alter sprechsprachlicher Tendenzen finden sich z. B. in der Akzen-tuierung z. B. präfigierter Verben mit kurzem Tonvokal im Stamm des Basisverbs (*morat, locat, placet, capit* usw.), die durch sog. Rekomposition ihre Betonung dort behalten (z. B. deˈmorat > frz. *(il) demeure*, subˈvenit > frz. *(il me) souvient*; colloˈcare > rum. *(a) culcá*, frz. *coucher*; reˈcipit > frz. *(il) reçoit*), während die Hochsprache die Formen als Einheit betrachtet und nach den Akzentregeln auf der **Antepaenultima** (drittletzten Silbe, [*syllabe*] *antépénultième*) betont (ˈdemorat, ˈsubvenit, ˈdisplicet, ˈrecipit). Diese Betonung findet sich aber gerade nicht in erbwörtlich behandelten romanischen Formen. Als Grundregel ist nämlich hier zu beobachten, dass die vulgärlateinische Betonungsstelle im Romanischen, also auch Französischen, im-mer erhalten bleibt; eine Abweichung weist auf Latinismen hin. – Ein weiterer Fall der Fortführung wohl populärer Konkurrenzformen im Vulgärlateinischen ist im Morphem der 3. Person Plural des Perfekts gegeben, wo statt der Form -*ērunt* des klass. Lateins die Endung ˈ-erunt mit dem Vorrücken der Betonung weiterlebt (vgl. frz. *(ils/elles) chantèrent* < canˈta-(ve)runt, dirent < afrz. distrent < vglt. ˈdixerunt).

2.4.2 Grammatische Neuerungen

Im grammatischen Bereich treten bei den Nomina folgende Neuerungen bzw. gegenüber dem Klass.-Lat. auffällige Fortführungen populärer Tendenzen auf:

- Das Genus neutrum wird unbeliebt und mit der Zeit ganz aufgegeben. Belege für den Übergang vom Neutrum zum Maskulinum (*vinus* für *vinum*) finden sich schon in Texten des 1. Jh. n. Chr. Recht häufig werden Formen des Neutr. Pl. auf *-a* teilweise als **Kollektiva** (*formations collectives*) verstanden und daher neu interpretiert als Fem. Sg. So werden etwa frz. *(la) feuille* < vglt. *folia* 'Blatt' statt klass.-lat. *folium*, *(la) joie* < vglt. *gaudia* 'Freude' < 'Freudenbezeugungen', *(la) merveille* < vglt. **mer(a)-bilja* ≈ klass.-lat. *mirabilia* 'Wunderbares, wunderbare Dinge', *(la) force* < vglt. *fortja* ≈ klass.-lat. *fortia* 'starke Kräfte, Kraft' erklärt.

- Die im Klass.-Lat. übliche Unterscheidung von fünf Deklinationsklassen war möglicherweise in der gesprochenen Sprache nie so streng. Auch in der Schriftsprache gab es z. B. *materia* neben *materies*, in der gesprochenen Sprache aber auch **glaccia/ *glacia* neben *glacies*, da frz. *glace*, altit. *ghiaccia*, rum. *ghiață*, auf ein auslautendes *-a* zurückgehen müssen; gleiches gilt für frz. *face*, it. *faccia* < **faccia/ *facia* statt < *facies* bzw. frz. *rage* < **rabia* statt < *rabies* '(Toll-)Wut'. Schon im Altlatein wurde z. B. *senatus* auch nach der o-Dekl. (Gen. *senati*) dekliniert, und auch im Vulgärlatein wird die u-Deklination zugunsten der o-Deklination aufgegeben.

- Der tiefgreifendste Wandel besteht aber in der allmählich immer stärker werdenden Bevorzugung präpositionaler Markierungen von Satzfunktionen und der damit verbundenen Aufgabe der **Kasus** (*cas*) zum Ausdruck syntaktischer Beziehungen zwischen Syntagmen und im Satz. Über die Gründe dafür wird bis heute viel diskutiert. Sie können hier nicht im Ganzen dargelegt und erörtert werden. Wir wollen eine typologische Erklärung vertreten (siehe auch III.9.5), die den Wandel vom **postdeterminierten, synthetischen** Kasus zum **prädeterminierten, analytischen** Präpositionalausdruck verbindet mit dem funktionellen typologischen Wandel hin zur analytischen Markierung relationeller Funktionen, wie sie Kasusfunktionen nun einmal sind (vgl. III.9.5). Der in anderen Darstellungen in diesem Zusammenhang primär beschriebene lautliche "Zusammenfall" der Endungen, der durch den Quantitätenkollaps eintritt, ist dann sekundär, da der Ausdruck der Satzfunktionen eben zunächst einmal anders geregelt wird. In der Tat werden dann viele Endungen homophon (Dat./Akk./Abl. *muro*).

Die bereits in Abschnitt 2.2.2 erwähnte Reduzierung der Kasus im Vulgärlatein bedeutet im Lichte der Bevorzugung von Präpositionen gegenüber flexivischen Kasus nun aber gerade nicht, dass ein schriftsprachlicher Kasus einer bestimmten Präpositionalkonstruktion entspräche oder umgekehrt. Häufig entsprechen sich zwar Genitiv und DE-Konstruktion bzw. Dativ und AD-Konstruktion, aber keineswegs immer. Die Möglichkeiten der Präzisierung, die gerade die Präpositionen geben, sollten keinem Schematismus Vorschub leisten. Einem lat. Dativ kann romanisch auch die Präposition PRO, frz. *pour*, entsprechen, und frz. *à* drückt viel mehr aus als der lat. Dativ: Da auch die Differenzierung zwischen der Angabe der Richtung und der Ortsruhe aufgegeben wird, entwickelt sich AD zu einer Funktion wie etwa 'Kontakt mit X' (vgl. frz. *je vais à Paris, je reste à la maison, je pense à toi, fils à papa, à cette heure*). Wenn wir auch über die Kasusreduzierung im Vulgärlatein zu mancherlei Spekulation gezwungen sind, so steht doch fest, dass alle Präpositionen des Vulgärlateins mit einem Kasus stehen, der nicht der Nominativ ist. Als neutralster Kasus wird hier im Allgemeinen der ehemalige **Akkusativ** (*accusatif*) angenommen. Er bildet daher die Grundform aller vulgärlateinischen und romanischen Wörter. Dies wird besonders bei den Substantiven der konsonantischen Deklination mit ihrer Stammabstufung zwischen obliquen Kasus und Casus rectus (Nominativ), wie z. B. ˈ*ratio* – *ra*ˈ*tione(m), homo* – *homine(m),* ˈ*virtus* – *vir*ˈ*tute(m)* deutlich. Frz. *raison* geht gerade auf *ratione, homme* auf *homine, vertu* auf *virtute* zurück. Anders als im italoromanischen und iberoromanischen bleibt im galloromanischen Vulgärlatein neben dieser Grundform bei den Maskulina auch ein auf den Nominativ zurückgehender Rectus erhalten, so dass zwei Kasus unterschieden werden (vgl. IV.6.3.2).

• Die **Determinanten** (*déterminants*) des Nomens werden alle funktionell und materiell neu bzw. anders aufgebaut: Wohl unter dem starken griechischen Einfluss in der frühen Kaiserzeit entwickelt sich ein bestimmter Artikel, in den meisten Gegenden des Imperiums aus dem Demonstrativum *ille*. – Das dreistufige Demonstrativsystem des Lateinischen (*hic – iste – ille*) wird materiell dadurch umgestaltet, dass *hic* der Schriftsprache vorbehalten bleibt und in der Sprechsprache *iste* an seine Stelle zum Ausdruck des ersten Nähegrades rückt. Im Vulgärlatein der Pyrenäenhalbinsel wird das dreistufige System bewahrt, indem *ipse* an die zweite Stelle rückt und in der dritten Stufe *ille* durch ein Präsentativum **accu* (volkstümliche Variante zu *ecce*) verstärkt wird (vgl. span. *este – ese – aquel*). Im Vulgärlatein Galliens wird das System offenbar frühzeitig auf zwei Stufen reduziert, denn wir kennen im Altfranzösischen nur die Opposition *cist* 'dieser' (< *ecce iste*) – *cil* 'jener' (< *ecce ille*), die dann zum Neufranzösischen hin noch einmal zu einem einstufigen System (*ce(t)/cette*) vereinfacht wird.

• Bei den Possessiva kommt die zumindest im Galloromanischen wirksame Regel der strikten Voranstellung der Determinanten zur Geltung: Wie der Artikel und das Demonstrativadjektiv (*ecce illa femina* versus klass.-lat. auch *femina illa*) steht auch das Possessivadjektiv **vor** dem determinierten Nomen (*tua filja* versus kl.-lat. auch *filia tua*). In der dritten Person wird die in der Schriftsprache fixierte Unterscheidung zwischen 'reflexiv' und 'nicht-reflexiv' (*filia eius – filia sua*) nicht gemacht; es heißt in allen Fällen *sua filja*. Bei nicht-reflexivem Besitzerplural gab es auch im Klass.-Lat. kein **Possessivadjektiv,** sondern nur den Genitiv des Demonstrativums, das hier auch als Genitiv des nicht existenten Personalpronomens der 3. P. fungierte (*eorum/earum* bzw. *illorum/ illarum*). Hier setzt sich *illorum* (> frz. *leur*, zunächst unveränderlich) als invariable Form durch (z. B. **illoro caballo* 'leur cheval', **illoro caballos* > afrz. *leur chevaus*).

- Bei den Adjektiven wird die Kategorie der Steigerung entsprechend der relationellen Funktion des Komparativs und Superlativs periphrastisch ausgedrückt (vgl. III.9.5): Gegenüber *altior, altissimus* bevorzugt die Sprechsprache *plus altus* in der Zentralromania (frz. *plus haut*, it. *più alto*), *magis altus* in der Randromania (span. *más alto*, port. *mais alto*, rum. *mai înalt*), wobei der Superlativ durch Setzung des bestimmten Artikels aus dem Komparativ abgeleitet wird. – Zum Adverb siehe III.3.5.1.

- Die Umgestaltung des Tempussystems der Verben ist bereits in Kap. III.4.1.3 skizziert worden.

- Das Passiv, das im Perfektstamm auch im Klass.-Lat. nur periphrastisch ausgedrückt werden konnte, wird entsprechend der typologischen Wende, die das Vulgärlatein nimmt (vgl. III.9.5), insgesamt periphrastisch. Dabei wird das Perfekt des Typs *porta est *operta*, das je nach Kontext als **Vorgangspassiv** temporal eine Vergangenheit ('la porte a été ouverte') oder als **Zustandspassiv** präsentisch interpretiert werden konnte ('la porte est ouverte [par quelqu'un]'), zunehmend als Gegenwart aufgefasst und einer neu gebildeten Vergangenheit gegenübergestellt (**[il]la porta fuit *operta – la porte fut ouverte*). Die Vermeidung des synthetischen Passivs bedingt auch die Umgestaltung der Deponentien (mit medialer Bedeutung) zu intransitiven aktivischen Formen, z.B. *precare* (vgl. frz. *prier*) statt *precari, fabulare* statt *fabulari* 'fabulieren' (vgl. altfrz. *fabler*, span. *hablar*, port. *falar*).

- Viele der infiniten Formen des Verbs waren in der Spontansprache nicht mehr lebendig und wurden daher auch in keine romanische Sprache tradiert. Dazu gehören alle Infinitive außer dem Infinitiv Präsens Aktiv und das aktivische Partizip des Futurs und das Gerundivum. Die Deklination des Infinitivs (sog. Gerundium) wurde (nach griechischem Muster?) durch die Verbindung Präposition + Infinitiv ersetzt (*ars bene scribendi – *arte de bene scribere* 'l'art de bien écrire', siehe dazu COSERIU, 2008: 329–339). Daneben entstand, wohl aus dem Abl. des klass.-lat. Gerundiums, ein neues hypotaktisch verwendetes Gerundium (*volando, scribendo*), das im Französischen zum unveränderlichen **participe présent, forme verbale** wird, in Verbindung mit *en* zum **gérondif**.

2.4.3 Lexikalische Neuerungen

Der vulgärlateinische **Wortschatz** (*lexique*) zeichnet sich gegenüber dem klassisch-lateinischen durch die der Spontansprache eigene größere **Expressivität** der bevorzugten Lexeme sowie durch das Fehlen puristischer Bestrebungen aus, die in der Literatursprache zum Beispiel das Eindringen einer Vielzahl modischer **Gräzismen** (*grécismes*) verhindern. Aus dem weiten Bereich können hier nur einige wenige Beispiele gegeben werden. Dabei geben wir der Einfachheit halber im Allgemeinen die bekannte, weil belegte, klassisch-lateinische Wortform (grundsätzlich im Nominativ) und nicht die zwar aufgrund eines obliquen Kasus, im Allgemeinen des

Akkusativs, anzunehmende, aber oft nur zu erschließende vulgärlateinische Form an.

• Zunächst ist festzustellen, dass ein Großteil des Grundwortschatzes dem Klass.-Lat. und dem Vglt. gemeinsam ist, so z.B. *homo, filius, mater, pater, manus, aqua, panis, caelum, terra ...; rotundus, plenus, calidus, frigidus, siccus, niger, novus, bonus ...; habere, facere, dormire, bibere, currere, videre, credere, crescere, scribere ...* Dabei ist freilich grundsätzlich mit gewissen Unterschieden bezüglich der Konjugationsklassen zu rechnen, so etwa *ridĕre* (vgl. frz. *rire*) statt *ridēre, sapĕre* (vgl. frz. *savoir*) statt *sapĕre*, auch **currire* neben *currĕre* (vgl. frz. *courir* neben afrz. *courre*).

• In anderen Fällen gab es ein hochsprachliches Synonym, das in der informellen Sprache nicht benutzt wurde (z.B. *vir* gegenüber *homo*; *tellus* gegenüber *terra*; *sidus* gegenüber *stella*; *cruor* gegenüber *sanguis*; *pulcher* gegenüber *bellus, formosus*; *alius* gegenüber *alter*; *ferre* gegenüber *portare* ...). So ist wohl auch *res* 'Ding, Sache' mit der Zeit in die Sphäre der Schriftsprache geraten und umgangssprachlich durch *causa*, eigentlich '(Gerichts-)Sache, Angelegenheit', vertreten worden (vgl. frz. *chose*), während *res* nur in dem Ausdruck *nullam rem natam* 'nichts auf der Welt' als Indefinitum erhalten ist (vgl. it. *nulla*, frz. *rien*, span./port. *nada* 'nichts').

• Gegenüber den neutralen Lexemen der Hochsprache bevorzugte die gesprochene Sprache zum einen durchsichtigere, d.h. meist abgeleitete Wörter (z.B. *cominitiare* ← *initium*, vgl. frz. *commencer*, statt klass.-lat. *incipere; compre(he)ndere* 'begreifen', vgl. frz. *comprendre*, statt *intellegere; parabolare* ← *parabola* 'Gleichnis, Parabel', vgl. frz. *parler*, statt *loqui; pacare* 'befrieden' > '(durch eine Zahlung) zufriedenstellen' > 'bezahlen', vgl. frz. *payer*, statt *solvere, pendere; adripare*, eigentlich 'anufern', d.h. 'ans Ufer gelangen' und insofern 'ankommen', vgl. frz. *arriver*, anstatt *advenire*.

• Zum anderen hatte das Vulgärlatein wie jede informelle Sprache eine Vorliebe für semantisch drastische oder zumindest bildhafte, z.T. **metaphorische Bezeichnungen** (*expressions métaphoriques*), so z.B. *manducare* 'mampfen, futtern' statt *edere* 'essen', vgl. frz. *manger*. Dabei entspricht die Bedeutungsangabe und stilistische Konnotation 'mampfen, futtern' dem Register der Hochsprache, während *manducare* im informellen Register zwar zunächst aufgrund dieser Konnotation gewählt, dann aber mechanisiert wird und neutralem 'essen' gleichkommt. Andere Beispiele sind *testa* 'Tonscherbe' > frz. *tête*, für *caput* 'Kopf', das im Nfrz. nur in übertragenem Sinn als *chef* überlebt; *bucca* '(aufgeblasene) Backe' > 'untere Gesichtspartie, Mund', vgl. frz. *bouche*, statt *ōs, ōris* 'Mund, Gesicht'; *grandis* 'ausgewachsen, mächtig groß' statt *magnus* 'groß', vgl. frz. *grand*; *toccare* (lautmalend) statt *tangere*, vgl. frz. *toucher*; zu *plorare* siehe oben Anm. 66.

• Wegen des **affektiven Gehalts** (*connotation affective*) der Diminutiva sind auch diese zu den expressiven Ausdrücken zu zählen. Sie werden im Vulgärlatein gegenüber den Simplicia häufig bevorzugt, so z.B. *auric(u)la* statt *auris* 'Ohr', vgl. frz. *oreille*; *acuc(u)la* statt *acus* 'Nadel', vgl. frz. *aiguille*; *vet(u)lu* (> **veclu*) statt *vetus* 'alt', vgl. frz. *vieil/vieux; agnellu* statt *agnus* 'Lamm', vgl. frz. *agneau; genuc(u)lu* (vgl. frz. *genou*, it. *ginocchio*) statt *genu* 'Knie'. Speziell im Vulgärlatein Galliens finden wir **solic(u)lu* (vgl. frz. *soleil*) statt *sol(em)* 'Sonne' (vgl. it. *sole*, span. *sol*); *somnic(u)lu* (vgl. frz. *sommeil*) statt *somnus* 'Schlaf' (vgl. it. *sonno*, span. *sueño*).

• Von den zahlreichen Gräzismen der Volkssprache, die von den später eingeführten gelehrten Gräzismen zu trennen sind, seien in lateinischer Form genannt: *camera > chambre, būtyrum > beurre, cathedra > chaire* und *chaise, saccus > sac, lampada > lampe*, gr. *plateîa* 'breite Straße' > vglt. **plătea > place, petra > pierre*, das dem literarischen Wort *lapis* vorgezogen wird; *papyrus > papier, éncaustum > encre, spatha > épée, cólaphus* 'Schlag' ersetzt klass.-lat. *ictus* und wird zu frz. *coup* (mit der üblichen Synkope des unbetonten *-a-*); *gamba*, eine veterinär-medizinische Bezeichnung für das '(Pferde-)Gelenk' wird zu 'Bein' (vgl. frz. *jambe*), da dafür im Lat. kein Wort zur Verfügung stand (vgl. *femur – crus* 'Ober-' bzw. 'Unterschenkel'). Die griech. Präposition κατά 'nach' (*cata*) ist eingegangen in das Syntagma *unus cata unum* 'einer nach dem anderen', das, kontaminiert mit synonymem *quisque unus* 'ein jeder', als afrz. *chascuns*, nfrz. *chacun* 'jeder' erscheint (vgl. span. *cada* (*uno*) 'jeder').

• Größere Verbreitung erhielten die Gräzismen durch das **frühe Christentum**, das wegen der Bibelübersetzung aus dem Griechischen stark von dieser Sprache beeinflusst war. Christliche Entlehnungen aus dem Griechischen sind z.B. *angelus* (*ange*), *ecclesia* (*église*), *episcopus* (*évêque*), *presbyter* (*prêtre*), *parabola* 'Gleichnis' > *parole* 'Wort, Rede'. Nach griechischem Muster ist die der Antike unbekannte Zeiteinheit der 'Woche' gebildet: griech. *hebdomás* 'Siebener' ≈ lat. *septimana* > frz. *semaine*.

2.5 Die Quellen des Vulgärlateins

Nachdem wir schon festgestellt haben, dass es per definitionem keine vulgärlateinischen Texte geben kann, können wir im Folgenden "Quellen" nur so verstehen, dass die erwähnten Texte Elemente des Vulgärlateins aufweisen, selbst im Ganzen aber prinzipiell dem Schriftlatein zuzuordnen sind.

a) Zeugnisse **lateinischer Grammatiker** sind dann aufschlussreich, wenn sie in puristischer Weise bestimmte Aussprachen oder Wortformen tadeln, welche mit Sicherheit die spontansprachlich benutzten waren. Besonders hervorzuheben ist die sog. *Appendix Probi*, ein wahrscheinlich aus dem 3. oder 4. Jh. stammender "Anhang" eines unbekannten Autors an eine Handschrift der Grammatik des Probus. Es handelt sich hier um eine Liste von 227 getadelten Vulgarismen, jeweils unter Voranstellung der vom Verfasser als korrekt empfohlenen Formen nach dem Muster: *viridis non virdis, frigida non fricda, calida non calda, auris non oricla, persica non pesca*. Sehr häufig sind es gerade die kritisierten Formen, die die Grundlage für die späteren romanischen Formen bilden, vgl. frz. *vert, froide, chaude, oreille, pêche*.

b) **Lateinische Inschriften** haben gegenüber anderen Quellen den Vorteil, dass der Ort ihrer Entstehung bekannt ist und sich die Zeit der Entstehung ermitteln lässt; sie sind aber meist formelhaft. Philologische Glücksfälle sind dagegen die Wandkritzeleien spontaner Sprachform (Graffiti), wie sie durch den Vesuvausbruch des Jahres 79 n. Chr. in Pompeji und Herculaneum erhalten sind. Sie zeigen uns direkte Einblicke in die informelle Sprache jener Zeit (z. B. Akk. Sg.-Formen ohne -*m*). Siehe zu den Inschriften auch ADAMS (2007: 37–113).

c) Umgangssprachliche Elemente finden sich in Texten **lateinischer Autoren** naturgemäß zahlreich in vorklassischer Zeit (etwa bei Plautus), können aber im strengen Sinn nicht als "vulgärlateinisch" gewertet werden. Unter den klassischen Autoren haben Cicero (Briefe an Atticus) und Horaz (Satiren) vereinzelt solche Elemente verwendet. Unter den nachklassischen Autoren ist neben den Satirikern Persius und Juvenal besonders Petron(ius) mit seinem Roman *Satyricon* (bezeichnend der griechische Titel; wahrscheinlich 1. Jh. n. Chr.) zu erwähnen, von dem nur Teile erhalten sind. Sie enthalten vor allem das berühmte "Gastmahl des Trimalchio" (*Cena Trimalchionis*), bei dem die Reden der ungebildeten Teilnehmer viele Züge der Umgangs- und Vulgärsprache aufweisen, die manche spätere romanische Entwicklung ankündigen. Die Szene spielt in der griechisch beeinflussten Umgebung von Neapel.

d) **Technische Traktate** (Sachbücher) stellen eine Gattung von Schriften dar, die keine literarischen Ansprüche erhoben, weder bei den Autoren noch bei den Lesern. Daher findet sich hier manch umgangssprachlicher Ausdruck und eine schlichte Syntax. Bekannt sind Abhandlungen über Ackerbau (von Cato d. Ä., Varro, Columella, Palladius), über Architektur (von Vitruvius), über Tiermedizin (die berühmte *Mulomedicina Chironis*; Vegetius), über Kochkunst (Apicius) usw.

e) Da die ersten Christen im lateinischsprachigen Teil des Imperium Romanum den unterprivilegierten und daher den wenig oder kaum gebildeten Schichten angehörten, mussten die **frühen Bibelübersetzungen**, die ersten christlichen Traktate und später nicht in den Kanon der Bibel aufgenommenen Apostelgeschichten eine Nähe zur gesprochenen Sprache anstreben. Da die römisch-antike Literatur als heidnisch galt, war es auch angezeigt, ihre sprachliche Stilisierung zu vermeiden und bewusst volkstümlich zu reden und zu schreiben. Zu den **christlichen Quellen** des Vulgärlateins gehören die unter dem Namen *Vetus Latina* zusammengefassten bruchstückhaft erhaltenen ersten Übersetzungen des Neuen Testaments, nur bedingt dagegen die *Vulgata* des Hieronymus (Ende 4. Jh.), die schon in einer Zeit verfasst wurde, als das Christentum bereits Staatsreligion und keineswegs mehr auf die unteren Schichten beschränkt war. Ein interessantes Zeugnis ist auch das *Itinerarium Egeriae* (auch *Peregrinatio Aetheriae ad loca sancta*), der Reisebericht einer hochgestellten, aber literarisch nicht sehr gebildeten Nonne über ihre Pilgerfahrt ins Heilige Land in der Zeit um 383/384 n. Chr.

f) Die wichtigste Quelle stellen aber die **romanischen Sprachen** in ihrer gesamten dokumentierten Geschichte selbst dar. Sie erlauben es, vulgärlateinische Formen – mit aller Vorsicht, d.h. unter Berücksichtigung vor allem der diatopischen und diachronischen Verschiedenheiten – zu **rekonstruieren**. So hat man z.B. aus frz. *charogne*, okz. *caronha* und it. *carogna* eine lat. Ausgangsform **caronea* (zu lat. *caro, carnis* 'Fleisch') rekonstruiert, eine Form, die wahrscheinlich in bestimmten Gebieten existiert hat, aber mangels eines Belegs in den erhaltenen Quellen eine hypothetische Form (mit Sternchen) bleibt. Manche früher rekonstruierte Formen konnten inzwischen nachgewiesen werden, so z.B. das aus frz. *avant*, it. *avanti* rekonstruierte vglt. *ab ante* (siehe auch KIESLER 2006, 39–40 und 104–105).

Anregungen

1. Zeigen Sie die französischen Fortsetzungen bzw. Entsprechungen zu den folgenden in der *Appendix Probi* getadelten vulgärlateinischen Formen auf:

tabula non *tabla*	*vinea* non *vinia*
oculus non *oclus*	*sibilus* non *sifilus*
pecten non *pectinis*	*persica* non *pessica*
masculus non *masclus*	*februarius* non *febrarius*

2. Informieren Sie sich anhand der vulgärlateinischen Handbücher und der etymologischen Wörterbücher über Herkunft und Wortgeschichte von frz. *fermer/clore* 'schließen' und *tuer/occire* 'töten' sowie von *mener* 'führen' und *menacer* 'drohen'.

Literaturhinweise

Sehr nützlich für die Kenntnis des klassischen Lateins:
MÜLLER-LANCÉ, Johannes (2006), *Latein für Romanisten. Ein Lehr- und Arbeitsbuch*, Tübingen: Narr.

Zur Variation innerhalb des Lateinischen selbst:
ADAMS, James N. (2007), *The regional diversification of Latin 200 BC – AD 600*, Cambridge u.a.: Cambridge University Press; ADAMS, James N. (2008), *Bilingualism and the Latin language*, Cambridge u.a.: Cambridge University Press.

Zum Vulgärlatein:
COSERIU, Eugenio (2008), *Lateinisch – Romanisch. Vorlesungen und Abhandlungen zum sogenannten Vulgärlatein und zur Entstehung der romanischen Sprachen*. Bearb. u. hrsg. von Hansbert Bertsch. Tübingen: Narr; KIESLER, Reinhard (2006), *Einführung in die Problematik des Vulgärlateins*, Tübingen: Niemeyer (Romanistisches Arbeitsheft, 48); VÄÄNÄNEN, Veikko (³1981), *Introduction au latin vulgaire*, Paris: Klincksieck (ein etwas veraltetes Standardwerk, da es das Vulgärlatein primär als Epoche sprachlicher Dekadenz und weniger als Ausgangspunkt der romanischen Sprachen darstellt. Die 2. u. 3. Auflage mit kleiner kommentierter Textauswahl); VOSSLER, Karl (1954), *Einführung ins Vulgärlatein*, hrsg. und bearb. von Helmut Schmeck, München: Hueber; STEFENELLI, Arnulf (1992), *Das Schicksal des lateinischen Wortschatzes in den romanischen Sprachen*, Passau: Rothe; HERMAN, Joseph (³1975), *Le latin vulgaire*, Paris: PUF; TAGLIAVINI (²1998), *Einführung in die romanische Philologie*, Tübingen/Basel: Francke, Kap. IV.

Anthologien von Texten mit vulgärlateinischen Zügen:
ILIESCU, Maria/SLUSANSKI, Dan (Hrsg.) (1991), *Du latin aux langues romanes. Choix de textes traduits et commentés (du IIe siècle avant J.C. jusqu'au Xe siècle après J.C.)*, Wilhelmsfeld: G. Egert Verlag; ROHLFS, Gerhard (³1969), *Sermo vulgaris Latinus. Vulgärlateinisches Lesebuch*, Tübingen: Niemeyer.

Über die "bisherigen Ansichten, Meinungen, Theorien, Vermutungen, Diskussionen, Definitionen usw." unterrichtete seinerzeit ausführlich REICHENKRON, Günter (1965), *Historische Latein-Altromanische Grammatik. I. Teil: Einleitung. Das sogenannte Vulgärlatein und das Wesen der Romanisierung*, Wiesbaden: Harrassowitz.

Zusammenfassung

Die französische Sprachgeschichte beginnt mit der Romanisierung Galliens ab etwa 150 v. Chr. im Mittelmeerraum, nach der Unterwerfung ganz Galliens durch Caesar ab 50 v. Chr. im übrigen Gallien. Unter Romanisierung verstehen wir den Prozess der allmählichen Übernahme des gesprochenen Lateins der Römer (Soldaten, Verwaltungsbeamten, Siedler) durch die "Urbevölkerung", d.h. vor allem durch die selbst etwa um 600 v. Chr. nach Gallien eingewanderten Kelten (Gallier), daneben der schon früher ansässigen Ligurer an der Mittelmeerküste und der vermutlich baskischen Aquitanier im Südwesten Galliens. Die Romanisierung begann im Raum der heutigen Provence, der ersten römischen "Provincia" Roms in Gallien, verlief dann entlang der Rhône nach Norden (Zentrum *Lugdunum*/Lyon) und der Saône entlang Richtung Trier (*Augusta Treverorum*), von dort erst im 4. Jh. n. Chr. in Richtung *Lutetia*/Paris). Gründe für die letztlich erfolgreiche Übernahme des Lateinischen durch die Gallier usw. waren das kulturelle Prestige Roms, die funktonierende Verwaltung, in die die gallische Oberschicht eingebunden wurde, der funktionierende Handel, das Militär, die Vorteile des römischen Bürgerrechts und das junge Christentum. Das keltische Gallisch verschwand wohl in der großen Fläche relativ rasch, obwohl es sich in Rückzugsgebieten noch bis ins 4. nachchristl. Jh. hielt.

Das von den Galliern usw. übernommene Latein war nicht das Schriftlatein, das wir in der schriftlichen Überlieferung als klassisches Latein kennen, sondern das spontane Sprechlatein des Alltags. Dieses natürlich kaum schriftlich überlieferte, sondern aus den romanischen Sprachen rekonstruierte Latein nennen die Romanisten Vulgärlatein. Es ist kein korrumpiertes Latein der Spätzeit, sondern die Vorstufe der romanischen Sprachen, die trotz aller regionalen Differenzierung noch eine gewisse Einheitlichkeit bewahrte, solange das Römische Reich mit seinem Schulwesen noch bestand (im Westen bis 476 n. Chr.). Vulgärlatein ist keine echte historische Sprache, sondern ein methodischer Begriff für die zu rekonstruierenden, in diatopischer, diastratischer, diaphasischer und diachronischer Hinsicht sehr unterschiedlichen Sprachformen, die im Wesentlichen von ursprünglich fremdsprachigen Neubürgern des Römischen Reiches (Angehörigen eroberter Völker) in allen Teilen dieses riesigen Gebietes gesprochen wurden. Hinsichtlich der zeitlichen Abgrenzung des Vulgärlateins schließen wir uns in diesem Band der Auffassung Coserius an, der das Vulgärlatein definitorisch in enger Anbindung zum klassischen Latein sieht: Da eine Vorstellung von einer vorbildlichen (klassischen) lateinischen Sprache nicht vor 100 n. Chr. aufkam, kann das Vulgärlatein sinnvoll nicht vorher angenommen werden. Da nach 400–450 n. Chr. kaum noch von einer Einheit des Römischen Reiches mit korrigierenden Einflüssen des Zentrums und der Schulen gesprochen werden kann, kann man nach dieser Epoche nicht mehr sinnvoll von Vulgärlatein sprechen. Nach der Epoche der parallelen Register des klassischen Lateins und des Vulgärlateins (100–450 n. Chr.) ist eine vorromanische Phase anzunehmen, bis nach 800 n. Chr. die ersten Zeugnisse des Französischen greifbar sind.

Der Begriff des Vulgärlateins umfasst zahlreiche vom klassischen Latein abweichende typologische Züge. Sie betreffen, wegen der Aufgabe der Längenoppositionen, andere phonologische Systeme und, wegen der zahlreichen Synkopen und Palatalisierungen, eine insgesamt veränderte Lautstruktur der Wörter. Dazu kommen zahlreiche syntaktische Veränderungen und grammatische Umgestaltungen sowie in vielerlei Hinsicht veränderte lexikalische Strukturen. Manche dieser Züge lassen sich schon in Quellen nachweisen, die wegen ihres volkstümlichen Charakters die gesprochene Sprache bewusst oder unbewusst "durchscheinen" lassen. Solche Schriften sind auch außerhalb des eigentlichen Zeitraums des Vulgärlateins, also sowohl davor als auch danach verfasst worden.

3. Substrateinflüsse

3.1 Zur Begriffsbestimmung

Der Einfluss der Sprachen, mit denen das Vulgärlatein infolge der römischen Expansion im Imperium Romanum und somit auch in Gallien in Kontakt kam, wird in der Romanistik traditionellerweise als ein wichtiger Faktor seiner Differenzierung in verschiedene romanische Sprachen und Dialekte betrachtet.

Der bedeutende italienische Sprachforscher G. I. Ascoli hat die Substratforschung in den letzten Jahrzehnten des 19. Jh. wissenschaftlich begründet und hat unter dem Gesichtspunkt "der ethnologischen Gründe der sprachlichen Umgestaltungen" den Begriff bzw. den Terminus "Substrat" in die Forschung eingeführt – erstmals gebrauchte er diesen Terminus in einer Publikation im Jahre 1864 (nach SILVESTRI 1977: 257). Wenn von "ethnischem Substrat" die Rede ist, so versteht man darunter die Bewohner eines Territoriums, die von einem anderen Volk überlagert wurden (so z.B. die Gallier nach ihrer Unterwerfung durch die Römer). Für den Sprachwissenschaftler wichtiger ist es, sich mit dem "(sprachlichen) Substrat" zu befassen, welches dann vorliegt, wenn in einer bestimmten Region "eine *Sprache* von einer anderen überdeckt wird, allmählich in ihr aufgeht [genauer gesagt: allmählich aufgegeben wird, d. Verf.] und dabei in der siegreichen Sprache Spuren hinterlässt" (KONTZI 1982: 2). Diesen sprachlichen "Spuren" soll im vorliegenden Kapitel nachgegangen werden.

W. von Wartburg hat 1932 als "notwendige Ergänzung" zum Begriff **Substrat** (*substrat*) den Begriff bzw. den Terminus **Superstrat** (*superstrat*) in die sprachwissenschaftliche Diskussion eingebracht. Wir geben nachfolgend in Auszügen die entsprechenden Erklärungen von Wartburgs (aus: *Die Ausgliederung der romanischen Sprachräume*, Bern 1950, S. 155 Fn. 1) wieder:

1. Wenn ein Volk ein von einem anderssprachigen Volk bewohntes Land besetzt, so wird dieses Land für eine mehr oder weniger lange Reihe von Generationen zweisprachig.
2. Dieser Zustand kann, bei starkem kulturellem Abstand, zu einem dauernden werden. In sehr vielen Fällen aber, wohl in den meisten der uns bekannten, verdrängt mit der Zeit die eine der beiden Sprachen die andere.
3. Siegt die Sprache der Eroberer und Einwanderer, so tritt die Sprache der ältern Einwohner zu ihr in das Verhältnis der Substratsprache. Im umgekehrten Fall wird die Sprache der Neuangekommenen im Verhältnis zur siegenden Sprache zum sprachlichen Superstrat.
4. Die Frage, welche Sprache siegreich bleibt, die der alteinsässigen Bewohner eines Landes oder diejenige der Eroberer, hängt von sehr vielen Umständen ab: numerisches Verhältnis, Kulturstand der beiden Völker, Vitalität der beiden Volksgruppen, politische, soziale und militärische Suprematie der einen Volksgruppe.
5. Der Untergang der unterliegenden Sprache geht nicht vor sich, ohne dass Elemente derselben in die siegende Sprache eingeschmolzen werden. Diese Spuren können sich auf alle Teile der Sprache erstrecken (Wortschatz, Lautgebung, Formen, Syntax, Ausdrucksschatz). Zwischen der Auswirkung der Superstratsprache und derjenigen der Substratsprache ist kein prinzipieller Unterschied zu machen. [...]

Eine schematische Darstellung dieser Auswirkungen kann folgendermaßen aussehen:

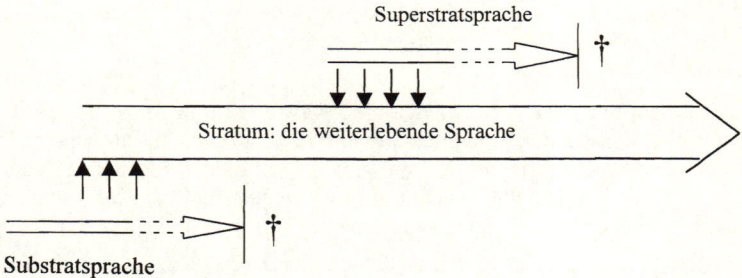

Substrat und Superstrat stellen also spezifische Formen des **historischen Sprachkontaktes** dar. In neuerer Zeit steht man jedoch dem Begriff des Substrats und der Praxis der traditionellen Substratforschung auch kritisch gegenüber (vgl. KREFELD 2003). Siehe zur Gesamtthematik auch FELIXBERGER 2003.

Beispiele für Substrateinwirkung: der **Einfluss des Keltischen** auf das gesprochene Latein in Gallien und in Oberitalien.

Beispiele für Superstrateinwirkung: der **Einfluss des Fränkischen** auf das nördliche Galloromanisch; der Einfluss des Langobardischen auf Teile des Italoromanischen.

Weiteres zum Superstrat: siehe das folgende Kapitel IV.4.

Neben "Substrat" und "Superstrat" existiert in der Fachliteratur auch noch der Begriff "Adstrat" (als Terminus 1932 erstmals von M. Valkhoff verwendet). Während im Falle von "Substrat" und "Superstrat" der Sprachhistoriker erst nach Abschluss des Beeinflussungsprozesses, also im historischen Rückblick, aufgrund der fortlebenden Sprache entscheiden kann, ob es sich um Substrat- oder Superstrateinwirkung handelt, ist **Adstrat** kein historischer, sondern ein deskriptiver (synchroner) Begriff; mit "Adstrat" bezeichnet man den Einfluss einer Sprache B auf eine Sprache A *in actu*, wobei die beiden Sprachen geographisch benachbart sind, oder besser: als "languages in contact" funktionieren (in Wirklichkeit zeigt sich oft eine gegenseitige Beeinflussung der beiden Sprachen, wenn auch in unterschiedlich starkem Maße).

In schematischer Darstellung:

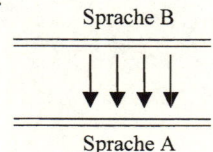

Als Beispiel für Adstratwirkung kann der Einfluss des Englischen bzw. Angloamerikanischen auf das heutige Französisch angeführt werden, vgl. auch IV.11.2.3.

Der durch die Jahrhunderte hindurch über gelehrte Vermittlung wirkende mächtige Einfluss des Lateinischen und – in eingeschränkterem Maße – des Griechischen auf die Entwicklung der süd- und westeuropäischen romanischen Sprachen kann als Kulturadstrat-Wirkung aufgefasst werden.

Aus dem Gesagten ergibt sich, dass retrospektiv als Substrate bzw. Superstrate eingeordnete Sprachen während der Phase der sprachlichen Beeinflussung des Stratums Adstratsprachen waren.

3.2 Einfluss des gallischen Substrats auf das Latein in Gallien

Welches sind nun die konkreten Substrateinflüsse, die wir in der Galloromania und speziell in Nordgallien feststellen können?

Grundsätzlich könnten alle vor der Zeit und zur Zeit der römischen Herrschaft in Gallien gesprochenen Sprachen als Substrate für das Vulgärlatein der Galloromania in Frage kommen. Aus geographischen Gründen konnten diese jedoch nicht alle als Substrate auf das zukünftige Französisch einwirken, da das **Ligurische**, das **Iberische** und das **Griechische** (hier: als Substratsprache) aufgrund ihrer regionalen Verbreitung nur das Vulgärlatein in Südgallien beeinflussen konnten und nicht das Vulgärlatein Nordgalliens, aus dem sich das Französische ("langue d'oïl") herausbildete. Sie kommen also bestenfalls als Subsubstrate, d.h. als Substrate zweiten Grades, in Frage. So bleibt als Substratsprache für das Französische letztlich nur das **Gallische** übrig.

Vor der Eroberung Galliens durch die Römer war der weitaus größte Teil dieses Territoriums (außer den Gebieten der Ligurer, der Iberer und der Griechen) von den Galliern (Kelten) beherrscht.

Die **Kelten**, deren Sprache der indoeuropäischen Sprachfamilie angehörte, hatten sich, von Osten kommend, im Laufe des 1. Jahrtausends v. Chr. in Gallien festgesetzt. Die Kelten besiedelten im Altertum außer Gallien zeitweise die britischen Inseln, Oberitalien, Teile der Pyrenäenhalbinsel, Deutschland, Böhmen, Mähren, Ungarn, Teile von Rumänien, Illyrien, Thrakien und Galatien (in Kleinasien). Ihre Herrschaft in Gallien endete mit dessen Eroberung (58–51 v. Chr.) durch die Römer unter Julius Cäsar; s. IV.1.

In den römischen Provinzen Galliens erwies sich die Erlernung der lateinischen Sprache als vorteilhaft, sowohl aus politischen und wirtschaftlichen Gründen als auch wegen des höheren kulturellen Prestiges des Lateinischen gegenüber dem Keltischen. Die Kinder der gallischen Aristokratie besuchten römische Schulen und wurden so an die römische Kultur assimiliert. Nach einer Phase der (partiellen) Zweisprachigkeit erfolgte die Annahme der lateinischen Sprache, in den Städten bedeutend früher als auf dem Lande. Das von den Galliern dann gesprochene Latein wies Besonderheiten auf, die aus der aufgegebenen Sprache, dem Keltischen (genauer: dem Festlandkeltischen), stammen – gerade dies sind die Substrateinflüsse, die sich noch im heutigen Französisch nachweisen lassen.

Was die konkreten keltischen bzw. gallischen **Substrateinflüsse** auf das Französische betrifft, so lassen sich diese im **Wortschatz** und in den **Ortsnamen** (**Toponymie**), aber auch im **phonischen Bereich** nachweisen (dagegen kaum oder gar nicht in der Grammatik).

3.2.1 Wortschatzelemente keltischen Ursprungs

H. WALTER (1988: 36) spricht von rund 70 Wörtern gallischer Herkunft im heutigen Französisch, v. WARTBURG (^{12}1995: 25) dagegen von 180 (dieser Unterschied dürfte sich durch die stärkere Einbeziehung der Dialekte im Falle von Wartburgs erklären). Nach A. STEFENELLI (*Geschichte des französischen Kernwortschatzes*, Berlin 1981: 112) reduziert sich ihre Zahl in der neufranzösischen Gemeinsprache auf maximal 50.

1. Keltismen, die wohl relativ früh ins Vulgärlatein aufgenommen wurden, da sie in mehreren romanischen Sprachen existieren:

z.B. **camminu* > frz. *chemin*, span. *camino*, ital. *cammino*; *carru* > frz. *char*, span., ital. *carro*; *camisia* > frz. *chemise*, span. *camisa*, ital. *camicia*; *braca* > frz. *braie(s)*, span. *braga*, ital. *braca*; *alauda* > afrz. *aloe*, nfrz. *alouette*, span. *alondra*, ital. *allodola*; *leuca* > frz. *lieue*, span. *legua*, ital. *lega*; *cerevisia* > afrz. *cervoise*, span. *cerveza*; *cambiare* > frz. *changer*, span. *cambiar*, ital. *cambiare*.

2. Keltismen[67], die vorwiegend im Französischen auftreten (geordnet nach Sachbereichen); es dürfte sich hier um in das gesprochene Latein Galliens entlehnte Lexeme handeln, die Erscheinungen der außersprachlichen Wirklichkeit bezeichnen, die den Römern nicht oder nicht in der gleichen Ausprägung bekannt waren:

a) Landwirtschaft: *charrue* (eine andere Art von Pflug als das römische "aratrum"), *soc, raie* 'Furche' und *sillon, glaner*; in weiterem Zusammenhang: *ruche, lie.*

b) Geländebezeichnungen: *lande, talus, quai, berge; boue, bourbe, glaise, marne, galet.*

c) Haushalt: *bercer (berceau), landier, tamis, gobelet, suie, pièce* 'Stück', *guenille.*

---

67 Die gallische Ausgangsform der französischen Lexeme – die ja ohnehin in den meisten Fällen eine erschlossene ist – wird hier nicht angeführt.

d) Handwerk: *charpente* (und Ableitungen) (vgl. auch *char, charrette* und auch *charrue*), *auvent, benne, banne, jante, tonne (tonneau), bonde; brasser* (und Ableitungen) (vgl. *cervoise*).

e) Maße: *arpent* (vgl. auch *lieue*), *boisseau, borne*.

f) Tierwelt: *mouton, bouc* (vgl. auch *alouette*), *lotte, morue; bec, jarret*.

g) Pflanzenwelt: *chêne, sapin, if, bouleau, bruyère*.

h) Verschiedenes: *vassal, valet, druide, truand, mine* 'Bergwerk', *lai* (mittelalterliche Gedichtsform); *briser; dru*.

Auffällig ist, dass die aus dem Keltischen übernommenen Lexeme sich weitestgehend auf die Bezeichnung von Erscheinungen aus der Natur und der materiellen Kultur beschränken und nur ausnahmsweise die geistige Kultur betreffen. Die Städte waren Zentren der Ausbreitung des Lateins; auf dem Lande konnte sich das Keltische länger halten.

3.2.2 Französische Ortsnamen keltischen Ursprungs

Wesentlich zahlreicher als die Keltismen im französischen Wortschatz sind die Ortsnamen keltischer bzw. gallischer Herkunft in Frankreich:

a) Toponyme, die aus keltischen Stammesnamen hervorgegangen sind: z.B. *(in) Remis > Reims, Parisiis > Paris* (der frühere Name von Paris war *Lutetia*); so erklären sich auch die folgenden Städtenamen: *Amiens, Angers, Bourges, Chartres, Limoges, Nantes, Poitiers, Rennes, Sens, Soissons, Tours, Vannes* u.a.

b) Toponyme, die auf Komposita mit keltischen Elementen zurückgehen: Komposita mit *dunum* ('oppidum', vgl. engl. *town*, dt. *Zaun*): z.B. *Lugdunum > Lyon, Virodunum > Verdun, Augustodunum > Autun*; mit *magus* ('Markt', vgl. auch Ortsnamen wie *Remagen*): z.B. *Noviomagus > Noyon, Rotomagus > Rouen*.

c) Toponyme, gebildet mit dem keltischen Suffix -(*i*)*acum*, das an den (meist lateinischen) Eigennamen des Besitzers eines Landgutes o.ä. angefügt wurde: z.B. *Aurelius → [fundum] Aureliacum → Orly* (in einer der verschiedenen nordfranzösischen Lautentwicklungen) bzw. *Aurillac* (Südfrankreich); vgl. auch *Juilly/ Juillac* (siehe auch dt. *Jülich*), *Savigny/Savignac*, in Nordwestfrankreich *Sévigné*, < *Sabinius* + -*acum* (siehe dt. *Sevenig*; v. WARTBURG [12]1993: 24).

3.2.3 Möglicher lautlicher Einfluss des keltischen Substrats

a) **Sonorisierung** (*sonorisation*) und weitere Abschwächung der lat. stimmlosen intervokalischen Okklusive [p], [t], [k]. Diese lautliche Entwicklung wird mit der sog. keltischen **Lenition** (Konsonantenschwächung) in Zusammenhang gebracht.

Dieser Lautwandel vollzog sich in der gesamten Westromania und zwar bis zu jeweils unterschiedlichen Stadien der Lautentwicklung in den einzelnen romanischen Sprachen, vgl. Kap. I.1.1.

Zur Erinnerung:

lat. -[p]- > -[b]- > -[v]-, z. B. lat. *ripa* > frz. *rive*;

lat. -[t]- > -[d]- > -[δ]- > ø, z. B. lat. *pratum* > frz. *pré*;

lat. -[k]- (nicht vor [e] und [i]) entwickelte sich zu [g] und dann je nach dem folgenden Vokal unterschiedlich weiter, vgl. lat. *amica* über *[a'mija] zu *amie* (Verschmelzung von [j] mit dem Haupttonvokal); lat. *securu* > afrz. *sëur* > nfrz. *sûr* (hier -[k]- > ø).

b) Palatalisierung des lateinischen Konsonantennexus [kt] über *[çt] zu [jt]. Auch dieser Lautwandel findet sich in der gesamten Westromania, wobei etwa im Kastilischen die Entwicklung noch eine Stufe weiter geht zu [ʧ] (lat. *nocte* > span. *noche*); z. B. lat. *lacte* > frz. *lait*, lat. *factu* > frz. *fait*, lat. *nocte* > frz. *nuit*, lat. *octo* > *huit*, lat. *lectu* über *[ljejt] > frz. *lit*.

c) Der Ursprung des Wandels von lat. [ū] zu [y] in der Galloromania – vgl. lat. *muru* > frz. *mur* [myʁ], lat. *maturu* > afrz. *mëur* > nfrz. *mûr*, lat. *fumare* > frz. *fumer* – ist ein unter den Romanisten vieldiskutiertes Thema. Seit Ascoli wird diese Lautentwicklung von einer großen Zahl von Sprachwissenschaftlern dem Einfluss des keltischen Substrats zugeschrieben. Als Gründe für die Stützung dieser These werden immer wieder die relativ gute Übereinstimmung der Verbreitung dieses Lautwandels mit dem Siedlungsgebiet der Kelten in der Romania und der Wandel von [ū] zu [i] in mittelalterlichen und modernen Varietäten des Keltischen, der eine Zwischenstufe [y] vorauszusetzen scheint, angeführt. Einwände gegen die Erklärung dieses Lautwandels durch die Substrattheorie gründen sich auf die Ungenauigkeit der geographischen Übereinstimmung der Verbreitung der Lautentwicklung mit der großen Ausdehnung der Kelten in Westeuropa (z. B. auf der Pyrenäenhalbinsel und in bestimmten Gebieten Frankreichs) sowie auf die Schwierigkeiten in der Chronologie dieses Lautwandels, denn [k] vor [y] hätte sich, genauso wie vor [i] und [e], schon früh palatalisieren müssen, was aber nicht eingetreten ist, vgl. lat. *cupa* > frz. *cuve*, lat. *culu* > frz. *cul*. Der Wandel von [ū] zu [y] sei demnach erst lange nach dem von [k] > [ʧ] > [ʃ] eingetreten, nämlich nach dem Aussterben des Gallischen, und damit als Substrateinfluss eigentlich unmöglich. Wie wir heute aus der Variationsforschung (vgl. III.8) wissen, ist es aber durchaus möglich, dass Substrateinflüsse in einer Gegend nur partiell gewirkt und sich erst später durchgesetzt haben können (diatopische und diastratische Variation). In anderen Erklärungsversuchen wird die Lautentwicklung [ū] > [y] als durch Umlautwirkung verursacht angesehen oder sie wird auf innerstrukturelle Faktoren zurückgeführt.

Anregung

Informieren Sie sich näher über die Hypothesen zur Erklärung dieses Lautwandels, etwa anhand von GEBHARDT (1968).

Literaturhinweise

Alle Darstellungen der Geschichte der französischen Sprache behandeln den Substrateinfluss. TAGLIAVINI, Carlo (²1998), *Einführung in die romanische Philologie*, Tübingen/Basel, Kapitel II (guter Überblick, insb. § 24); außerdem FELIXBERGER, Josef (2003), "Sub-, Ad- und Superstrate und ihre Wirkung auf die romanischen Sprachen: Galloromania", in ERNST (2003), *Romanische Sprachgeschichte*, Bd. 1, 594–607 (im Anhang); GEBHARDT, Karl (1968), "A propos du changement ü > ü. Mise au point des principales hypothèses", *Bulletin des Jeunes Romanistes* 15: 44–52; KREFELD, Thomas (2003), "Methodische Grundlagen der Strataforschung", in: ERNST (2003), Romanische Sprachgeschichte, Bd. 1, 555–567 (im Anhang).

Wichtiger Sammelband von ausgewählten Aufsätzen zur Thematik (mit informativer Einleitung und reichhaltiger Bibliographie): KONTZI, Reinhold (Hrsg.) (1982), *Substrate und Superstrate in den romanischen Sprachen*, Darmstadt: WBG. Zur Geschichte der Substratforschung: SILVESTRI, Domenico (1977, 1979, 1982), *La teoria del sostrato. Metodi e miraggi*, 3 Bde., Napoli: Macchiaroli. Vgl. auch LAMBERT, Pierre-Yves (2003), *La langue gauloise. Description linguistique, commentaire d'inscriptions choisies*, Paris: Errance (Nachdr.).

4. Superstrateinflüsse

4.1 Begriffsklärung

Für die Erklärung des Begriffs **Superstrat**, nicht zuletzt in Abhebung zu **Substrat**, verweisen wir auf unsere Ausführungen mit Schema in IV.3 und auf die dort angegebenen Werke von Tagliavini und von Kontzi.

Gleichsam als Erinnerung und Wiederholung folgendes Zitat: Man wird

> von Superstrat dann sprechen, wenn ein später in ein Land eingerücktes Volk (meist Eroberer und also militärisch überlegen) allmählich die Sprache des ältern, im Lande verbliebenen (und meist kulturell überlegenen) Volkes annimmt, ihr aber zugleich gewisse neue Tendenzen verleiht. (v. WARTBURG (1950): 155, Fn. 1)

4.2 Einfluss des germanischen Superstrats auf die französische Sprache

4.2.1 Historischer Hintergrund

Während der Epoche der Völkerwanderung (die in der Historiographie der romanischen Völker traditionellerweise als "les invasions barbares" bezeichnet wird) – die Völkerwanderung und die sich daran anschließenden germanischen Reichsgründungen auf dem Boden des Imperium Romanum werden oft als Hauptursache für den 'Untergang' des Weströmischen Reiches (476 n. Chr.) angesehen – drangen eine Reihe germanischer Völkerschaften auf ihren Zügen von Ost nach West durch

Europa auch in Gallien ein und siedelten sich dort an. Hier einige Anhaltspunkte zu den wichtigsten unter ihnen:

Die **Alemannen** (frz. *Alamans*) fielen bereits um 275 n. Chr. in Gallien ein; sie setzten sich schließlich in Südwestdeutschland, im Elsass und in der Nordschweiz fest. Obwohl sie keinen direkten sprachlichen Einfluss auf die Herausbildung des zukünftigen Französisch ausübten, spielten sie eine entscheidende Rolle beim Herauslösen der o.a. Territorien aus der Romania und bei ihrer Eingliederung in die Germania sowie bei der sprachlichen Abspaltung des Rätoromanischen vom Galloromanischen.

Die **Burgunder** (frz. *Burgondes*) gründeten zu Beginn des 5. Jh. in der Gegend von Worms und Speyer ein Reich, das jedoch 436 von den Hunnen zerstört wurde (vgl. dazu das Nibelungenlied). Die die Katastrophe Überlebenden wurden in der heutigen Westschweiz und in Savoyen angesiedelt (also noch nicht in Burgund!) und begründeten dort ein neues Burgunderreich, das sich in der Folgezeit bis Lyon und nach Burgund ausdehnte. Auch hier ist kein direkter Einfluss auf die Entwicklung der französischen Sprache festzustellen (außer bei Ortsnamen). Nach der heute sehr umstrittenen These von W. von Wartburg hat die Präsenz der Burgunder zur Ausgliederung des Frankoprovenzalischen als einem der drei galloromanischen Dialektkomplexe neben dem Französischen und dem Occitanischen (Okzitanischen) entscheidend beigetragen.

Die **Westgoten** (frz. *Visigoths*), dem Druck der Hunnen ausweichend, zogen von Dakien in langen Wanderungen über die Balkanhalbinsel nach Italien (410 Plünderung Roms) und setzten sich schließlich im südwestlichen Gallien (zunächst zwischen Loire und Garonne) fest, wo sie das Tolosanische Westgotenreich (418–507; mit der Hauptstadt *Tolosa* – Toulouse) gründeten. Sie konnten ihre Herrschaft zum Mittelmeer und auf die Pyrenäenhalbinsel ausdehnen. Nach der Niederlage gegen die Franken (507) verlagerten sie ihr Reich nach Spanien, wo das Westgotenreich (Hauptstadt: Toledo) bis zur Eroberung durch die Mauren (711) bestand. Ihr sprachlicher Einfluss beschränkt sich weitgehend auf Ortsnamen im südlichen Frankreich.

Die Ansiedlung der **Sachsen** (*Saxons*) entlang der Küste des Ärmelkanals und z. T. des Atlantiks war nur von kurzer Dauer (Abzug der Sachsen nach England gegen Mitte des 5. Jh.).

Das für die Geschichte Frankreichs – ja des ganzen Okzidents – und für die Entwicklung der französischen Sprache am wichtigsten gewordene germanische Volk waren die **Franken** (*Francs*; sie werden dem Land – vor allem nördlich der Loire – sogar seinen neuen Namen: *Francia* > (*la*) *France*, Frankreich geben). Nach ersten Einfällen in das Römische Reich bereits gegen Mitte des 3. Jh. stießen die Franken dann im 5. Jh. vom Rhein aus nach Gallien vor und brachten um 455 n.Chr. das Land bis zur Somme in ihre Gewalt. Unter Chlodwig (frz. *Clovis*) (481–511) wurde die fränkische Herrschaft beträchtlich erweitert und gestärkt. Er besiegte 486 bei

Soissons Syagrius, den letzten römischen Statthalter, und dehnte sein Reich zunächst bis zur Seine, dann bis zur Loire aus. Weitere Siege, vor allem über die Westgoten (507 bei Vouillé), erlaubten die Einverleibung des westgotischen Aquitanien ins Frankenreich (nur Septimanien – d.h. der Landstrich zwischen Rhône und Garonne – verblieb den Westgoten). Chlodwigs Taufe und Übertritt zum katholischen Glauben besiegelten den Untergang des bei den Ostgermanen verbreiteten **Arianismus** (*arianisme*) und förderten die Assimilation der germanischen mit der romanischen Bevölkerung. Unter Chlodwigs Nachfolgern wurde zwischen 532 und 534 auch das Burgunderreich erobert und ins Frankenreich eingegliedert, 536 kam noch das Gebiet der Provence hinzu, so dass nunmehr fast ganz Gallien unter fränkischer Herrschaft stand. Die fränkische Besiedlung konzentrierte sich auf den Norden des fränkischen Reiches (insbesondere bis zur Seine, maximal bis zur Loire), was durch archäologische Funde, an der unterschiedlichen Verbreitung germanischer Ortsnamen und am beträchtlichen sprachlichen Einfluss auf das nördliche Galloromanisch gezeigt werden kann.

4.2.2 Der sprachliche Einfluss

In der sprachhistorischen Forschung herrscht meist – sieht man einmal von dem Romanisten Harri Meier und seiner Schule ab – relativ große Übereinstimmung in der Annahme eines prinzipiell germanischen Ursprungs für bestimmte sprachliche Elemente in den romanischen Sprachen. Hingegen bereitet die chronologische und dialektale Zuordnung des **germanischen Einflusses** auf die romanischen Sprachen – am häufigsten handelt es sich um Lehnwörter, denn Wortschatzelemente werden in der Situation des Sprachkontaktes bekanntlich am leichtesten entlehnt – der romanischen Sprachwissenschaft große Schwierigkeiten, denn die sprachhistorisch verwendbaren Zeugnisse aus den für die Herausbildung der romanischen Sprachen so wichtigen Jahrhunderten des frühen Mittelalters sind eher spärlich. Hinzu kommt eine Vielfalt von möglichen Entlehnungswegen, über die germanische Sprachfakten in eine bestimmte romanische Sprache gelangt sein können.

Im Hinblick auf das Französische stellt sich die Situation weniger komplex dar als etwa für das Italienische. Als wichtigste Transferwege für Lehngut germanischer Herkunft seien erwähnt:

1. Verschiedene **germanische Wörter** wurden schon früh, d.h. bereits vor der Völkerwanderungszeit, aufgrund von Kontakten zwischen Römern und Germanen – Handelsbeziehungen, germanische Soldaten und Sklaven in römischen Diensten – in die lateinische Sprache übernommen und dann mit dem gesprochenen Latein in den römischen Provinzen verbreitet. Hier haben wir einen Fall von **Kulturadstrat**-Einfluss vor uns. Es handelt sich hierbei um solche Germanismen, die in der Regel nicht nur in einer, sondern in mehreren romanischen Sprachen nachweisbar sind, also z.B.: germ. *saipôn* 'Art Schmierseife zum Blondfärben der Haare' (vgl. dt. *Seife*)

> vlat. *sapone* > frz. *savon*, ital. *sapone*, span. *jabón*; germ. *thahs* 'Dachs' > vlat. *taxo, taxonis* > ital. *tasso*, span. *tejón*, afrz. *taisson* (nfrz. *blaireau*) – aber in verschiedenen romanischen Sprachen verbreitete Germanismen können auch später, d. h. erst in der Zeit der kulturellen Ausstrahlung des Karolingerreiches, als **Wanderwörter** dorthin gelangt sein, vgl. ital. *giardino*, span. *jardín*, deren Anlaut sich nicht durch die einheimische Lautentwicklung, sondern nur aus dem palatalen Anlaut der altfranzösischen Form *jardin* – das Etymon hängt mit dt. *Garten* zusammen – erklären lässt. Ebenfalls als 'Wanderwörter' können folgende Germanismen angesehen werden: *guerre, bois, blanc, frais* (vgl. ROHLFS, Gerhard (1971), *Romanische Sprachgeographie*, München, Karten 50, 51, 53, 54).

2. Übernahmen als Superstrateinfluss aus dem Fränkischen (s. unten a)) und in sehr begrenztem Maße aus der Sprache der Wikinger, die sich im 10. Jh. in der Normandie ansiedelten (Normannen).

Wenn wir den chronologischen Rahmen erweitern, treten noch weitere Entlehnungswege für germanisches Wortgut auf, z. B.:

3. Spätere sekundäre Übernahmen von Wörtern germanischer Herkunft durch Entlehnung aus einer anderen romanischen Sprache (Kulturadstrat), z. B. aus dem Italienischen, vgl. etwa *banque, fiasque, loggia, salon*. Solche Entlehnungen sind primär (d. h. im Sinne der "etimologia prossima") als Italianismen zu betrachten; nur der Sprachhistoriker erkennt ihre germanische Grundlage ("etimologia remota").

4. Entlehnungen (als Kulturadstrat) aus modernen germanischen Sprachen, beispielsweise – in geringem Maße – aus dem Deutschen, etwa *trinquer, vasistas, nouille, ersatz, kitsch*; aus dem Niederländischen, z. B. *boulevard, corvette, digue, mannequin*; sehr viel stärker aus dem Englischen bzw. dem Angloamerikanischen in neuerer Zeit, z. B. *baby-sitter, best-seller, building, flash, gangster, jogging, puzzle*. – Auf die Erscheinung der Rückwanderwörter (z. B. *budget, tennis, tunnel*) soll hier nur hingewiesen werden (siehe unten auch S. 260).

a) Fränkische Lehnwörter

In der Literatur (z. B. bei M. Pfister) wird deren Zahl im Französischen mit 600 bis 700 angegeben (nach A. STEFENELLI 1981: 114 finden sich davon 200–300 in der modernen Gemeinsprache). Nachstehend eine kleine Auswahl von frz. Wörtern fränkischer Herkunft[68], nach Bezeichnungsbereichen geordnet:

1. **Kriegswesen und Rittertum:** *baron, maréchal, sénéchal, chambellan, héraut; fief; heaume, hache, épieu, dard, flèche, éperon, étrier, bannière, rang; garder, garnir, gagner, guetter, guider* (afrz. *guier*), *épier, marcher, blesser; riche* (zunächst 'mächtig').

---

[68] Das germanische Etymon der französischen Lexeme – das ja ohnehin in den meisten Fällen erschlossen ist – wird hier nicht angegeben.

2. **Rechtswesen:** *gage, ban, trève; saisir, garantir, bannir.*

3. **Handwerk:** *maçon, faîte, salle, halle, loge, banc, cruche, hanap, malle; bâtir.*

4. **Kleidung:** *robe, gant, froc, poche, écharpe, feutre.*

5. **Landwirtschaft:** *blé, gerbe, regain, fourrage.*

6. **Pflanzenwelt:** *hêtre, houx, saule, osier, cresson, framboise, mousse* 'Moos'; *haie.*

7. **Tierwelt:** *héron, mésange, chouette, épervier, hanneton, frelon, étalon, hareng, esturgeon, écrevisse; troupeau.*

8. **Farben:** (*blanc*, siehe oben IV.4.2.2.1), *bleu, brun, gris, blond, fauve.*

9. **Körperteile:** *échine, flanc, hanche.*

10. Im Unterschied zu den keltischen bzw. gallischen Substratlexemen sind eine Reihe von fränkischen Superstratwörtern auch als Bezeichnungen aus dem **Bereich der Affekte** nachgewiesen: *hardi, orgueil, honte, haïr, haine, honnir.*

b) Personennamen

Obwohl die germanischen Eroberersprachen in Gallien weitestgehend aufgegeben wurden, wurden germanische **Personennamen** (**Anthroponyme**, *anthroponymes*) zur Mode (Höhepunkt im 9. Jh.); viele haben bis heute überlebt. Hier eine kleine Auswahl: *Louis, Charles, Guillaume* (vgl. *Wilhelm*), *Robert, Roland, Roger* (vgl. *Rüdiger*), *Baudouin* (vgl. *Baldwin*), *Richard, Bernard, Thierry* (vgl. *Dietrich*), *Hugo* (afrz. *Hues – Huon*); *Bert(h)e, Alice.*

c) Ortsnamen

Aus der großen Zahl der **Toponyme** (*toponymes*) für kleinere Siedlungen, die auf galloromanischem Boden auf der Grundlage von fränkischen Personennamen entstanden, sollen hier nur zwei Bildungsmuster kurz angesprochen werden:

1. fränkischer Personenname + fränkisches Suffix *-ingas* (vgl. dt. *-ingen*), dessen Bedeutung mit 'Zugehörigkeit' angegeben wird: z.B. *Fulko + -ingas > Fouchanges*; viele solcher Toponyme finden sich z.B. in der Gegend von Metz, vgl. auch in Südwestdeutschland *Sigmaringen, Tuttlingen* u.a.

2. fränkischer Personenname + *court* (< lat. *cohorte*) oder *ville* (< lat. *villa*) oder *villier(s)* (< lat. *villare*): z.B. *Boncourt* (< lat. *Botonis cortem* 'Hof des *Boto*'), *Faronville* (zu *Faro*), *Badonvilliers* (zu *Baddo*).

d) Phonische Fakten

1. Nachdem der Laut [h] bereits im Latein der klassischen Zeit verstummt war, wird ein neues [h] durch den intensiven Sprachkontakt mit dem Fränkischen in die Sprache des nördlichen Gallien aufgenommen. Dieses [h] verstummt im Laufe der Geschichte der französischen Sprache (etwa bis zum 16./17. Jh.) wie-

derum – außer in einigen Randzonen –, dieses sog. "h aspiré" verhält sich jedoch bis heute anders als das sog. "h muet", denn es verhindert sowohl die Elision (z. B. *le hareng* vs. *l'homme*) als auch die "liaison" (z. B. *les | harengs* vs. *les[z] hommes*). Das "h aspiré" ist eines der Charakteristika fränkischer Superstratlexeme, Beispiele s. oben IV.4.2.2.1 – Durch Kontamination (Wortkreuzung) von lat. *altus* mit der germanischen Entsprechung (vgl. dt. *hoch*) erklärt sich der Anlaut mit "h aspiré" in frz. *haut* (*hauteur* u. a.).

2. Der germanische velare Approximant [w] in Superstratwörtern, den das Galloromanische jener Zeit im Anlaut nicht kannte, wurde – außer in den nördlichen und östlichen Regionen – durch den systemkonformen **Nexus** (*nexus*) [gw] substituiert (existent etwa in lat. *lingua*), z. B. fränk. **wardôn* > älteres Afrz. *guarder* (vgl. engl. *guard*). Noch in altfranzösischer Zeit wurde der Nexus [gw] zu [g] vereinfacht, daher im jüngeren Altfrz. *garder* (so auch im Neufranzösischen). Viele der heute im Französischen mit [g] vor [a], [e] und [i] anlautenden Wörter, darunter viele Verben, gehen auf ein germanisches Etymon mit anlautendem [w] zurück, z. B. *gagner, garantir, garer, garnir, guérir, guetter, guider, guise*.

3. Der Einfluss des Fränkischen auf die Diphthongierung im Französischen wird kontrovers diskutiert; am ehesten wird ein solcher auf vglt. é[, ó[und á[angenommen (vgl. IV.6.3.4, S. 217).

e) Wortbildungselemente

Die frz. Suffixe *-ard* (bis heute produktiv) und *-aud* sowie das Präfix *mé(s)-* (vgl. dt. *miss-*; evtl. mit Einmischung von lat. *minus*) sind germanischen Ursprungs, vgl. frz. *vieillard, couard, chauffard; ribaud, noiraud, salaud; méfait, mépris, mésalliance*.

f) Grammatisch-syntaktische Erscheinungen

Der germanische Superstrateinfluss auf grammatisch-syntaktische Phänomene des nördlichen Galloromanisch wird in der Forschung sehr kontrovers diskutiert. Während einige Romanisten dezidiert eine Einwirkung des Germanischen auf verschiedene solcher Erscheinungen des Frühromanischen in dieser Region vertreten, erklären andere dieselben Sprachfakten aus dem Lateinischen inhärenten Entwicklungstendenzen und werten einen möglichen Einfluss des Germanischen höchstens als eine Verstärkung eines bereits sich im Gange befindlichen Sprachwandels (vgl. auch SCHLEMMER (1983): 214 ff.). Es handelt sich um die Erklärung folgender Phänomene (in Auswahl), die das Nordfranzösische häufig in eine Sonderstellung zu anderen romanischen Sprachen bringen: Erhaltung des Zweikasussystems gerade im Altfranzösischen; Reduktion des dreistufigen lateinischen deiktischen Systems der Demonstrativa zu einem zweistufigen im Altfranzösischen (vgl. lat. *hic/iste/ille* → afrz. *cist/cil*); die obligatorische Setzung des Subjektpersonalpronomens beim konjugierten Verb, wenn kein nominales Subjekt vorhanden (vgl. frz. *je chante* vs. span., ital. *canto*; dagegen *mon oncle chante*); häufige Voranstellung des attributiven Adjektivs im afrz. Nominalsyntagma (vgl. auch in Ortsnamen wie *Neuville, Francheville*, die vor allem im nördlichen Teil Frankreichs, also in den von den Franken am stärksten besiedelten Gegenden vorkommen, während das südliche Frankreich eher den Typ *Villeneuve, Villefranche* aufweist; Entwicklung des Indefinitpronomens *on* aus *homo* (bereits in den Straßburger Eiden belegt) in Parallele zum Germanischen (vgl. dt. *man*).

Anregungen

1. Informieren Sie sich über weitere lexikalische Germanismen (fränkischer Herkunft) im Französischen, etwa anhand von KESSELRING, Wilhelm (1973): *Die französische Sprache im Mittelalter – von den Anfängen bis 1300*, Tübingen: 155–167.
2. Welche germanischen Superstratlexeme gehören zum heutigen französischen Grundwortschatz? (vgl. WUNDERLI, Peter (1989): *Französische Lexikologie*, Tübingen: 41).

Literaturhinweise

Alle Darstellungen der Geschichte der französischen Sprache gehen auf den germanischen Superstrateinfluss ein. Die umfassendste Behandlung des germanischen Einflusses auf die romanischen Sprachen bietet das dreibändige Werk von GAMILLSCHEG, Ernst, *Romania Germanica. Sprach- und Siedlungsgeschichte der Germanen auf dem Boden des alten Römerreiches.* Hier: Band I (²1970): *Zu den ältesten Berührungen zwischen Römern und Germanen. Die Franken*, Berlin/Leipzig: de Gruyter; kritisch dazu PFISTER, Max, *ZRPh* 88 (1972): 175–193; v. WARTBURG, Walther (1950), *Die Ausgliederung der romanischen Sprachräume*, Bern: Francke; ders. (²1951), *Die Entstehung der romanischen Völker*, Tübingen: Niemeyer; SCHLEMMER, Gerd (1983), *Die Rolle des germanischen Superstrats in der Geschichte der romanischen Sprachwissenschaft*, Hamburg: Buske.

Vgl. ferner: PFISTER, Max (1973), "La répartition géographique des éléments franciques en gallo-roman", *RLiR* 37: 126–149. – Kritisch zum germanischen Einfluss: GUINET, Louis (1982), *Les emprunts gallo-romans au germanique (du Ier à la fin du Ve siècle)*, Paris: Klincksieck (ordnet auf der Grundlage der relativen Lautchronologie ca. 300 sonst den Franken zugeschriebene Superstratwörter als wesentlich frühere Übernahmen ins Latein ein; vgl. dazu wiederum kritisch M. PFISTER in *ZRPh* 103 (1987): 88–98. Die Bände 15, 16 und 17 von WARTBURGS *FEW* sind den galloromanischen Wörtern germanischen Ursprungs gewidmet. Siehe auch die am Ende des Abschnitts 3, S. 193, zu den Substrateinflüssen genannten Artikel von FELIXBERGER (2003) und KREFELD (2003).

Zusammenfassung

In den beiden Unterkapiteln IV.3. und IV.4. sind die Kontakteinflüsse dargestellt worden, die auf das Vulgärlatein in Gallien eingewirkt und letzlich grundlegend zur Ausformung des Französischen beigetragen haben. Die Substrateinflüsse betreffen die Tatsache selbst, dass sich das Lateinische in Gallien nicht bei seinen ursprünglichen Sprechern fortentwickelt hat, sondern dort von anderssprachigen Bevölkerungen weitgehend ungesteuert übernommen worden ist. In Nordfrankreich waren es Kelten (Gallier), die das gesprochene Alltagslatein

(Vulgärlatein) mit ihren Artikulationsgewohnheiten und ihren lexikalischen Bevorzugungen unbewusst so veränderten, dass die Grundlagen für die typisch französische Lautung und Lexik gelegt wurden. Grundlage des Französischen ist also nicht das Vulgärlatein schlechthin, sondern – vereinfachend gesehen – das Vulgärlatein im Munde der Gallier im nordöstlichen bis nördlichen Gallien.

Während beim Substrat die Sprache der Eroberten zwar letztlich ausstirbt, aber eben als Substrateinfluss in bestimmten Ausprägungen in der von den Eroberern übernommenen Sprache, hier dem (Vulgär-)Lateinischen, fortlebt, ist das Superstrat dadurch definiert, dass die Eroberer die Sprache der Eroberten als prestigeträchtigere Sprache übernehmen und ihre eigene Sprache letztlich aufgeben. Aber auch hier leben Artikulationsgewohnheiten und typische lexikalische Einheiten der Sprache der Eroberer fort. Für die Entstehung des Französischen geht es in erster Linie um das Verhältnis der germanischen Franken zu den längst romanisierten Galliern, den Galloromanen, die gerade erst im Verlaufe des Kontakts mit den fränkischen Eroberern zu Franzosen werden. Als Herren im merowingischen Königreich gelingt es den Franken, den galloromanischen Untergebenen Züge ihres germanisierten Galloromanisch als prestigeträchtige Sprachform zu vermitteln, das "h aspiré", das germanische /w/- als [gw]-, vielleicht die Herausbildung zunächst fallender Diphthonge und ein reiches Vokabular fränkischen Ursprungs. Nicht zuletzt wegen der Übernahme des Schriftlateins als Schriftsprache und Kirchensprache waren aber dem Superstrateinfluss, d.h. der Germanisierung des frankoromanischen Idioms Grenzen gesetzt. Manche fränkischen Züge schwächten sich auch in späteren Jahrhunderten ab, so dass sich das Französische nicht aus der *latinité* und damit der Verbindung mit den romanischen Schwestersprachen herauslöste.

5. Verschriftung und früheste Sprachdenkmäler des Französischen

5.1 Das Problem der Verschriftung

Wie entsteht nun aus dem in gallischem Munde gebrauchten, also durch Substrat veränderten, Sprechlatein unter der Einwirkung des fränkischen Superstrats endlich Französisch? Bis wann hat man in Gallien Latein und ab wann hat man Französisch gesprochen? Beide Fragen sind in dieser Form nicht beantwortbar und eigentlich auch falsch gestellt. In Wirklichkeit gibt es eine Kontinuität der Sprechsprache, allerdings bei einer zwischen dem 5. und dem 8. Jh. wohl rapide fortschreitenden Entfernung vom ursprünglichen Muster des klassischen Lateins. Schon Jahrzehnte vor dem "offiziellen" Ende des Weströmischen Reiches (476 n. Chr.) war in Gallien das einst so blühende Schulwesen verödet und damit die Tradition der Schriftnorm weitgehend abgebrochen. Im fränkischen Merowingerreich waren die Kontakte mit Italien und Spanien spärlich geworden, die Provinzialisierung schritt voran. Insofern kann man davon ausgehen, dass die Umgangssprache immer "französischer" wurde, d. h. immer mehr partikuläre Züge annahm, die nicht mehr von einer Zentrale wie früher Rom korrigiert wurden. Der Übergang vom Lateinischen zum Französischen ist aber nur eine Namensänderung politischer Art, der kein Sprachwechsel von einer Generation zur nächsten entsprach, sondern eine kontinuierliche Entwicklung.[69]

Wie steht es aber mit der Entwicklung der Schriftsprache, des Lateins als Ausdrucksform amtlicher Schreiben und literarischer, z. B. historiographischer, Werke wie der *Historia Francorum* des Gregor von Tours? Zunächst war durch das Absinken des kulturellen Niveaus auch die lateinische Schriftform stark der Syntax und Lexik der gesprochenen Sprache angenähert, die Morphologie aus "klassischer" Sicht unsicher und fehlerhaft geworden. Insgesamt hat aber auch hier die Etikettierung "lateinisch" im Gegensatz zu "romanisch" der Forschung lange Zeit den Blick für eine adäquate Beurteilung des Lateins der vorkarolingischen Epoche versperrt und im Zusammenhang mit den frühesten Sprachdenkmälern viele Probleme entstehen lassen, die wir heute aus einem anderen Blickwinkel betrachten. Die Unterscheidung zwischen lebendig sich entwickelndem Vulgärlatein und erstarrtem "klassischen" Schriftlatein, die für die römische Kaiserzeit so richtig und wichtig ist (siehe IV.2), hatte lange Zeit unbewusst den Irrtum genährt, das Schriftlatein des 5.–8. Jh. sei in *dem* Sinne ein dem klassischen Ideal zumindest angenähertes Latein, dass es auch klassisch ausgesprochen worden wäre. In Wirklichkeit, so wissen wir heute, wurde das geschriebene Latein romanisch, und das heißt je nach Gegend verschieden, ausgesprochen. LÜDTKE (1964), der sich auf frühere Arbeiten stützt, hat zunächst darauf aufmerksam gemacht, und danach hat WRIGHT (1982) diese These, wenn auch mit gewissen Einseitigkeiten, untermauert. Zwar bleiben im Detail noch viele Zweifel und Unsicherheiten, aber man muss im Prinzip davon ausgehen, dass zumindest die schriftlateinischen Wortformen, die auch in der gesprochenen Sprache existierten, in Frankreich französisch ausgesprochen wurden, also etwa *regem* und *regi* als [reⁱ] und *ratione, rationi, rationem* als [raⁱdzon] bzw. [raⁱzon], *virginis, virgini, virginem* usw. als ['vjɛrdʒə].

Als gesichert darf danach gelten, dass die schriftliche Form, in die eine mündlich konzipierte Äußerung gebracht werden musste, eine archaische Form eben dieser gesprochenen Sprache war. Schreiben lernen bedeutete, eine von der Sprech-

---

69 Im Fall des Griechischen ist z. B. der Name beibehalten worden, obwohl von der Sache her ein ähnlich großer Wandel vom Altgriechischen zum Neugriechischen stattgefunden hat. Im Griechischen hat es sogar bis in die jüngste Zeit die Diskrepanz zwischen der gesprochenen Volkssprache (Dhimotikí) und der archaischen, am Altgriechischen ausgerichteten Schriftsprache (Katharévousa) gegeben, eine Diskrepanz, wie sie ähnlich im Merowingerreich bestand (siehe das Folgende). Vgl. dazu DIETRICH, Wolf (1995), *Griechisch und Romanisch*, Münster: Nodus, 34–75, besonders 63–72.

sprache stark abweichende Sprachform zu erlernen, in der – ähnlich wie in der heutigen englischen und französischen Orthographie – erstens ein stark ideographisches Moment (vgl. III.2) gegeben war und zweitens eine "orthographe grammaticale" stattfand. So musste der Schreiber, der [rai'dzon] schreiben sollte, gelernt haben, dieses Wort in der Schriftform der lateinischen Morphologie anzupassen. Die traditionelle Schriftsprache wurde in lautlicher Hinsicht als von der gesprochenen Sprache nicht völlig verschieden empfunden, wohl allerdings ihre orthographische Form, die jedoch nur wenige Schriftkundige mehr oder weniger gut beherrschten, eine Tatsache, die das Gefühl für die Einheit der Sprache (Latein = Romanisch) nicht störte. Die Notwendigkeit einer lautlich adäquaten Verschriftung der Volkssprache, einer Orthographiereform also, bestand offensichtlich noch nicht.[70]

In der zweiten Hälfte des 8. Jh. begann jedoch eine

> durch die Hinwendung zur Antike charakterisierte [...] kulturelle [...] Erneuerungsbewegung, d(ie) **Karolingische [...] Renaissance**. Diese steht in engem Zusammenhang mit der schon bei Pippin beginnenden politischen Orientierung in Richtung Rom und Papsttum, die mit der Kaiserkrönung Karls besiegelt wurde. (BERSCHIN/FELIXBERGER/GOEBL ([2]2008: 181); unsere Hervorhebung).

Der Angelsachse Alkuin aus York bemühte sich um eine Wiederherstellung klassisch lateinischer Sprachkenntnisse und vor allem um eine klassische Aussprache des Lateins. Iren und Angelsachsen hatten als Nichtromanen die klassische Aussprache notwendigerweise besser bewahrt, da Latein für sie immer eine ganz fremde Sprache gewesen war, die nicht der gesprochenen Sprache angepasst wurde. Diese primär auf die Hebung des kläglichen Bildungsstandes der Geistlichen abzielenden Bestrebungen Karls des Großen durch Alkuin führten indirekt zu einem Bruch der sprachlichen Kontinuität zwischen der Volkssprache und der Sprache der Gelehrten und Kleriker, indem beide plötzlich lautlich auseinanderklafften. Gelesenes Latein in der Kirche und in den Gerichtsstuben war nun nicht mehr verständlich. Daher kommt es gerade in der Zeit um 800 zum Bewusstsein von der Verschiedenheit beider Sprachformen und zu den ersten Versuchen, eine neue Form der Verschriftung der Volkssprache zu finden. Zunächst wird dies im **Konzil von Tours** (813) zum ersten Mal offiziell zur Kenntnis genommen, nämlich in der Anweisung an die Priester, die Predigten künftig in der Volkssprache zu halten. In Absatz 17 der Konzilsbeschlüsse heißt es:

> Et ut easdem omelias quisque aperte transferre studeat in rusticam Romanam linguam aut Thiotiscam, quo facilius cuncti possint intellegere quae dicuntur.

---

[70] Vergleichbar ist die Lage in etwa mit den stark mundartlich geprägten Gegenden Deutschlands oder der Schweiz, wenn z.B. die dialektgefärbte Aussage eines Zeugen vor Gericht in die Hochsprache "übersetzt" wird, um traditionsgerecht geschrieben werden zu können. Umgekehrt kann auch ein Protokoll oder ein Zeitungstext regionalsprachlich, z.B. schwäbisch, "gefärbt" gelesen werden. Eine stärkere oder schwächere Form von **Diglossie** (Zweisprachigkeit mit funktioneller Differenzierung) ist in jedem Fall gegeben.

In dieser Zeit entstehen dann die ersten sprachlichen Zeugnisse der Volkssprache, vorerst einige, in denen die Volkssprache nur indirekt durch die Erklärung unverstandener lateinischer Ausdrücke hindurchscheint (Glossen), dann ganze Texte auf Französisch. In den übrigen romanischen Sprachen, in denen die lautliche Entwicklung nicht zu so einem großen Abstand zwischen volkstümlicher und gelehrter Lautung geführt hatte wie in Frankreich, lassen die ersten Sprachzeugnisse noch mehr als ein Jahrhundert, z. T. wesentlich länger, auf sich warten.

Literaturhinweise

HILTY, Gerold (1973), "Les origines de la langue littérature française. Un principe méthodologique et son application aux Serments de Strasbourg", *VRom* 32: 254–271; LÜDTKE, Helmut (1964), "Zur Entstehung der romanischen Schriftsprachen", *VRom* 23: 3–21; WRIGHT, Roger (1982), *Late Latin and Early Romance (in Spain and Carolingian France)*, Liverpool. Span. Übers. 1989. Siehe auch BERSCHIN/FELIXBERGER/GOEBL (²2008), *Französische Sprachgeschichte*, 178–189, und H. LÜDTKE (²2009, siehe Anhang), Kap. 8 und 9.

5.2 Die Glossen

Im Gegensatz zu (alphabetisch geordneten) Wörterbüchern sind Glossare Worterklärungen zu einem bestimmten Text. Die Interpretamente sind in lateinisch-romanischen Glossaren meistens "Übersetzungen" einer nicht verstandenen hochsprachlichen, älteren Form durch die Angabe eines volkssprachlichen Synonyms. Leider sind durchweg weder der Autor noch die Abfassungszeit bzw. der Abfassungsort bekannt, deren Bestimmung auch bei den hier behandelten **Reichenauer** und **Kasseler Glossen** nicht völlig gelungen ist.

Die Reichenauer Glossen stellen eine zweiteilige Sammlung von insgesamt 4.877 Glossen dar, deren überwiegender Teil (3.152 Glossen) dem Text der Bibel folgt. Sie wurden 1863 im Kloster Reichenau entdeckt, stammen aber wohl aus dem Kloster Corbie (Picardie) und sind dort wahrscheinlich Anfang des 9. Jh. entstanden. Sie spiegeln noch die merowingische Schreibtradition wider, indem viele der Interpretamente ganz lateinisch aussehen, sicher aber eher "französisch" gelesen werden müssen:

pulcra: bella (Die Ersetzung ist schon besprochen worden, siehe IV.2.2.3; frz. *belle*) – *quaeso: preco* (statt kl.-lat. *precor*; afrz. *pri*, nfrz. *je prie*)
adferam: adportam (frz. *j'apporte*) – *transgredere: ultra alare* (frz. *aller*)
iacere: iactare (frz. *jeter*) – *minatur: manatiat* (frz. (*il*) *menace*)
flare: sufflare (frz. *souffler*) – *semel: una vice* (frz. *une fois*)
ictus: colpus (frz. *coup*) – *forum: mercatum* (frz. *marché*)
oves: berbices (frz. *brebis*) – *pallium: drappum* (keltisch, frz. *drap*).

Interessant sind auch die germanischen Superstratelemente, die dort zum ersten Mal erscheinen:

pignus: wadius (frz. *gage*) – *cementarii: mationes* (frz. *maçons*)
non pepercit: non sparniavit (frz. (*il*) *n'épargna* (*pas*)).

Die Kasseler Glossen, schon Mitte des 17. Jh. in der Benediktinerabtei zu Fulda gefunden, werden seither in der Landesbibliothek Kassel aufbewahrt. Es handelt sich um ein "romanisch"-althochdeutsches (bairisches) Glossar (254 Glossen) aus dem 8. bzw. 9. Jh. Wegen der vielfachen Verwechslung stimmhafter und stimmloser Laute im romanischen Teil dürfte der Verfasser wohl kein Romane gewesen sein. Einige Glossen sind traditionell lateinisch orthographiert, andere schon romanisch:

mantun: chinni (≈ *menton: Kinn*) – *ordigas: zaehun* (≈ *orteils: Zehen*)
cavallum: hros (≈ *cheval: Ross*) – *puticla: flasca* (≈ *bouteille: Flasche*)
fidelli: chalpir (≈ *veaux: Kälber*) – *uuanz: irhiner* (≈ *gants* (< German.):
ahd. *irh* 'feines (Bocks-)Leder'.

Literaturhinweise

DIEZ, Friedrich (1865), *Altromanische Glossare*, Bonn; Nachdrucke Niederwalluf 1971, Vaduz 1988; KLEIN, Hans-Wilhelm (1968), *Die Reichenauer Glossen*, I, *Einleitung, Text, vollständiger Index und Konkordanzen*, hrsg. unter Mitarbeit von André Labhardt, München: Hueber; RAUPACH, Manfred (1972), *Die Reichenauer Glossen*, II, *Entstehung und Aufbau*, München: Hueber; TITZ, Karel (1923), *Glossy Kasselské* (*résumé français*), Praha: Česká Akademie.

5.3 Die Straßburger Eide

Den ältesten französischen Text stellen die sog. **Straßburger Eide** (*serments de Strasbourg*) dar, die am 14. Februar 842 zwischen den Enkeln Karls des Großen, nämlich Karl dem Kahlen (*Charles le Chauve*), der über das französische Westreich herrschte, und Ludwig dem Deutschen, der König über das deutsche Ostreich war, geleistet wurden und beide im Kampf gegen ihren übergeordneten Bruder Lothar, der seit 817 Mitkaiser war, stärken sollten. Die Eidesformeln finden sich französisch und deutsch in dem lateinisch geschriebenen Geschichtswerk des karolingischen Historikers Nithard. Die Schreibung entspricht noch teilweise der merowingischen Tradition der latinisierenden Schreibung und hat deshalb zahlreiche Kommentare hervorgerufen. Der erste Teil des Textes lautet in diplomatischer Umschrift, d. h. nach Auflösung der Abkürzungen, und mit modernen, schon interpretierenden Satzzeichen:

> Pro Deo amur et pro christian poblo et nostro commun salvament, d'ist di in avant, in quant Deus savir et podir me dunet, si salvarai eo cist meon fradre Karlo et in aiudha et in cadhuna cosa, si cum om per dreit son fradra salvar dift, in o quid il me altresi fazet et ab Ludher nul plaid nunquam prindrai, qui, meon vol, cist meon fradre in damno sit.

Lange Zeit wurde gerätselt, inwieweit dies überhaupt Französisch sei. Freilich enthält der Text formelhafte Latinismen (z. B. *in damno sit*). Aufgrund unserer heutigen Kenntnisse können wir aber sagen, dass er nicht der klass.-lat. Aussprache gemäß gelesen werden darf, sondern dass die frz. Lautung nach bestimmten Prinzipien geschrieben wurde. So ist z. B. der Diphthong [ei] als <i> notiert worden, so dass *savir et podir* für späteres *saveir et po(d)eir* ('savoir et pouvoir') stehen, wobei <d> sicherlich schon den interdentalen Reibelaut [ð] markiert, der kurz danach im Text mit <dh> wiedergegeben wird (*in aiudha et in cadhuna cosa*, d.h. wörtlich entsprechend *en aide et en chacune* [≈ *chaque*] *chose*). Der zentrale Vokal [ə], für den keine lateinische Schreibweise zur Verfügung stand, wurde in der merowingischen Tradition sowohl <a> als auch <e>, <o> oder <u> geschrieben, so dass *fradre* und *fradra* gleichlautend wie [freðrə] gelesen werden müssen. So erklärt sich auch, dass – wie in Texten merowingischer Tradition – kein bestimmter Artikel geschrieben wurde, obwohl er sicher seit der späteren Kaiserzeit fest im Vulgärlatein etabliert war: *Pro Deo amur et pro christian poblo* ... ist also etwa zu lesen *Por Dieu amor et por le chrestien puoble*...

Eine neufranzösische Übersetzung des zitierten ersten Teils der Eide könnte lauten:

> Pour l'amour de Dieu et pour le peuple chrétien et notre salut commun, à partir de ce jour, en tant que Dieu me donne le savoir et le pouvoir, je soutiendrai mon frère Charles, que voici, par mon aide et en toute chose, comme on doit soutenir son frère, selon l'équité, à condition qu'il m'en fasse autant, et avec Lothaire je ne prendrai jamais aucun arrangement qui, de ma volonté, soit au détriment de mon frère Charles, que voici.

Zu den Problemen der möglichen dialektalen Zuordnung der Sprache der Eide in das Zentrum bzw. den Südwesten siehe HILTY (1978).

5.4 Die Eulaliasequenz

Um das Jahr 880, knapp vierzig Jahre nach den Straßburger Eiden, wird der erste erhaltene literarische französische Text verfasst, die Eulaliasequenz (*séquence de Sainte Eulalie*), ein religiöses Lied, das die spanische Märtyrerin Eulalia (3. Jh.) nach dem Vorbild des lat. Dichters Prudentius (4. Jh.) besingt. Die Handschrift, die aus dem Kloster St. Amand (Picardie) stammt, gelangte 1791 in die Bibliothek von Valenciennes, wo sie 1837 von Hoffmann von Fallersleben entdeckt wurde. In der Handschrift folgt auf die französische Sequenz (Liedform mit langgezogenen Modulationen des gregorianischen Halleluja) das althochdeutsche Ludwigslied, das eine Datierung auch des französischen Textes erlaubt. Hier ist die durch die karolingische Reform ausgelöste neue Schreibform der Volkssprache viel weiter entwickelt als in den Eiden. Die Latinisierungen sind marginal gegenüber den echt französischen Formen, die sogar eine sichere dialektale Zuordnung zum pikardisch-wallonischen Sprachgebiet erlauben. Von den 14 Doppelversen mit paarweiser Assonanz und einem Abschlussvers geben wir hier die ersten fünf:

Buona pulcella fut Eulalia/Bel auret corps, bellezour anima,
Voldrent la veintre li Deo inimi/Voldrent la faire diaule servir.
Elle nont eskoltet les mals conselliers/Qu'elle Deo raneiet chi maent sus en ciel,
Ne por or ned argent ne paramenz/Por manatce regiel ne preiement;
Niule cose non la pouret omque pleier/La polle sempre non amast lo Deo menestier.

Ein gutes Mädchen war Eulalia/Einen schönen Leib hatte sie, eine schönere Seele;
Gottes Feinde wollten sie besiegen/Wollten sie dem Teufel dienen lassen.
Sie hört nicht auf die bösen Ratgeber,/Sie solle Gott verleugnen, der droben im Himmel wohnt,
weder für Gold noch Silber noch schöne Gewänder,/Noch durch königliches Drohen oder Bitten;
Nichts vermochte sie je zu beugen,/Dass das Mädchen nicht immer Gottes Dienst liebte.

In den Formen *auret, pouret* ist das aus dem lat. Plusquamperfekt (vglt. betont **hábuerat, *pótuerat*) entstandene inaktuelle Präteritum (vgl. III.4.1.2.c)) erhalten, das schon seit dem *Rolandslied* (um 1080–1100) im Französischen nicht mehr vorkommt. In *bellezour* ist ein synthetischer Komparativ (< **bellatiore*) bewahrt, wie er in einigen Formen im Altfranzösischen vorkam (vgl. IV.6.3.1). Der bestimmte Artikel ist in *li Deo inimi, les mals conselliers* und *la polle* in uneingeschränkter Verwendung belegt. *Diaule* 'diable' erhält als "Unicum" im Altfranzösischen keinen Artikel. Die Lautung *diaule* weist auf das pikardisch-wallonische Dialektgebiet.

Anregung

Informieren Sie sich bei HENRY ([7]1994) und in den französischen Literaturgeschichten über weitere frühe altfranzösische Texte vor dem Rolandslied (ca. 1080–1100), vor allem über die *Passion de Clermont* (kurz vor 1000) und die *Chanson de St. Léger* (Leodegarlied, 2. H. 10. Jh.). Zur *Chanson de St. Alexis* (ca. 1040) siehe IV.6.

Literaturhinweise

a) Textsammlungen:

AVALLE, D'Arco Silvio (1966), *Alle origini della letteratura francese. I giuramenti di Strasburgo e la sequenza di Santa Eulalia*, Torino: Giappichelli; AVALLE, D'Arco Silvio ([3]1983), *Latino «Circa Romançum» e «Rustica Romana Lingua». Testi del VII, VIII e IX secolo*, Padova: Antenore; HENRY, Albert ([7]1994), *Chrestomathie de la littérature en ancien français*, Tübingen/Basel: Francke; KOSCHWITZ, Eduard ([6]1964), *Les plus anciens monuments de la langue française. II. Textes critiques et glossaire*. München: Hueber.

b) Zu den "Straßburger Eiden" und zur "Eulaliasequenz":

BECKER, Siegfried (1972), *Untersuchungen zur Redaktion der Straßburger Eide*, Bern u.a.: Lang; HILTY, Gerold (1973), "Les Serments de Strasbourg", *TraLiLi* 11: 511–524.; ders. (1978), "Les serments de Strasbourg et la séquence de Sainte Eulalie", *VRom* 37: 126–150.

6. Die Epoche des Altfranzösischen

6.1 Periodisierungsfragen

6.1.1 Die drei galloromanischen Sprachen

Aus dem regional unterschiedlich intensiv romanisierten Gallien haben sich drei große romanische Sprachräume herausgebildet, und zwar der nordfranzösische Sprachraum der "langue d'oïl"[71], der südfranzösische der "langue d'oc" (Occitanisch, Okzitanisch) und ein südostfranzösischer mit dem Frankoprovenzalischen.[72] Da die französische Sprache eine Weiterentwicklung der alten *langue d'oïl* darstellt, gehen wir im Folgenden nur auf diese ein.

6.1.2 Die Epochen der französischen Sprachgeschichte

Wenn wir nun einen Blick auf das "Altfranzösische" werfen wollen, müssen wir zunächst einige Ausführungen zur Epocheneinteilung der Geschichte der französischen Sprache machen (s. dazu ECKERT, Gabriele (1990), *LRL* V,1: 816–829). Üblicherweise findet man folgende Periodisierung in den Darstellungen:

1. Die Epoche der Entstehung der französischen Sprache:
   d.h. die Zeit von der Romanisierung Galliens bis zum Auftauchen der ersten schriftlichen Zeugnisse des Französischen im 9. Jh. (s. IV.5).

2. Die Epoche des **Altfranzösischen**:
   vom 9. Jh. bis ca. 1320/1350.

3. Die Epoche des **Mittelfranzösischen** (s. IV.7):
   von ca. 1320/1350 bis ca. 1500 oder bis ca. 1600. Dieser unterschiedlich angegebene Endpunkt hängt mit der Einschätzung des Französischen des 16. Jh. zusammen. Manche Autoren rechnen dieses noch zum Mittelfranzösischen, andere betrachten es als bereits zum Neufranzösischen gehörend und wieder andere werten es als eine eigene Epoche ("Französisch der Renaissance" oder "Frühneufranzösisch").

4. Die Epoche des **Neufranzösischen**:
   beginnend mit dem 17. Jh. reicht diese Epoche bis zur Gegenwart. Mögliche Unterteilungen dieser Epoche sind (z.B. nach MÜLLER, Bodo, 1975, *Das Französische der Gegenwart*, Heidelberg: 36–37): das "klassische Französisch" (17. und

---

[71] Diese und die folgende Benennung gehen letztlich auf Dante Alighieri (*De vulgari eloquentia*, ca. 1304–1307) zurück, der die ihm bekannten romanischen Sprachen nach den – im Lateinischen überhaupt nicht existierenden – Bejahungspartikeln unterschied (afrz. *oïl* [> nfrz. *oui*] materiell aus lat. *hoc illi*; aokzit. *oc* materiell aus lat. *hoc*). Beachte die Zweisilbigkeit von *o-ïl*!

[72] Vgl. zur Ausgliederungsfrage VON WARTBURG (1950, s. Anhang) und SCHMITT, Christian (1974), *Die Sprachlandschaften der Galloromania*, Bern u. a.: Lang.

18. Jh. bis zur Französischen Revolution), das "moderne Französisch" (von ca. 1789 bis heute bzw. bis zum Ende des Zweiten Weltkrieges, wenn man das "Gegenwartsfranzösisch" (seit 1945) noch besonders herausheben möchte).

6.2 Das Altfranzösische

6.2.1 Abgrenzung der Epoche

Als **externe** Kriterien zur Bestimmung des Beginns der altfranzösischen Epoche wird zum einen das Zeugnis des Konzils von Tours (813) zum Bewusstsein der Sprecher, "dass sie die gesprochene Volkssprache (Verf.: die in den Konzilsakten genannte "rustica romana lingua", d.h. eine Vorform des Französischen) als eigenständige, vom Lateinischen unterschiedene Sprache auffassen" (ECKERT 1990: 817), gewertet, zum anderen das Auftreten der ersten Texte, der frühesten Sprachdenkmäler des Französischen, ab 842 (s. IV.5). Da es sich bei den Straßburger Eiden um einen der lateinischen Juristensprache noch stark verhafteten Text handelt – jedenfalls hinsichtlich der stark latinisierenden Graphie des Französischen – sehen einige Autoren den Beginn der eigentlichen altfranzösischen Texttradition erst mit der "Eulaliasequenz" gegeben. Zuweilen wird die Epoche vor dem Rolandslied (ca. 1080–1100) als Frühaltfranzösisch der des "klassischen Altfranzösisch" (12. und 13. Jh.) gegenübergestellt. Als **interne** Kriterien der Periodisierung werden innersprachliche Entwicklungen herangezogen. In den frühesten Texten tauchen zum ersten Mal greifbar die großen sprachlichen Veränderungen im phonischen, grammatischen und lexikalischen Bereich auf, die das Altfranzösische vom Latein bzw. Vulgärlatein unterschieden oder die es im Unterschied zum Schriftlatein mit dem Vulgärlatein gemeinsam hat (s. unten). Zu den Kriterien für die Abgrenzung von Alt- und Mittelfranzösisch siehe IV.7.

Was einem des Neufranzösischen Kundigen beim Betrachten eines altfranzösischen Textes als erstes auffällt, ist der tiefgreifende Unterschied zwischen diesen beiden Sprachstufen derselben historischen Sprache, ja "un lecteur moderne considère que la *Chanson de Roland* est rédigée dans une langue étrangère" (WAGNER 1974: 26). Schon dieses Urteil weist darauf hin, dass sich die französische Sprache in den elfeinhalb Jahrhunderten ihrer durch Texte belegbaren Existenz – besonders im Vergleich mit der Entwicklung des Italienischen, aber auch des Spanischen – sehr stark verändert hat (s. unten).

6.2.2 Dialektale Vielfalt und Schreibtraditionen (Scriptae)

Es ist sehr wichtig sich klarzumachen, dass das Altfranzösische keine einheitliche Sprache ist, sondern dass es starke Differenzierungen insbesondere in räumlicher und in zeitlicher Hinsicht aufweist. Die Epoche von ca. 842 – ca. 1350 umfasst fünf Jahrhunderte, so dass wir hier sicherlich mit sprachlichen Veränderungen rechnen müssen; "l'ancien français" est une étiquette qui coiffe en réalité *plus d'un état de langue*" (WAGNER 1974: 28). Genau so wichtig, wenn nicht sogar noch wichtiger: Die altfranzösischen Texte sind nicht in einer einheitlichen Schriftsprache überliefert, sondern weisen mehr oder weniger starke regionale sprachliche Züge auf. Die reiche altfranzösische Literatur ist uns nicht in Originalhandschriften der Autoren – diese bleiben, zumindest für die ältere Epoche, meist unbekannt – überliefert, sondern sie ist in räumlich und zeitlich gestaffelten Abschriften auf uns gekommen. So wissen wir sehr oft nicht, in welcher Region der *langue d'oïl* ein bestimmtes Werk entstanden ist und damit einhergehend, welche sprachlichen Züge des Textes dem Verfasser bzw. der Ursprungsregion und welche dem Herkunftsgebiet des oder der Kopisten zuzuschreiben sind. Dies zeigt sich auch in der oft beträchtlichen graphischen Variation innerhalb desselben Textes. In der neueren Forschung wird deshalb nicht mehr davon gesprochen, dass bestimmte altfranzösische Texte in diesem oder jenem Dialekt geschrieben sind, sondern man ist der Auffassung, dass sie in sog. **Scriptae** (Terminus von L. Remacle; vgl. auch die entsprechenden Arbeiten z.B. von C. Th. Gossen, H. Goebl) abgefasst sind: dies sind "Schriftsprachen" (Graphietraditionen) mit regionalen **und** überregionalen Dialektmerkmalen.[73] Die Scriptae sind somit keineswegs mit den gesprochenen Dialekten der betreffenden Regionen – die wir im Übrigen nicht kennen – identisch.[74]

Für die Überlieferung der altfranzösischen Literatur wurden insbesondere folgende Scriptae wichtig: zeitlich zuerst die **wallonische** (vgl. Eulaliasequenz, Jonasfragment), später die **normannische** Scripta (so verfasste der normannische Kleriker Wace in der 2. Hälfte des 12. Jh. den "Roman de Brut" (= "Geste des Bretons") und den "Roman de Rou" (= "Geste des Normanz"); bekannt auch Bérouls "Tristan") und von dieser Scripta abgeleitet die **anglonormannische** (z.B. das anonyme Alexiuslied, das anonyme Rolandslied in der Oxforder Handschrift, die Werke der Marie de France (2. Hälfte des 12. Jh.; in Frankreich geboren, lebte in England): z.B. ihre Verserzählungen, die "Lais"). Unter "Anglonormannisch" versteht man die Varietät des Normannischen, die sich in England nach der Eroberung durch die Normannen (ab 1066) etabliert hat.

Sehr wichtig ist die **pikardische** Scripta (sehr reiche Texttradition: chansons de geste, fabliaux, le Roman de Renart, die anonyme chante-fable "Aucassin et Nicolete", Theaterstücke von Jean Bodel und Adam de La Halle), die **champagnische** Scripta (die höfischen Romane – z.B. "Lancelot", "Yvain", "Perceval" – von Chrétien de

---

73 Einen knappen Überblick über die Dialektzonen des Altfranzösischen und ihre sprachlichen Besonderheiten findet man in VON WARTBURG ([12]1993: 83–93).

74 "Or, bien loin d'être du dialecte écrit, les scriptae sont plutôt un mélange hybride d'éléments supra-régionaux (qu'on pourrait déjà appeler 'français') et régionaux" (GOEBL, Hans (1979), "Verba volant, scripta manent. Quelques remarques à propos de la scripta normande", in *RLiR* 43: 344–399, 355. – Die Scriptae sind für uns freilich auch eine willkommene Quelle für die Kenntnis der französischen Dialekte in früher Zeit, zumal diese wegen der Normierungsbestrebungen seit dem 17. Jh. außer im Pikardischen und Normannischen weitgehend aufgegeben worden sind und nur noch durch das jeweilige Regionalfranzösische "durchscheinen".

Troyes (ca. 1140 – ca. 1190), die Chroniken von Villehardouin und von Joinville) und zeitlich als letzte die **franzische,** d. h. die der Ile-de-France mit Paris (siehe Karte S. Seite 33). "Le terme *francien* a été créé en 1889 par le philologue Gaston Paris et remplace celui de *dialecte de l'Ile-de-France.* [...] Le terme de *francien* qualifie [...] ce que les philologues appellent une *scripta.*" (REY, Alain (éd.) (²1998), *Dictionnaire historique de la langue française,* t. 2, Paris: 1506).[75] Es handelt sich also um einen Fachterminus, der von Philologen geprägt worden ist und nicht um eine traditionelle Bezeichnung wie z. B. *le picard, le normand* usw. In alten Texten wurde *françois* zwar in der Bedeutung 'France (d. h. die Ile-de-France) betreffend' verwendet, aber die umfassendere Bedeutung 'nordfranzösisch' existierte auch schon.

6.2.3 Die Frage der sprachlichen Einheit

Für die Mehrzahl der sich mit der Geschichte des Französischen befassenden Sprachhistoriker besteht kein Zweifel daran, dass als Grundlage für die sich später durchsetzende französische Schrift- und Literatursprache[76] die Sprache der Ile-de-France mit Paris als Zentrum in Frage kommt. Aber wie passt dazu die Tatsache, dass uns keine Texte in franzischer Scripta vor dem 13. Jh. überliefert sind, wie dies PFISTER (1973) nachgewiesen hat?[77] Dies kann bedeuten, dass in den frühen Jahrhunderten der altfranzösischen Epoche die franzische Scripta weniger wichtig war als die anderen Scriptae. Hinzu kommt jedoch die Beobachtung, dass in den erwähnten nichtfranzischen Scriptae der Anteil der franzischen Formen an den überregionalen sprachlichen Formen auffällig hoch ist. Wie lässt sich dieses Faktum erklären?

M. Delbouille geht von einer späten dialektalen Differenzierung des nordfranzösischen Sprachraumes aus und erklärt die "überregionalen" sprachlichen Charakteristika der Scriptae aus der 'prädialektalen' Einheit der *langue d'oïl.* C. Th. Gossen und G. Hilty setzen im Gegensatz zu Delbouille die dialektale Aufgliederung der *langue d'oïl* früh an, bereits in die Merowingerzeit, M. Pfister nennt das 6. Jh., Hilty formulierte sehr vorsichtig die Hypothese, dass die franzischen Formen durch die Ausstrahlung einer schon im 9. Jh. in der Ile-de-France nur mündlich existierenden

---

75 Hermann Suchier hatte *francisch* bereits 1888 in seinem Beitrag zu Gröbers *Grundriss der romanischen Philologie* gebraucht, den G. Paris kannte (vgl. seine Kurzanzeige in *Romania* 17, 1888, 635–636).

76 Schriftsprache und Literatursprache sind nicht identisch: Die Literatursprache gehört zwar zur Schriftsprache, aber die Schriftsprache umfasst mehr als die Literatursprache, also z. B. auch die Urkundensprache. Die ersten in der *langue d'oïl* geschriebenen Urkunden, die wir kennen, stammen vom Ende des 12. Jhs. – vorher war die Urkundensprache ausschließlich das Latein.

77 Der Autor der *Vie de Saint Thomas Becket* (1174), Guernes/Garnier de Pont-Sainte-Maxence, stammt zwar aus dem Grenzgebiet zwischen Ile-de-France und Picardie, aber der Text ist nur in einer anglonormannischen Handschrift überliefert. – Rutebeuf (2. Hälfte 13. Jh.) gilt als erster namentlich bekannter Autor aus Paris.

epischen Literatur, die verlorenging, erklärt werden könnten. Gossen vertritt die Auffassung, dass sich die Schriftsprache von Paris und Umgebung bereits im 10. und 11. Jh. verbreitet habe. Zwei Gesichtspunkte müssen jedoch zunächst getrennt werden: die dialektale Differenzierung einerseits und die Stellung der Mundart der Ile-de-France innerhalb der Dialekte der *langue d'oïl* andererseits. Der sicher seit der Isolation der Regionen in der Merowingerzeit anzunehmenden Dialektausgliederung steht die Tatsache gegenüber, dass der Dialekt der Ile-de-France in den altfranzösischen Scriptae zwar stets präsent ist, sich aber als überregionale Schriftsprache erst im Verlaufe des 13. Jh. durchsetzt.

6.2.4 Vom Franzischen zum Französischen

Welche Faktoren werden – unabhängig von der Einschätzung der Chronologie – zur Erklärung des Aufstiegs "vom Franzischen zum Französischen" (so formuliert etwa bei BERSCHIN et al. [2]2008: 203; WOLF/HUPKA 1981: 29) und der Erringung des Vorrangs der Sprache von Paris, der gegen Ende des 12. Jh. offen ausgesprochen wird, angeführt?

- die geographisch und verkehrstechnisch günstige Lage von Paris und der Ile-de-France und deren wirtschaftliche Auswirkungen (so z.B. die *foires* in und um Paris);
- der Aufstieg von Paris, gefördert durch die Dynastie der Kapetinger (ab 987) und ganz besonders durch den mächtigen König Philippe Auguste (1180–1223; europäisch wichtiger Sieg 1214 bei Bouvines); er machte Paris zu seiner Residenz;
- die Abtei Saint-Denis (in der nördlichen Peripherie von Paris) als Grablege der französischen Könige, als Aufbewahrungsort der Reliquien des Nationalheiligen Dionysius (Saint Denis) und der *oriflamme*, des Banners des Königtums, "gab der benachbarten Stadt die ihr fehlenden Traditionen. [...] So wurde Paris für die mittelalterliche Welt der phantastische Mittelpunkt Frankreichs in der Vergangenheit und der vorbestimmte ideale Mittelpunkt für Gegenwart und Zukunft." (OLSCHKI 1913: 68, 69);
- das kulturelle Ansehen, das Paris durch seine berühmte Universität (Sorbonne) gewann;
- sprachliche Gründe: VON WARTBURG ([12]1993: 89, 90) spricht vom Franzischen als von einem Dialekt, "[qui] a gardé une sorte de juste milieu [...] en évitant les particularités dialectales". BERSCHIN et al. ([2]2008: 209) reden entsprechend von "einer Mittelstellung zwischen den Dialekten, die es [das Franzische] für eine überregionale Verkehrs- oder Literatursprache besonders geeignet machte." – Das hohe Prestige des Franzischen kann aus einer Reihe von Zeugnissen von Autoren der Zeit – letztes Viertel des 12. Jh. (z.B. Garnier de Pont-Sainte-Maxence, Conon de Béthune, Aymon de Varennes) –, die in verschiedenen Sprachgeschichten kommentiert werden, abgelesen werden.

Die Auffassungen über den Beginn der Ausstrahlung des Franzischen divergieren sehr stark, sie reichen vom 9. Jh. (G. Hilty) bis zum 12. Jh. (z. B. M. Pfister), ja bis zum 13. Jh., vgl. dazu PICOCHE, Jacqueline/MARCHELLO-NIZIA, Christiane (⁵1998), *Histoire de la langue française*, Paris: 25, 26:

> La diffusion dans les provinces du français de Paris est, à partir de la fin du XIIIe s., un fait incontestable, principalement dû aux progrès du pouvoir royal et de la centralisation administrative. [...] En conclusion le 'bon français', le 'français standard', le 'parisien cultivé' d'aujourd'hui résulte des formes communes aux divers dialectes d'oïl anciennement majoritaires en région parisienne. Ce 'françois' n'a cessé d'étendre son influence sur les provinces à partir de la fin du XIIIe s. et parmi les divers usages vivants en région parisienne, cette diffusion a été restreinte à un certain sociolecte, celui des milieux cultivés et socialement dominants du monde judiciaire et de la cour.

Abweichende Auffassungen:
Gegen die Annahme von Scriptae spricht sich dezidiert DEES (1985) aus; CERQUIGLINI (³2007) wendet sich gegen einen Ursprung des Französischen in der Sprache der Ile-de-France.

6.3 Textprobe mit Kommentar

Um nun einen ersten Eindruck vom Altfranzösischen zu vermitteln, geben wir nachstehend eine Textprobe aus dem frühen Altfranzösisch mit deutscher Übersetzung und mit kurzen Kommentaren zur Beschreibung dieses Sprachzustandes. Wir wählen den Beginn (Exordium) des Alexiusliedes ("La vie de Saint Alexis", um 1040)[78], des ersten großen Werkes (125 fünfzeilige Strophen, in zehnsilbigen Versen mit Assonanz) der französischen Literatur, wo der unbekannte Autor sich in den bekannten Eingangsversen als laudator temporis acti äußert:

Bons fut li secles al tens ancïenur,	1
Gut war die Welt zur Zeit der Alten,	
Quer feit i ert e justise ed amur;	2
denn Treue war da und Gerechtigkeit und Liebe,	
S'i ert creance, dunt or n'i at nul prut.	3
und Glaube war da, wovon es jetzt nicht genug[79] gibt;	
Tut est müez, perdut ad sa colur:	4
sie ist ganz verändert, verloren hat sie ihre Farbe:	
Ja mais n'iert tel cum fut as anceisurs.	5
Niemals wird sie wieder so sein, wie sie bei den Alten war.	
Al tens Noë ed al tens Abraham	6
Zur Zeit Noahs und zur Zeit Abrahams	

---

[78] Anglonormannische Scripta, wiedergegeben nach der kommentierten kritischen Ausgabe von STOREY, Christopher (1968), *La Vie de Saint Alexis*, Genève: 92. Für den Seminargebrauch praktisch ist die Ausgabe *Sankt Alexius* von Gerhard ROHLFS in der "Sammlung Romanischer Übungstexte" (Tübingen: Niemeyer). Die deutsche Übersetzung übernehmen wir aus: *Das Leben des heiligen Alexius*. Aus dem Altfranzösischen übersetzt von Klaus Berns, München 1968: 11.

[79] Ziemlich frei übersetzt, denn *prut* bedeutet 'profit, avantage, abondance'.

Ed al David, qui Deus par amat tant,   7
und zu der Davids, den Gott so sehr liebte,

Bons fut li secles; ja mais n'ert si vailant.   8
war die Welt gut: niemals wird sie wieder so wertvoll sein;

Velz est e fraisles, tut s'en vat declinant: 9
alt ist sie und brüchig, immer mehr geht sie dem Ende zu,

Si'st ampairét, tut bien vait remanant.   10
und sie ist in Verfall geraten, alles Gute schwindet immer mehr.

6.3.1 Altfranzösische Syntax: Das Zweikasussystem

Dem Anfänger fällt bereits zu Beginn von Vers 1 der Bezug von zwei Nominalformen mit Endungs-*s* auf eine Verbform im Singular auf: "bons fut li secles". Wir haben hier ein Beispiel der für das Altfranzösische (und das Altokzitanische) bekannten Zweikasusflexion des Nominalsystems vor uns. Der im Vulgärlatein begonnene und in der nichtdokumentierten Frühgeschichte der romanischen Sprachen fortgesetzte Abbau des lateinischen Kasussystems mit seinen morphologisch markierten sechs Kasus ist wohl die auffälligste Veränderung in der Entwicklung der Nominalmorphologie vom Latein zum Romanischen. Während in der Mehrzahl der romanischen Sprachen dieser Reduktionsprozess bereits in der Zeit vor dem Auftauchen der ersten Texte zum Abschluss gekommen war, ist uns im Altfranzösischen eine vorletzte Etappe dieser Entwicklung erhalten, das sog. Zweikasussystem. In diesem funktionierte die Opposition zwischen Casus rectus (frz. "cas sujet"), hervorgegangen aus dem lateinischen Nominativ, und dem Casus obliquus (frz. "cas régime"!), materiell entstanden aus dem lateinischen Akkusativ. Zur Illustration ein einfaches Beispiel für eine maskuline Substantivklasse:

Nom. Sing. lat.	*murus*	> casus rectus Sing. afrz.	*murs*
Akk. Sing.	*muru(m)*	> casus obliq. Sing.	*mur*
Nom. Plur.	*muri*	> casus rectus Plur.	*mur*
Akk. Plur.	*muros*	> casus obliq. Plur.	*murs*

Der Rectus übernahm die Funktionen des lateinischen Nominativs (vgl. als Singular V. 1 und 8 *bons, li secles*, V. 4 *müez*, V. 7 *Deus*, V. 9 *velz, fraisles*) und des Vokativs, der Obliquus die des Akkusativs (z.B. im Plural nach der Präposition *a* (*à*) V. 5 *as anceisurs*), z. T. auch die des Genitivs (vgl. V. 6 u. 7 *al tens Noë, al tens Abraham, al David < ad illum David* (indeklinabel)) und des Dativs. Die genitivische Funktion des altfranzösischen "cas régime", die bei Personenbezeichnungen so üblich war (Typ *la fille le roi* 'die Tochter des Königs'), hat sich in den modernen Straßennamen des Typs *Rue Voltaire, Place Victor Hugo* usw. erhalten.

Für eine eindeutige Markierung der vier verschiedenen Funktionen des Systems reichten die beiden Endungen Null bzw. -*s* ohne Mithilfe der Determinanten und/ oder des Kontextes nicht aus. Bei den Feminina funktionierte das Zweikasussystem bis auf wenige Ausnahmen überhaupt nicht, denn es erlaubte nur eine Unterscheidung zwischen Singular und Plural, z.B. afrz. *porte/portes* (vgl. im Text nur Beispiele für Singularformen: V. 2 *feit, justise, amur*, V. 3 *creance* (< lat. *credentia*), V. 4 *colur*). So ist es nicht verwunderlich, dass dieses System noch in altfranzösischer Zeit, von West nach Ost fortschreitend, nach und nach aufgegeben wurde. In der Regel lebten die Formen des Obliquus weiter (überlebende Casus Recti sind nicht zahlreich, z. B. frz. *prêtre, traître, peintre, pâtre*, [neben dem Obliquus *pasteur*], *fils, sœur*). Schon in der hier verwendeten anglonormannischen Handschrift des Alexiusliedes erweist sich das Zweikasussystem als nicht völlig konsequent realisiert, vgl. z. B. das Partizip Perfekt *ampairét* (anglonormannische Form, entsprechend nfrz. *empiré*, < lat. **impeioratu*), das wegen seines Bezugs auf *secles*, wie im Falle von *velz* und *fraisles*, eine *s*-haltige Endung haben müsste.

Im Altfranzösischen haben sich eine Reihe von Formen alter Kasus erhalten. Genitive und Ablative, die sonst als Kasus generell untergegangen sind, so z. B. *geste Francour* (< lat. *gesta Francorum*) und in V. 1 *ancïenur* (< lat. *antianorum*). Besonders bemerkenswert ist hier die Tatsache, dass die Form sogar im altfranzösischen Text als Genitiv funktioniert; vgl. dagegen nfrz. *la Chandeleur*, elliptisch aus *la fête chandeleur* (< (*dies*) *festa candeloru*(*m*) für klass.-lat. *candelarum*). Alte Ablative erhielten sich materiell z. B. in *comme/cum* (s. V. 5, anglonormannische Form, < lat. *quomodo*), *car/quer* (s. V. 2, < lat. *quare*), in der romanischen Adverbialbildung mit dem Suffix *-mente*, die auf den Ablativ von lat. *mens, mentis* (fem.) zurückgeht, vgl. lat *clara mente* > nfrz. *clairement*.

Außer für die Substantive und die Adjektive galt die Zweikasusflexion auch für die Determinanten (Artikel, Demonstrativa, Possessiva, Indefinita); bei den Personalpronomina sind die Verhältnisse komplexer. Hier seien nur die Formen des bestimmten Artikels[80] angeführt:

Casus rectus Sing.:	mask. *li*	fem. *la*
Casus obliquus Sing.:	mask. *le*	fem. *la*
Casus rectus Plural:	mask. *li*	fem. *les*
Casus obliquus Plural:	mask. *les*	fem. *les*

Im Text finden wir nur Beispiele für maskuline Artikelformen: für *li* (Rectus Sing.) in *li secles* und für die mit der Präposition *a* (< lat. *ad*) verschmolzenen Artikel *le*, nämlich *al*, dreimal in *al tens ...* (*tens* < lat. *tempus*, somit invariabel, da das *-s* schon durchgängig zum Singular gehört) und *les*, nämlich *as*, in *as anceisurs* (*as* wird in Anlehnung an den Singular *au* (< *al* vor Konsonant) im 13. Jh. zu *aus*, später mit der Graphie *aux*).[81]

---

80 Die Entstehung des Artikels in allen romanischen Sprachen und Dialekten ist wohl die spektakulärste Neuerung im System der Grammatik im Vergleich mit dem Schriftlatein, das keinen Artikel kannte. Hier entstand der allgemeinste aller Determinanten (wohl durch griechische Vermittlung).

81 Die häufige Endung *-us* wurde in altfranzösischen Texten durch das Kürzel *-x* wiedergegeben, z. B. *beax* für *beaus*, *chevax* für *chevaus*. Als später der ursprüngliche Wert von *-x* nicht mehr verstanden und *-x* einfach als graphische Variante von *-s* interpretiert wurde, wurde das *u* wieder in die Graphie eingeführt, also *beaux, chevaux*.

Eine weitere wichtige Veränderung in der Grammatik des Vulgärlateins und damit der meisten romanischen Sprachen im Vergleich zum Klass.-Lat. ist die Reduzierung der Genera von drei auf zwei, nämlich die Eliminierung des Neutrums bei den Nomina. Die lateinischen Lexeme mit neutralem Genus, die nicht untergingen, verteilten sich zum größeren Teil auf das romanische Maskulinum, vgl. V.1 *secles* (auch *siecle*[82]) (eine halbgelehrte Bildung < lat. *saeculum*) und *tens* (< lat. *tempus*; die spätere Graphie *temps* unter latinisierendem Einfluss). In geringerem Maße gingen sie über die Zwischenstufe des Plurals zum Femininum über, z.B. lat. *velum* > frz. *(le) voile, vela* > *(la) voile* mit Bedeutungsdifferenzierung.

6.3.2 Altfranzösische Grammatik

Weitere Beispiele für den Sprachwandel im grammatischen Bereich vom Latein zum Altfranzösischen:

- Übergang vom synthetischen zum analytischen Verfahren bei der Bildung der Komparationsstufen der Adjektive und Adverbien (z.B. lat. *fortior* → afrz. *plus fort*). Das Altfranzösische bewahrte jedoch eine Reihe synthetischer Steigerungsformen wie z.B. *graindre* (< lat. *grandior*), *pesmes* (< lat. *pessimus*); einige leben bis heute fort, z.B. *meilleur* (< lat. *meliore(m)*), *pire* (< lat. *peiore(m)*); *mieux* (<lat. *melius*), *pis* (<lat. *peius*).
- Umgestaltungen im System der Pronomina (Schaffung eines Personalpronomens der 3. Person aus dem Demonstrativum *ille* unter Aufgabe der demonstrativen Funktion (*illī* > frz. *il, illa* > frz. *elle*); Aufgabe der Unterscheidung zwischen reflexivem und nicht-reflexivem Possessivadjektiv (*suus* versus *eius*), indem *suus* beide Funktionen fortsetzt, vgl. afrz. *ses, son; sa*.
- Strukturelle Veränderungen im Verbalsystem:
  - Reduzierungen bei den unpersönlichen Modi: z.B. Aufgabe der Futurinfinitive, der Perfektinfinitive, der Supina, des Gerundivums.
  - Innovationen: periphrastische Bildungen wie das "passé composé" (afrz. *a chanté* < lat. *habet cantatu*) (vgl. V.4 *perdut ad*) und "passé antérieur", die aspektuellen Verbalperiphrasen (vgl. V.9 *tut s'en vat declinant*, V.10 *tut bien vait remanant*), der Konditional I (z.B. afrz. *chantereit* < lat. *cantare habebat*) und Konditional II.
- Partielle Veränderungen: vgl. III.4.1.3.
  - Veränderung der Funktion bestimmter Formen: der lat. Konjunktiv Plusquamperfekt (z.B. *cantavissem/cantassem* > *chantasse*) wurde als Konj. Imperfekt uminterpretiert, da der klass.-lat. Konjunktiv Imperfekt (vom Typ *cantarem*) wegen der drohenden Homonymie mit dem Konj. Futur (*canta(ve)rim*) wohl nur schriftsprachlich war.

---

82 Neben *secle* kommt in derselben Handschrift auch *siecle* (V.623) vor; in V.9 findet sich die Verbalform *vat*, eine Zeile später die Variante *vait*, und so an mehreren Stellen der Handschrift. Wir müssen in alt- und mittelfranzösischen Texten mit einem großen Variantenreichtum der Wortformen und der Graphien rechnen.

– Erhaltung (von Form und Funktion): z.B. Präsens Indikativ und Konjunktiv, Imperfekt Indikativ, Perfekt Indikativ (mit Einschränkung: die Aoristfunktion blieb diesem Tempus erhalten, nicht dagegen die Perfektfunktion), Imperativ Singular, Infinitiv Präsens Aktiv.

6.3.3 Sprachliche Erklärungen zum Text

Im Text finden sich zwei alte synthetische Verbformen, die trotz der Gefahr der Homophonie bis ins Mittelfranzösische erhalten blieben: lat. Imperfekt *erat* > afrz. *ieret, iert, ert* (V. 2, 3) und lat. Futur *erit* > afrz. *iert, ert* (V. 5, 8).

Kurzerklärungen für weitere Formen im Text:

V. 2, 3: *i*, später *y*: < lat. *ibi*;

V. 3, 8, 10: *s', si* (in V. 8 mit anderer Bedeutung als in V. 3 und 10): beide < lat. *sic*;

V. 3: *dunt* (= anglonorm. Form; franzisch *dont*): < lat. *de unde*;

V. 3: *or* (Varianten: *ore, ores*): < lat. *hac hora*;

V. 3: *ne...nul* < lat. *non...nullu(m)*;

V. 3: *prut* [u] gehört in die frz. Wortfamilie *preux, prou, prouesse, prud'homme, prude*, die letztlich auf ein spätlat. *prode (est)* (zu *prodesse*) zurückgeht;

V. 4, 9, 10: *tut* (nfrz. *tout*): < spätlat. *tottu(m)* (= Variante von klass.-lat. *totum*);

V. 5, 8: *ja mais (ne)* < lat. *iam magis (non)*;

V. 5: *tel* < lat. *tale(m)*;

V. 5: *anceisurs* < lat. *antecessores*;

V. 7: *qui Deus par amat tant: qui* steht für das Relativpronomen *cui* (< lat. *cui*), das die syntaktischen Funktionen des cas régime (dir./indir. Objekt und *complément de nom*) hatte. *Par*, in *par amat tant*, hat elativische Bedeutung und steigert *tant* (< lat. *tantu(m)*); es ist entstanden aus dem steigernden lat. Präfix *per-*, z.B. in *permagnus*, durch Tmesis (Abtrennung vom Basislexem);

V. 8: *vailant* (nfrz. *vaillant*): entspricht dem Partizip Präsens von *valeir/valoir* < lat. *valere*;

V. 9: *fraisles* (nfrz. *frêle*): < lat. *fragilis*; das unetymologische *-s-* im Inlaut stammt evtl. aus der lautlich ähnlichen Form *graisles* < lat. *gracilis*;

V. 9: *en* < lat. *inde*;

V. 10: *vait remanant* ist eine prospektive aspektuelle Verbalperiphrase (*aller + participe présent*) zu *remaneir* 'rester, demeurer, cesser' < lat. *remanere*.

6.3.4 Erklärungen zur historischen Phonetik

Das Vulgärlatein hat in seiner Entwicklung, bis es uns als Altfranzösisch in den frühen Texten entgegentritt, einen tiefgreifenden lautlichen Reduzierungsprozess durchgemacht; in der Folgezeit gingen die Lautveränderungen weiter, wenn auch in weniger akzeleriertem Rhythmus.

Zum **Vokalismus:** Die vulgärlateinischen Vokale veränderten sich unter dem Einfluss folgender Faktoren: 1. Akzentverhältnisse, 2. Silbenstruktur, 3. Beeinflussung durch den phonischen Kontext (z. B. Palatalisierung, Nasalierung, Velarisierung).

Einige wenige generelle Entwicklungslinien:

- Vokale in unbetonten Silben (Zwischentonvokale in freier Silbe, Auslautvokale) tendieren zum Verstummen: z. B. *bonitate > bonté; muru(m) > mur, colore(m) > colur* (vgl. V. 4, anglonorm. Form), vgl. nfrz. *couleur;* auslautendes *-a* bleibt zunächst in abgeschwächter Form als "*e* central", d. h. [ə] erhalten: *causa > chose.*

- Unter dem Hauptakzent verstummen die Vokale nie, unterliegen aber einem starken Wandel, vor allem in offener Silbe: Als romanische Diphthongierung bezeichnet man den Wandel von (in vereinfachter Notation; dabei zeigt [eine offene Silbe,] dagegen eine geschlossene Silbe an):
vlat. έ[> afrz. ie, z. B. *pede > pie* (nfrz. *pied*);
vlat. ɔ[> afrz. uo > ue, z. B. *core* (für *corde*) oder *cor > cuer* (nfrz. *coeur*).
Französische Diphthongierung
vlat. é[> afrz. ei > oi, z. B. *tela > teile > toile;*
vlat. ó[> afrz. ou > eu, z. B. *flore > flour > fleur;*
vlat. á[> afrz. e (wahrscheinlich über die Stufe a̤ oder a̯i̯), z. B. *mare > mer;*
vlat. í bleibt erhalten, z. B. *filu > fil, scriptu > escrit* (nfrz. *écrit*).
vlat. ú wird, evtl. unter Substrateinfluss, zu [y], z. B. *cura > cure* ['kyrə].

Zum **Konsonantismus:** Die vulgärlateinischen Konsonanten machten, unterschiedlich je nach ihrer Distribution im Wort (z. B. im Anlaut, vor- oder nachkonsonantisch, intervokalisch, im Auslaut), ebenfalls einen beträchtlichen Wandel bis zum Altfranzösischen (und danach) durch. Aus dem Germanischen kamen neu hinzu [w], vgl. **werra > [gwérra] > guerre* [g], und [h] ("h aspiré"), vgl. **hapja > (la) hache.*

Einige wenige generelle Entwicklungslinien:

- Im Anlaut bleiben die meisten Konsonanten unverändert erhalten, z. B. *force, lune, mer, peser, rire, tenir* (aber z. B. Palatalisierung in *campu > champ, gaudia > joie; centum > cent, gelare > geler*).
- Auch im Inlaut in nachkonsonantischer Position guter Erhaltungsgrad, z. B. *(via) rupta > rote* (nfrz. *route*), *debita > deb(i)ta > dete* (nfrz. *dette*) (aber z. B. Palatalisierung in *musca > mosche*, nfrz. *mouche*).
- Starke Veränderungen bis hin zum Schwund der Konsonanten in vorkonsonantischer und in intervokalischer Position, z. B. *labra > levre, rupta > rote,*

deb(i)ta > *dete* (aber z. B *forte* > *fort*); *ripa* > *rive*, *vita* > *vie*, *securu* > *seur* (nfrz. *sûr*), (aber *ala* > *ele* (nfrz. *aile*), *(h)ora* > *oure* > *eure* (nfrz. *heure*)).

- Im Lateinischen konnten nur einige wenige Konsonanten des Gesamtinventars im Auslaut erscheinen (hier eine Auswahl):
  -[m] verstummte schon früh in lateinischer Zeit. -[k] verstummte im Vulgärlatein, z. B. *sic* > *si*. -[t] vor Vokal ging in der altfranzösischen Epoche unter, z. B. *amat* > *aimet* > *aime*; *amant* > *aiment* (*-nt* ist nur graphisch relevant, man beachte aber die Liaison mit -/t/- in der Inversion *aiment-ils*). -[s] "beginnt im 13. Jh. zu verstummen" (RHEINFELDER ³1963, I: 285); es wird in der Graphie bis heute beibehalten; im Falle der Liaison tritt es als [z], vgl. z. B. *ils* [ilz] *organisent*, in Erscheinung.

- Komplexer sind die Verhältnisse bei den sekundär, d. h. erst im Französischen neu in den Auslaut tretenden Konsonanten. Z. B. tritt im Altfranzösischen bei den stimmhaften Konsonanten eine Auslautentsonorisierung ein, vgl. *cerv(u)* > *cerf*.

- Über den Lautwandel innerhalb der afrz. Epoche handelt in knapper Form: ZINK 2006: 21–26.

Zum Abschluss noch drei Einzelwortentwicklungen:

- Ad V. 2: lat. *fīde(m)* > *féde* > [féjδe] > [féjθ] (vgl. *feit*) > [féj] > [fój] *foi* > [fwɛ] > nfrz. [fwa].
- Ad V. 4: lat. *mūtātus* > [mutá:tos] > [mudá:dos] > [muδáeδos] > [myéts] (vgl. afrz. *müez*) > nfrz. [mɥe] (*mué*).

Unsicher ist, zu welchem Zeitpunkt vor dem Beginn der Textüberlieferung des Französischen, evtl. unter keltischem Substrateinfluss, vglt. [u] zu [y] wurde. Das Problem der graphischen Wiedergabe des für das Romanische neuen Lautes zeigt sich auch in unserem anglonormannischen Text, wo die Graphie *u* sowohl für [u] (vgl. z. B. die Assonanz in V. 1–5: ... *amur* : *prut* : *colur* ...) als auch für [y] (vgl. z. B. V. 4: *müez, perdut*) erscheint. – Das Verb *muer* hat, zugunsten von *changer*, seit dem 17. Jh. seine Grundbedeutung 'wechseln, (ver)ändern' aufgegeben und lebt nur noch in einigen Spezialbedeutungen im Französischen fort: 'sich mausern', 'das Geweih abwerfen', 'Stimmwechsel haben'.

- Ad V. 9: lat. *vĕtulus*, vlat. *veclus* > [vjeʎs] > [vjelts] (*velz/vielz*), dann durch Vokalisierung von l vor Konsonant > [vjeuts] > [vjœuts] > [vjø], nfrz. *vieux* (s. Fn. 81); nfrz. *vieil* < vlat. *veclu*; nfrz. *vieille* < vlat. *vecla*.

┌─ **Anregungen** ────────────────────────────────────

1. Verschaffen Sie sich durch die Lektüre des betreffenden Teils einer Geschichte der französischen Literatur einen kurzen Überblick über die großen literarischen Genres der altfranzösischen Literatur wie z. B. die "chansons de geste", den "roman courtois" u. a.

2. Es könnte eine sehr anregende und aufschlussreiche Übung sein, wenn der/die Seminarleiter(in) mit den Studierenden auf der Grundlage von IMBS, Paul (1989), "Abrégé d'histoire de la langue française", *TLPh* 27: 201–283, den Text von Psalm 138 in lateinischer, in verschiedenen altfranzösischen, frühneufranzösischen und neufranzösischen Fassungen in sprachlicher Hinsicht vergleichen und kommentieren würde.

Literaturhinweise

Alle französischen Sprachgeschichten behandeln auch diese Epoche. Spezieller: BURIDANT, Claude (2000), *Grammaire nouvelle de l'ancien français*, Paris: Sedes; KESSELRING, Wilhelm (1973), *Die französische Sprache im Mittelalter – von den Anfängen bis 1300*, Tübingen: Narr; WOLF, Lothar/HUPKA, Werner (1981), *Altfranzösisch. Entstehung und Charakteristik: eine Einführung*, Darmstadt: WBG; ZINK, Gaston ([6]2000), *L'ancien français: XIe – XIIIe siècle*, Paris: PUF.

An Texten orientiert:
BATANY, Jean ([2]1978), *Français médiéval. Textes choisis, commentaires linguistiques, commentaires littéraires, chronologie phonétique*, Paris/Montréal: Bordas; GROSSE, Ernst Ulrich ([3]1994), *Altfranzösischer Elementarkurs*, München: Hueber; ROHLFS, Gerhard ([3]1968), *Vom Vulgärlatein zum Altfranzösischen*, Tübingen: Niemeyer.

Historische Phonetik und Phonologie (s. auch III.1):
DE LA CHAUSSÉE, François ([3]1989), *Initiation à la phonétique historique de l'ancien français*, Paris: Klincksieck; LABORDERIE, Noëlle (2005), *Précis de phonétique historique*, Paris: Nathan; ZINK, Gaston (2006), *Phonétique historique du français*, Paris: PUF/Quadrige.

Historische Grammatiken (s. auch III.3 und III.4):
DE LA CHAUSSÉE, François (1977), *Initiation à la morphologie historique de l'ancien français*, Paris: Klincksieck; FOULET, Lucien ([3]1968), *Petite syntaxe de l'ancien français*, Paris: Champion; MÉNARD, Philippe ([4]1994), *Syntaxe de l'ancien français*, Bordeaux: Sobodi; MOIGNET, Gérard (2002), *Grammaire de l'ancien français. Morphologie – syntaxe*, Paris: Klincksieck (Nachdr.); RHEINFELDER, Hans, *Altfranzösische Grammatik*, 1. Teil: *Lautlehre*, München [5]1976; 2. Teil: *Formenlehre*, München: Hueber [2]1976; WAGNER, Robert-Léon (1974), *L'ancien français*, Paris: Larousse; ZINK, Gaston ([5]2000), *Morphologie du français médiéval*, Paris: PUF.

Wörterbücher:
GODEFROY, Frédéric (1880–1902, Nachdrucke 1937–1938, 1961), *Dictionnaire de l'ancienne langue française et de tous ses dialectes du IXe au XVe siècle*, 10 Bände, Paris; TOBLER, Adolf/LOMMATZSCH, Erhard (1915–1989), *Altfranzösisches Wörterbuch*, Berlin, dann Wiesbaden, 11 Bde. Édition électronique conçue et réalisée par Peter Blumenthal et Achim Stein, Stuttgart, 2002. Informativ ist auch REY, Alain (dir., et al.) (2010), *Dictionnaire historique de la langue française*, mise à jour, 3 Bde., Paris: Robert.

Für den Hausgebrauch:
GREIMAS, Algirdas Julien ([2]1968 und Nachdrucke), *Dictionnaire de l'ancien français jusqu'au milieu du XIVe siècle*, Paris: Larousse; FOERSTER, Wendelin ([5]1973), *Wörterbuch zu Kristian von Troyes' sämtlichen Werken*, Tübingen: Niemeyer; HAUSMANN, Frank-Rutger (1996), *Französisches Mittelalter: Lehrbuch Romanistik*, Stuttgart/Weimar: Metzler.

Zur Entstehung der Nationalsprache:
CERQUIGLINI, Bernard ([3]2007), *La naissance du français*, Paris: PUF; DEES, Anthonij (1985), "Dialectes et scriptae à l'époque de l'ancien français", *RLiR* 49, 87–117; OLSCHKI, Leonardo (1913), *Der ideale Mittelpunkt Frankreichs im Mittelalter in Wirklichkeit und Dichtung*, Heidelberg: Winter; PFISTER, Max (1973), "Die sprachliche Bedeutung von Paris und der Ile-de-France vor dem 13. Jahrhundert", *Vox Romana* 32: 217–253.

Zusammenfassung

In den Abschnitten IV.5 und IV.6 geht es um den Beginn des Französischen in der Form erster Texte, die als französisch, d. h. nicht mehr lateinisch einzustufen sind. Der Übergang vom Lateinischen zum Französischen ist deshalb schwierig zu erfassen, weil in den ersten Jahrhunderten nach dem Ende des Weströmischen Reiches, in denen erste französische Texte auf galloromanischem Boden denkbar gewesen wären, erstens noch kein Bewusstsein für eine eigenständige Sprache da war und das Prestige des Schriftlateins noch übermächtig war und zweitens zur Zeit, als dieses Bewusstsein der Andersartigkeit gegenüber dem Latein um etwa 800 n. Chr. aufkeimte, noch keine passende Graphie für die Laute (Phoneme) des Französischen entwickelt waren. Die bis zum Zeitpunkt gängige Praxis war die Verschriftung des Frühfranzösischen in lateinischem Gewand (wie noch in den Straßburger Eiden), aber mit bereits französischer Aussprache. Die Diskrepanz zwischen der Niederschrift in Hochlautung und in hochsprachlicher, hier lateinischer, Morphologie und andeutungsweiser Syntax und einer volkssprachlichen Lesung war also schon gegeben (vgl. die Gewohnheit noch heute bei Gericht, eine Zeugenaussage in sprechsprachlicher Syntax und dialektaler Aussprache in Deutschland hochdeutsch, in Italien italienisch niederzuschreiben). Um 880 haben sich im Fall der "Eulaliasequenz" jedoch schon erste französische Graphiegewohnheiten herausgebildet.

Mit diesen ersten wichtigen Texten beginnt die Epoche des Altfranzösischen, in der besonders im 12. und 13. Jh. eine bedeutende literarische Tradition entwickelt wird. Gegenüber allen späteren Epochen, dem Mittelfranzösischen und dem Neufranzösischen, weist das Altfranzösische nicht nur eine eigene, archaische Lautung auf, die aber vielfach bis heute Grundlage der frz. Orthographie ist, sondern auch zahlreiche morphologische, syntaktische und lexikalische Besonderheiten. Nicht zuletzt ist das Altfranzösische durch den Erhalt eines funktionierenden Zweikasussystems gekennzeichnet. Anlass für viele sprachhistorische Erörterungen ist das bis heute nicht ganz geklärte Phänomen, dass die altfranzösische Literatur zwar in stark dialektal geprägter Form überliefert ist, dass aber die Schreibtraditionen (Scriptae) der einzelnen Schreibzentren (Klöster) nie ausschließlich den Dialekt ihrer Region verwendeten, sondern immer auch Elemente des zentralen Französischen der Ile-de-France einbanden, obwohl kein Text primär in Französisch verfasst ist. Damit wurde die überregionale Verständlichkeit der Texte gewährleistet. Man kann auch vermuten, dass damit der schon damals unabweisbaren zentralen Rolle von Paris Rechnung getragen werden sollte. Mit der Problematik der Scriptae hängen die Fragen nach der Entstehung der französischen Einheitssprache, die ganz auf dem Franzischen beruht, in der folgenden Epoche des Mittelfranzösischen (14.–15. Jh.) zusammen.

7. Die Epoche des Mittelfranzösischen

7.1 Die Abgrenzung des Alt- und Neufranzösischen

Wie wir bereits in IV.6 gesehen haben, wird der Beginn der Epoche des Mittelfranzösischen[83] ziemlich übereinstimmend auf ca. 1350 festgelegt, ihr Ende dagegen bestimmen die einzelnen Autoren unterschiedlich auf ca. 1500 oder ca. 1600.

Als **externe** Kriterien zur Bestimmung des Beginns werden einerseits der Dynastiewechsel im französischen Königtum von den Kapetingern zu den Valois im Jahre 1328, andererseits der Anfang des Hundertjährigen Krieges (1339–1453) herangezogen. Legt man den Abschluss der Epoche auf das Ende des 15. Jh. fest, dann wird auf die Besonderheiten des 16. Jh. abgehoben (Renaissance, Humanismus, Emanzipation des Französischen vom Latein, Entstehung der ersten Grammatiken und Wörterbücher des Französischen, Erfolg des Buchdrucks u.a.). Nimmt man hingegen das Ende des 16. Jh. als Schlusspunkt an, so beruft man sich z.B. auf den Einschnitt, den die zunehmenden Sprachnormierungsbestrebungen in der ersten Hälfte des 17. Jh. markieren. Wir schließen uns hier der Zäsur um 1500 an. Der Hauptgrund für die Unterscheidung der altfranzösischen von der mittelfranzösischen Sprachepoche beruht einvernehmlich auf **sprachinternen Kriterien**, s. unten.

Die Epoche des Mittelfranzösischen wird u.a. durch folgende Faktoren charakterisiert:

* Auswirkungen des Hundertjährigen Krieges: z.B. drastischer Bevölkerungsrückgang, sehr kurze Lebenserwartung, Unterbrechung von kulturellen Traditionen mit negativen Folgen auch für das literarische Schaffen, d.h. weniger bedeutende literarische Werke im Vergleich zur klassischen altfranzösischen Epoche. Immerhin wirken in dieser Zeit Autoren wie Christine de Pizan (1365–1430), Charles d'Orléans (1394–1465), François Villon (1431/32 – nach 1463), der Chronist Jean Froissart (ca. 1337 – ca. 1410) und der Geschichtsschreiber Philippe de Commynes (1447–1511). Wichtig ist auch für diese Epoche gegenüber der afrz. Zeit die Pflege der Prosa in französischer Sprache, d.h. **nicht mehr in regionalen Scriptae.**

* Es erfolgte eine beträchtliche territoriale Expansion des Besitzes der französischen Krone (schon im 13. Jh., definitiv z.T. erst im 15. Jh.: Normandie, Maine, Anjou; Touraine, Poitou, Languedoc, Champagne); im 14. Jh.: Dauphiné; im 15. Jh.: Guyenne, Bourgogne, Picardie, Provence, Roussillon (definitiv erst 1659).

* Herausbildung eines Nationalbewusstseins ("nation de France") während des Hundertjährigen Krieges.

---

83 Nach ECKERT (1986: 5) wurde der Terminus *le moyen français* 1890 von Arsène Darmesteter in die wissenschaftliche Diskussion eingeführt.

- Schon ab dem 13. Jh. wird die königliche Macht durch den Aufbau eines wirksamen zentralen Verwaltungsapparates auf Kosten der Kommunen und durch den Ausbau der königlichen Justiz wesentlich gestärkt.

- Als Folge davon ergibt sich seit dem 13. und verstärkt seit dem 14. Jh. ein zunehmender Gebrauch der "Vulgärsprache" vor allem in nichtkirchlichen Urkunden (zuerst in den Städten des nördlichen Sprachgebietes) zuungunsten des Lateins.

- "Dans le Nord, les différences entre scriptas locales s'atténuent: le français commun apparaît." (MARCHELLO-NIZIA 1979: 26) Was hier als "français commun" bezeichnet wird, letztlich das Französische von Paris, verbreitet sich – sehr schematisch skizziert – im Königreich regional unterschiedlich rasch zunächst nur als Schriftsprache (bekannt als Ausnahme: Froissarts Sprache zeigt noch deutlich pikardische Züge) und für den mündlichen Gebrauch der Eliten; als gesprochene Sprache wird es sich, in den Städten früher als auf dem Lande, letztendlich erst im Laufe des 19. Jh. nach der Einführung der allgemeinen Schulpflicht, der allgemeinen Wehrpflicht u. a. generell durchsetzen.

- Enge Kontakte werden seit dem 14. Jh. mit Italien über Gelehrte und über dynastische Verbindungen geknüpft. In Verbindung mit der italienischen Renaissance erwächst in Frankreich ein Interesse für die Antike, das sich in Aufträgen für Übersetzungen klassischer Autoren ins Französische niederschlägt: so übersetzen schon im 14. Jh. Pierre Bersuire Livius und Nicolas Oresme Aristoteles (aus dem Lateinischen); diese Übersetzungen zirkulieren zunächst in Handschriften, werden dann im 15. Jh. auch gedruckt. Im 15. Jh. werden Werke von Cicero, Sallust, Ovid, Cäsar, Vergil u. a. übersetzt.[84] Daneben gibt es auch Übersetzungen aus dem Italienischen. Die Vielzahl der Übersetzungen aus dem Latein bewirken eine beträchtliche Zunahme der Latinismen und Relatinisierungen (z. B. *beneiçon* wird durch *bénédiction* ersetzt, vgl. auch IV.8) im französischen Wortschatz (GUIRAUD 1963: 50 spricht vom 14. (und vom 16.) Jh. als von "les grandes périodes de création lexicale"), und sie führen auch zur Übernahme von lateinischen syntaktischen Konstruktionsmodellen (z. B. der absoluten Partizipialkonstruktion, der erweiterten Verwendung des accusativus cum infinitivo) ins Französische. – "Il n'est pas étonnant que les relations entre la France et l'Italie, fussent-elles commerciales, militaires, artistiques, intellectuelles ou culturelles, aient laissé leur empreinte sur le vocabulaire du français." (RICKARD 1976: 14) Einige Beispiele für Italianismen aus dieser Epoche: *citadelle, soldat, saccager, arsenal; banque, crédit, magasin; nouvelle* ("Novelle"); *courtisan, citadin.* Der Höhepunkt des italienischen Einflusses liegt jedoch erst im 16. Jh. (vgl. IV.8).

Gegenüber der traditionellen Einschätzung des Mittelfranzösischen, wie sie im folgenden Zitat resümiert wird:

---

84 Vgl. dazu die Liste der wichtigsten Übersetzungen ins Französische, die im 15. Jh. von klassischen Werken angefertigt wurden, bei RICKARD 1976: 8.

Depuis le début de la linguistique moderne, on a refusé au moyen français une personnalité propre, une identité spécifique. Enserré entre l'ancien français et le français moderne il était considéré comme une époque de transition et par là chaotique, plein de contradictions et d'incohérences: c'était soit de l'ancien français décadent, soit du français moderne 'sous-développé.'" (WUNDERLI, Peter (Hrsg.) (1982), "Préface", in: *Du mot au texte. Actes du IIIème Colloque International sur le Moyen Français*, Tübingen: 7),

betont die neuere Forschung dessen Eigenständigkeit.

7.2 Typologische Veränderungen

Da es nicht möglich ist, hier auch nur einen Überblick über die Veränderungen zwischen dem Alt- und dem Mittelfranzösischen auf allen sprachlichen Ebenen zu geben, beschränken wir uns im Folgenden auf die Darlegung der Fakten des Sprachwandels, die sich aus sprachtypologischer Sicht (im Sinne E. Coserius) als relevant erweisen.[85]

Wir erinnern uns, dass Coseriu (vgl. III.9.5) den romanischen Sprachtypus wie folgt bestimmt hat:

Innere, paradigmatische materielle Bestimmungen für gleichfalls innere, nicht-relationelle Funktionen und äußere, syntagmatische materielle Bestimmungen für gleichfalls äußere, relationelle Funktionen.

Das Altfranzösische folgte weitgehend dem gemeinromanischen Sprachtyp, das Mittelfranzösische hingegen machte einen typologischen Wandel durch, indem in der mittelfranzösischen Epoche (bis hin zum Neufranzösischen) der Unterschied zwischen relationellen und nicht-relationellen Funktionen aufgegeben wurde und, was die Verfahren betrifft, eine Reduktion der paradigmatischen Verfahren bei gleichzeitigem Ausbau der syntagmatischen Verfahren stattfand. "Als 'allgemeine Art von Verfahren', d.h. als typologisches 'Prinzip', funktioniert nun die externe, äußere Bestimmung, d.h. Determinierung außerhalb der betreffenden Einheit." (ECKERT 1988: 108)

Viele der sprachlichen Veränderungen, die das Mittelfranzösische gegenüber dem Altfranzösischen charakterisieren, lassen sich als Abbau von Paradigmatik bei gleichzeitigem Ausbau der Syntagmatik interpretieren:

• Die Aufgabe der Zweikasusflexion der Nomina, deren ehemalige Funktionen zum einen durch Präpositionen (z.B. *de* und *à*), zum andern durch die (relative) Fixierung der Wortfolge im Satz (zur Unterscheidung von Subjekt und direktem Objekt) übernommen werden, wird in den Sprachgeschichten als das vielleicht wichtigste interne Kriterium zur Abgrenzung des Mittelfranzösischen vom Altfranzösischen angeführt. Dieser Sprachwandel bedeutet typologisch einfach das

---

85 Wir stützen uns hierfür insbesondere auf ECKERT (1986) und dies. (1988). G. Eckert hat in ihren Veröffentlichungen den typologischen Ansatz von E. Coseriu (vgl. III.9.5) ausgearbeitet und auf die Geschichte der französischen Sprache überzeugend angewendet.

Nachvollziehen einer Entwicklung, die andere romanische Sprachen schon in ihrer vorliterarischen Phase vollzogen haben.

- Durch das Verstummen des auslautenden -s wird der Plural vom phonischen Code her gesehen nicht mehr paradigmatisch, d.h. am Nomen selber markiert, sondern syntagmatisch, d.h. durch Determinanten wie Artikel, Demonstrativum oder Possessivum. (Diese Reihenfolge der Entwicklung gibt die traditionelle Auffassung wieder.)
- Die zunehmende Generalisierung des bestimmten und unbestimmten Artikels und die Entstehung des sog. Partitivartikels fallen ebenfalls in die mittelfranzösische Epoche.
- Bei der Kategorie "Genus" kann auch ein gewisser Abbau an paradigmatischer Bestimmung beobachtet werden; so bei den Adjektiven, wo durch das Verstummen des auslautenden -e Lexeme wie *cler/clere, naturel/naturelle* im phonischen Code einendig werden. Determinanten übernehmen häufig den Ausdruck des Genus beim Substantiv.
- "Bei der Kategorie 'Person' beim Verb gehen Abbau an paradigmatischen Verbendungen und Ausbau der Subjektspronomen Hand in Hand. [...] Die Generalisierung des Subjektspronomens ist aber zur gleichen Zeit schon stark fortgeschritten: Ein direkt kausaler Zusammenhang zwischen Endungsverlust und Ausdehnung des Subjektspronomens kann daher nicht behauptet werden. Vielmehr sind beide Phänomene vom Typus her 'motivierbar'." (ECKERT 1988: 111). Daher ist anzunehmen, dass zuerst der typologische Wandel eingetreten ist und erst danach der Verlust der Endungen. Jedoch betrifft dieser Wandel nur bestimmte Personenmorpheme.
- Die meisten der im Altfranzösischen existierenden synthetischen Steigerungsformen (z.B. *graignour, hautisme*) verschwinden zum Mittelfranzösischen hin und werden durch analytische Steigerungsformen (z.B. *plus grand*) ersetzt.
- Durchsetzung früher wenig gebräuchlicher Verbalperiphrasen[86] wie *venir de* + Infinitiv (Betrachtung der Handlung nach ihrem Ende, Aspekt der gerade abgeschlossenen Handlung), *aller* + Infinitiv (Futurperspektive im Bereich "Gegenwart") und der "temps surcomposés" (vom Typ *quand j'ai eu dîné*).
- Die unter italienischem Einfluss im 16.Jh. aufkommenden nicht-relationellen Elative auf *-issime* (z.B. *grandissime*) konnten sich im Französischen nicht mehr etablieren, da die Unterscheidung "relationell" (Typ *le plus riche*)/"nicht-relationell" (*richissime*) bereits aufgegeben war. Es bleibt der relationelle Superlativ.
- Aus demselben Grund wurden die synthetischen Diminutivbildungen vom Typ *oiselet* zugunsten der analytischen Bildungen vom Typ *petit oiseau* abgelöst.

Aus typologischer Perspektive lässt sich erkennen, dass das Französische erst in dieser Epoche zu einer stark analytischen Sprache wird (ECKERT 1990: 820).

---

86   Vgl. dazu DIETRICH, Wolf (1973), *Der periphrastische Verbalaspekt in den romanischen Sprachen*, Tübingen: Niemeyer (Beiheft zur *ZRPh*, 140).

Dieser Prozess setzt sich zum Neufranzösischen, ja zum "français avancé" hin fort, so dass man die neueren Sprachstufen des Französischen in der Tat als exzentrisch im Konzert der Sprachen der 'Romania continua' einordnen muss. GUIRAUD (1963: 14) kommt zu folgendem Schluss:

> [...], le moyen français n'est pas une étape intermédiaire entre l'ancien français et le français moderne, c'est la forme archaïque du français moderne, encore enracinée dans le système primitif.

ECKERT (1988: 114) spricht vom Mittelfranzösischen als von "'modernem', 'noch nicht kodifiziertem' Französisch mit Dominanz der 'systematischen' Bildungen"; letztere werden durch die Kodifizierung im 17./18. Jh. zum Teil beschnitten.

7.3 Textprobe mit Kommentar

Als kurze Illustration des Mittelfranzösischen möge eine Textprobe aus einem der letzten Gedichte François Villons ("L'Epitaphe Villon", auch "Ballade des Pendus", erste und letzte Strophe) dienen:

Freres humains qui après nous vivez,
N'ayez les cuers contre nous endurcis,
Car, se pitié de nous povres avez,
Dieu en aura plus tost de vous mercis.
Vous nous voiez cy attachez cinq, six:
Quant de la chair, que trop avons nourrie,
Elle est pieça devorée et pourrie,
Et nous, les os, devenons cendre et pouldre.
De nostre mal personne ne s'en rie;
Mais priez Dieu que tous nous vueille absouldre!
. . . . . .

. . . . . .
Prince Jhesus, qui sur tous as maistrie,
Garde qu'Enfer n'ait de nous seigneurie:
A luy n'ayons que faire ne que souldre,
Hommes, icy n'a point de mocquerie;
Mais priez Dieu que tous nous vueille absouldre!

Der Text wurde entnommen aus LONGNON, Auguste (⁴1964), *François Villon. Œuvres*. Paris: Champion, 96–97. In der ersten Zeile des *Envoi*, der Schlussstrophe, ist die Textüberlieferung unsicher: "... qui sur tous as/a maistrie". Die Aussprache war, wie heute, gleich, /s/ vor Konsonant war in jedem Fall stumm. Eine inhaltliche Interpretation des ganzen Gedichts findet man in BROCKMEIER, Peter (1977), *François Villon*, Stuttgart: Metzler, 40–42.

Einige wenige Bemerkungen zum Text:

Insgesamt steht die Sprache dieses Textes dem Neufranzösischen schon sehr nahe, so dass es kaum Verständnisschwierigkeiten geben dürfte. Vom Neufranzösischen aus auffällig sind zunächst die von der modernen Schreibung noch abweichenden, z. T. konservativen Graphien: *tost, nostre, maistrie* (obwohl [s] vor Konsonant in der Regel schon verstummt war); *pouldre* (< *pulverem*), *absouldre* (< *absolvere*), *souldre* ("solder, régler", < *solvere*) (etymologische Schreibung, d. h. Wiedereinführung in die Graphie des vor Konsonant bereits früher vokalisierten [l]); *attachez* (= nfrz. *attachés*) (Graphie *z* [s] ist zu jener Zeit nach geschlossenem [e] noch üblich); *cy* (= nfrz. *ici*) neben *icy* (die 'gelehrte' Graphie *y* ist für auslautendes [i] sehr verbreitet). Die Schreibweise *povre* (< *paupere(m)*) existiert seit dem Altfranzösischen; die heutige Graphie mit *au* wurde als etymologisierende Schreibung im 16. Jh. eingeführt.

- Das Zeitadverb *piéça* (innerfranzösisch gebildet aus *pièce a* ('il y a une pièce de temps', d. h. 'il y a longtemps') war bis zum 17. Jh. im Gebrauch (z. B. archaisierend noch bei La Fontaine).
- *Quant de* existierte neben dem heute allein möglichen *quant à* mit gleicher Funktion.
- Die altfranzösische hypothetische Konjunktion *se* (s. Z. 3) wurde im Mittelfranzösischen teilweise bereits durch *si* abgelöst.
- Die Negation des Verbs konnte im Mittelfranzösischen, je nach dem sprachlichen Kontext, mit *ne* allein – s. Zeile 2 – oder mit dem diskontinuierlichen Morphem *ne* + (ursprüngliche Verstärkungs-)Partikel *pas, point, mie* usw. ausgedrückt werden. Vgl. auch *personne ne, ne ... point de* im Text.
- Zu beachten auch der optative Konjunktiv noch ohne auslösendes *que* in "De nostre mal personne ne s'en rie", wobei *en* (< *inde*) *de nostre mal* pleonastisch wiederaufnimmt.
- Schließlich sei noch angemerkt, dass die Wortfolge in den Sätzen teilweise noch nicht der des Neufranzösischen entspricht, wobei jedoch auch die individuelle dichterische Freiheit im Umgang mit der Syntax in Rechnung zu stellen ist.

Anregungen

1. Reizvolle sprachhistorische und kulturhistorische Seminaraufgaben lassen sich anhand von Textausschnitten aus der anonymen *Farce de Maistre Pathelin* (um 1465) stellen. Sprachhistorisch zeigt der Text schon den großen Abstand zum Altfranzösischen und die Nähe zum Frühneufranzösischen.
2. Siehe die auch hierher gehörige Aufgabe 2 auf S. 219.

Literaturhinweise

Alle französischen Sprachgeschichten behandeln auch diesen Zeitraum.

Spezielle Darstellungen:
ECKERT, Gabriele (1986), *Sprachtypus und Geschichte. Untersuchungen zum typologischen Wandel des Französischen,* Tübingen: Narr; dies. (1988), "Periodisierung des Französischen unter dem Aspekt der typologischen Entwicklung", in: ALBRECHT, Jörn et al. (Hrsg.) (1988), *Energeia und Ergon. Sprachliche Variation – Sprachgeschichte – Sprachtypologie. Studia in honorem E. Coseriu,* Tübingen: Narr, III: 103–119; MARCHELLO-NIZIA, Christiane (2005), *La langue française aux XIVe et XVe siècles,* Paris: Bordas; RICKARD, Peter (1976), *Chrestomathie de la langue française au quinzième siècle,* Cambridge: CUP (mit informativer Einleitung); MARTIN, Robert/ WILMET, Marc (1980), *Syntaxe du moyen français,* Bordeaux: SOBODI; ZINK, Gaston (1990), *Le moyen français (XIVe et XVe siècles),* Paris: PUF.

Wörterbücher:
Das große altfranzösische Wörterbuch von GODEFROY umfasst auch die mittelfranzösische Epoche, dasjenige von TOBLER/LOMMATZSCH hingegen reicht in der Regel nur bis 1400.

In einem Band: GREIMAS, Algirdas Julien/KEANE, Teresa Mary (1992), *Dictionnaire du moyen français – la Renaissance,* Paris: Larousse. Siehe jetzt auch unter <http://www.atilf.fr/bmlf/> den digitalen *Dictionnaire du moyen français* der Organisation ATILF, Nancy, 2003–2005.

Spezielle Fachzeitschrift: *Le Moyen Français,* Bd. 1 ff. (1977 ff.).

8. Das Französische des 16. Jahrhunderts

Die nachstehenden Ausführungen vermitteln keine Beschreibung des Sprachzustandes (zuweilen "interne Sprachgeschichte" genannt) des Französischen im 16. Jahrhundert, sondern wollen einen Überblick über die äußere (externe) Sprachgeschichte des Französischen dieser Epoche geben. Es sollen daher die Bewegungen, Ereignisse und Kräfte, die von außen auf die Entwicklung der französischen Sprache des 16. Jh. eingewirkt haben, besprochen werden.

In den Sprachgeschichten wird das Französische des 16. Jh. von manchen Autoren noch zum Mittelfranzösischen, von anderen bereits zum Neufranzösischen gerechnet. Wir schließen uns einer vermittelnden Position an und betrachten es als "Frühneufranzösisch".

8.1 Historischer Hintergrund

Mit dem 16. Jh. beginnt – nach einer fast allgemein akzeptierten Auffassung in der abendländischen Geschichtsschreibung – die Epoche der Neuzeit. Diese Epochenabgrenzung zwischen Mittelalter und Neuzeit wird mit so bedeutsamen Faktoren wie Entdeckung und Eroberung der Neuen Welt, wie Humanismus und Renaissance, wie die Reformation begründet.

Auf Frankreich bezogen bedeutet dies konkret:
- Auch Frankreich nahm schon im 16. Jh. an den Entdeckungsfahrten und an der europäischen Expansion in die Neue Welt teil, wenn auch in wesentlich geringe-

rem Maße als Spanien und Portugal. Giovanni da Verrazzano – in französischen Diensten – fuhr 1524 als erster Europäer die Ostküste Nordamerikas von Florida bis Neufundland entlang. Jacques Cartier unternahm zwischen 1534 und 1542 mehrere Entdeckungsfahrten nach (dem heutigen) Kanada und erkundete den St.-Lorenz-Strom. Diese Unternehmungen führten jedoch noch zu keinen bleibenden Eroberungen oder Ansiedlungen in Amerika.

* Durch die Italienfeldzüge der französischen Könige Karl VIII., Ludwig XII. und Franz I. ab 1494 – die zunächst als Kriege zur Durchsetzung von Erbansprüchen auf italienische Territorien geführt wurden, bald aber zu einer Auseinandersetzung mit dem Hause Habsburg um die Hegemonie in Westeuropa ausgeweitet wurden und erst unter Heinrich II. mit dem Frieden von Le Cateau-Cambrésis (1559; Verzicht auf die Ansprüche in Italien) beendet wurden – traten die Franzosen in engen Kontakt zu der hochentwickelten italienischen Kultur und damit gleichzeitig zu Humanismus und Renaissance. Seit dem 14. Jh. und verstärkt seit dem 15. Jh. hatte sich in Italien eine Bewegung herausgebildet, der Humanismus,

> der unter Berufung auf das Erbe der griechischen und römischen Antike dem Menschen die Fähigkeit zuspricht, sich aus eigener Kraft zu bilden und zu vervollkommnen, sich selber zur Richtschnur seines Handelns zu machen. Diese Bewegung, ursprünglich rein philologisch ausgerichtet und mit den Namen Francesco Petrarca, Giovanni Boccaccio, Coluccio Salutati, Leonardo Bruni, Lorenzo Valla und vielen anderen verbunden, breitet sich in ganz Europa aus und ergreift alle Lebensbereiche, so dass man von einer >Renaissance< (>Wiedergeburt<) der Wissenschaften und Künste sprechen kann (Frank-Rutger Hausmann, in: GRIMM, Jürgen (Hrsg.) ([5]2006: 106).

Humanismus und **Renaissance** wurden alsbald von Italien nach Frankreich importiert. Als bedeutende französische Humanisten des 16. Jh. seien u.a. angeführt: Guillaume Budé, Lefèvre d'Etaples, Robert und Henri Estienne, aber auch Rabelais und die Dichter der Pléiade. So bedeutende italienische Künstler wie Leonardo da Vinci und Benvenuto Cellini vermittelten die Kunst der Renaissance nach Frankreich. Franz I. (*François Ier*), der als Inbegriff des Renaissancekönigs gilt, stiftete 1530 auf Vorschlag von G. Budé – als Gegenstück zur traditionalistischen Pariser Universität – in humanistischem Geist Lektorate ("lecteurs royaux") für Griechisch, Hebräisch, Mathematik, wenig später auch für Latein, die dann zum "Collège royal", dem Vorläufer des heutigen "Collège de France", zusammengefasst wurden.

* Die **Reformation** (frz. *la Réforme*) konnte sich in Frankreich – nach einer aktiven Frühphase – doch nicht in einem mit Deutschland auch nur vergleichbaren Maße durchsetzen. Stand die Reformation in Frankreich am Anfang unter dem Einfluss der Lehre Luthers, so änderte sich dies bald mit dem Aufstieg von Jean Calvin (1509–1564) zum Führer des französischen Protestantismus. Genf wurde das Zentrum des Calvinismus. Ab 1534 (mit der "Affaire des placards") wandte sich das frz. Königtum gegen die Protestanten; der religiöse Konflikt im Lande führte schließlich zu den blutigen Religionskriegen ab 1562, aus denen die berüchtigte Bartholomäusnacht (*la Saint-Barthélemy*) von 1572 herausragt, in der auf Anstiftung der Königinmutter Katharina von Medici (*Catherine de Médicis*)

Tausende von Hugenotten ermordet wurden. Erst Heinrich von Navarra, von Hause aus selbst Protestant, als König Heinrich IV. von Frankreich zum Katholizismus übergetreten, gelang es, durch das Edikt von Nantes (1598) den Religionskriegen ein Ende zu setzen und den Protestanten eine bedingte Religionsfreiheit zuzusichern – Ludwig XIV. wird dieses Edikt 1685 wieder aufheben und den Exodus der Hugenotten einleiten.

8.2 Äußere Einwirkungen auf die Sprachentwicklung

8.2.1 Auswirkungen des Humanismus

Angesichts des aufblühenden Humanismus in Frankreich sollte man einen Vorteil für das Latein in der Konkurrenzsituation zum Französischen erwarten. Die Hinwendung der Humanisten "ad fontes", d.h. zu den besten Quellen der großen lateinischen Autoren, offenbarte jedoch den tiefen Graben, der sich zwischen dem klassischen Latein und dem Schullatein des ausgehenden Mittelalters aufgetan hatte. Die Folge wird von BRUNOT (1967, II: 2–3) so beschrieben:

> [...] les efforts que firent les cicéroniens pour restituer la langue latine dans sa pureté antique, contribuèrent à l'abolir comme langue vivante. Elle n'avait pu se maintenir dans l'usage quotidien qu'a condition de se plier aux besoins quotidiens [...]. [...] La vraie langue des Romains, [...], ne pouvait pas, sans de véritables tours de force, traduire la pensée du XVIe siècle.

So paradox sich dies auf den ersten Blick ausnehmen mag, die Renaissance des klassischen Lateins im 16. Jh. trug dazu bei, das Latein letztendlich in die Situation einer toten Sprache zu überführen.

Der Einfluss des Humanismus auf die französische Sprache schlägt sich sehr augenfällig in der **Bereicherung des Wortschatzes** durch zahlreiche **Latinismen** und **Gräzismen** (nunmehr auch öfters in direkter Entlehnung aus dem Altgriechischen und nicht mehr nur durch Vermittlung über das Latein) nieder. Die Übernahme von Latinismen durch gelehrte Vermittlung ("Buchwörter") in den Wortschatz des Französischen lässt sich seit den frühesten Texten belegen und erfolgte, mit unterschiedlicher Intensität, über alle Jahrhunderte hinweg. Das 16. Jh. ist jedoch die Epoche, "welche im Laufe der Geschichte der frz. Sprache mit 30 % des Gesamtvolumens die meisten Erstbelege für *mots savants* liefert" (WOLF, [2]1991: 102). Die zahlreichen damals entstehenden Übersetzungen antiker Werke ins Französische (vgl. auch IV.7, Fn. 84) trugen beträchtlich zur Wortschatzbereicherung bei.

Beispiele für **Latinismen**[87]:
classique (Erstbeleg[87]: 1548), *concret* (1508–1517), *dépravation* (1532), *désuétude* (1596), *divaguer* (1534), *érosion* (1541), *exceller* (1544), *fébrile* (1503), *imperméable* (1546), *indélébile* (1528), *secteur* (1542), *semestre* (um 1596 als Subst.), *véhicule* (1551).

---

87 Erstbelege jeweils datiert nach REY, Alain (Hrsg.) ([2]1998), *Dictionnaire historique de la langue française*, éd. enrichie, 3 Bde., Paris.

Beispiele für **Gräzismen:**
- direkt aus dem Griechischen: *athée* (1547 als Subst.), *homologue* (1585), *hygiène* (1575), *phénomène* (1554), *syndrome* (1547);
- über das Lateinische: *apostrophe* (als graphisches Zeichen, 1514; als rhetorischer Terminus, 1516), *apothéose* (1581), *axiome* (1547), *épithète* (1517), *hypothèse* (1539).

Hinzu kommt noch, was man mit **Relatinisierung des französischen Wortschatzes** bezeichnet. Es handelt sich hierbei um die schon aus altfranzösischer Zeit bekannte "Umbildung bzw. Ersatz von erbwörtlichen oder halbgelehrten Lexemen durch eine dem jeweiligen lateinischen Grundwort näherstehende gelehrte Form" (STEFENELLI, Arnulf, 1981, *Geschichte des französischen Kernwortschatzes*, Berlin: 161), wie z.B. *entrerompre* → *interrompre*, *(e)spere* → *sphère*, *ochaison* → *occasion*.

8.2.2 Italienischer Einfluss

Bis in die erste Hälfte des 20. Jh. war das Italienische (zusammen mit dem Okzitanischen) diejenige unter den lebenden Sprachen, die den Wortschatz des Französischen zahlenmäßig am stärksten beeinflusst hatte; zwischenzeitlich ist das Englische die wichtigste Spendersprache für das Französische geworden. Der Einfluss des Italienischen auf das Französische, der schon im ausgehenden Mittelalter beträchtlich war, erreichte im 16. Jh. seinen Höhepunkt; allein für dieses Jahrhundert konnten 462 neue **Italianismen** im französischen Wortschatz nachgewiesen werden.[88] Verständlich wird die Aufnahme der zahlreichen Entlehnungen durch eine "Italomanie", die im Frankreich des 16. Jh. durch die Kulturimporte (dazu gehört auch eine reiche Übersetzertätigkeit aus dem Italienischen) im Gefolge der kriegerischen Unternehmungen der französischen Könige in Italien entstand, verstärkt noch durch die Heirat Heinrichs II. mit Katharina von Medici, deren Hofhaltung und deren Politik ab der Jahrhundertmitte, insbesondere nach 1560, schließlich die Gegenreaktion auf den übertriebenen "Italienboom" (WUNDERLI[89]) in Frankreich auslöste. Auf die "Italomanie" folgte eine "Italophobie" (Th. E. Hope), deren wichtigster Wortführer Henri Estienne war. Bei den Erstbelegen der Italianismen lässt sich in der Tat nach 1560 ein deutlicher Rückgang gegenüber der Regierungszeit Heinrichs II. feststellen (vgl. HOPE 1971: 231 ff.).

Nachstehend eine kleine Auswahl an **Italianismen** aus dem 16. Jh., nach Bezeichnungsbereichen geordnet:

- **Kriegswesen:** *bataillon, cavalerie, escorte, sentinelle, casemate, corridor, colonel, caporal, canonnade, attaquer;*

---

88 Nach HOPE, Thomas E. (1971), *Lexical Borrowing in the Romance Languages. A Critical Study of Italianisms in French and Gallicisms in Italian from 1100 to 1900,* 2 volumes, Oxford. Diese Studie darf – trotz einiger Einwände eines Rezensenten – als das zur Zeit gültige Standardwerk betrachtet werden.

89 WUNDERLI, Peter (1989), *Französische Lexikologie*, Tübingen: Niemeyer, 52.

- **Seefahrt:** *frégate, gondole, escale, remorquer; boussole, bourrasque, fanal;*
- **Architektur:** *architecte, architecture, appartement, arcade, balcon, balustrade, belvédère, corniche, façade, stuc;*
- **Musik:** *cantilène, madrigal, concert, contrebasse, duo, fugue, intermède, sérénade, trombone;*
- **Literatur:** *sonnet, tercet;*
- **Kunst:** *arabesque, buste, cadre, esquisse, estampe, figurine, postiche, relief;*
- **Hofleben:** *carnaval, masque, mascarade, travestir, ballet, bouffon, courtiser, courtisane, festin, caprice, politesse;*
- **Geschäftsleben/Bankwesen:** *bilan, escompte, faillite, risque;*
- **Nahrung:** *artichaut, cervelas, marron, saucisson, semoule, vermicelle;*
- **Häufige Verben:** *manquer, réussir, briller;*
- **Adjektive:** *altier, balourd, brave, brusque, burlesque, fruste, grotesque, ingambe, jovial, leste, pédantesque;*
- **Suffixe:** *-esque* (wie in *burlesque, grotesque*); *-issime* (z.B. *excellentissime, grandissime*).

8.2.3 Auswirkungen der Reformation

Die reformatorischen Bewegungen setzten bei der Verbreitung ihrer Ideen auf die Volkssprache, während die katholische Kirche und die Sorbonne in theologischen Fragen auf dem Gebrauch des Lateins beharrten. So übersetzte Jacques Lefèvre d'Etaples trotz Verbotes der Sorbonne zunächst das Neue Testament (1523), dann die ganze Bibel ins Französische (Antwerpen 1530). Auf der Grundlage der Antwerpener Ausgabe fertigte ein Vetter von Jean Calvin, Pierre Robert, genannt Olivétan, eine neue **Bibelübersetzung** für die Protestanten an, die erstmals 1535 in Neuchâtel und dann in von Calvin durchgesehener Neuauflage (NT: 1543; AT+NT: 1546)[90] in Genf erschien. Calvin hatte 1536 in Basel sein dogmatisches Hauptwerk *Christianae religionis institutio* zunächst auf Latein veröffentlicht; 5 Jahre später ließ er, um auch den Laien aller Konfessionen einen leichteren Zugang zu seiner Schrift zu ermöglichen, eine französische Übersetzung mit dem Titel: *L'Institution de la religion chrestienne* (Genf 1541) folgen, die "ein Markstein auf dem Weg der neufranzösischen Prosa wird" (Frank-Rutger Hausmann, in: GRIMM [5]2006: 126.). Der im 15. Jh. erfundene **Buchdruck** mit beweglichen, gegossenen Metallettern wurde zum Vehikel von unschätzbarem Wert für die Verbreitung der **Ideen des Humanismus und der Reformation.** Da die protestantischen Schriften hauptsächlich in französischer Sprache verfasst waren, sahen sich die katholischen Theologen, um gegen diese zu opponieren, genötigt, im Verlaufe des Jahrhunderts immer öfter auch auf Französisch zu schreiben. So hat die Reformation zur Verbreitung der französischen Sprache auf einem Gebiet beigetragen, das bis dahin dem Latein vorbehalten war.

---

90 Nach CHAMBERS, Bettye Thomas (1983), *Bibliography of French Bibles. Fifteenth- and Sixteenth-Century French-Language Editions of the Scriptures*, Genève: Droz.

8.2.4 Staatliche Einflussnahme (Sprachpolitik)

Im Zuge der territorialen Expansion und der Durchsetzung der Zentralgewalt des französischen Königtums in Frankreich versuchten die Könige seit 1490 immer wieder, durch Erlasse **das Französische als einzige offizielle Sprache** im Königreich zu institutionalisieren. Diese sprachpolitischen Maßnahmen gipfelten in der 1539 von Franz I. erlassenen und sehr wirksam gewordenen **Ordonnance de Villers-Cotterêts**, in deren Artikeln 110 und 111 folgendes angeordnet wird:

(110) Et afin qu'il n'y ait cause de douter sur l'intelligence desdits arrêts, nous voulons et ordonnons qu'ils soient faits et écrits si clairement, qu'il n'y ait ni puisse avoir aucune ambiguité ou incertitude ne lieu à demander interprétation.

(111) Et pour ce que telles choses sont souvent advenues sur l'intelligence des mots latins contenus esdits arrests, nous voulons d'oresnavant que tous arrests, ensemble toutes autres procédures, soient de nos cours souveraines et autres subalternes et inférieures, soient de registres, enquestes, contrats, commissions, sentences, testaments, et autres quelconques, actes et exploicts de justice, ou qui en dépendent, soient prononcés, enregistrés et délivrés aux parties *en langage maternel françois et non autrement.*

(WOLF 1969: 52, unsere Hervorhebung)

Die explizite Absicht dieser "ordonnance" war die Ersetzung des Lateins durch das Französische in Rechts- und Verwaltungstexten – was auch erreicht wurde. Andererseits zielte dieser Erlass auch auf die **Ablösung der Regionalsprachen** (z.B. des Okzitanischen) aus dem offiziellen Schriftgebrauch zugunsten der Verwendung des Französischen.

Seit dieser Zeit ist die staatliche Intervention in Sprachfragen eine Konstante der französischen Politik in der Monarchie über die Große Revolution bis in unsere Tage (vgl. die Loi Toubon, 1994) geblieben.

8.2.5 Einwirkung von literarischer Seite auf die Sprache

Wir beschränken uns hier weitgehend auf einige Bemerkungen zu dem in dieser Hinsicht bekanntesten Text, nämlich *La Deffence et illustration de la langue françoyse* von Joachim du Bellay (Paris 1549). Dieses Manifest (stark abhängig von Sperone Speronis *Dialogo delle lingue,* Venedig 1542) aus der **Dichtergruppe der Pléiade** will den Gebrauch des Französischen in der Dichtung gegenüber dem der klassischen Sprachen (Latein, Griechisch) 'verteidigen' und zugleich zu seinem Gebrauch in Dichtung und Wissenschaft anspornen. Damit das Französische mit den antiken Sprachen konkurrieren kann, muss man diese Sprache 'illustrer', d.h. "[lui] donn[er] lustre & clarté".[91] Dies kann dadurch bewirkt werden, dass man sie berei-

---

91 Kritische Ausgabe der *Deffence...* von Henri CHAMARD, Paris 1948: XI (Préambule du "Quintil Horatian").

chert ("amplification & ornement de notre Langue", *Deffence*: 85), insbesondere ihren Wortschatz. Du Bellay empfiehlt dem französischen Dichter "qu'il ne craigne point d'*inventer, adopter* & *composer* à l'immitation des Grecz quelques motz Francoys, comme Ciceron se vante d'avoir fait en sa Langue" (*Deffence*: 137, unsere Hervorhebung). Als Verfahren zur lexikalischen Bereicherung schlägt er vor: die Bildung von Neologismen (jedoch "avecques modestie toutesfois, analogie & jugement de l'oreille", S. 140), die Verwendung von Archaismen (unter der Bedingung eines "moderé usaige de telz vocables", S. 143) und von Wörtern aus Fachwortschätzen (vgl. *Deffence*: Kap. II, 11). **Pierre de Ronsard, das Haupt der Pléiade**, empfiehlt noch weitere Verfahren: Entlehnungen aus den Dialekten Frankreichs, Bildung von Komposita nach lateinischem und vor allem griechischem Modell sowie Wortbildung durch Suffigierung ('par provignement'; Ronsard gebrauchte selbst gern Diminutiva).

Die angeführten Verfahren zur **Bereicherung des Wortschatzes** der französischen Sprache des 16. Jh. sollten von den puristischen Sprachmeistern des 17. Jh. wieder ausgemerzt werden (vgl. IV.9.2.2).

8.2.6 Erweiterung der Domänen des Französischen

Obwohl es im 16. Jh. eine reiche neulateinische Dichtung in Frankreich gab, war die Rolle des Französischen als Literatursprache, insbesondere nach dem Manifest der Pléiade, unbestritten. Zur Durchsetzung des Französischen als Sprache des Rechts- und Verwaltungswesens und zu seiner Rolle im religiösen Bereich: s. oben. Die Sprache des Universitätsunterrichts blieb das Latein – mit einigen Ausnahmen am "Collège Royal". Aber das Französische eroberte sich eine Reihe von Nischen als "Wissenschaftssprache", so in Veröffentlichungen auf "Gebieten mit praktischen Bezügen" (Hausmann in GRIMM (⁵2006: 124)) wie Chirurgie (z. B. Jean Canappe, Ambroise Paré), Mathematik (z. B. Jacques Peletier du Mans, Etienne Forcadel), Astronomie, Astrologie (z. B. Pontus de Tyard), Geographie (z. B. André Thévet), Dialektik (z. B. Pierre de La Ramée), Poetik (z. B. Thomas Sébillet), Geschichte (z. B. Claude Fauchet, Etienne Pasquier). Andere Domänen wie etwa die Schulmedizin, die Philosophie und weitgehend die katholische Theologie blieben dem Latein vorbehalten. Die **Emanzipation des Französischen** zeigt sich sehr anschaulich in dem Prozess der allmählichen Ablösung des Lateins als Wissenschaftssprache durch die "Volkssprachen", hier: das Französische, ein Prozess, der sich in den nachfolgenden Jahrhunderten noch beschleunigen wird.

8.3 Beginn der Reflexion über die französische Sprache

Wenn man dem Französischen einen dem Lateinischen gleichwertigen oder gar überlegenen Rang zuerkennt, dann verlangt diese Einschätzung auch die Erarbeitung einer Beschreibung der französischen Sprache. Bis zum 16. Jh. gab es nur Anleitungen zur praktischen Erlernung dieser Sprache für Ausländer. Das neue

Sprachbewusstsein verlangte nach einer Grammatik des Französischen; die Volkssprache musste, wie die klassischen Sprachen, in Regeln gefasst werden (können). Die **Grammatikographie des Französischen** begann also im 16. Jh. Das Beschreibungsmodell stellten jedoch weitestgehend die Kategorien der lateinischen Grammatik dar, so dass die Grammatiker beispielsweise in große Schwierigkeiten kamen, wenn sie die Artikel des Französischen behandelten, da es bekanntlich für diese pars orationis im Lateinischen kein Analogon gibt. Siehe hierzu auch RICKARD (1968: 26–52).

Hier einige wichtige Grammatiken des Französischen des 16. Jh.:

1530:	Jehan Palsgrave, *Lesclarcissement de la langue francoyse*, London (trotz französischen Titels in englischer Sprache verfasst).
1531:	Jacques Dubois (Sylvius), *In linguam gallicam isagωge*, Paris.
1550:	Louis Meigret, *Le Tṛetté de la grammẹre françoẹze*, Paris.
1557:	Robert Estienne, *Traicte de la grãmaire francoise*, s.l. (vermutl. Genf).
1562:	Pierre de la Ramee (Ramus), *Gramere*, Paris (1572: 2. Aufl.).

Gleichzeitig diskutierten Gelehrte wie Charles de Bovelles, Claude Fauchet und Henri Estienne über die "edle" Herkunft des Französischen, teils nach dem biblischen Prestige (Hebräisch vor Griechisch und vor Lateinisch), teils mit Bezug zur Geschichte ("Stammt das Französische vom Gallischen ab?").

Auch die Probleme der **Orthographie des Französischen** bzw. des Verhältnisses von Phonie zu Graphie wurden im 16. Jh. intensiv diskutiert. In dieser Debatte stießen sehr unterschiedliche Bestrebungen aufeinander: die uneinheitliche Graphietradition aus dem 15. Jh., die Auffassungen der Humanisten (häufig identisch mit den Buchdruckern; vgl. die Familie Estienne) und der Literaten (z.B. Ronsard), die Interessen der Vertreter der Praxis, d.h. des Buchdrucks (z.B. Robert und Henri Estienne), und die Bestrebungen der **Orthographiereformer** (z.B. Louis Meigret, Jacques Peletier du Mans, Pierre de la Ramée).

Die Reformer, die die Graphie der Phonie angleichen wollten, konnten sich letztlich nicht durchsetzen; die Graphie blieb traditionell, d.h. etymologisierend. Aus all diesen Diskussionen wurden schließlich folgende Neuerungen in die zukünftige Graphie des Französischen übernommen: die Cédille, der accent aigu, der Apostroph, das Trema sowie die Differenzierung zwischen *u* und *v* und zwischen *i* und *j*.

Schließlich liegt auch der Beginn der **französischen Lexikographie** im 16. Jh. Robert Estienne veröffentlichte 1531 (1536 in 2. Auflage) sein *Dictionarium seu latinae linguae thesaurus*, in dem er viele lateinische Wörter in französischer Sprache erklärt. Das umgekehrte Verfahren schlug Estienne ein, als er 1540 (und in weiteren Auflagen) seinen *Dictionaire francoislatin* publizierte. Hier werden die französischen Einträge auf Lateinisch erklärt. Der bekannte *Thresor de la langue françoyse, tant ancienne que moderne* von Jean Nicot, erschienen 1606, stellt eine Erweiterung der 4. Auflage von Estiennes Wörterbuch dar. Der eigentliche Typ des einsprachigen Wörterbuchs des Französischen entstand erst Ende des 17. Jh. (vgl. dazu IV.9.3).

> **Anregungen**
>
> Der Seminarleiter könnte mit den Studierenden eine der aus Anthologien bekannten Textpassagen von Rabelais und/oder Montaigne lesen und kommentieren.

Literaturhinweise

Alle Darstellungen der französischen Sprachgeschichte behandeln diese Epoche, am ausführlichsten BRUNOT ([2]1966 ff.), Bd. 2 (siehe S. 170). Speziellere Literatur: FRAGONARD, Marie-Madeleine/KOTLER, Éliane (1994), *Introduction à la langue du XVIe siècle*, Paris: Nathan; GOUGENHEIM, Georges ([2]1974), *Grammaire de la langue française du seizième siècle*, Paris: Picard; GRIMM, Jürgen (Hrsg.) ([5]2006), *Französische Literaturgeschichte*, Stuttgart: Metzler; HUCHON, Mireille ([2]1998), *Le français de la Renaissance*, Paris: PUF; HUGUET, Edmond (1925–1967), *Dictionnaire de la langue française du seizième siècle*, 7 Bde., Paris: Champion, 2004 CD-ROM bei: Champion Eléctronique; KESSELRING, Wilhelm (1981), *Dictionnaire chronologique du vocabulaire français. Le XVIe siècle*, Heidelberg: Winter; RICKARD, Peter (1968), *La langue française au seizième siècle. Etude suivie de textes*, Cambridge: CUP (Kommentierte Anthologie zu sprachwissenschaftlich interessanten Texten dieses Jahrhunderts mit einer sehr guten einleitenden Studie); WOLF, Lothar (Hrsg.) (1969), *Texte und Dokumente zur französischen Sprachgeschichte. 16. Jahrhundert*, Tübingen: Niemeyer.

> **Zusammenfassung**
>
> Die beiden in Abschnitt IV.7 und IV.8 behandelten Epochen der französischen Sprachgeschichte bilden den Übergang zwischen dem sehr eigenständigen Altfranzösischen und dem Neufranzösischen. Das Mittelfranzösische umfasst in engerer Auffassung, wie sie auch hier vertreten wird, das 14. Jh. nach dem Ende des Hundertjährigen Krieges, also etwa ab 1350, sowie das ganze 15. Jh., also die Epoche des Spätmittelalters. In dieser Zeit werden Texte nur noch französisch, also nicht mehr in der dialektalen Form der altfranzösischen Scriptae geschrieben. Im Innern, lautlich, morphologisch, syntaktisch und lexikalisch macht das Französische große Fortschritte in Richtung auf das Neufranzösische, obwohl die sprachliche Norm in den Texten noch sehr schwankend ist. In dieser Epoche tauchen, gegenüber dem Altfranzösischen, auch deutlich mehr Latinismen auf, da schon jetzt viele antike Werke aus dem Lateinischen übersetzt werden.
>
> Das 16. Jh. kann man in diesem Zusammenhang als Spätphase des Mittelfranzösischen oder bereits als Epoche des Frühneufranzösischen sehen. Es ist gekennzeichnet durch die großen Umwälzungen, die die Neuzeit vom Mittelalter trennen: Die Erweiterung des Weltbildes durch die Entdeckung neuer Kontinente, durch die Fortschritte in den Naturwissenschaften, insbesondere der Astronomie, des Buchdrucks, durch die Wiederentdeckung der lateinischen und griechischen Antike und den damit entstehenden Humanismus sowie durch die religiöse Emanzipation von der mittelalterlichen Kirche, die Reformation. Alle diese Neuerungen hatten auch in Frankreich ungeheure Folgen: Dadurch, dass man sich der eigenen kulturhistorischen Lage bewusst wurde,

wurde das Französische als nationales Identifikationsmittel gestärkt. Erste Maßnahmen der Sprachpolitik unter François Ier (1539) gingen einher mit der umfassenderen Verwendung des Französischen auch in wissenschaftlichen Traktaten, die sonst dem Lateinischen vorbehalten gewesen waren; so auch in den religiösen Schriften der Reformatoren (Calvins). Gleichzeitig wurde durch die ersten Grammatiken und Traktate über die Muttersprache das Französische als den antiken Sprachen ebenbürtig gewertet. Dessen ungeachtet drangen in das Französische nicht nur zahlreiche Latinismen und Gräzismen ein, sondern auch der italienische Einfluss wuchs in der ersten Hälfte des 16. Jh. durch das Prestige der italienischen Renaissance und durch die vielen mächtigen Italiener am Königshof ständig an und erreichte mit Katharina von Medici (Catherine de Médicis) seinen Höhepunkt, dem ein jähes Ende folgte. Das Frühneufranzösische dieser Zeit ist gekennzeichnet durch einen überbordenden lexikalischen Reichtum und eine große Lebendigkeit in Syntax und Wortbildung, wie sie für die Renaissance und den beginnenden Barock typisch sind.

9. Das Französische im 17. und 18. Jahrhundert

Angesichts der mit den Jahrhunderten zur Neuzeit hin immer stärkeren Differenzierung der Entwicklungsstränge kann der umfangreiche Stoff im Rahmen dieser Einführung nur in den grundsätzlichen Linien skizziert werden, wobei die Schwerpunktsetzung verständlicherweise teilweise subjektiv ist. Mit dem 17. Jahrhundert beginnt die Entwicklung des Neufranzösischen. Durch die "formation de la langue classique" (Brunot) wird eine hochsprachliche Ausdrucksform geschaffen, die nicht nur Grundlage der großen klassischen Literatur des 17. Jh. wird, sondern vor allem im 18. Jh. für "universal" gehalten und zur beherrschenden Kultursprache Europas wird. Zwar wird die klassische Sprache in ihrer strengen Form ab etwa 1820 durch die Romantik "aufgelockert", aber sie bleibt bis heute die Basis des *bon usage*, der gepflegten Rede- und Schreibweise der Franzosen. In unserer Darstellung werden wir daher vor allem die Herausbildung des klassischen Französisch im Auge haben.

9.1 Historischer und gesellschaftlicher Hintergrund

9.1.1 Die Entstehung des Absolutismus

Die innere politische Entwicklung Frankreichs ist im 17. Jh. durch die Errichtung und Vervollkommnung der absolutistischen Monarchie gekennzeichnet. Sie beginnt unter Heinrich IV. (*Henri IV*), der das durch die Religionskriege der zweiten Hälfte des 16. Jh. zerrüttete Land durch Reorganisation der politischen Ordnung und merkantilistische Belebung der Wirtschaft und Förderung von Ackerbau, Gewerbe und Seehandel zu einigen und aufzurichten suchte. Nach außen hin unterstützte der König die Kolonisierung der "Nouvelle France" in Nordamerika (1608 Gründung von Québec durch Champlain, 1642 von Montréal durch Maisonneuve, unter Richelieu). Nach der Ermordung Heinrich IV. 1610 setzte sein Nachfolger, Ludwig XIII. (*Louis XIII*, 1610–1643), das Werk fort, wobei von 1624 an die Richtung vor allem von seinem Ersten Minister, dem Kardinal Richelieu (*Cardinal de Richelieu*, 1585–1642), bestimmt wurde. Die Partikulargewalt des Adels einerseits und der Hugenotten andererseits wurde immer wieder zurückgedrängt, bis zuletzt der Widerstand des Adels gegen die absolutistische Herrschaft durch das Scheitern der *Fronde* 1653/54 endgültig gebrochen wurde. Dies geschah unter Kardinal Mazarin, der 1643 für den erst fünfjährigen König Ludwig XIV. (*Louis XIV*) die Regentschaft übernommen hatte. Mazarin stärkte die französische Hegemonie in Europa nicht nur durch geschicktes Taktieren bei der Beendigung des Dreißigjährigen Krieges (Gewinn der österreichischen Gebiete im Elsass für Frankreich) und durch den Abschluss des Rheinbundes 1658, sondern auch durch den Pyrenäenfrieden mit Spanien (1659), der die habsburgische Umklammerung Frankreichs aufhob.

Nach dessen Tod (1661) übernahm Ludwig XIV. selbst die Regierung und führte die absolute Monarchie zur Vollendung. Die weitere Einigung des Landes durch die geschickte Bindung der Kräfte des Adels, die Pracht der Hofhaltung, die Förderung der Wirtschaft, der Ausbau der amerikanischen Kolonien durch Erkundung des gesamten Gebietes zwischen den Großen Seen und dem Flussgebiet des Mississippi bis zu dessen Mündung (zuerst durch Jolliet und Marquette, dann durch La Salle), der Aufbau einer großen Militärmacht, aber auch die außerordentliche Förderung von Wissenschaft und Kunst sind die äußeren Kennzeichen der Regentschaft bis etwa 1680. Die Bedeutung des *Grand Siècle* beruht neben der politischen absoluten Herrschaft auch im geistesgeschichtlichen Bereich auf der Disziplinierung "barocker", von der Linie der Einfachheit, Klarheit und Regelhaftigkeit abschweifender Kräfte (etwa des Preziösentums) durch den Rationalismus (Descartes) und die literarischen Werke der großen klassischen Autoren, die die neue, anerzogene Form des sprachlichen Ausdrucks, des *bon usage*, für die Zeitgenossen und die Folgezeit dokumentiert haben.

9.1.2 Die Herausbildung des klassischen Französisch

Was das **klassische Französisch** des 17. Jh. als Neufranzösisch von der Sprache des 16. Jh. unterscheidet, ist nicht so sehr eine innere Entwicklung im Bereich der Laute und der grammatischen Kategorien, sondern eine veränderte Haltung gegenüber der Sprachverwendung in der gepflegten Konversation und der Literatur, also tatsächlich eine Erscheinung der äußeren Sprachgeschichte. Kam es den Poeten des 16. Jh. vor allem darauf an, die Sprache im Sinne des Humanismus zu bereichern, d.h. im Überschwang der Renaissance durchaus Gelehrsamkeit und pralle

Volkstümlichkeit zu paaren, so bilden nun *clarté* und *pureté* die Richtschnur für die vorbildliche Sprache. Der gute Geschmack, Anstand (*bienséance*) und Moral geben zunächst den Ton an. Während die Sprachdiskussionen des 16. Jh. sich vorwiegend den Problemen der Gleichrangigkeit des Französischen mit den antiken Sprachen und dem Italienischen sowie gelehrten Fragestellungen bezüglich der Herkunft der Nationalsprache gewidmet hatten (vgl. IV. 8.3), gilt nun – als Konsequenz aus der Stellung des Einzelnen in der absoluten Monarchie – das Ideal der *honnêteté*. Der *honnête homme* zeichnet sich durch seine Soziabilität aus, eckt gesellschaftlich weder durch Eigenbrötelei (*misanthropie!*) noch durch Herausstellung besonderer beruflicher Fähigkeiten, etwa durch das Zeigen von Gelehrsamkeit oder die Kenntnis fachspezifischer Terminologien (*pédantisme!*) an. Er bewegt sich, sei er Adliger oder Bürger, möglichst ohne Beruf als Broterwerb, in der Welt der Salons, wo in der Anwesenheit von Damen Konversation über allgemein interessierende Dinge, Fragen des Geschmacks, besonders in der Kunst und Literatur, und alltägliche Vorkommnisse, z. B. Entwicklungen am Hofe usw., getrieben wird.

Da die **Salons** im Allgemeinen von Damen der höheren Gesellschaft geleitet werden, ist die Beachtung der *bienséance* ein erstes Gebot. Für die Entwicklung des sprachlichen Geschmacks, vor allem der Wortwahl, der Syntax und der grammatischen Reinheit ist die Tatsache ausschlaggebend, dass die Frauen im Allgemeinen keine höhere Bildung besaßen, also gelehrte lateinische und griechische Ausdrücke nicht unbedingt verstehen konnten und ebenso durch eine latinisierende Syntax hätten in Verlegenheit gebracht werden können. Gerade dies wäre aber dem *honnête homme* als Mangel an Takt, als unsoziales Verhalten ausgelegt worden. Der gesellschaftliche Zwang verlangte also geradezu eine Anpassung der Sprachverwendung an die Gebote der Klarheit und Verständlichkeit. Erst um die Mitte des Jahrhunderts wird mit dem Einfluss Descartes' auch das Argument der Rationalität in der Diskussion um den guten Sprachgebrauch üblich.

9.2 Die Bedeutung von François de Malherbe

9.2.1 *Hommes de lettres* als Sprachkritiker

Die zuvor gemachten Ausführungen sollen das Wirken des Dichters François de Malherbe erklären helfen. Allzu häufig werden mit seinen Anregungen Schlagwörter wie **Purismus** und **Fixierung** der französischen Sprache durch Regeln verbunden, die manchmal nur negativ als Verarmung im Wortschatz und Einschränkung der grammatischen Lebendigkeit der Sprache aufgefasst worden sind. Zwar haben schon die Zeitgenossen z. T. den Verlust des Reichtums der Sprache des 16. Jh. beklagt, aber im Verlauf des späteren 17. Jh. ist die neue Sprachhaltung immer selbstverständlicher geworden und zunächst durchaus als Bereicherung der Ausdrucksfähigkeit, nämlich durch die **Schulung zum klaren Denken**, akzeptiert worden. Auch ein anderes übliches Missverständnis sei gleich zu Beginn ausgeräumt: Die Erneuerung der Sprachhaltung im 17. Jh. ist kein Werk von Linguisten! Keiner der namhaften Autoren, die in diesem Zusammenhang genannt werden, war ein Grammatiker oder Sprachgelehrter, mit der Ausnahme von Gilles Ménage (*Observations sur la langue françoise*, 1672). Malherbe, Vaugelas und die meisten anderen waren *hommes de lettres*, keine Wissenschaftler. Gerade die berufliche Ausbildung und Tätigkeit spielte für die *honnêtes gens* im Zusammenhang mit den Fragen des sprachlichen Geschmacks keine entscheidende Rolle.

François de Malherbe (1555–1628) wurde im Jahre 1605 als offizieller Hofdichter bei Heinrich IV. eingeführt. Da er seine sprachkritische Tätigkeit wohl unmittelbar danach aufnahm, gilt dieses Jahr üblicherweise als Beginn der sprachlichen Entwicklung im 17. Jahrhundert. Malherbe hat kein Werk zur Sprache verfasst, sondern seine **Kritik am Sprachgebrauch** des 16. Jh. dadurch zum Ausdruck gebracht, dass er in einem Exemplar der Gedichte seines Amtsvorgängers Desportes, der der Tradition der Pléiade verhaftet gewesen war, Randnotizen anbrachte. Dieses kursierte dann im Kreis seiner Freunde und wurde dort diskutiert, wobei Malherbe nach Aussage der Zeitgenossen seine Ansichten nachdrücklich vertrat. Dabei bezog er sich zunächst ausschließlich auf den Sprachgebrauch, der in der *haute poésie* zu gelten habe, und wollte auch Fragen des Versbaus regeln; erst später wurde ein Großteil seiner Ansichten, die offensichtlich keiner privaten Laune, sondern allgemeinen Bedürfnissen der Zeit entsprachen, in seinem Sinne auch auf die Konversation in den Salons und die Prosaliteratur übertragen. Seit etwa 1610 änderten Autoren ihre eigenen Werke nach dem Geschmack der "nouvelle Ecole" ab, Herausgeber überarbeiteten ältere Werke vor der Drucklegung.

9.2.2 Sprachgebrauch im Dienste der *clarté*

Zahlreiche "Regelungen" betreffen zunächst poetische Lizenzen, die Malherbe im älteren Sprachgebrauch kritisiert. Die Fixierung galt aber in den meisten Fällen auch schon in der Prosa des 16. Jh.; sie wird nun für die Folgezeit kodifiziert. Dazu gehören z.B. syntagmatische Normen wie der grundsätzliche Gebrauch eines *déterminant* vor dem Substantiv, also des bestimmten Artikels beim Substantiv, auch wenn dieses ein Abstraktum ist (*Fureur guide leur entreprise* → *la fureur guide ...*), bzw. des unbestimmten Artikels, wenn Individualisierung gemeint ist (statt *"si chaud désir m'aiguillonne et presse* soll gesagt werden *un si chaud désir ..."*). Dichterische Freiheiten, wie die Auslassung des *pronom personnel conjoint* vor dem Verb oder der Partikel *pas* zur Vervollständigung der Negation *ne...pas*, die aus verstechnischen Gründen geduldet worden waren, sind nun auch in der Dichtung nicht mehr zugelassen (statt *"et si n'avez pitié ...* wird vorgeschrieben *et si vous n'avez pas pitié ..."*). Im Sprachsystem wird damit die prädeterminierte Personenmarkierung fast ausnahmslos durchgeführt.

Im Wortschatz werden Wörter proskribiert, die der Klarheit und Verständlichkeit nicht dienlich sind (vgl. Brunot [2]1966, III: 95–261). Dazu gehören **Archaismen**, wie z.B. *ardre* für *brûler, ja* für *déjà, moult* für *beaucoup, ains* für *mais* oder *plutôt*, die dann trotz mancher Widerstände letztlich ganz aus dem Sprachgebrauch verschwinden; außerdem **Neologismen**, worunter in Frankreich ausschließlich Wortbildungsprodukte und Konversionen (etwa das angeprangerte *le vif de la flamme*) verstanden werden. Neben dichterischen Komposita wie *porte-laine* 'wolletragend' handelt es sich vor allem um ungewöhnliche Ableitungen *marbrin* ← *marbre, angoisseux* ← *angoisse*, vor allem aber werden Diminutive, deren Gebrauch Ronsard noch besonders empfohlen hatte (vgl. *"ma maistresse est toute angelette/Toute ma rose nouvelette"*), zunehmend abgelehnt und im Neufranzösischen bis heute als lebendige Bildungsweise – anders als in den übrigen romanischen Sprachen – weitgehend aufgegeben. Problematisch wegen möglicher Unverständlichkeit sind **Latinismen, Gräzismen** und **Dialektalismen**, wie z.B. *fier* in der Bedeutung 'joyeux', das dem Sprachgebrauch der Normandie entspreche. Als unpoetisch und in der gehobenen Konversation unpassend werden **technische Fachausdrücke** betrachtet, wie z.B. *caler* 'herablassen (Masten)', 'eintauchen (Schiffe)', das der Seemannssprache angehöre, *ulcère* (Medizinersprache), oder *idéal*, nach Malherbe ein "mot d'école" (Philosophie), vor allem aber auch die "unanständigen" und zu realistischen Wörter (*mots sales et bas*), die unangenehme Assoziationen hervorrufen könnten, wie etwa *cadavre, charogne, poitrine* ("terme de boucherie") oder dem medizinischen Bereich zugehörige Lexeme wie *jus, onguents, herbes, saignée* und populäre Redewendungen und bildhafte Ausdrücke wie *des tonneaux d'amertume, avoir l'amour en bouche, mettre bon ordre* oder *hurler* mit Bezug auf Menschen ("langage du peuple"). Wichtig für die strenge logische Zucht, der sich damals ein Sprecher zu unterwerfen hatte, der sich nicht lächerlich machen wollte, ist die Vermeidung unmöglicher Verbindungen, wie etwa in den von Malherbe kritisierten Ausdrücken des Typs *privés d'inconstance* oder von Oxymora wie *innocemment coupable*.

Für die weitere sprachlich-stilistische Entwicklung wegweisend sind die Bemerkungen Malherbes und seiner Nachfolger, insbesondere von Vaugelas, zu dem, was Brunot den "travail sémantique" nennt, die **Synonymendifferenzierung**. Schon Malherbe betont, dass z.B. *complainte* nicht ganz dasselbe bedeute wie *plainte, herbage* von *herbe* inhaltlich verschieden sei und *simple* von *unique, assidu* von *continu* und *différent* von *contraire* zu unterscheiden sei. Hier tritt eine Aufmerksamkeit auf semantische Feinheiten zutage, die die bis heute andauernde französische Schulung der Sprachteilhaber zu **gedanklicher Genauigkeit** und **sprachlicher Klarheit** als einer der Grundlagen französischer Zivilisation begründet (siehe auch WEINRICH 1961). Mehr als um kleinliche "Regelungen" handelt es sich hier um eine ständige Erziehung zu einem bewussten Sprachgebrauch.

9.3 Die *Académie française,* Vaugelas und andere Sprachbeobachter

9.3.1 Die Gründung der *Académie française*

Im Sinne der absolutistischen Staatsräson wollte Richelieu ein staatliches Instrument der Sprachlenkung schaffen und die bis dahin privaten Zirkel, in denen man über Fragen des sprachlichen Geschmacks diskutierte, zu einer Institution machen, deren Autorität dem wachsenden Gewicht der Zentralmacht entsprechen sollte. Nur mit Mühe gelang es ihm jedoch in den Jahren 1625/1626, den Kreis der Gleichgesinnten um Conrart, darunter Boisrobert und Chapelain, zu überreden, sich für die gewünschten offiziellen Aufgaben bereitzufinden. Nach dem Vorbild der bereits in Italien bestehenden Akademien, vor allem der *Accademia della Crusca* (seit 1583 in Florenz, 1612 erste Wörterbuchausgabe), wurde so nach langen Vorarbeiten 1635 die *Académie française* gegründet. Ihre Aufgaben sollten nach den Vorstellungen von Chapelain die Herausgabe eines Wörterbuchs, einer Grammatik, einer Rhetorik und einer Poetik sein. In der Anfangszeit gingen die Arbeiten am Wörterbuch sehr schleppend voran, so dass die erste Ausgabe erst 1694 erscheinen konnte.[92]

Nachdem 1636 Corneilles *Cid* erschienen war, trat die Académie jedoch zunächst 1638 auf Druck Richelieus mit den im wesentlichen von Chapelain verfassten *Sentiments de l'Académie sur la tragi-comédie du Cid* an die Öffentlichkeit, um in der inzwischen entstandenen "Querelle du Cid" einen offiziellen Standpunkt zu Fragen des guten Geschmacks und der Schicklichkeit zu vertreten. Diese Funktion übt die Académie auch im weiteren Verlauf aus: Alle bedeutenden Schriftsteller lassen ihre Werke von der Académie oder einzelnen ihrer Vertreter prüfen und arbeiten sie gemäß der Vorschläge um. Zum klassischen Sprachgebrauch gehört die Unterwerfung unter die öffentliche Kontrolle, um sprachliche Extravaganzen und Abweichungen in Fragen des Geschmacks zu vermeiden. Diese Einbindung der *gens de lettres* in den Geschmack der guten Gesellschaft hält bis in die Romantik (vgl. Victor Hugos *Préface de Cromwell*, 1827) an.

9.3.2 Vaugelas: Das Konzept des *bon usage*

Einer der eifrigsten Mitarbeiter der *Académie française* war seit ihrem Beginn Claude Favre de Vaugelas (1585–1650) gewesen. Seine *Remarques sur la langue françoise* von 1647 stellen eine ungegliederte Sammlung von Beobachtungen zum mündlichen Sprachgebrauch am Hofe dar, zu Aussprache, Syntax, Wortwahl und Bedeutungsdifferenzierung. Seine Richtschnur ist der *bon usage* einer gesellschaft-

---

92 Eine Grammatik der *Académie française* wurde erst 1932 veröffentlicht, blieb jedoch aufgrund mangelnder Qualität ohne Echo; die letzten beiden ursprünglichen Projekte wurden dagegen bis heute von der Akademie nicht in Angriff genommen. Die Arbeit am Wörterbuch blieb immer die zentrale Aufgabe der *Académie*.

lichen Elite, der "façon de parler de la plus saine partie de la Cour, conformément à la façon d'escrire de la plus saine partie des Autheurs du temps". Alles andere ist "mauvais usage". Als langjähriger Beobachter der Gewohnheiten bei Hofe bezeugt Vaugelas den Sprachgebrauch, sei er nun "usage déclaré" oder "usage douteux", er schreibt aber nicht von sich aus eine Norm vor. Obwohl Vaugelas die Grundprinzipien, die den *bon usage* bestimmen, für unveränderlich hält, wird in zahlreichen *Observations, Remarques, Réflexions* bzw. *Doutes sur la langue françoise* in den folgenden Jahrzehnten Sprachwandel in der Norm festgestellt, die Wichtigkeit der Beobachtung eines *bon usage* aber im Allgemeinen akzeptiert (siehe die Werke u.a. von Ménage, 1672, Bouhours, 1674, Patru, 1674, Thomas Corneille, 1687, Boisregard, 1689). Im Jahre 1704 gibt die Akademie ihre *Observations ... sur les Remarques de M. de Vaugelas* heraus und dokumentiert damit deren fortdauernde Bedeutung (Neuausgabe der Kommentare bis 1704 durch STREICHER (1936)).

9.3.3 Die ersten einsprachigen Wörterbücher

In den letzten Jahrzehnten des Jahrhunderts erscheinen die ersten selbständigen **einsprachigen Wörterbücher** des Französischen. Noch vor der Ausgabe des Akademiewörterbuchs 1694 publiziert Pierre Richelet 1680 seinen *Dictionnaire francois* [sic] im Sinne der *honnêtes gens*. Antoine Furetière, Mitarbeiter am Wörterbuch der Akademie, wurde als Konkurrent bekämpft, als er ab 1684 das Privileg zur Veröffentlichung seines *Dictionnaire universel, contenant generalement tous les mots françois tant vieux que modernes ...* erhielt, der dann 1690 erschien. Es ist ein ausgesprochen antipuristisches Wörterbuch, während das Wörterbuch der Akademie puristisch mehr den Anspruch nach als in der Realität war.

9.4 Die französische Sprache im 18. Jahrhundert

9.4.1 Die Weiterentwicklung des *bon usage*

In den Jahrzehnten nach 1680, besonders seit der *Révocation de l'Edit de Nantes* (1685), hatte der *Roi Soleil* viel von seinem Glanz verloren und machte sich eine geistige Enge bemerkbar, die zur Auswanderung eines großen Teils der intellektuellen Elite in die protestantischen Niederlande und andere europäische Länder führte. Das Interesse des Königs an der französischen Behauptung in den nordamerikanischen Besitzungen war geschwunden. Im Frieden von Utrecht, der 1713 den Spanischen Erbfolgekrieg beendete, trat Frankreich die Acadie sowie die Provinzen Maine und Vermont nebst dem übrigen gänzlich englisch besiedelten Neuengland an England ab. Auch Ludwig XV. hatte in seiner langen Regentschaft (1715, faktisch 1723–1774) nie die französischen Besitzungen in Nordamerika (*Nouvelle France*, d.h. Kanada bis zu den Großen Seen, und *Louisiana*, d.h. das Gebiet zwischen den Großen Seen und der Mississippi-Mündung) wirksam gegen die englischen Ansprüche verteidigt. Trotz der Gründung von Nouvelle Orléans 1718 war das riesige Gebiet von Frankreich aus nicht zu sichern. Die Gebiete westlich des Mississippi wurden 1762 Spanien überlassen, und 1763 musste Frankreich im Frieden von Paris (Abschluss des Siebenjährigen Krieges) das östliche Louisiana und Kanada an England abtreten.

Schon bald nach 1680 zieht Fénelon eine im Ganzen negative Bilanz der Sprachentwicklung, die seiner Meinung nach zu einer Verarmung der Ausdrucksfähigkeit des Französischen geführt hat. Gegen Ende des Grand Siècle, das nach allgemeiner Auffassung 1715 mit dem Tod Ludwigs XIV. endet, wiederholt er in seiner *Lettre à l'Académie* (1714) noch einmal seine Klagen und zeigt damit ein neues, mehr dem individuellen Empfinden verhaftetes Denken (vgl. GRIMM 2005: 192).

So lässt sich die Weiterentwicklung und **Bewahrung des *bon usage*** im 18. Jh. im Wesentlichen dahingehend zusammenfassen, dass die Grundlagen beibehalten werden, der Individualität aber ein größerer Spielraum zuerkannt wird und vor allem durch die zunehmende Anerkennung der Naturwissenschaften, die Rolle der Philosophie in den Diskussionen der Aufklärung und das größere Gewicht des Bürgertums der Fachwortschatz das Stigma der "mots bas" verliert, indem technisches Vokabular auch als literaturfähig betrachtet wird (vgl. BUFFON, *Histoire naturelle*, 36 Bde., 1749–1789).

9.4.2 Sprachphilosophie und Universalgrammatik

Im Hinblick auf die Sprachdiskussionen verlagert sich die Argumentation von den Fragen des Geschmacks auf die sprachphilosophischen Erörterungen des Verhältnisses von **Denken und Sprechen** und der Rolle der Sprache in der Erkenntnistheorie. Auf die Theorie der **Universalgrammatik**, wie sie in Frankreich seit der *Grammaire générale et raisonnée* (*Grammaire de Port-Royal*, 1660) vertreten und durch Beauzée weiterentwickelt (**Rationalismus**) bzw. durch Condillac modifiziert worden ist (**Sensualismus**), kann hier nicht näher eingegangen werden. Sie beruht auf der Annahme, dass die Sprache ein mehr oder minder genaues Abbild logischer Operationen sei und die grammatischen Kategorien wie die Satzfunktionen (Prädikat, Subjekt, Objekt, Umstandsbestimmungen usw.) dem Aufbau der Gedanken bei der gedanklichen Erfassung und der Versprachlichung der Erfahrungen folgten und daher übereinzelsprachlich, d. h. universal, begründet seien.

In vulgarisierter Form diente sie der Ideologie der *universalité de la langue française*, d. h. der Begründung, aufgrund welcher Qualitäten gerade das Französische die seinerzeit beherrschende Sprache der internationalen Beziehungen in Europa war. Die diesbezügliche Preisfrage der Preußischen Akademie gewann Antoine Rivarol 1784 mit seinem *Discours sur l'universalité de la langue françoise*, indem er die weitgehend feste Stellung der Satzglieder im Französischen (Subjekt – Prädikat – Objekt) wieder aufgriff und als ein Hauptargument anführte; diese Abfolge entsprach nach der Universalgrammatik des Rationalismus genau den Denkprozessen ("Von wem oder was ist die Rede? Was wird darüber ausgesagt? In Bezug auf wen oder was?"), während die häufige Inversion im Deutschen oder Spanischen angeblich eine unvollkommene Versprachlichung der Gedanken zeige. Die abweichende Erkenntnis des Sensualismus, dass vernünftiges Denken auch in anderer Reihenfolge ablaufen kann, vermochte sich hier zunächst noch nicht durchzusetzen. Auch die große *Encyclopédie* Diderots und d'Alemberts (35 Bde., 1751–1780, erweiterte Neuausgabe 166 Bde., 1782–1832) ermöglichte mit ihren zahlreichen Artikeln zur Grammatik und Sprache eine Popularisierung der philosophischen Diskussionen des 18. Jh.

Anregungen

1. Lesen und kommentieren Sie mit dem Seminarleiter einige der *Remarques* Vaugelas' und vergleichen Sie seine Beobachtungen mit dem heutigen Sprachgebrauch.
2. Informieren Sie sich über die Argumente der Gegner der "Sprachreinigung" bei BRUNOT ([2]1966), Bd. 3, und STREICHER (1936).
3. Lesen und kommentieren Sie die *Préface* zum Akademiewörterbuch von 1694.
4. Lesen und kommentieren Sie einen der Artikel zur Sprache in der *"Grande Encyclopédie"*, z.B. zu *Grammaire, Langue, Langage, Syntaxe, Subjonctif, Signal.*

Literaturhinweise

Alle Darstellungen der französischen Sprachgeschichte behandeln diese Epoche, am ausführlichsten BRUNOT, Bände 3–5 (zum 17. Jh.), 6–8 (zum 18. Jh.). Spezieller zum 17. Jahrhundert:

BRUNOT, Ferdinand (1891), *La doctrine de Malherbe d'après son Commentaire sur Desportes*, Paris: Masson (Nachdr. Paris: Colin, 1969); GRIMM, Jürgen (2005), *Französische Klassik*, Stuttgart: Metzler; LAUSBERG, Heinrich (1950), "Malherbes Stellung in der Geschichte der französischen Schriftsprache", *RF* 62: 172–200; OTT, Karl-August (1947), *Die Sprachhaltung des 17. Jahrhunderts in den "Remarques sur la langue françoise" von Cl. F. de Vaugelas*, Diss. Heidelberg; RICKARD, Peter (1992), *The French Language in the Seventeenth Century. Contemporary opinion in France.* Cambridge: CUP; SPILLEBOUT, Gabriel ([2]2007), *Grammaire de la langue française du XVIIe siècle*, Paris; STREICHER, Jeanne (Hrsg.) (1936), *Commentaires sur les Remarques de Vaugelas par La Mothe Le Vayer, Scipion Dupleix, Ménage, Bouhours, Conrart, Chapelain, Patru, Thomas Corneille, Cassagne, Andry de Boisregard et l'Académie Française*, 2 Bde., Paris: Droz; STROSETZKI, Christoph (1978), *Konversation: Ein Kapitel gesellschaftlicher und literarischer Pragmatik im Frankreich des 17. Jahrhunderts*, Frankfurt/M. u.a./Lang; WEINRICH, Harald (1960), "Vaugelas und die Lehre vom guten Sprachgebrauch", *ZRPh* 76: 1–33; ders. (1961), "Die *clarté* der französischen Sprache und die Klarheit der Franzosen", *ZRPh* 77: 528–544; WOLF, Lothar (1972), *Texte und Dokumente zur französischen Sprachgeschichte. 17. Jahrhundert.* Tübingen: Niemeyer.

Zum 18. Jh.: SEGUIN, Jean-Pierre (1972), *La langue française au XVIIIe siècle*, Paris/Bruxelles/Montréal: Bordas.

Zusammenfassung

Das Neufranzösische entsteht zu Beginn des 17. Jh. in einer gesellschaftlichen Bewegung, die zuerst dem Aufkommen des französischen Zentralismus, dann auch dem Rationalismus Descartes' entspringt. Die Periodisierung entspricht dabei ausschließlich der Schriftsprache. Über die Geschichte der gesprochenen Sprache ist nur wenig bekannt. In diesem Sinne beruht die neufranzösische Schriftsprache auf der Herausbildung des "klassischen" Französisch in der ersten Hälfte des 17. Jh., als am allein maßgebenden Hofe Konsens darüber herrschte, dass die Freiheiten des Sprachgebrauchs des 16. Jh., die dem Überschwang der Renaissance und des aufkommenden Barock entsprachen, beschnitten werden müssten. Die Mehrzahl der Schriftsteller beugte sich den Maximen des Hofdichters François de Malherbe in dem Bewusstsein, dass nicht Individualität das hervorstechende Merkmal eines guten Sprechers zu sein habe, sondern höfische Gesinnung, und das hieß Verständlichkeit um jeden Preis, Anpassung an den am Hofe herrschenden Sprachgebrauch und höflicher Umgang mit jedermann, vor allem mit den Damen der höheren Gesellschaft, die die literarischen Salons führten. Das Benehmen eines *honnête homme* bestand darin, alle eventuell schockierenden Ausdrücke (des niederen Stils wie dialektaler, altmodischer oder allzu gelehrter Ausdrücke) zu vermeiden und sich rational, klar und elegant auszudrücken. Dies führte besonders in der Syntax zu einer angelernten Disziplin des rationalen und klaren Ausdrucks und in der Lexik zu einer möglichst genau differenzierenden Wahl zwischen den Synonymen, also zur Wahl des treffenden Ausdrucks. Dieses sprachliche Ideal ging ein in die Bemühungen der *Académie française* (ab 1635) und wurde Grundlage der Sprachbeobachtungen eines Vaugelas. Seine *Remarques sur la langue françoise*, 1647, wurden nicht nur als "Bemerkungen", sondern als präskriptive Norm verstanden und bis ins 18. Jh. hinein erweitert, ergänzt und neu aufgelegt.

Im 18. Jh. setzten sich die Prinzipien des dann klassisch gewordenen Französisch in der Schriftsprache unverändert fort, mit dem Hauptunterschied, dass nun die Sprache der Wissenschaften mit ihren eher technischen Ausdrücken nicht mehr verpönt war wie noch im Jahrhundert Ludwigs XIV. Die Grundlagen des klassischen Französisch, die das Französische im 18. Jh. zur führenden Sprache in Europa machten, wirken bis heute im *bon usage* des schriftlichen Sprachgebrauchs als Vorbild, sind also keineswegs veraltet. Insofern ist das Neufranzösische mehr als nur eine innere spontane Weiterentwicklung der Sprache, es ist Ergebnis einer immer fortwährenden stilistischen Anstrengung, also einer bewusst erarbeiteten Art, seine Gedanken zu konzeptionalisieren.

10. Die Auswirkungen der Französischen Revolution auf das Französische

10.1 Sprachliche Bestandsaufnahme

Die Haltung, die die Elite der *honnêtes gens* im 17. Jh. zur Einbindung in gesellschaftliche Regeln (Respektierung des anderen durch die Vermeidung sprachlicher Normabweichungen, Bemühen um syntaktische Klarheit und lexikalische Verständlichkeit) geführt hatte, wird in der Französischen Revolution grundsätzlich beibehalten, nur wird sie von einer vorwiegend adligen Minorität auf das breite Bürgertum, den Dritten Stand, übertragen. Dies wird während der Revolutionsjahre und danach in der Zeit der Restauration zwar durchaus unterschiedlich empfunden, indem die Gegner der Revolution die Veränderung der Syntax und den Verlust der alten Klarheit des Französischen beklagen, andere hingegen lediglich die auffällige Zunahme der *néologismes* schon im 18. Jh. und verstärkt in der Revolutionsepoche feststellen (vgl. SCHLIEBEN-LANGE 1981: 104). Die Entwicklung der Syntax in dieser Zeit ist aber noch gar nicht wirklich untersucht worden.

Das Hauptinteresse der Führer der Revolution gilt in sprachlichen Dingen nicht anders als in der gesamten Politik der propagandistischen Durchsetzung der Ideen der Revolution und hier vor allem der nationalen Einigung. Man spricht in diesem Zusammenhang vom *jacobinisme linguistique* (Jakobinertum in sprachlichen Fragen). Die nationale Einheit war zum einen dadurch bedroht, dass manche Regionen den Idealen der Revolution ferner standen als andere, und zwar wuchs im Süden des Landes mit seiner okzitanischen Tradition mit dem Grad der geographischen Entfernung häufig auch der politische Widerstand gegenüber Paris. Damit einher ging die mangelnde **sprachliche Einheit der Nation**. Sehr bald wurde offenkundig, dass in der Mehrzahl der Provinzen die in französischer Schriftsprache abgefassten Proklamationen der Revolutionsführer bei der Verlesung vor dem auf den Plätzen versammelten Volk nicht verstanden wurden, die Dialekte und Regionalsprachen also noch unerwartet weit verbreitet waren.

Zur Sprachpolitik der Führer der Revolution gehörte daher zunächst eine Bestandsaufnahme über die sprachlichen Verhältnisse in Frankreich, sodann die Bekämpfung vor allem der Regionalsprachen Bretonisch, Baskisch, Deutsch und Italienisch, z. T. auch der Dialekte. Zum einen entwickelte sich zunächst eine reiche Übersetzungstätigkeit vom Französischen in die "patois" und die Regionalsprachen, die jedoch aus praktischen Gründen bald wieder aufgegeben wurde.

Zum anderen nahm im August 1790 der Abbé Henri Grégoire, Mitglied der Nationalversammlung, eine Erhebung bei allen Geistlichen des Landes zum Verhältnis von Dialekt und Hochsprache vor. Am 16. *prairial II* (4. 6. 1794) legte Grégoire der Nationalversammlung seine Ergebnisse unter dem Titel "Sur la nécessité et les moyens d'anéantir les patois et d'universaliser l'usage de la langue française" vor. Besondere Eigenständigkeit zeigten die Pikardie im Norden, der gesamte okzitanische Raum und Randgebiete wie die Bretagne. Sah Grégoire den Kern allen Übels in den inneren sprachlichen Verhältnissen, so fand Bertrand Barère in seinem "Rapport du comité de salut public sur les idiomes" vom 8. *pluviôse II* (27.1.1794) in den Sprechern der Regionalsprachen die Feinde der Revolution, die zur Sache der Freiheit zu bekehren oder zu bekämpfen seien (siehe Trabant 1981). Das Bretonische und Baskische bedeuten für ihn Rückständigkeit und Separatismus, das Deutsche und Italienische aber stehen für die Feinde der Republik im Ausland. Der polemische Kernsatz der Rede vor dem Konvent lautet:

> Le fédéralisme et la superstition parlent bas-breton; l'émigration et la haine de la République parlent allemand; la contre-révolution parle italien, et le fanatisme parle le basque (zitiert nach Trabant 1981: 71).

10.2 Maßnahmen zur sprachlichen Einheit

Bereits 1790 hatte Talleyrand eine Verbesserung der Lage durch die Einführung der allgemeinen Schulpflicht empfohlen. Doch gelang es nicht, in kurzer Zeit ausreichend Grundschullehrer (*instituteurs*) im Französischen auszubilden und in die Provinz zu schicken, wo sie die bisherigen dialekt- bzw. regionalsprachigen Lehrer mit nur unzureichenden Kenntnissen in der Hochsprache ersetzen und die Gesamtzahl der *instituteurs* erhöhen sollten. Die Regionalsprachen, darunter vor allem das Okzitanische, und die Dialekte des Nordens, die noch lebendig waren, überlebten bis zur Einführung der allgemeinen Schulpflicht 1880 recht gut, und die Tatsache, dass auch die Revolution sie nicht ausgelöscht hatte, war im 19. Jh. häufig genug Anlass, sie besonders zu pflegen.

Wirkungsvoller erfolgte die Verbreitung der *langue nationale* durch die allgemeine Wehrpflicht (*levée en masse*), die 1793 beschlossen wurde. Sie zwang die Soldaten aus den verschiedensten Regionen, miteinander Französisch zu sprechen und zu verstehen. Nicht eingehen können wir dem Charakter einer "Einführung" entsprechend auf die Entwicklung der Sprachwissenschaft in der Revolutionszeit, etwa auf die Arbeiten eines Grammatikers wie François Urbain Domergue oder auf die Sprachtheorie der "Ideologen", obwohl gerade zu diesem Bereich in den 1980er Jahren verstärkt gearbeitet wurde (siehe u. a. Busse/Trabant 1986).

10.3 Sprachliche Veränderungen

An inneren Veränderungen brachte die Aufwertung des Dritten Standes (*Tiers Etat*) die Akzeptanz von Lautungen, die bis dahin als volkstümlich bzw. vulgär gegolten und in den *bon usage* keinen Eingang gefunden hatten. Die Lautung [wɑ] für [wɛ] (z. B. in *moi, toi, loi, roi, voix, étroit, je crois*), die schon seit dem 16. Jh. für die unteren Bevölkerungsschichten von Paris belegt ist, wird erst nach der Revolution allgemein anerkannt; ebenso der auch schon früher dokumentierte Wandel von palatalem, sog. "moulliertem" *l*, also [ʎ], wie in *fille, bouteille, soleil* ([fiʎ], [butɛʎ], [solɛʎ]), zu [j] ([fij], [butɛj], [solɛj]).

Gut untersucht sind die zahlreichen neuen lexikalischen Elemente der Revolutionszeit sowie die semantischen Umdeutungen, die viele Wörter in der politischen Diskussion erfuhren (*liberté, gauche, droite*), z. T. aber auch schon in den Kampfschriften der Aufklärer erfahren hatten (z. B. *fanatisme* für 'cléricalisme' oder einfach 'foi') und nun in die neu entstehenden Wörterbücher eingingen (siehe SCHLIEBEN-LANGE 1985). Die Neuerungen der Revolution zeichnen sich einerseits durch eine starke Anleihe im Griechisch-Lateinischen aus (*kilomètre, mètre, centimètre, millimètre, litre, gramme; fructidor, pluviôse, névôse* usw. als Monatsnamen des Revolutionskalenders, *primidi, duodi* usw. als Wochentagsnamen), andererseits durch eine überaus reiche Annahme von Ableitungen (*anti-démocratique, contre-révolutionnaire, ultra-patriote, républicide, liberticide, guillotinable, lèse-révolution, robespierrisme, robespierriste* usw., siehe VON WARTBURG [10]1970: 214f.).

Anregungen

1. Informieren Sie sich über die "luttes lexicographiques", d. h. über die im Hinblick auf die politische Terminologie parteiischen Wörterbücher der Revolutionszeit bei SCHLIEBEN-LANGE 1985.
2. Untersuchen Sie die Sprache eines Schriftstellers wie Louis-Sébastien Mercier hinsichtlich der *néologie*, z. B. in seiner Beschreibung des Lebens in Paris (*Le nouveau Paris*, 1799/1800).

Literaturhinweise

Die bereits genannten französischen Sprachgeschichten, vor allem BRUNOT ([2]1966ff., Bd. 9–11). Weiterhin sei hervorgehoben BUSSE, Winfried/TRABANT, Jürgen (1986) (Hrsg.), *Les idéologues. Sémiotique, théories et politiques linguistiques pendant la Révolution française*, Amsterdam/Philadelphia: Benjamins; RENZI, Lorenzo (1981), *La politica linguistica della Rivoluzione francese. Studi sulle origini e la natura del Giacobinismo linguistico*. Napoli: Liguori; SCHLIEBEN-LANGE, Brigitte (1981), "Die Französische Revolution und die Sprache", *Zeitschrift für Literaturwissenschaft und Linguistik* 11, Heft 41: 90–123; dies. (1985), "Die Wörterbücher in der Französischen Revolution (1789–1804)", in: REICHARDT, Rolf/SCHMITT, Eberhard (Hrsg.), *Handbuch politisch-sozialer Grundbegriffe in Frankreich 1680–1820*, München: Oldenbourg, Heft 1/2: 149–189; TRABANT, Jürgen (1981), "Die Sprache der Freiheit und ihre Feinde", *Zeitschrift für Literaturwissenschaft und Linguistik* 11, 41: 70–89; TRABANT, Jürgen (2008), *Was ist Sprache?*, München: Beck, 173–190.

> **Zusammenfassung**
>
> Die Französische Revolution stellt insofern eine Zäsur in der französischen Sprachgeschichte dar, als von da an die staatlichen Eingriffe in die Sprache als nationales Identifikationsmittel selbstverständlich und dauerhaft geworden sind. Der Kampf der Revolutionsführer betraf sowohl die Förderung der Einheit der Sprache durch das systematische Zurückdrängen der noch vorhandenen Dialekte und der Minoritätensprachen als auch die Verbreitung der Ideale des *bon usage* in der Masse der Bevölkerung. Was bisher dem Adel vorbehalten war, sollte nun für das Volk im Ganzen gelten. Diese Ziele wurden allerdings erst mit der Einführung der allgemeinen Schulpflicht 1880 erreicht. Nach der Revolution konnten archaisierende, der Sprache des Adels zugeschriebene Lautungen nicht mehr als allgemein gültig aufrecht erhalten werden, so dass die Neuerungen auch durch die *Académie française* in ihrem Wörterbuch von 1835 sanktioniert und zur Norm erhoben wurden.

11. Zum heutigen Französisch

11.1 Die Stellung des Französischen in der Welt

Das im 18. Jh. vornehmlich in Europa erworbene Ansehen des Französischen als *langue universelle* weitete sich im 19. Jh. zur Weltgeltung, z.B. als Sprache der Diplomatie. Sie hielt sich über das ganze 19. Jh., bis zum Ende des I. Weltkriegs, unangefochten. In vielen Ländern der Welt war Französisch eine verbreitete Kultursprache, die als erste moderne Fremdsprache in den höheren Schulen gelehrt wurde, ob man nun an Italien, Spanien, Deutschland, Polen, Rumänien, Griechenland oder Brasilien denkt. Im Zarenreich war Französisch die Sprache des Adels bis zur Revolution 1917. Dieser Zustand hielt teilweise bis in die Jahre nach dem II. Weltkrieg an und wurde erst von da an von dem ständig steigenden Gewicht des Englischen abgelöst.

Im 19. Jh. hatte sich das Französische im Zuge der kolonialen Expansion vor allem in großen Teilen Afrikas als Verkehrs- und Kultursprache verbreitet und hat dort diese Geltung bis heute weitgehend erhalten (vgl. auch I.2.2.5). Dies gilt zwar in den Maghrebstaaten Tunesien, Algerien und Marokko in anderer Weise als in vielen schwarzafrikanischen Staaten, sorgt aber dennoch bis heute für eine Bewahrung des **Französischen als Verkehrssprache**, zumindest nach außen. Auch in der internationalen allgemeinen Sprachwissenschaft war es noch in den zwanziger und dreißiger Jahren des 20. Jh. fast selbstverständlich, dass die *Travaux du Cercle Linguistique de Prague* und die *Travaux du Cercle Linguistique de Copenhague* auf französisch erschienen. Weltweit gesehen ist die Stellung des Französischen als internationaler Verkehrssprache allerdings seit dem Ende des II. Weltkriegs ständig zurückgegangen. Sie kann heute mit der des Englischen nicht konkurrieren. Auch französische Linguisten tragen heute auf internationalen Tagungen ihre Ergebnisse zu allgemein-linguistischen Fragen auf englisch vor. Begegnen sich ein Iraner oder Türke und ein Spanier, werden sie nicht mehr wie noch vor 80 Jahren höchstwahrscheinlich französisch miteinander sprechen, sondern englisch. Diese neue Lage einzusehen, ist vor allem der französischen Sprachpolitik zunächst nicht leicht gefallen und hat in Frankreich zu nicht sehr erfolgreichen Maßnahmen in der vermeintlichen Verteidigung des Französischen gegen englische "Übergriffe" geführt (siehe auch IV.11.2.3). Schmerzlich musste man auch feststellen, dass dort, wo das Französische noch als Verkehrs- und **Bildungssprache** verbreitet ist, Paris nicht mehr das allein gültige normgebende Zentrum ist, sondern dass sich mehrere, mehr oder weniger eigenständige nationale Normen entwickelt haben, so z.B. in Kanada (mit den Zentren Montréal und Québec), im Maghreb (Algier) und in mehreren schwarzafrikanischen Staaten (mit Zentren wie Dakar, Abidjan, Bangui).

Im Gegensatz zum Gefühl der sinkenden Bedeutung des Französischen kann man objektiv eine langsam wachsende auch offizielle Anerkennung der **diatopischen Variation** verzeichnen. Seit de Gaulles Besuch in Québec im Juli 1967 hat das zwei Jahrhunderte lang auf sich gestellte kanadische Französisch nicht nur zu sich selbst gefunden und sich als eigene Varietät etabliert, sondern hat auch wieder Kontakt zum Französischen in Frankreich gefunden. Ein gewisser gegenseitiger Austausch ist nicht von der Hand zu weisen. In Afrika haben sich unter tatkräftiger (finanzieller und institutioneller) Beteiligung Frankreichs eigene Normen etabliert, die z.B. in eigenen Wörterbüchern des Französischen z.B. des Senegal, des Mali, der Côte d'Ivoire, von Zentralafrika oder Madagaskar fixiert wurden. Dadurch ist das Französische in diesen Ländern nicht mehr nur koloniales Erbe, sondern auch modernes nationales Identifikationsmittel.

11.2 Der Unterschied zwischen Nähe- und Distanzsprache

Die folgenden Ausführungen betreffen die seit den sechziger Jahren des 20. Jh. in den Blickpunkt der Linguisten geratenen Unterschiede zwischen dem geschriebenen und dem gesprochenen Französisch (siehe Näheres zur Unterscheidung in IV.11.2.2). Es handelt sich hierbei um die vereinfachte Gegenüberstellung von **zwei Registern**, dem eher formellen Französisch, wie es vorwiegend in schriftlicher Form oder in höheren Registern (*français cultivé, français normatif*) vorkommt, und dem informellen Register, das eher in mündlichen Äußerungen gebraucht wird (*français courant, français familier, français populaire*; siehe auch III.8.1). KOCH/ OESTERREICHER (1990) behandeln diese Unterschiede unter dem diaphasischen Gesichtspunkt der **Distanzsprache** einerseits und der **Nähesprache** andererseits. In den folgenden Abschnitten werden die wichtigsten dieser Unterschiede in phonischer, grammatischer und lexikalischer Hinsicht kurz beschrieben.

11.2.1 Phonischer Bereich

Wie bereits in Kap. III.1.4 angedeutet, ist das phonologische System des Gegenwartsfranzösischen vor allem im vokalischen Bereich durch die hochgradig instabilen Oppositionen /a/ – /ɑ/, /ɛ/ – /ɛ:/, /ɛ̃/ – /œ̃/ und im konsonantischen Bereich durch die immer wieder diskutierte Integration des Phonems /ŋ/ gekennzeichnet. Auch in rein phonetischer Hinsicht sind Beobachtungen zur Annäherung von [ə] an /œ/ gemacht worden (vgl. MARTINET 1969: 191–208). Aktuelle Untersuchungen existieren nicht, alle Aussagen beziehen sich im Wesentlichen auf Erhebungen (WALTER 1976) Ende der sechziger und zu Beginn der siebziger Jahre. Die Oppositionen zwischen /a/ und /ɑ/ bzw. /ɛ/ und /ɛ:/ hängen historisch miteinander zusammen. Sie sind die Reste einer **Quantitätenopposition**, die bis ins 18. Jh. für alle Vokale bestand und als Phänomen der Ersatzdehnung z.B. eine feminine Form [ʒɔli:] *jolie* von maskulinem [ʒɔli] *joli* unterschied (vgl. MARTINET 1969: 44). Im 20. Jh. hat sich die Quantitätenopposition nur für /ɛ/ – /ɛ:/ gehalten und ist auch da als isolierte Opposition gefährdet, während sich die Quantitätsunterschiede bei /a/ – /a:/ in zwei verschiedene Qualitäten gewandelt haben, nämlich in ein sehr offenes /æ/ gegenüber /ɑ/ in der populären Pariser Aussprache vor dem Ersten Weltkrieg und in die Opposition /a/ – /ɑ/ in der Zeit zwischen den beiden Weltkriegen (vgl. MARTINET 1969: 44).

Heute wird die Opposition nur noch von der älteren Generation gemacht, während sich bei den Jüngeren vorwiegend eine kombinatorische Verteilung ergibt, indem die velare Variante z.B. in offener Position in einsilbigen Wörtern wie *bas, pas, tas* erscheint, das palatale Allophon dagegen hauptsächlich in gedeckter Stellung, wie in *patte, cravate, promenade, banal* usw. Es ist immer wieder darauf hingewiesen worden, dass die Opposition nur eine geringe phonologische Belastung (*rendement fonctionnel faible*) hatte, d.h. nur in wenigen Fällen bedeutungsdifferenzierend wirken konnte (vgl. die entsprechenden Wortpaare bei ROTHE [2]1978: 64, wie etwa *tache – tâche, patte – pâte, chasse – châsse, rat – ras*, die wegen großer semantischer Diversität kaum im gleichen Kontext vorkommen und so kaum zu Missverständnissen führen dürften). In räumlicher Hinsicht wird nach den Beobachtungen von Henriette Walter (1976: 55) die Opposition vor allem von den aus der Provinz zugezogenen Parisern nicht beachtet, während die "Parisiens de Paris" sie eher bewahren.

Die Opposition /ɛ/ – /ɛ:/, die nach ROTHE (21978: 109) nur noch eine "virtuelle Opposition" ist, d.h. zur Vermeidung von Missverständnissen gemacht werden kann, aber nicht durchgehend gemacht wird, ist nach WALTER (1976: 122) deutlich weniger stabil als die voraufgehend beschriebene. Auch hier führt die Aufgabe der Opposition kaum zu einer *homonymie gênante*, wie die Minimalpaare zeigen: /mɛtʁ/ – /mɛtʁ/ *mettre – maître*, /fɛt/ – /fɛ:t/ *faite* 'Part. Perf. von *faire*' – *fête* 'Fest', /tɛt/ – /tɛ:t/ *tette* 'Zitze' – *tête* 'Kopf'.

Die schon im 19. Jh. in den unteren Pariser Volksschichten festgestellte Aufgabe der Opposition /ɛ̃/ – /œ̃/ zugunsten eines einzigen Phonems mit einer Realisierung ohne Lippenrundung gilt heute nicht mehr als *populaire*, sondern als normal. Nur noch in Provinzen mit der Bewahrung traditioneller Aussprachegewohnheiten, wie in der Touraine oder in Kanada, tritt auch der gerundete palatale Velar auf. Das insgesamt seltene Vorkommen des Phonems /œ̃/ im Wortschatz (vgl. WALTER 1976: 327) zeigt eine geringe phonologische Belastung der Opposition (*brin – brun, empreinte – (il/elle) emprunte*). Auch in diesem Fall sind es nach den Beobachtungen von Henriette Walter (ebendort: 328 ff.) wiederum eher die Älteren, die die Opposition machen, als die Jüngeren. In neueren Darstellungen wie der von PUSTKA 2011 (vgl. III.1) werden die genannten Quantitätenoppositionen wie auch die zwischen /a/ und /ɑ/ schon gar nicht mehr aufgeführt.

Der vorwiegend in der aus dem Englischen stammenden Endung *-ing* (*parking, camping, living*[*-room*], *chewing-gum*) vorkommende velare Nasal [ŋ] wurde in den erwähnten Untersuchungen (WALTER 1976: 401–406) von einer deutlichen Mehrheit der Sprecher realisiert. Er ist stark positionsbeschränkt und daher auch von untergeordneter phonologischer Relevanz.

Anregungen

1. Informieren Sie sich über die tatsächliche Realisierung von /a/ als [a] bzw. [ɑ] in STRAKA (1990: 14, siehe III.1) und in MARTINET/WALTER 1973.
2. Orientieren Sie sich über das Funktionieren der Opposition /e/ – /ɛ/ im Auslaut im heutigen Französisch (*épée – épais, je chanterai – je chanterais*) anhand von STRAKA 1990: 11 f. und WALTER 1976: 138–182.

11.2.2 Grammatischer Bereich

In diesem Unterkapitel beschränken wir uns auf die knappe Darstellung einiger Unterschiede in der Grammatik des gesprochenen und des geschriebenen Französisch, die in der heutigen Sprache besonders auffällig sind. Die Unterscheidung "gesprochene"/"geschriebene Sprache" darf nicht mit der zwischen "code phonique bzw. oral" und "code graphique bzw. scriptural" (vgl. III.2) verwechselt werden – letztere betrifft die in unterschiedlichen Medien realisierbare Übermittlung von Sprache. Der Unterscheidung zwischen "gesprochen" und "geschrieben" bzw. zwischen "Mündlichkeit" und "Schriftlichkeit" liegt nicht das Kriterium der "Realisation", sondern das der "Konzeption" (L. Söll) zugrunde.

KOCH/OESTERREICHER (1990), die diese Fragestellung als ein Problem der sprachlichen Varietät behandeln, arbeiten mit einem "Nähe/Distanz-Kontinuum", das sie als die zentrale Varietätendimension betrachten. Die Autoren besprechen in ihrem Buch u. a. sowohl "universale Merkmale des gesprochenen Französisch [Nähesprache]" (z. B. Gliederungssignale, Kontaktsignale, Korrektursignale, Abtönungspartikel, Segmentierungserscheinungen) als auch "einzelsprachliche Merkmale des gesprochenen Französisch" (Beispiele s.u.). Koch, Oesterreicher wie auch Söll zeigen im Grunde, dass es sich beim gesprochenen Französisch nicht um eine neue Form des Französischen, also Sprachwandel handelt, sondern um eine andere, alltäglichere Form, seine Gedanken zu versprachlichen, unter Ausnutzung der grammatischen Funktionen, die seit langem gegeben sind. Allerdings waren diese populärsprachlichen Ausdrucksformen früher viel weniger bekannt, weil sie in den älteren Texten kaum vorkamen, da sie der Notierung nicht für wert befunden wurden.

Die sprachlichen Erscheinungen aus der Grammatik des heutigen Französisch, die in der gesprochenen und in der geschriebenen Sprache unterschiedlich konzeptionalisiert werden, sind von SÖLL (³1985) und dann auch von KRASSIN (1994) aus heutiger Sicht vielleicht etwas zu sehr betont worden. Sie betreffen folgende z.T. verschiedenen Ebenen (Grammatik, Graphie, Hervorhebung, Textkonstitution) angehörige Bereiche:

- Formen der Negation des Verbs
- Bildung der direkten Frage (s.u. in Aufgabe 1 den Buchtitel von Behnstedt)
- Unterschiedliche Frequenz von *futur simple* (Typ: *je chanterai*) und *futur périphrastique*, d.h. Futur im Zeitraum Gegenwart (siehe III.4.1.2.d), Typ: *je vais chanter*)
- die indikativischen Vergangenheitstempora in absoluter Verwendung (*passé simple*), von der Gegenwart aus gesehen (*passé composé*) und die *formes surcomposées* (vom Typ *quand j'ai eu fini*)
- *on* 'man' in mechanisierter Verwendung für 'wir' führt zu einer verminderten Frequenz von *nous*
- Gebrauch der Relativpronomina (z.B. polyfunktionales *que*, z.B. auch in Verbindung mit einer Präposition)
- Gebrauch von *ça* und *cela*
- Verwendung des *subjonctif* als inaktueller Modus im Allgemeinen und Schwinden des *imparfait* und des *plus-que-parfait du subjonctif* im Besonderen
- Accord des participe passé
- *de* oder *des* vor dem pluralisierten Syntagma "Adjektiv + Substantiv" (z.B. *des jeunes pilotes* vs. *de jeunes pilotes*)
- Gebrauch des Passivs
- Satzsegmentierung durch Dislokation oder Präsentativa
- Gliederungssignale (z.B. *eh bien* als Eröffnungssignal im Dialog)
- Abtönungspartikel (z.B. *cherchez donc un peu!*).

Gehen wir kurz auf drei dieser Bereiche ein.

1. Formen der Negation des Verbs

Die Negation des Verbs im heutigen Französisch ist ein besonders interessantes Thema u.a. dadurch, dass im selben Sprachzustand, wenn auch nicht in derselben 'funktionellen Sprache' (E. Coseriu), verschiedene historische Entwicklungsstufen kopräsent funktionieren. Als generelle Regel kann formuliert werden, dass im geschriebenen Französisch das konjugierte Verb obligatorisch mit dem Morphem *ne ... pas* (Morphem mit diskontinuierlichem *signifiant*) – oder mit einer anderen Partikel als *pas* – negiert wird, z. B. *elle n'aime pas/point Zola*. Im gesprochenen Französisch hingegen existiert neben der Möglichkeit der Negation mit *ne ... pas* die sehr ausgeprägte 'Tendenz', das erste Element *ne*, das historisch der ursprüngliche und einzige Träger der Negation (< lat. *non*) war, immer häufiger wegzulassen, z. B. *j'aime pas ça*, und somit den Ausdruck der Negation ganz auf das im Altfranzösischen zunächst nur als verstärkende Partikel eingeführte *pas* zu verlagern. Besonders bemerkenswert ist, dass die früheste Sprachstufe heute noch in besonderen Fällen erhalten ist, und zwar im gehobenen Sprachstil in der Negation mit einfachem *ne* von charakterisierenden Verben wie *pouvoir, savoir, oser, cesser* (s. LAUSBERG 1996), vgl. z. B. *je ne saurais vous le dire; il ne cesse de pleuvoir*[93] ist eleganter als *il ne cesse pas de pleuvoir*. Es ist wichtig zu betonen, dass die Negation ohne *ne* heute nicht einfach als ein Charakteristikum für das *français familier* oder gar für das *français populaire* zu betrachten ist, sondern für das Französische in seiner gesprochenen Varietät schlechthin. Festzuhalten bleibt allemal, dass sich die Negation ohne *ne* im gesprochenen Französisch nicht vollständig durchgesetzt hat; *"ne* ist für nicht-privates Sprechen verfügbar." (SÖLL ³1985: 119) In den letzten Jahren wurden die Bedingungen, unter denen *ne* nicht in der Negation erscheint, von verschiedenen Forschern untersucht. Folgende Faktoren begünstigen die Realisierung der eingliedrigen Negation:

- Außersprachliche Faktoren:
  - jugendliches Alter der Sprecher
  - städtische Herkunft
  - geringerer Bildungsgrad und geringeres Sozialprestige des Berufs
  - informelle Gesprächssituation

- Sprachliche Faktoren:
  - höhere Sprechgeschwindigkeit
  - ein- und zweisilbige Verben, v. a. *avoir* und *être*
  - hochfrequente Verbindungen, z. B. *c'est pas, j(e) sais pas, i(l) faut pas, j'ai pas, i(l) y a pas.*

---

93 Mit den erwähnten Fällen darf das sog. *"ne* explétif", vgl. *je crains qu'il* ne *vienne* oder *avant qu'il* ne *fasse nuit, il faut rentrer les fauteuils,* nicht verwechselt werden, denn dieses *ne* hat heute keine negierende Funktion mehr. *Je crains qu'il* ne *vienne* bedeutet "ich fürchte, dass er kommt"; wenn ich sagen will "ich fürchte, dass er *nicht* kommt", so muss auf Französisch gesagt werden *je crains qu'il* ne *vienne pas.* Das *"ne* explétif" erklärt sich historisch als ein syntaktischer Latinismus der Renaissance, eine schriftsprachliche Reminiszenz an die lat. Konstruktion *timeo ne ...* Die Reminiszenz besteht in der Kontamination des Konstruktionstyps 'ich fürchte, dass ...' mit dem negativen Wunsch, hier 'wenn er bloß nicht kommt!'.

Substantivische Subjekte, Relativsätze v.a. mit *qui*, Vermeidung eines Hiats u.a. sind sprachliche Faktoren, die hingegen die zweigliedrige Negation favorisieren. Zur Erklärung der Entwicklung vom zweigliedrigen zum eingliedrigen **Negationsmorphem** werden Faktoren wie die phonische Schwäche von *ne*, vor allem in der elidierten Form *n'*, die günstige Position von *pas* am Ende des **mot phonétique** u.a. angeführt.

2. Tempusgebrauch

Die exemplarische Darstellung des frz. Tempussystems in Kap. III.4.1.2 hatte auch den Zweck, die Verwendung der Tempora an dieser Stelle im geschriebenen und gesprochenen Französisch näher erläutern zu können. Auffällig ist die Ungebräuchlichkeit des *passé simple* in der gesprochenen Sprache. Die temporale Rückschau (Vergangenheit) wird durch das *passé composé* geleistet. Ähnlich, aber nicht gleich ist es bei der Vorausschau (Futur), wo das Futur der sekundären Perspektive (von der Gegenwart aus angepeilt) häufiger gebraucht wird als das *futur simple* der primären Perspektive. Dies ist in oberflächlicher Betrachtung manchmal als stilistische oder gar als sprachsystematische Verteilung hingestellt worden, nach dem Muster: "Die Vergangenheit wird in der Schriftsprache durch das *passé simple*, in der gesprochenen Sprache durch das *passé composé* ausgedrückt". Dabei schwingt die Unterstellung mit, mit beiden Tempora werde eben einfach die Vergangenheit ausgedrückt. Nach Coserius Interpretation der temporalen Funktionen (siehe III. 4.1.2.c)–d)) greift jedoch eine solche Aussage zu kurz. Beide Tempora stellen die **Rückschau aus unterschiedlicher Perspektive** dar: Mit dem *passé simple* wird eine Grenze zwischen Gegenwart und Vergangenheit gezogen, die Gegenwart ist damit ausgeschlossen. Daher eignet sich das *passé simple* zum **Erzählen**. Erzählen ist typisch für Erzählungen (Romane, Novellen, historische Berichte, Biographien), also eher literarische Texte. Das *passé composé* drückt die Rückschau von der Gegenwart des Sprechers aus, innerhalb des Zeitraums 'Gegenwart'. Es eignet sich nicht für das Erzählen, sondern für das, was WEINRICH (⁶2001) das **Besprechen** nennt. Es wird **konstatierend** in allen Alltagssituationen, also in der gesprochenen Sprache, gebraucht, wo die Sprecher im Allgemeinen nicht erzählen wollen, sondern Ereignisse erwähnen und im Gespräch **zur Diskussion stellen** wollen. Das *passé composé* wird natürlich auch in der geschriebenen Sprache da gebraucht, wo Fakten festgestellt – nicht erzählt – werden sollen: *La Révolution Française a éclaté le 14 juillet 1789. – Le premier ministre a dit hier soir que ...*

Genau so erklärt sich die Präferenz des *futur périphrastique* in der gesprochenen Sprache: Es handelt sich beim einfachen und periphrastischen Futur nicht um zwei Allomorphe für die Funktion 'Futur', sondern um zwei verschiedene Perspektiven futurischen Geschehens. Der Typ *je travaillerai* drückt die **Zukunft als getrennt von der Gegenwart** aus, der Typ *je vais travailler* **innerhalb der Gegenwart**. Das *futur périphrastique* stellt zukünftige Handlungen somit innerhalb der **planerischen Gegenwart des Sprechers** dar. So erklärt sich, dass dieses Futur häufiger in der 1. P. als in anderen Personen vorkommt und häufiger mit Verben, die eine Aktivität ausdrücken, als mit "inaktiven" wie *ce sera, il aura, il devra (rentrer ...)* usw. Die Präferenz des Futurausdrucks in der gesprochenen Sprache erklärt sich also auch hier im Wesentlichen aus der Funktion des jeweiligen Tempus selbst. Ob es sich hier um ein neues Phänomen handelt oder nur wegen unserer Unkenntnis der gesprochenen Sprache früherer Jahrhunderte so scheint, muss offen bleiben.

3. Vermehrter Gebrauch von *on* anstelle von *nous*

Gegenüber dem traditionellen Schriftfranzösischen fällt im gesprochenen Französisch eine starke Reduktion von *nous* als Subjektmorphem auf:

> Es gibt im Französischen eine Sprachschicht, in der die erste Person Plural nicht mehr *nous chantons*, sondern *on chante* lautet, mit betontem Subjektspronomen *nous [,] on chante* und nicht mehr *nous, nous chantons*. (SÖLL ³1985: 135)

Die "Sprachschicht", in der diese "Ersetzung" erfolgt, wird man am adäquatesten mit der gesprochenen Varietät des heutigen Französisch gleichsetzen, "wenn darunter die spontane Sprechweise aller oder der Mehrheit der Franzosen, unabhängig von ihrem sozialen Status, verstanden wird." (SÖLL ³1985: 137) Wie ist dieser Wandel zu erklären? Das Indefinitpronomen *on* 'man' hat im Französischen wie im Deutschen eine Bedeutung, die je nach Redeabsicht jede beliebige (**Indefinitum**) oder eine bestimmte Person bezeichnen kann. Im zweiten Fall tut man sprachlich so, als wäre die Gesprächspartnerin/der Gesprächspartner (2. P.) oder auch eine im Gespräch abwesende 3. P. eine beliebige Person und erzielt so z.B. Ironie: "Ach, was ist **man** heute wieder schick!" Als Redebedeutung kann also je nach Situation "Ach, was bist du/seid ihr/ist er/sie/sind sie heute wieder schick!" gemeint sein. Auch ein Bezug auf die 1. P. ist möglich und häufig, etwa in "Wenn **man** sich das so überlegt, ...", wobei womöglich gemeint ist "Wenn **ich** mir das so überlege, ...". Ich tue so, als reihte ich mich in die Allgemeinheit des *man* ein.[94] Bei MULLER (1970) wird dies als stilistischer Gebrauch gewertet, während der uns hier interessierende mechanisierte Gebrauch von frz. *on* mit dem Bezug auf die 1. P. Pl., der tatsächlich ein Phänomen des gesprochenen Französisch, nicht des Deutschen ist, als "emploi personnel" gekennzeichnet wird.

Bei diesem persönlichen Gebrauch von *on* für *nous* handelt es sich nur um den Gebrauch in der Funktion des Subjektmorphems, z.B. in *nous partons* durch *on part*. *On* kann nicht hervorgehoben werden. Wenn Hervorhebung gewünscht wird, muss man, vgl. oben, wie folgt verfahren: zunächst das Personalpronomen *nous* und dann *on*: *nous, on chante*. *On* kann deshalb auch nicht mit Präpositionen konstruiert werden. Die syntaktische Disponibilität von *on* ist also auf die Subjektposition (ohne "mise en relief") eingeschränkt. Entstanden ist dieser "persönliche" Gebrauch von *on* mit der Normbedeutung 'nous' über den "stilistischen" Gebrauch, in dem *on* prinzipiell für alle grammatischen Personen eintreten kann, so auch für

---

94   Das Phänomen des uneigentlichen, bildlichen Sprechens ist in unseren Sprachen sehr häufig; vgl. dazu DIETRICH, Wolf (1987), "Grammatische Metaphorik. Über die figurative Verwendung grammatischer Kategorien", *Sprachwissenschaft* 12 (1987), 251–264; zu frz. *on* S. 256–257.

die 1. Person Plural. Diese Verwendung wird dann im gesprochenen Französisch konventionalisiert, vermutlich, weil die Bezeichnung von 'wir' durch 'man' dem gleichen stilistischen Effekt wie in den anderen Fällen entspricht, indem sich die in 'wir' enthaltene 1. P. Sg., das Ich, wirkungsvoll in der Anonymität der Masse, die das Indefinitum ausdrückt, "verstecken" kann. Es handelt sich also nicht eigentlich um eine "Ersetzung" von A durch B mit derselben Funktion, sondern um eine mechanisierte, aber in der Funktion des Indefinitpronomens begründete Verwendung von *on*. Sie führt außerdem zur Sprachökonomie (morphologische Vereinfachung und Vereinheitlichung des Verbalparadigmas), Verstärkung der Prädetermination (da die Personenmarkierung jetzt ausschließlich durch das Pronomen erfolgt) u.a. Ausführlichere Darstellung in KRASSIN 1994: 107–117.

Wer mit *on* in einer gegebenen Äußerung gemeint ist, kann der Hörer meist nur mit Hilfe des Kontextes und/oder der Situation entschlüsseln, vgl. z.B. "Mais le loyer?" – "On le paye." – "Qui?" – "Nous."[95]; in R. Queneaus *Zazie dans le métro* fragt Zazie einmal bei ihrem Gesprächspartner nach einer Frage mit *on* zwecks Disambiguierung zurück: *Qui ça "on"?* Graphische Pluralmarkierungen wie in "On est contents" oder in "Vite, patron, on est pressés de rentrer chez nous"[96] könnten zwar als Indiz für eine "Grammatikalisierung" gewertet werden, haben im phonischen Code jedoch keine Auswirkung.

Anregungen

1. Orientieren Sie sich über die unterschiedlichen Konstruktionen der totalen und der partiellen Frage im geschriebenen und im gesprochenen Französisch, etwa anhand von BEHNSTEDT, Peter (1973), *Viens-tu? Est-ce que tu viens? Tu viens? – Formen und Strukturen des direkten Fragesatzes im Französischen*, Tübingen: Narr.

2. Informieren Sie sich über den segmentierten Satz mit "reprise pronominale", etwa anhand von WANDRUSZKA, Mario (1969), *Sprachen – vergleichbar und unvergleichlich*, München: Beck, Kap. 30 (im multilateralen Sprachvergleich); sehr detailliert: HONNIGFORT, Eva (1993), *Der segmentierte Satz. Syntaktische und pragmatische Untersuchungen zum gesprochenen Französisch der Gegenwart*, Münster: Nodus.

11.2.3 Lexikalischer Bereich

a) Der Wortschatz des heutigen Französisch weist nach Auskunft der einschlägigen Literatur eine Reihe von generellen auffälligen Zügen auf, die hier nur aufgelistet werden können:

---

95 Aus WANDRUSZKA, Mario (1969), *Sprachen – vergleichbar und unvergleichlich*, München: Beck, 274.

96 Beispiel von J. Cellard in *Le Monde* vom 28.2.1972.

- zahlreiche Neubildungen auf der Grundlage der Wortbildungsmechanismen (Suffix- und Präfixbildungen, Komposita), vgl. III.5.
- gelehrte Bildungen (Latinismen: z.b. *carpiculteur, insectifuge, rupteur*; Gräzismen: z.b. *cosmonaute, isotopie, gérontologie*)
- Abkürzungen (z.b. *auto, super; bus, car; écolo, dactylo, proprio, prof, fac, manif*) und Sigelbildungen (z.b. *RPR, SNCF, TGV, sida, TVA, ONU*)
- Aufnahme von Fachtermini aus Wissenschaft und Technik in die Gemeinsprache (z.b. *réaction en chaîne, (les) coordonnées* 'Adresse', *atomiser, démarrer*)
- Aufstieg von Substandardwortschatz in höhere Sprachregister (z.b. *marrant, rigolo, tordant; bûcher, bosser, turbiner*)
- Aufnahme von Regionalwortschatz in die Gemeinsprache (z.b. *(le) rescapé, (le) cagibi, (le) pastis, (la) pétanque, resquiller, (se) bagarrer, (le) fada*)
- Aufnahme von Entlehnungen aus modernen Sprachen, insbesondere aus dem Englischen. Auf dieses Thema soll im Folgenden etwas näher eingegangen werden.

b) Dass die heutige französische Sprache eine in Frankreich als stark eingestufte Beeinflussung durch das Englische erfährt, ist eine bekannte und viel kommentierte Tatsache.

Der Einfluss der englischen auf die französische Sprache zeigt sich – wie bei **Lehnbeziehungen** nicht anders zu erwarten – in erster Linie im Wortschatz. Die Übernahme englischen Wortgutes ins Französische ist nicht eine Besonderheit des 20. Jh., sondern sie setzt bereits im Mittelalter zaghaft ein und verstärkt sich dann ab der zweiten Hälfte des 17. Jh. (Hinrichtung des englischen Königs Karl I., Révocation de l'Edit de Nantes, Übersetzungen englischer Werke). Im 18. Jh. erreicht die "Anglomanie" einen ersten Höhepunkt (vgl. die Rolle Voltaires und Montesquieus, Beginn der Industrialisierung). Nach einer kurzen Unterbrechung der Kontakte durch Napoleons Kontinentalsperre setzt sich der Strom der Lehnwörter aus dem Englischen ins Französische im 19. Jh. fort (Wortschatz der englischen Kultur und Gesellschaft, der Technik, der Wissenschaften, der Mode, des Sports).

Im 20. Jh. entsteht eine teilweise neue Lage dadurch, dass der Einfluss des Englischen auf das Französische nicht mehr vorwiegend aus England, sondern seit 1945 viel stärker aus den Vereinigten Staaten von Amerika (USA) kommt. Die Veränderung der sprachlichen Situation vom 18. zum 20. Jh. wird von einem Linguisten wie folgt umschrieben: "de l'anglomanie au franglais"[97].

Um den Terminus *franglais* (Wortkreuzung von *fran[çais]* mit *[an]glais*), geprägt 1955 von A. Rigaud, "terme désignant par dérision l'ensemble des néologismes d'origine anglaise introduits dans la langue française" (*GLLF*), hat sich im Gefolge der Veröffentlichung von Etiembles provozierender Schrift *Parlez-vous franglais?* (Paris 1964 u. ö.) in der Öffentlichkeit Frankreichs der Streit um die massive Präsenz von Anglizismen bzw. Angloamerikanismen in der französischen Sprache ent-

---

97 CHAURAND, Jacques (1977), *Introduction à l'histoire du vocabulaire français*, Paris: Bordas, 155.

zündet.[98] Der ideologisch-puristisch fundierte Widerstand gegen den mächtigen zivilisatorischen und sprachlichen Einfluss der USA auf Frankreich und auf die französische Sprache kam einerseits von exponierten Einzelpersonen, so z.b. von Etiemble, andererseits von halboffiziellen und offiziellen, d.h. staatlichen Instanzen. Deren Reaktion reichte von der Gründung von Kommissionen und Organisationen, die über die Reinerhaltung der französischen Sprache wachen sollen, bis hin zu gesetzgeberischen Maßnahmen (loi Bas – Lauriol, loi Toubon) zur Ermöglichung gerichtlicher Verfolgung der Verwendung (z.b. in Arbeitsverträgen, Garantien, Gebrauchsanweisungen) von Lehnwörtern (gemeint sind Anglizismen), wenn französische Entsprechungen existieren. Inzwischen existiert ein von der "Délégation générale à la langue française" herausgegebener *Dictionnaire des termes officiels de la langue française* (Paris 1994), in dem die von den ministeriellen Terminologiekommissionen erarbeiteten französischen Äquivalente für englische Fachtermini offiziell verordnet werden (bisher erfolgreich z.b. *logiciel* für *software, matériel* für *hardware, ordinateur* für *computer*).[99]

Welches sind nun die Bereiche des heutigen französischen Wortschatzes, in denen die Lehnwörter aus dem Englischen besonders zahlreich auftreten?

- **Wissenschaft und Technik** (v. a. in den Fachsprachen): *chip* (*puce, microplaquette, pastille*)[100], *teleprocessing* (*télétraitement*), *water resistent* (*hydrorésistant*); *afterburner* (*post-combustion*), *airbag* (*sac, coussin gonflable*), *scanning* (*balayage*)
- **Wirtschaft:** *boom, broker* (*courtier*), *holding, home banking* (*banque à domicile*), *joint venture* (*coentreprise*), *leasing* (*location avec option d'achat*), *marketing* (*mercatique*)
- **Medien und Werbung:** *baffle* (*enceinte acoustique*), *best-seller, flash-back* (*retour en arrière*), *label* (*étiquette*), *sponsoring* (*parrainage*), *spot* (*message publicitaire*), *walkman* (*baladeur*), *zapper*
- **Unterhaltungs- und Freizeitindustrie:** *disc-jockey* (*animateur*), *drive-in cinema* (*ciné-parc*), *gag, hit-parade* (*palmarès*), *show, strip-tease*
- **Tourismus:** *charter, duty free shop* (*boutique hors taxes*), *fast-food* (*restauration rapide*), *traveller's check* (*chèque-voyage*)
- **Sport:** *coach* (*entraîneur*), *jogging, mountain bike* (*vélo tout terrain – V.T.T.*), *rafting, surf, tie-break* (*jeu décisif*)
- **Drogen:** *flipper, se shooter, faire un trip*.

---

98 Durch Etiembles Buchtitel ist der Terminus *franglais* allgemein bekannt geworden; anstelle von *franglais* verwendet Etiemble polemisch auch den Terminus *sabir atlantic* [sic]. Seltener wird *framéricain* gebraucht.

99 Vgl. zu den Verfahren der Entlehnung und der Akzeptanz von Anglizismen gegenüber französischen Neubildungen in einer populären Fachsprache wie der des Internets auch JANSEN, Silke (2005), *Sprachliches Lehngut im world wide web: Neologismen in der französischen Internetterminologie*, Tübingen: Narr.

100 Die in Klammern angegebenen französischen Äquivalente wurden dem *Dictionnaire des termes officiels* entnommen.

Bisherige Untersuchungen haben, je nach Vorgehensweise und Materialbasis, einen Anglizismenanteil von 0,6 bis 2,5 % am heutigen französischen Wortschatz errechnet, was zeigt, dass sich dieser, außer vielleicht in sehr speziellen Fachtexten, doch sehr in Grenzen hält. Vgl. dazu BEINKE 1990: 72–74.

Hinzuweisen ist auch auf das Faktum, dass zahlreiche Anglizismen/Angloamerikanismen im Französischen sog. **Rückwanderwörter** sind, d.h. es handelt sich um lexikalische Elemente, die in früherer Zeit aus dem Französischen ins Englische übernommen worden waren und die dann später mit veränderter Bedeutung ins Französische zurückentlehnt wurden, vgl. z.B. afrz. *chalengier* (< lat. *calumniare*) → engl. *challenge*, von dort 1915 → nfrz. *challenger* (gebräuchlicher als das Verb sind *le challenge* und *le challenge(u)r*).

Neben den zahlreichen Lehnwörtern soll auch – etwas vereinfachend – der Typ der "Lehnübersetzung" aus dem Englischen erwähnt werden: z.B. engl. *high fidelity* → frz. *haute fidélité*, *flying saucer* → *soucoupe volante*, *pocket-book* → *livre de poche*.

Neben den echten Anglizismen existieren im Französischen auch Pseudoanglizismen[101]; dies sind "des inventions 'made in France', formées avec des mots d'apparence anglaise mais qui n'existent pas sous cette forme, ou avec le même sens, en anglais" (vgl. WALTER/WALTER 1991: 100), z.B. *le smoking, le lifting, le parking, le bronzing*.

Der Einfluss des Englischen auf das Französische beschränkt sich nicht auf das Lexikalische, er wirkt ebenfalls – wenn auch in wesentlich geringerem Maße – auf den phonischen (die Frage, ob /ŋ/ als Phonem übernommen wurde) und den grammatisch-syntaktischen Bereich ein (z.B. angebliche Tendenz zur Voranstellung des attributiven Adjektivs in der Journalistensprache).

> **Anregungen**
>
> 1. Arbeiten Sie die knappe und übersichtliche Darstellung der sprachlichen Beziehungen zwischen Englisch und Französisch in der Einleitung zu WALTER/WALTER (1991: 90–104) durch (dieses Wörterbuch enthält mehr als 2.500 Anglizismen).
> 2. Orientieren Sie sich über die Anpassungsmechanismen, die bei der Übernahme der englischen Lehnwörter ins Französische wirksam werden, etwa nach PERGNIER 1989: 30–60.

---

101 Vgl. dazu folgende ausführliche Darstellung: CYPIONKA, Marion (1994) *Französische "Pseudoanglizismen": Lehnformationen zwischen Entlehnung, Wortbildung, Form- und Bedeutungswandel*, Tübingen: Narr.

11. Zum heutigen Französisch

Literaturhinweise

Alle neueren Geschichten der französischen Sprache behandeln auch diesen Zeitraum mit.

Sehr zu empfehlen: MÜLLER, Bodo (1975), *Das Französische der Gegenwart: Varietäten, Strukturen, Tendenzen*, Heidelberg: Winter (in erweiterter Form als frz. Übersetzung: *Le français d'aujourd'hui*, Paris: Klincksieck, 1985); ANTOINE, Gérald/MARTIN, Robert (Hrsg.) (1985), *Histoire de la langue française: 1880–1914*, Paris: CNRS, und (2000), *Histoire de la langue française: 1914–2000*, Paris: Éd. du CNR; DÉSIRAT, Claude/HORDÉ, Tristan (1976), *La langue française au XXe siècle*, Paris: Bordas; HAUSMANN, Franz Josef (Hrsg.) (1983), *Die französische Sprache von heute*, Darmstadt: WBG; KESSELRING, Wilhelm (1970), *Die französische Sprache im 20. Jahrhundert. Charakteristika – Tendenzen – Probleme*, Tübingen: Narr.

Zum phonischen Bereich:

Vgl. die Angaben zu ROTHE (²1978) und WALTER (1976) bzw. (1977) in Kap. III.1. MARTINET, André (1969), *Le français sans fard*, Paris: PUF; MARTINET, André/WALTER, Henriette (1973), *Dictionnaire de la prononciation française dans son usage réel*, Paris: France Expansion; WALTER, Henriette (1976), *La dynamique des phonèmes dans le lexique français contemporain*, Paris: France Expansion.

Zum grammatischen Bereich:

KOCH, Peter/OESTERREICHER, Wulf (1990), *Gesprochene Sprache in der Romania: Französisch, Italienisch, Spanisch*, Tübingen: Narr; KRASSIN, Gudrun (1994), *Neuere Entwicklungen in der französischen Grammatik und Grammatikforschung*, Tübingen: Narr; LAUSBERG, Uta (1996), *'Modale' verba adiecta? Funktionelle Untersuchungen zu den französischen und spanischen Verbalperiphrasen der Charakterisierung*. Münster: Nodus; MULLER, Charles (1970), "Sur les emplois personnels de l'indéfini *on*", *RLiR* 34: 48–55; SÖLL, Ludwig (³1985), *Gesprochenes und geschriebenes Französisch*, bearbeitet von Franz Josef Hausmann, Berlin: E. Schmidt (1. Auflage – von Söll allein – 1974); WEINRICH, Harald (⁶2001), *Tempus. Besprochene und erzählte Welt*. Stuttgart: Kohlhammer.

Zum lexikalischen Bereich:

MACKENZIE, Fraser (1939), *Les relations de l'Angleterre et de la France d'après le vocabulaire. I. Les infiltrations de la langue et de l'esprit anglais. Anglicismes français*, Paris: Droz; BEINKE, Christiane (1990), *Der Mythos franglais. Zur Frage der Akzeptanz von Angloamerikanismen im zeitgenössischen Französisch –* [...], Frankfurt/M.: Lang; HAGÈGE, Claude (1987), *Le français et les siècles*, Paris: Odile Jacob; PERGNIER, Maurice (1989), *Les anglicismes. Danger ou enrichissement pour la langue française?*, Paris: PUF; SPENCE, Nicol C. W., "Le problème du 'franglais'", in: SPENCE, Nicol C. W. (1976), *Le français contemporain. Etudes et discussions*, München: Fink, 75–103; SPENCE, Nicol C. W.(1989), "Qu'est-ce qu'un anglicisme?", *RLiR* 53: 323–334; WALTER, Henriette/WALTER, Gérard (²1998), *Dictionnaire des mots d'origine étrangère*, Paris: Larousse; WALTER, Henriette (2001), *Honni soit qui mal y pense. L'incroyable histoire d'amour entre le français et l'anglais*. Paris: Robert Laffont.

Anglizismenwörterbücher:

HÖFLER, Manfred (1982), *Dictionnaire des anglicismes*, Paris: Larousse; REY-DEBOVE, Josette/GAGNON, Gilberte (²1990), *Dictionnaire des anglicismes – les mots anglais et américains en français*, Paris: Robert.

Zusammenfassung

Die äußere Sprachgeschichte des Französischen ist im 19. Jh. gekennzeichnet durch die Bewahrung seiner Vormachtstellung in der Welt. Durch koloniale Expansion, besonders in Afrika, in Algerien ab 1830, in der französischen Sahara, in West- und Zentralafrika, wird das Französische als Verkehrs- und Kultursprache noch weiter verbreitet. In Europa, aber auch in vielen Ländern Lateinamerikas ist es eine wichtige Bildungssprache bis zum I. Weltkrieg, zum Teil bis um 1960. Danach wird seine Rolle unaufhaltsam von der des Englischen abgelöst. In den Ländern mit französischer Tradition hält sich das Französische als Verkehrssprache bis heute, jedoch muss die französische Sprachpolitik lernen, mit der Tatsache umzugehen und daraus Nutzen zu ziehen, dass das einheitlich scheinende Französische wie das weltumspannende Englische, Spanische und Portugiesische auch, polyzentrisch wird. Paris ist nicht mehr das einzige Zentrum der *francophonie*, sondern daneben auch Montréal, Dakar und andere schwarzafrikanische Hauptstädte.

Auch im Inneren wird man sich der sprachlichen Variation bewusster als in früheren Jahrhunderten. Die Trennung zwischen hohem und niederem Stil ist nicht mehr so strikt wie noch im 18. Jh. Das Vokabular der unteren Schichten wird gesellschaftsfähig. Dadurch, dass man gesprochene Sprache seit Jahrzehnten technisch aufzeichnen kann und Linguisten sie beobachten können, gewinnen die alten Unterschiede zwischen geschriebener und gesprochener Sprache, die Kodierungen der Sprache der Distanz und der Nähe, eine früher nicht gekannte Aufmerksamkeit. In diesem Kapitel werden daher die phonologischen und die phonetischen Veränderungen ebenso beschrieben wie die unterschiedlichen Verwendungsweisen bestimmter grammatischer Kategorien (hier besonders die Negation, die Tempora und die Personenmarkierung der 1. P. Pl. durch *on* statt *nous*) und der lexikalische Wandel, nicht zuletzt durch die Übernahme zahlreicher Anglizismen. Auch die Diskussionen um die Bewertung des englischen Einflusses in Wortschatz und Syntax werden nachgezeichnet.

Bibliographische Grundinformation

A. Bibliographische Hilfsmittel

1. Laufende Bibliographien

*Bibliographie linguistique (BL)/Linguistic Bibliography (LB). Bibliographie linguistique des années 1939–1947*ff. Utrecht/Bruxelles: Spectrum, 1949ff. Seit 2000 Leiden: Brill (auch elektronisch unter www.blonline.nl).

*Romanische Bibliographie 1961*ff., *(RB)*, Tübingen 1965ff. [davor: Supplementhefte zur Zeitschrift für Romanische Philologie, ab 1875], ab Bd.1997/99 [2002] auch als CD, ab 2006 als elektronische Ressource.

*Bibliographie linguistischer Literatur 1978*ff., *(BLL)* [Bd.1–3 unter dem Titel *Bibliographie unselbständiger Literatur – Linguistik 1971–1977, (BUL-L)*], Frankfurt 1979ff. Ab 4. 1978 (1979) – 14. 1988 (1989) unter dem Titel *Bibliographie linguistischer Literatur*. Ab 15. 1989 *Bibliography of Linguistic Literature (BLLDB)* als elektronische Ressource.

Bulletin analytique de linguistique française 1969–1999, (BALF), Paris: Klincksieck.

2. Thematische Bibliographien

BAL, Willy / GERMAIN, Jean / KLEIN, Jean / SWIGGERS, Pierre (²1997), *Bibliographie sélective de linguistique française et romane*, Louvain-la-Neuve: Duculot.

MUNTEANU COLÁN, Dan / RODRÍGUEZ MARÍN, Rafael (2003), *Bibliografía básica y selectiva de lingüística románica*, Alcalá-Las Palmas de Gran Canaria.

ROHLFS, Gerhard (²1966), *Einführung in das Studium der romanischen Philologie*, Teil 1: *Allgemeine Romanistik, französische und provenzalische Philologie*, Heidelberg. (Nur noch von fachhistorischem Interesse).

B. Terminologische Wörterbücher zur allgemeinen Sprachwissenschaft

BUSSMANN, Hadumod (⁴2008, Hrsg.), *Lexikon der Sprachwissenschaft*, Stuttgart: Kröner.

DUBOIS, Jean (1973), *Dictionnaire de linguistique*, Paris: Larousse. Verschiedene Nachdrucke.

DUBOIS, Jean (1994), *Dictionnaire de linguistique et des sciences du langage*, Paris: Larousse.

GLÜCK, Helmut (^{4}2010, ed.), *Metzler Lexikon Sprache*, Stuttgart: Metzler.

KNOBLOCH, Johann (1961–1998), *Sprachwissenschaftliches Wörterbuch*, A–G. Heidelberg: Winter.

LEWANDOWSKI, Theodor (^{6}1994), *Linguistisches Wörterbuch*, 3 Bde., Heidelberg: Quelle & Meyer.

MARTINET, André (1972, dir.), *La linguistique. Guide alphabétique*, Paris: Denoël.

STAMMERJOHANN, Harro (1975), *Handbuch der Linguistik. Allgemeine und angewandte Sprachwissenschaft*, München: Nymphenburger Verlagshandlung.

C. Information zu den Sprachen der Welt

Datenbank "ETHNOLOGUE": www.ethnologue.com

POTTIER, Bernard (dir.) (1973), *Le langage*, Paris: Gallimard.

BONVINI, Emilio / BUSUTTIL, Joëlle / PEYRAUBE, Alain (dir.) (2011), *Dictionnaire des langues*, Paris: Quadrige – PUF.

D. Handbücher der romanischen und französischen Sprachwissenschaft

ALLIÈRES, Jacques (2001), *Manuel de linguistique romane*, Paris: Champion.

BANNIARD, Michel (1997), *Du latin aux langues romanes*, Paris: Colin (Réimpression 2008).

BEC, Pierre (1970–71), *Manuel pratique de philologie romane*, 2 Bde., Paris: Picard.

BLASCO FERRER, Eduardo (1996), *Linguistik für Romanisten. Grundbegriffe im Zusammenhang*, Berlin: Erich Schmidt Verlag.

BOSSONG, Georg (2008), *Die romanischen Sprachen. Eine vergleichende Einführung*. Hamburg: Buske.

BOURCIEZ, Édouard (^{5}1967), *Éléments de linguistique romane*, Paris. Nachdruck 1992.

ERNST, Gerhard / GLESSGEN, Martin-Dietrich / SCHMITT, Christian / SCHWEICKARD, Wolfgang (Hrsg.) (2003–2008), *Romanische Sprachgeschichte. Ein internationales Handbuch zur Geschichte der romanischen Sprachen*. 3 Bde., Berlin – New York: de Gruyter.

GABRIEL, Christoph / MEISENBURG, Trudel (2007), *Romanische Sprachwissenschaft*, Paderborn: Fink.

GAUGER, Hans-Martin / OESTERREICHER, Wulf / WINDISCH, Rudolf (1981), *Einführung in die romanische Sprachwissenschaft*, Darmstadt: Wissenschaftliche Buchgesellschaft.

HOLTUS, Günter / METZELTIN, Michael / SCHMITT, Christian (Hrsg.) (1990), *Lexikon der romanistischen Linguistik (= LRL)*, Bd. V,1: Französisch/Le français; (2001), Bd. I,1: *Geschichte des Faches Romanistik. Methodologie (Das Sprachsystem)*; Bd. I,2: *Methodologie (Sprache in der Gesellschaft). Sprache und Klassifikation*; (1996), Bd. II,1: *Latein und Romanisch. Historisch-vergleichende Grammatik der romanischen Sprachen*; (1995), Bd. II,2: *Die einzelnen romanischen Sprachen und Sprachgebiete vom Mittelalter bis zur Renaissance*; (1998), Bd. VII: *Kontakt, Migration und Kunstsprachen. Kontrastivität, Klassifikation und Typologie*, Tübingen: Niemeyer.

IORDAN, Iorgu (1962), *Einführung in die Geschichte und Methoden der romanischen Sprachwissenschaft*. Ins Deutsche übertragen, ergänzt und teilweise neu bearbeitet von Werner Bahner, Berlin: Akademie-Verlag.

KLINKENBERG, Jean-Marie ([2]1999), *Des langues romanes. Introduction aux études de linguistique romane*, Louvain-la-Neuve: Duculot.

KOLBOOM, Ingo / KOTSCHI, Thomas / REICHEL, Edward (Hrsg.) ([2]2008), *Handbuch Französisch. Sprache, Literatur, Kultur, Gesellschaft. Für Studium, Lehre, Praxis*, Berlin: Erich Schmidt Verlag.

LAUSBERG, Heinrich (1956–62), *Romanische Sprachwissenschaft*, 3 Bde., Berlin: Göschen; (2. und 3. Auflage 1967–1972).

LINDENBAUER, Petrea / METZELTIN, Michael / THIR, Margit ([2]1995), *Die romanischen Sprachen. Eine einführende Übersicht*, Wilhelmsfeld: Egert.

LÜDTKE, Helmut ([2]2009), *Der Ursprung der romanischen Sprachen. Eine Geschichte der sprachlichen Kommunikation*, Kiel: Westensee-Verlag.

MEYER-LÜBKE, Wilhelm (1890–1902), *Grammatik der romanischen Sprachen*, 4 Bde., Leipzig: Reisland; Nachdruck Darmstadt: Wiss. Buchgesellschaft, 1972.

PÖCKL, Wolfgang / RAINER, Franz / PÖLL, Bernhard ([4]2007), *Einführung in die romanische Sprachwissenschaft*, Tübingen: Niemeyer (Romanistische Arbeitshefte 3, 33).

POSNER, Rebecca (1996), *The Romance Languages*, Cambridge: Cambridge Univ. Press.

PRICE, Glanville (1988), *Die französische Sprache. Von den Anfängen bis zur Gegenwart*. Tübingen: Francke (UTB 1507).

REINHEIMER, Sanda / TASMOWSKI, Liliane (1997), *Pratique des langues romanes. Espagnol, français, italien, portugais, roumain*, Paris: L'Harmattan.

RENZI, Lorenzo (1980), *Einführung in die romanische Sprachwissenschaft*, Tübingen: Niemeyer.

RENZI, Lorenzo (1994), *Nuova introduzione alla filologia romanza*, nuova edizione, Bologna: Il Mulino. Nachdruck 2002.

SCHLÖSSER, Rainer (²2005), *Die romanischen Sprachen*, München: Beck.

SOKOL, Monika (²2007), *Französische Sprachwissenschaft. Eine Einführung mit thematischem Reader*, Tübingen.

STEIN, Achim (³2010), *Einführung in die französische Sprachwissenschaft*, Stuttgart/Weimar: Metzler.

TAGLIAVINI, Carlo (²1998), *Einführung in die romanische Philologie*, Tübingen/Basel: Francke.

VARVARO, Alberto (2010), *Linguistique romane*. Traduit de l'italien par Anna Constantinidis, Namur: Presses Universitaires de Namur.

VIDOS, B[enedek] E[lemér] (1975), *Handbuch der romanischen Sprachwissenschaft*. Studienausgabe, München: Hueber.

VON WARTBURG, Walther (1950), *Die Ausgliederung der romanischen Sprachräume*, Bern: Francke.

VON WARTBURG, Walther (²1951), *Die Entstehung der romanischen Völker*, Tübingen: Niemeyer.

E. Wichtige romanistische Fachzeitschriften

(Abkürzungen nach der *Bibliographie linguistique* ...)

ASNS   *Archiv für das Studium der neueren Sprachen und Literaturen*, Braunschweig (seit 1979 Berlin: E. Schmidt).

Clex   *Cahiers de lexicologie*, Paris: Garnier.

FM   *Le français moderne*, Paris: d'Artrey.

JFLS	*Journal of French Language Studies*, Cambridge: Cambridge Univ. Press.
Langages	*Langages*, Paris: Larousse.
LFr	*Langue française*, Paris: Larousse.
Linguistique	*La Linguistique*, Paris: Presses Universitaires de France.
RF	*Romanische Forschungen*, Frankfurt a. M: Klostermann.
RGG	*Romanistik in Geschichte und Gegenwart*, Hamburg: Buske.
RJb	*Romanistisches Jahrbuch*, Berlin: de Gruyter.
RLaR	*Revue des langues romanes*, Montpellier: Presses Univ. de la Méditerranée.
RLiR	*Revue de linguistique romane*, Strasbourg.
Romania	*Romania*, Paris: Vieweg-Bouillon, Champion.
RomPh	*Romance Philology*, Berkeley: California University Press.
RRom	*Revue Romane*, Copenhague: Munksgaard.
TraLiPhi	*Travaux de linguistique et de philologie*, Paris: Klincksieck. (olim *TraLiLi* = *Travaux de linguistique et de littérature*).
VRom	*Vox Romanica. Annales Helvetici explorandis linguis Romanicis destinati*, Tübingen: Narr-Francke, früher Bern: Francke.
ZFSL	*Zeitschrift für französische Sprache und Literatur*, Stuttgart: Steiner.
ZrP (ZRPh)	*Zeitschrift für romanische Philologie*, Tübingen: Niemeyer, ab 2010 Berlin: de Gruyter.

Register

A

Académie française 155, 241, 245, 249
Acadie, acadien 27, 154–155, 242
acception (Normbedeutung) 127
Adstrat 133, 136, 188–189, 195–196
Affekt, affektiv (*affection, affectif*) 92,
114, 181, 197
Affix (*affixe*) 110
Affrikate (*affriquée*) 69, 71, 78, 84, 152,
155
Agens (*agent*) – Patiens (*patient*) 100
Agensergänzung (*complément
d'agent*) 100
agenslose (reflexive) Diathese 105
Akkusativ (*accusatif*) 59, 179, 181, 213
Aktant (*actant*) 103, 104, 108
Aktiv – Passiv (*actif – passif*) 100
Akzent (phon./graphisch) 71–72, 84,
149, 217
Akzentuierung 72, 177
Akzentverhältnisse (s. auch
Betonung) 217
Alemannen (*les Alamans*) 194
Alexiuslied (*Vie de Saint Alexis*) 209,
212, 214
Algerien 29–30, 249, 262
Allegroform 71
Allomorph (*allomorphe*) 89–90, 92,
107, 255
Allomorphie 89–90
Allophon (*allophone*) 74, 76, 78–89,
251
Altfranzösisch 20, 49, 57, 59, 75, 81,
179, 198, 206–221, 223–224, 226, 235,
254
Altokzitanisch (*l'ancien occitan*) 213
alveolar 73, 78
Alveolen (Zahndamm) 66–68

analytisch 55, 108, 158–160, 163, 178,
215, 224
Andorra 24, 26
Anglizismus 42, 69, 136, 142, 155,
258–262
Anglonormannisch (*l'anglo-normand*)
151, 209–210, 212, 214, 218
Anlaut 75, 79, 196, 198, 217
Anredeform 147
Antepaenultima (*antépénul-
tième*) 177
Anthroponym (*anthroponyme*) 197
antonym, Antonymie (*antonymie*)
124, 126, 141, 144–145
Antonymwörterbuch 141
API-Transkription 69, 77
apikodental 74
appellativ 41
Appendix Probi 182, 184
Apposition 103
Approximant 71, 198
Äquivalenzwörterbuch 139, 145
arbiträr 45–46
Archaismus 53, 154
Archiphonem 75–76
Architektur (der Sprache) 50
Arealnorm 21
Arealtypologie 158
Arianismus (*arianisme*) 195
Artikel 62, 79, 98, 104, 122, 152, 159,
173, 179–180, 205–206, 214, 224, 239
Artikelsystem 50, 53
Artikulationsart 66–67
Artikulationskanal 69–70
Artikulationsorgan 66, 68
Artikulationsort 66–67, 78
Artikulationsstelle 66, 68

dental 73, 78
Derivat, Derivation 108–110, 114, 120, 124
Derivationsmorphem 88, 110
Determinans 111, 117
Determinant (*déterminant*) 54, 79, 98, 104, 110, 179, 213–214, 224, 239
Determinatum 111
deutsch, Deutsch 26, 35, 43, 67, 69–72, 74–77, 79, 89, 101–102, 115, 117, 121, 125, 136, 145–147, 153, 172, 196, 204, 244, 246–247, 256
diachron 51–53, 61, 69, 75–76, 79, 81, 87, 91, 112–113, 119, 121, 123–124, 128, 132, 140, 143, 163, 172, 184–185
Diachronie 51–53, 60, 64–65, 127
Dialekt 15, 17, 19, 25–26, 30, 32–35, 37, 56, 58, 61, 64, 66, 99, 135, 148–154, 163, 172, 186, 190, 209, 211, 214, 220, 233, 246–247, 249
Dialektalismen 240
Dialektmerkmale 209
Dialektologie 56, 134
Dialektwörterbuch 140
Dialektzone 149, 152, 209
diaphasisch 50, 76, 148, 150, 163, 172, 185, 250
diastratisch 50, 76, 148, 150, 163, 172, 185, 192
Diasystem 148, 151
Diathese 105–106, 115
diatopisch 50, 76, 148–151, 154, 163, 170, 172, 184–185, 192, 250
Dichotomie 48, 51, 53, 59
Differenzwörterbuch 141
Diglossie 32, 154, 202
Diminutiv 112, 114, 161–162, 181, 224, 233, 240
Diphthong (*diphtongue*) 20, 71, 78, 81, 153, 177, 205
Diphthong, fallender (*diphtongue descendante*) 71, 200

Diphthong, steigender (*diphtongue ascendante*) 71
Diphthongierung 82, 152, 155, 177, 198, 217
Diskursmarker 147
Distanzsprache 250
distinktiv 73–74, 78, 83, 90, 141
distinktiver Zug (*trait distinctif*) 73–74
Distribution 49, 75, 85–86, 88, 217
Domäne 233
dorsal-alveolar 67
dorsal-palatal 67
Dorsum (Zungenrücken) 68
Dreikonsonantengesetz 75–76, 87
Druckakzent (exspiratorischer Akzent, *accent d'intensité*) 72
Dubletten (*doublets*) 134–135

E
Edikt von Nantes (*Edit de Nantes*) 229
Eigenname (*nom propre*) 43, 99, 101, 191
Einheit (der Nation, der Sprache) 17, 24, 37, 42, 44, 69, 73, 82, 88, 107, 153, 158, 172–173, 175, 185–186, 200, 202, 208–210, 220, 246–247, 249
Elativ, elativisch 216, 224
Elision 79, 198
Elsässisch (*l'alsacien*) 35, 149
Emanzipation 221, 233, 235
Empfänger (vs. Sender) 41–42, 61
emprunt (Lehnwort) 135
Encyclopédie 244
englisch, Englisch 26–29, 31, 39, 70, 79, 85, 102, 117, 135, 155, 158, 189, 196, 202, 230, 234, 242, 249–250, 252, 258–260, 262
Entsonorisierung 75, 152
enzyklopädisches Wissen 47, 130
enzyklopädisches Lexikon 138
Epiglottis (Kehlkopfdeckel) 68